# Introdução ao Direito e ao Pensamento Jurídico

# Introdução ao Direito e ao Pensamento Jurídico

Manuel de Sousa Domingues das Neves Pereira
Professor da Universidade do Algarve
Investigador na Universidade de Coimbra

ALMEDINA

**INTRODUÇÃO AO DIREITO**
**E AO PENSAMENTO JURÍDICO**

AUTOR
Manuel de Sousa Domingues das Neves Pereira

EDITOR
EDIÇÕES ALMEDINA, S.A.
Avenida Emídio Navarro, 81, 3D
3000-151 Coimbra
Tel.: 239 851 904 • Fax: 239 851 901
www.almedina.net • editora@almedina.net

DESIGN DE CAPA
FBA

PRÉ-IMPRESSÃO
EDIÇÕES ALMEDINA, S.A.

IMPRESSÃO E ACABAMENTO

Fevereiro, 2023

ISBN
978-989-40-1126-2

DEPÓSITO LEGAL



ALMEDINA | GRUPOALMEDINA

# NOTA À EDIÇÃO

Versa a presente obra sobre as matérias clássicas da Introdução ao Estudo do Direito, tributária em muito significativa medida do 1.º capítulo da nossa primeira parcialmente homóloga obra na sua 6.ª Edição; todavia, é a presente também muito significativamente atualista e, pretendidamente, inovadora.

A principologia jurídica universalista bem a acentuamos em tempo do estilhaçar de valores soberanos pela guerra em invasão (como se não bastasse o inferno na Síria) de uma (re)nascente democracia ucraniana por uma feroz ditadura russa. O imperativo caminho da paz e do diálogo como únicos meios admissíveis de solução de diferendos internacionais é condição *sine qua non* de realização dos direitos humanos e civis de todos os cidadãos do planeta e, bem assim, de um nóvel direito civil europeu.

Coimbra, janeiro de 2023

MANUEL DAS NEVES PEREIRA

# Introdução ao Direito e ao pensamento jurídico

*Por uma universalista*
*e global teoria geral do direito.*

# PARTE I

# Introdução ao Estudo do Direito

# 1.
# Do Conceito de Direito

## 1.1. Aproximação à definição de Direito

A presente obra tem por objeto primeiro a Introdução ao Estudo do Direito[1].

Para iniciarmos este estudo há que reconhecer que, como repara Karl Engisch, *Einfürung in das Juristische Denken,* o interesse, não tanto do jusneófito quanto do jusleigo, pela ciência do Direito é, em regra, bem diverso de homólogas situações nas quais deparamos com apetências de especialistas das ciências naturais e ciências sociais ou humanidades e artes; ou seja, facilmente os encontramos fascinados por matérias recíprocas como a astronomia, a literatura, a história e, dificilmente, muito dificilmente, pela ciência jurídica. Não obstante, podemos viver *"sem uma ligação intima com a poesia, com a arte, com a música. Há também, na expressão de Max Webber, pessoas "religiosamente amusicais". Mas não há ninguém que não viva sob o Direito e que não seja por ele constantemente afectado e dirigido. O homem nasce e cresce no seio da comunidade e à parte casos anormais jamais se separa dela. Ora o Direito é um elemento essencial da comunidade. Logo, inevitavelmente, afecta-nos e diz-nos respeito. E também o valor fundamental pelo qual ele deve ser aferido, o justo, se não situa em plano inferior ao dos valores do belo, do bom (...)".* Assim sendo, afigura-se-nos concomitante a tal propósito de levíssima sedução, o trabalho a que esta obra se vota: a introdução ao estudo do Direito com um concomitante percorrer ou tocar nos preliminares do pensamento jurídico. *Ab initio,* na senda da teoria geral do Direito, devemos ocupar-

[1] Sublinhamos, em tributo e muito especialmente, por Karl Engisch, *Einfürung in das Juristische Denken.* 6. Auflage, Verlag W. Khohlamer, Sttutgart, 1986, p. 12.

-nos, ainda que *à vol d'oiseau*[2], do questionar o modo de revelar dialogicamente as relações prioritárias metodonomológicas (aludindo ao método nomojudicativo de F. Pinto Bronze) entre princípios, normas e direitos, máxime os fundamentais, v. *g.* entre a essência do artigo 1.º da CRP (basilaridade e intangibilidade do princípio da dignidade *da pessoa* humana) e a do artigo 24.º da mesma[3].

Trilhemos, pois, preliminarmente às demais conexas jusdisciplinas, a estrutura da teoria geral do Direito, sublinhando a prioridade disciplinar desta jusmatéria[4].

Introduzamos com a interrogação e *leitmotiv* ubíquo do Direito, a *vexata quaestio*: o que é o direito? *Quid Jus*?

Kant terá ironizado não socraticamente ao sugerir que quando os juristas procuravam compreender o que é o direito inexoravelmente topavam primeiro com a tautologia: *Jus est quod justum est* – o justo é aquilo que é justo. Procuraremos transmitir a segunda tentativa definitória, na discordância daquela primeira.

A força constitutivo-condenatória social e humana do Direito volve-se, paradigmaticamente, na imperatividade da sentença judicial. Ou seja, o Direito manifesta-se claramente quando uma pessoa se sente constrangida a ter um comportamento que foi determinado por outrem, expressa e unilateralmente[5]; mas também quando alguém clama por jus-

[2] Todavia nunca obnubilando que tal é voo de mais longa e densa sede jusdogmática sediada em consolidadas outras disciplinas jurídicas da teoria Direito em geral e da do civil em especial – o que se ilustra em imagem ou metáfora por Alain Gerbaut, *À la poursuite du soleil*, T1: *De New York à Tahiti*, 1929, *Les îles Galapagos, mon escale prévue, n'étaient qu'à huit cent milles à vol d'oiseau, mais malgré la courte distance, c'était une longue traversée.*

[3] Exemplificando a tensão entre direito à vida e dignidade da pessoa (humana): *quid juris* no considerar admissível o dever d o próprio sujeito manter a sua vida, a qual se lhe apresenta percecionada, sentida, sem a mínima consistência existencial em dignidade de pessoa humana?

[4] À qual conexionamos, neste volume, uma atenção concomitante à introdução ao reconhecimento do espaço do pensamento jurídico.

Cfr. Karl Larenz, *Richtiges Recht, Grundzüge einer Rechtsethik*, Munique: Beck Verlag, 1979. pp. 55 ss.

[5] Veja-se, p. ex., no direito público, o paradigma do Direito Fiscal na caraterística da unilateralidade impositiva; e também, embora não tão bem qualificada: ausência de sinalagmaticidade.

tiça ao entender injustificadamente perturbado o regular curso da sua vida; aqui, sente não apenas violado um seu direito, como percebe a violação concomitante da Ordem Jurídica e a necessidade da reação contra o lesante. É na patologia, na conflitualidade social, que o bem-estar e a paz agudamente se pretendem supostos.

Mas o Direito não se assume em singular primazia como uma estrutura sancionatória ou incindível do patológico; pois o Direito é, antes de mais, estrutura social formal e substancial votada à preservação, permanente, da ordem e da paz sociais.

Por outro lado, o Direito é o normativo para um ser humano comum – não pretende exigir condutas de sábios ou de heróis –, mas sim preservar ou orientar condutas havidas como comportamentos normais pela (consciência jurídica da) generalidade dos membros da sociedade.

Para tal, antes de mais, o Direito reconhece ou estabelece princípios fundamentais, individual e socialmente relevantes, e estrutura a organização política de uma comunidade; ou seja, desde logo, estabelecendo e esclarecendo princípios indeclináveis para uma pacífica sociabilidade e sistematizando poderes públicos primeiros; e, a partir daqui, definindo órgãos, atribuindo funções, direitos e deveres, disciplinando as estática e dinâmica relacionais do exercício destes. Estamos aqui, dominantemente, face a matérias concernentes ao Direito Constitucional.

O Direito protege a paz e o desenvolvimento social saudável, instituindo ou reconhecendo regras de conduta, direitos, estatutos e papéis; quer no quadro das relações entre privados – Direito Privado – quer no das relações nas quais intervenham entes públicos enquanto tais – Direito Público.

Quem em intensa noite litorânea de Verão acomete triunfante às teclas do piano, ou, dormindo, permanece afastado da vivência consciente, está, ainda assim, ineliminavelmente submerso no ordenamento jurídico[6]: pelo direito de reserva da intimidade da sua vida privada, pelo direito de exercício da sua liberdade criadora, ou pelo de usar e fruir dos seus bens pessoais e patrimoniais, pelas garantias de cumprimento dos

[6] Santi Romano, *L'Ordinamento Giuridico*, Bologna: Sansoni, 1977, pp. 12 e ss.

contratos[7], pelos deveres jurídicos dos vizinhos de não perturbarem o sono[8] ou o normal exercício de todos os permanentemente inalienáveis direitos, liberdades e garantias[9].

### 1.1.1. Pluralidade semântica da expressão "direito"

São frequentemente apontados vários sentidos ao significante "direito"[10], mas de tal mais ampla polissemia não curaremos aqui dada a irrelevância de uns significados ou dada a identificação excessivamente óbvia de outros. Assim, apenas três sentidos deste significante "direito", cabe aqui realçar: sentido subjetivo, sentido normativo e sentido objetivo.

- A expressão "direito", em **sentido subjetivo**, pretende realizar a semântica de expressões de poder relacional, concretizada em cada relação concreta da vida social, cada situação jurídica real (realizada) de vantagem, que se traduz na titularidade, por determinada(s) pessoa(s), do poder de juridicamente exigir[11] ou do de pretender[12].

[7] P. ex., de arrendamento da sua residência, de prestação de serviços e fornecimento de bens essenciais como a água, a energia elétrica ou a rede de comunicações.

[8] Ou a qualidade ambiental como condição da qualidade de vida cfr. artigos 65.º e 66.º da CRP; 5.º, 22.º e 40.º da pretérita Lei de Bases do Ambiente, Lei n.º 11/87, de 7 de Abril – a qual foi revogada pela minimalista Lei n.º 19/2014, de 14 de abril; e, especialmente, o Regulamento geral do ruído, segundo o Decreto-Lei n.º 9/2007, de 17 de Janeiro, alterado pelo Decreto-Lei n.º 278/2007, de 1 de Agosto.

[9] É a excitação e a angústia na dificuldade específica da divulgação científica do mundo jurídico (já há alguns anos que nem a astronomia e a exobiologia têm Carl Sagan para nos comprazer). Todavia a divulgação do Direito pressupõe um entendimento fundamentante e uma metodologia, cfr. Karl Engisch, *Eifürung in das Juristische Denken*, 3.ª ed., Stuttgart, 1964, trad. e pref. de Baptista Machado: *Introdução ao Pensamento Jurídico*, 5.ª ed., Lisboa: F. C. G., 1979, pp. 8 e ss.; Reinhold Zippelius, *Einführung in die Juristische Methodenlehre*, 2.ª Aufl., München: Beck, 1974,*passim*.

[10] P. ex.: direito em sentido topológico significando o *forum*, local do tribunal; em sentido patrimonial: o património (os "meus direitos"); em sentido epistemológico: a disciplina em conhecimento. Giorgio del Vecchio, *Lições de Filosofia do Direito*, 5.ª ed., Coimbra: Arménio Amado, 1979, pp. 12 e ss.; L. Diez Picazo, *Experiencias Juridicas y Teoria del Derecho*, Barcelona, 1973, pp. 15 e ss.; A. Piédelièvre, *Introduction* à *l'Étude du Droit*, Paris: Masson 1981, pp. 36 e ss.

[11] Assim é, p. ex., quando João diz que tem o direito de usufruto sobre o prédio X; quando tem o direito à entrega do automóvel pela entrega do correspondente pagamento;

- Já "direito" em **sentido normativo**, corresponde ao conjunto de regras jurídicas e de princípios normogenéticos, reveladores da pluridimensionalidade densificadora da axiologia fundamental da juridicidade, através do conjunto de subsistemas setoriais do Direito, de fictícias pessoas por ele instituídas, sociedades, associações, atribuições, competências e funções, faculdades, direitos, deveres em abstrato codificados e de aceitação subsuntiva, indutiva ou tópica até à dimensão fáctica da atinente realidade em comuns relações quotidianamente concretizadas mas abstratamente configuradas no plano normativo[13].
- Finalmente "direito" em **sentido objetivo**, traduz a sua mais ampla expressão; nesta aceção engloba o complexo normativo referido, mas, ainda e especificamente, toda a realidade (não normativa) juridicamente relevante; constituindo assim um sistema ou subsistema jurídico real, em todos os seus modos de ser – quer na formalmente escrita letra da lei, quer na realidade que efetivamente acontece num determinado Estado – portanto mais ou menos de acordo com o que está escrito na lei, ou seja, em maior ou menor consonância com o direito em sentido normativo. Como alguém (sujeito) olhando para uma sociedade e nela descobrindo tudo o que tem relação com o direito (objeto)[14].

quando tem o direito de constituir uma servidão de passagem dado o encravamento do seu prédio; quando tem o direito ou faculdade de destruir a sua bicicleta, dado ter sobre a mesma um prévio direito de propriedade; quando tem o direito à indemnização de Hélio, por este ter danificado o seu veleiro; quando o cônjuge pode requerer o divórcio.

[12] Ou, ainda que ora com menor intensidade e vinculatividade na alteridade, de faculdades de fazer ou de não fazer.

[13] Exemplifica-se: quando se diz que o direito de propriedade permite usar, fruir e dispor dos bens dentro dos limites legais, ou, quando se fala no instituto da locação financeira, quando se fala no Direito Fiscal ou no Direito Comercial, sempre em abstrato, ou seja, sem nos estarmos a referir à situação concreta de uma pessoa determinada mas apenas ao disposto numa norma jurídica.

[14] Cfr. Michel Miaille, *Une Introduction Critique au Droit*, Paris: Maspero, 1977, p.11 ss; Franco Modugno, *Appunti per una Teoria Generale del Diritto – La Teoria del Diritto Oggetivo*, Turim, 1988, pp. 35 e ss.

### 1.1.2. Noções de Direito. Definição de Direito

Expressemos agora a nossa noção de Direito, necessária para circunscrever previamente o objeto de estudo e operar em sequência[15].

Sendo correntes as noções e definições de Direito de linearidade e matriz positivista as que têm por sentido e formulação comum a referência a "conjunto de normas assistidas de tutela coativa", ou "conjunto de normas sociais coercitivas", ou "regras de conduta coativamente impostas", ou "regras de comportamento social institucionalmente vigentes", ou "disciplina social dos comportamentos coativamente impostos pelo Estado", ou "uma das humanidades que não são ciência dada a impossibilidade de sujeição ao experimentalismo e prova científica – próprios das ciências (exatas e naturais)" ou "conjunto de regras especificas comunitárias de cada povo institucional e culturalmente reconhecido".

Já o dissemos como "sistema de normas de conduta social".

A posição propositiva definitória do objeto de estudo é por nós reiterada. Apontamos e defendemos a noção e a definição de Direito que vimos propondo e sublinhando construir: Direito é o sistema normativo social, coativamente protegido porque mobilizado à realização da justiça.

Fundamentos da definição em argumentos antecedentes, consequentes, sistemáticos e tópicos.

1. Assumimos o Direito como sistema, e não apenas como "conjunto"; e nos antípodas da sua qualificação como síncrese ou caos de decisões, máxime jurisdicionais.
2. Defendemos a tese do Direito como sistema não apenas de regras, mas sim sistema normativo.
3. Propugnamos o Direito como sistema social, e não apenas de normas sociais.
4. Reconhecemos o Direito como sistema protegido coativamente, e não como sistema coativo, ou como sistema de coação, ou sistema essencialmente definido como de coação.

[15] Para desenvolvimento cfr. Fernando Pinto Bronze, *Lições de Introdução ao Direito*, Coimbra, Coimbra Editora, 2.ª ed.. 2010, pp. 31 ss. e bibliografia aí cit.

5. Concebemos o Direito como sistema no qual a coação e a coercibilidade são instrumentais.
6. Defendemos a tese do Direito como sistema autónomo – não um subsistema mediador, instrumental para outras humanidades ou ciências.
7. Afirmamos o Direito como sistema finalístico, teleológico – não um sistema meramente técnico, axiológica, ética e filosoficamente neutro.
8. Assumimos a ideia de Direito, a Justiça, como "O" valor do Direito.
9. Compomos por estas asserções, não obstante dialógicas, uma ideia metódica e metodológica que se a quisermos situar nas teses do período decimónico final diremos uma tese substancialista, em homologia com uma fundada opção pluralista na teoria da axiologia do início do pretérito século, a qual, segundo os seus teóricos radicais monistas se identificava com o prazer. Recusamos este monismo da tese hedonista. Preferimos a diferenciação em autonomias desde o singular "prazer axiológico" a uma pluralidade de valores singulares e de valores compostos, como o conhecimento, a (radical) liberdade (do ser humano digno e dos povos – esta todavia intimamente ligada e integrada na "ideia de direito"), a justiça como específica e autónoma valoração superior, como satisfação social de dignidade pessoal, felicidade, harmonia social, prazer relacional comunitário.

## 1.2. Do Sistema Jurídico[16]

Não sendo aqui o lugar para tecer mais considerações, sumulamos por ora o delinear das três caraterísticas primárias do sistema jurídico. Assim, este caracteriza-se primariamente por ser um tipo de sistema:

a) Aberto;
b) Heterogéneo com mobilidade de raciocínios argumentativos – heterogeneidade estrutural de um sistema móvel[17];
c) Teleológico, natural e culturalmente.

[16] Cfr. *infra*, na Parte II, o desenvolvimento (não sem que contidamente) do sistema jurídico.

[17] V. a fonte próxima desta estruturação em Claus-Wilhelm Canaris, *Systemdenken und Systembegriff in der Jurisprudenz*, 2. Auflage, Berlin: Duncker und Humblot, 1983, *passim.*,

**Estrutura modelar triparcelada do sistema**

Sendo o Direito um sistema, tem uma estrutura que deve ser surpreendível em elementos ou classes de componentes integrantes e integradoras do mesmo.

Entendendo que são três, temos para cada um dos mesmos designações que tal taxionomia requer.

São eles, por ordem de conformação *top down*, os princípios, as normas e a realidade jurídica.

O critério para esta estrutura elementar não é simples, pois que combinamos, em escatologia clássica aberta, os dois primeiros da ordem do dever-ser - ambos são normas *lato sensu* - mas para o qual a dinâmica de um sistema móvel intente. E o último da ordem do ser, do "tangível" (que se tem) ou do existente.

**Os princípios (normas-princípios)**

Os princípios, ou normativo principológico, são os padrões superiores jurídicos, jurídico-éticos, jurídico-axiológicos, de otimização dos direitos e da realidade relacional de natureza jurídica.

Princípios são a modalidade da normatividade que indica a otimização da realização de valores jurídicos, de direitos, ou de bens jurídicos, ainda que condicionadamente pela "reserva do possível".

Defende o normativismo de Alexy que os princípios não impõem ou proíbem definitiva e absolutamente; isto é, não obrigam os seus destinatários a optar entre ou cumprir um preceito ou não o cumprir[18], pois caso tal se admita estaremos face a uma "regra" - o que não é assim no direito português, pois que, diversamente do sistema alemão, mesmo os constitucionais princípios fundamentais vinculam diretamente todos os sujeitos juridicos.

e 35 e ss., com intr. e trad. port. por A. Menezes Cordeiro, Lisboa: F. C. G., 1989, pp. CI, VIII, CXIII e ss.

[18] Conforme *infra* mais referiremos, cfr. J. J. Gomes Canotilho após 2003 e Robert Alexy *Theorie der Grundrechte* cit.

Os princípios conflituantes coexistem, não se excluem (ou tendem a não se excluir) reciprocamente[19].

**As normas (*stricto sensu*)**

Na classe da estrutura normativa (das normas *stricto sensu*) não se incluem os princípios (também *stricto sensu*). Incluem-se as normas, em geral, "regras gerais e abstratas – quando tradicional-conceptualmente contrapostas a princípios. Incluem-se também, em especial, as "normas--regras", ou normativo de regras definitivas. São normas (*hoc sensu*) as disposições densificadoras dos princípios, propiciando com a sua criação, vigência a realização ou concretização dos princípios aos factos, relações e situações concretas da vida social juridicamente relevante.

Em terminologia não tradicional de R. Alexy, a norma tanto pode assumir os princípios-normas, restritamente segundo a tese da normatividade plena de princípios, e as suas densificações até à aplicação concreta, através das mais densas classes de normas que exigem, proíbem, ou permitem algo em termos definitivos, operacional e finalmente destinados a direta execução ou implementação sem mais mediação normativa[20].

***Posição adotada (eclética, mas não admitente de tertium genus) sobre as classes de normas***

Contra a *supra* tese de Alexy e seus defensores, reducionista das normas segundo a doutrina tradicional e a consequente ampliação e algo relativização dos princípios – máxime os fundamentais, os que mais dificilmente os neopositivismos encontram fundamento substantivo – mantemos que, assim como temos princípios fundamentais, gerais, estruturantes, conformadores, gerais de subsistema (ramo de direito) e especiais, também temos subdivisões classificatórias das normas que não sejam princípios, conforme *infra* 1.3. multiplamente classificaremos, dentro desta classe de normas que não são princípios temos no estrato mais próximo da aplicação a factos reais, concretos, as ditas normas-regras ou regras definitivas. Os princípios, são, cf. nossa reiterada posição, uma modalidade da

[19] A estes conceitos voltaremos na Parte II, onde se tomarão aceções e discussões classificatórias e conteudinais elementares dos princípios jurídicos.

[20] *Idem*, Robert Alexy, *Theorie der Grundrechte, op. loc. cit.*

normatividade – são da ordem do dever-ser, são normas *lato sensu*; têm, sempre, explícita ou implicitamente, uma estatuição.

Da classe geral das normas faremos um desenvolvimento no subsequente subcapítulo 1.3. desta primeira parte – deter-nos-emos nas aceções, caraterísticas e classificações das normas jurídicas em geral.

Conforme acabámos de dizer, temos, em especial e no final da cadeia hierárquico-normativa, as mais densas e assim finais normas, as normas-regras, ou regras segundo, entre nós, J. J. Gomes Canotilho após 2003, porque definitivas para determinar os comportamentos e situações finais concretas da vida social são antinómicas: excluem-se reciprocamente. Exemplo de de norma-regra, norma-final ou "regra" neste alexiano sentido, está no artigo 25.º/2[21].

### *A realidade jurídica* (remissão)

A realidade social dos factos e situações jurídicas constituem, *per se* e no seu conjunto, a realidade sobre a qual versa, atua, o Direito e da qual o Direito recebe a problemática que requer solução nas relações sociais juridicamente relevantes. Integra as instituições, as relações sociojurídicas, os factos, coisas, fenómenos e volições ou interesses. Desta realidade jurídica teceremos algumas mais considerações sistémicas, todavia sintéticas, na Parte II.

## 1.3. A Norma Jurídica. (Teoria geral da normatividade jurídica)

### Noções de normas e posição adotada

Já abordámos a noção de norma jurídica – distinguindo-a dos princípios –; mas esclarecendo que ambos pertencem à dimensão da normatividade, pois ambos são normas em sentido amplo; esclareçamos e sintetizemos agora:

Uma norma é – mais simples, tradicional e modelarmente – uma regra de comportamento.

[21] Exemplificação na teoria da constituição por Gomes Canotilho, *op. loc. cit.* O texto sem admissão de antinomia do artigo constitucional eleito como paradigma de "regra": "Ninguém pode ser submetido a tortura, nem a tratos ou penas cruéis, degradantes ou desumanos".

É a imposição permanente a uma classe de pessoas para adotarem um comportamento (ativo ou passivo) face a um dado facto.

Assim, norma jurídica é o comando geral, abstrato e sob hetero-sanção, fundado em superiores valores jurídicos.

Sendo a norma expressa num enunciado linguístico, ela tem que ser interpretada para ser aplicada por pessoas concretas e, em última instância, por órgãos públicos jurisdicionais. Todos estes analisam criticamente, reinterpretam, recriam, enriquecem, uma norma que foi ("apenas") redigida pelo legislador. Será, portanto, truncado um seu entendimento sem fundamento em valores jurídicos superiores, sem a respetiva intenção prática específica e sem os contributos de todos os que a apreciam e aplicam.

Assim, a norma (*maxime:* a norma legislativa) não pode ser entendida como um comando *a se stante*, cujo conhecimento literal originário é suficiente, ou seja, para ser ela o necessário e exclusivo fundamento para a solução justa das questões concretas.

Recusamos, assim também, uma perspetiva dicotómica na diferenciação entre a continental norma e o anglo-saxónico *standard*.

### 1.3.1. Estrutura das normas (*lato sensu*)

Uma norma de conduta social tende a apresentar uma estrutura de dois elementos; e, se jurídica, de três elementos[22].

#### Estrutura modelar triparcelada

Assim, a norma apresenta um tipo de factualidade (evento, conduta ou relação) e liga-lhe, como resultado da implicação jurídica, um outro facto (outro evento e/ou a necessidade de adotar determinada conduta e/ou a constituição, modificação ou extinção de relação jurídica).

A norma compor-se-á ainda da consequência a suportar pela sua violação – *maxime* uma específica sanção coativa.

[22] Note-se que, sendo a norma jurídica uma norma de conduta social, no caso de se pretender identificar a sua especificidade, tal só será conseguido através da análise do respetivo conteúdo (se este é de natureza jurídica, de mero trato social, religiosa, ética, política ou outra) – não o será através da estrutura formal ou caracterização externa.

Com os três elementos, a norma diz-se "completa e perfeita"; no caso de apresentar apenas previsão e estatuição (sem que apresente ou deva apresentar sanção), diz-se (apenas) "completa".

*a) A previsão ou antecedência (hipótese, facto ou dado antecedente)*

A previsão é o primeiro elemento lógico-estrutural da norma.

Nela, a norma ou apresenta um facto ou situação singular (*v. g.*: "Quando *vagarem*, os lugares extinguem-se.") ou apresenta um tipo de factualidade (*v. g.*: "Àquele que *invocar um direito* cabe fazer a prova dos factos constitutivos do direito alegado." – artigo 342.º/1 do CC), o qual, uma vez realmente acontecido ou verificado, gera a faculdade ou a obrigação de adotar um comportamento ativo (entregando uma coisa, apresentando uma prova) ou passivo (p. ex., respeitando uma proibição)[23].

*b) A estatuição ou sequência (prescrição, comando normativo, comportamento consequente)*

A estatuição surge como consequente lógico após (que não sempre na ordem da formulação sintagmática) a previsão, enquanto resultado da implicação que o Direito impõe, sempre que se verifique a previsão – é o comportamento que a norma obriga, que a norma faculta, ou a consequência que a norma impõe (seguindo a exemplificação: "Quando vagarem, *os lugares extinguem-se*"); "Àquele que invocar um direito cabe *fazer a prova dos factos* constitutivos do direito alegado"; "As partes *podem fixar livremente o conteúdo da prestação*" – artigo 398.º do CC).

Ou, ainda, a estatuição pode ser a sequência, consequência ou qualificação jurídica de dados (portanto, não necessariamente de factos) apresentados na previsão.

É neste elemento da norma jurídica que o sentido próprio e distintivo tradicional entre norma e ato individual e concreto se manifesta.

Assim, há norma típica quando a estatuição se apresenta como um tipo de conduta, alteração de relação ou de situação.

Será ato individual e concreto se se apresentar como facto (único) e para destinatário(s) pessoalmente determinado(s).

[23] Quando a previsão se apresenta geral e abstrata designa-se, tradicionalmente, por modelo, tipo ou espécie de facto *(tatbestand* ou *fattispecie)*.

Pode admitir-se, ainda, um terceiro género: preceito ou norma atípica – quando seja individual mas abstrata, ou ainda se for geral mas concreta.

*c) A sanção ou consequência pela violação da estatuição (penalidade, reação do Direito)*

A sanção é a consequência que o Direito impõe pelo não cumprimento da estatuição[24].

A sanção pode estar expressamente na norma junto à previsão ou à estatuição (pode resultar implicitamente: no exemplo supra, se quem invoca o direito o não provar tem como sanção, implicitamente, não ter reconhecimento do direito invocado); pode estar em outra norma; pode não estar ainda fixada (ou até não existir porque o legislador assim entende, como por exemplo, em normas constitucionais relativas a de órgãos de soberania).

Assim, em regra, a norma jurídica composta por uma previsão e uma estatuição, integra um período de um parágrafo de um artigo de um diploma jurídico.

Por vezes segue-se-lhe a sanção. Mas, em regra, a sanção é apresentada noutro artigo, ao qual se chega por remissão expressa ou implícita da norma estatuidora ou apenas por compreensão e interpretação técnico-jurídicas. Já em ramos do Direito especificamente sancionatórios a sanção é o elemento expresso principal – como por exemplo se vê no Código Penal, no Código da Estrada e em conjuntos de normas ou regimes disciplinares.

Note-se ainda que:

Conforme dito, nem sempre se apresenta especificamente uma sanção cominada à violação da estatuição de cada norma, o que não implica que tal norma não possa caracterizar-se como materialmente jurídica, pois tal qualidade depreende-se não da perfeição da estrutura ou da natureza externa mas sim do conteúdo normativo essencial (ou seja, da substância do conjunto: previsão + estatuição).

O que se acaba de expor refere-se à norma, pois, quando nos referimos ao Direito devemos sublinhar que a tutela coativa não sendo necessária à

[24] Exemplos de sanções: a nulidade do contrato de arrendamento; a coima de 120 euros;

sua essência e validade é contudo componente absolutamente necessária ao modo-de-ser do Direito – à sua peculiar vigência e à sua requerida eficácia – podem conceptualizar-se quadros de valores e normas jurídicas em sistema, contudo, sem a respetiva realização (prática) falta-lhes a dimensão da existência. É, pois, uma *contradição juscientífica elementar* conceber-se Direito para não ser aplicado.

### 1.3.2. Características formais ou externas

Como outras normas de conduta social, as normas jurídicas apresentam um quadro de características formalmente definidoras, ainda com grande consenso na doutrina.

Assim, a norma de conduta social apresenta duas ordens de caraterísticas formais resultantes de dois critérios. Pelo primeiro, a norma é geral e abstrata. Por força da aplicação do segundo, a norma é imperativa e tutelável.

*a) Generalidade*

A norma jurídica tem por âmbito subjetivo de aplicação a generalidade de membros da comunidade jurídica – a totalidade, uma classe ou categoria de sujeitos; ou mesmo um sujeito jurídico desde que funcionalmente determinado[25].

Não terá a característica da generalidade o preceito individualizado singular ou plural (*v. g.*: uma sentença; um ato administrativo autorizativo) no qual os destinatários principais sejam determinados pessoalmente – p. ex.: "Maria Angelina Ventura deve entregar a Maria da Conceição o fio de prata Y, pelo recebimento do candelabro X"; ou: "João de Sousa Domingues e José Ramos têm o direito de realizar a obra de interesse público X que requereram em 29-02-2006".

*b) Abstração*

Nos termos desta característica, a norma não rege, não estatui, considerando ou divergindo em função da especificidade do caso concreto.

a prisão até um ano. Um quadro de tipos de sanção encontra-se *infra*, no âmbito dos institutos de tutela do Direito e dos direitos.

[25] P. ex.: "Os candidatos aos concursos públicos X, devem cumprir Y"; ou: "O diretor de serviços tem competência para X"; o Presidente da República.

Abstrai da particularidade de cada caso; dirigindo-se não a factos mas a tipos de factos (p. ex.: "os terrenos com as características X e Y não têm potencialidade edificatória".

Porque não são regras de conduta social gerais e abstratas, não são normas jurídicas, desde logo, o ato administrativo (admissão, concessão, autorização, expropriação) e a sentença judicial.

*c) Imperatividade*

A norma de conduta social consubstancia-se numa ordem ou comando que terá de ser cumprido ou respeitado pelos seus destinatários sob pena de o sistema jurídico não se cumprir também – por assim lhe faltar a componente de eficácia ou vigência.

*Da imperatividade à necessidade intrínseca da sancionabilidade*

Depois, porque a norma é um comando dirigido a seres livres e racionais, tal comando pode não ser acatado por estes, isto é, pode ser infringido. Do que decorre que normalmente deve prescrever uma consequência para a sua violação – uma sanção.

A sanção da uma norma pode assumir diversas naturezas e intensidades consoante a ordem normativa em que se constitui. Assim, se p. ex. nas ordens religiosa e moral a sanção é preponderantemente de natureza interna ou autotutelar, já nas ordens normativas política, jurídica, e até de mero trato social, a sanção é externa ou heterotutelar.

A intensidade sancionatória jurídica pode assumir-se até como coerção – uso da força.

*Case study,* nesta sede, pode constituir a conhecida qualificação criminal de um ato sem, contudo, cominação de concernente sanção penal. Por nós, indiciamos aqui, apenas, que a natureza do subsistema penal não permite manutenção, sem mais que com vocação de provisoriedade, de lacuna punitiva para qualquer atinente violação de valor fundamentante da socialidade e da dignidade humanas.

### 1.3.3. Classificações das normas jurídicas

Apesar da frequente diversidade e assistematicidade dos critérios classificatórios das normas jurídicas, cabe aqui fazer referência àqueles que se revelam mais úteis, ou apenas mais utilizados, tendo em conta a natureza e função deste texto não restritamente metodonomológico, portanto sem a pretensão de um quadro classificatório absolutamente coerente e completamente taxionómico.

- *Da norma em sentido amplo*

De notar que se nem sempre os elementos estruturais se apresentam segundo a sua ordem modelo (1.º previsão – 2.º estatuição – 3.º sanção) acresce ainda que muitas normas não apontam uma específica sanção ou mesmo na sua concreta expressão sintagmática não apresentam a estatuição ou a previsão; podendo contudo conter implicitamente o elemento expressamente em falta. Também aqui teremos normas, agora em sentido amplo dado serem incompletas, ou, apenas, "imperfeitas".

A norma também é frequentemente designada por disposição, preceito, articulado ou mesmo lei – contudo a expressão lei tem nesta manifestação da sua polissemia uma significação das que mais potenciam confusões terminológicas, pelo que não deve ser utilizada. É que um artigo, frequentemente um só número, contém várias normas (várias previsões e correspetivas estatuições) – sendo portanto o critério da estrutura da norma que permite discernir quando há uma ou mais normas.

### 1.3.3.1. Classificações relativas ao conteúdo da norma

**...1. *Critério do grau de juridicidade da norma:***

- Normas axiológicas[26]
- Normas técnicas

Integrando o Direito um sistema de normas, estas compõem-no porque são jurídicas e não morais ou apenas deontológicas. Contudo, o grau de intensidade jurídica é muito diverso, ou, por outras palavras, a proximidade do conteúdo das normas jurídicas relativamente à ideia fundamental do Direito (que é valor ético também) varia entre os ramos, os institutos, e entre as próprias normas singularmente perspetivadas;

[26] Frequentemente ditas "éticas", em especial pela conceção especialmente penalística da teoria do mínimo ético.

isto significa que este critério classificatório se presta facilmente a deixar zonas de penumbra[27].

A norma axiológico-jurídica aponta uma estatuição para uma situação cuja observância realiza logo uma manifestação de Justiça.

É uma norma imediata ou essencialmente jurídica. É uma norma necessária à Justiça e não postergável.

A sua relevância mais próxima do fundamento último da Justiça projeta-se em razão direta, na sua tutela jurídica, que é em regra presente e mais extensa (pode cumular formas privadas, públicas, preventivas e sancionatórias) e intensa (*maxime* sanções materiais penais). Exemplos são precisamente as normas penais incriminatórias e consagradoras de direitos fundamentais.

Diversamente, a norma técnico-jurídica tem um conteúdo cuja ligação ao valor estritamente jurídico não é linear, acontecendo em regra ou através de outra norma (esta imediatamente jurídica) ou em resultado da sua integração num instituto ou instituição já de clara relevância imediatamente jurídica.

Assim, na norma técnico-jurídica, o conteúdo não é necessário em face da justiça, poderia ser um conteúdo diverso ou mesmo oposto, resultando portanto duma elaboração de valor jurídico-material neutro. Assim, p. ex., a normação sobre o trânsito, ou sobre a forma e efeitos de negócios jurídicos sobre determinados bens (*v. g.*: circulação pela esquerda, forma da celebração do casamento, registo como requisito de validade da hipoteca).

Homologamente, o tipo sancionatório para a violação do imperativo técnico-jurídico é menos extenso e intenso, traduzindo-se sobretudo em sanções meramente jurídicas (ver infra) ou, quando materiais, de mera ordenação social.

Assim, por vezes nem sequer às violações destas normas técnico-jurídicas são cominadas sanções materiais: se por exemplo a constituição de hipoteca voluntária não for celebrada por escrito como reconhecimento, tal, para a Justiça (aqui, mais a segurança jurídica), não é imediatamente relevante, apenas o sendo por força do enquadramento sistemático de tal

[27] Schroeder, Mark, «Value Theory». The Stanford Encyclopedia of Philosophy. Metaphysics Research Lab, Stanford University, 2016, pp. 34 ss.

conteúdo normativo num regime coerente de oneração das coisas imóveis; a sanção (invalidade) é meramente jurídica.

É que, se face à Ética são conaturais as dificuldades de delimitar o domínio das suas normas[28], face às normas axiológico-jurídicas o seu destinatário está necessariamente, por definição, constituído num dever jurídico, já face às normas técnico-jurídicas, frequentemente, o sujeito tem para si apenas um encargo: um ónus jurídico. Sendo ónus o comportamento proposto (o dever é imposto) mas necessário para realizar ou manter um interesse ou direito do onerado.

Exemplos de normas cuja qualificação como técnico-jurídicas é *prima facie*, clara (pois dispõem sobre a coordenação de atos jurídicos) – são as normas adjetivas ou não substantivas; contudo algumas logo se revelam rebeldes a este critério: são surpreendíveis em muitas regras de procedimento e de processo concretizações de princípios como o da audiência de todas as partes ou o da imparcialidade dos julgadores.

**...2. *Critério (da materialidade) do conteúdo da estatuição:***

- Normas de estatuição material (ou fáctica)
- Normas de estatuição jurídica

Versando o Direito sobre relações sociais, as suas normas apresentam geralmente nas suas estatuições um conteúdo real ou fáctico-jurídico.

Conteúdo que se traduz diretamente em comportamentos materiais: – o proibir a ultrapassagem a determinados veículos, o permitir a passagem, o devolver o bem, o satisfazer o crédito mediante a prestação do concerto, o impor a prestação de alimentos, o atribuir a casa de morada da família a um cônjuge por ponderação das necessidades de ambos e dos interesses dos filhos do casal.

Contudo, outras normas apenas reflexa ou mediatamente estatuem aqueles comportamentos, pois apenas dispõem imediatamente no plano normativo-jurídico.

[28] Cfr. Blackburn, Simon, *Error theory of ethics*. Macmillan Encyclopedia of Philosophy, 2nd Edition. [S.l.]: Macmillan, 2006.

Esta classe de normas de conteúdo jurídico-qualificatório produzem imediatamente, apenas efeitos qualificativo-jurídicos, muito embora estes permitam em último termo uma conservação ou uma modificação no plano fáctico jurídico (porque conforme já sublinhado o Direito exige por definição uma ubíqua dimensão de realidade).

Exemplos de normas de estatuição imediatamente apenas jurídica são as que definem o início e o termo da personalidade jurídica, da capacidade de gozo e de exercício de direitos, as que definem o casamento, o testamento, a promessa pública, as que definem as invalidades. Isto é, estamos no âmbito das definições, das classificações e outras categorizações que não se podem incluir no âmbito e conceito de normas-regras por oposição aos das normas-princípios[29].

### 1.3.3.2. Classificações relativas ao âmbito da norma

**...1. *Critério do âmbito material (ou substancial) da norma:***

- Normas gerais
- Normas especiais
- Normas excecionais

Uma mais relevante atenção deve ser dada à classificação resultante deste critério, desde logo porque à sua importância teórico-construtiva acrescem consequências práticas de vincada diversidade.

Normas gerais são as normas que, decorrendo de princípios gerais, regulam um aspeto das diversas situações ou relações integrantes duma área jurídica:

Têm portanto o âmbito material potencialmente mais vasto da área jurídica – sendo este âmbito restringido na medida do que disponham normas especiais ou excecionais.

As normas especiais, distinguem-se das gerais por uma dúplice razão:

[29] A natureza normativa dos princípios é em nós inato-axiomática, sequer carece de prova ou criterial contraposição a "regras" "definitivas", alexianas. Cfr. J. J. Gomes Canotilho, *Direito Constitucional e Teoria da Constituição*, 7.ª edição, Almedina, p. 1255; Robert Alexy, *Theorie der Grundrechte*, Suhrkamp Verlag, Frankfurt a. M., 1986, p. 91.

- Têm um âmbito material (substancial) restrito, ou seja: um âmbito menor do que aquele que a área jurídica potencia e que corresponde à norma geral[30];
- Têm um conteúdo que se afasta do (ou acresce ao) estatuído pela norma geral em virtude da verificada particularidade face ao tipo geral da situação jurídica.

As normas excecionais, por sua vez:

- Têm um âmbito material geralmente muito restrito;
- Têm um conteúdo que se opõe diretamente ao regime regra, em razão precisamente da excecionalidade da situação ou relação jurídica em causa face à generalidade das situações ou relações do mesmo tipo geral.

Esta classificação tem para a contraposição entre normas gerais e especiais uma macro-exemplificação sedimentada, no âmbito do Direito Civil. Assim, o Livro I (Parte Geral) é o complexo normativo onde podemos encontrar o maior conjunto coerente de normas gerais. O seu âmbito é transcendente ao Direito Civil na medida em que é subsidiário para o Direito Comercial, bem como, em último termo, para todo o Direito (p. ex. normas sobre aplicação e interpretação da lei).

Face a este conjunto de normas gerais logo o Livro seguinte (Das Obrigações) do CC é um conjunto de normas especiais relativamente às do primeiro.

Assim como o Direito Comercial é Direito especial face ao Direito Civil (Direito Privado Comum).

Mas, mais ainda, esta relação de especialidade pode ser progressiva desde o nível macro-estrutural até ao nível da norma singular:

O mesmo Livro II (Direito das Obrigações), ele próprio contém um complexo de normas gerais (Título I) face aos contratos em especial (Título II). E depois cada contrato em especial (p. ex.: sociedade; loca-

[30] Segundo o grau de abstração e densidade, as normas gerais são suclassificáveis, afastando-se dos princípios em classes e subclasses (gerais e especiais) até à subclasse das (normas-)"regras", finais ou definitivas.

ção) contém normas gerais (Cap. III, Secção I; e Cap. IV, Secção I, respetivamente) e especiais (Secção II a IV, e II a VIII, respetivamente).

Por outro lado, esta relação geral/especial ou excecional, acontece ao nível micro-estrutural ou seja, ao nível onde apenas se comparam normas entre si (e não partes de diplomas ou conjuntos coerentes de normas, conforme atrás se exemplificou entre partes gerais e especiais de codificações).

Assim, o art. 219.º CC, realizando o princípio da autonomia da vontade, contém a norma que prevê a consensualidade ou liberdade da forma negocial – é norma geral, valendo em todos os casos que não se enquadrem em norma excecional. Sendo normas excecionais as que impõem uma determinada forma como requisito de validade negocial[31].

A maior importância prática desta classificação manifesta-se, p. ex., na impossibilidade de aplicar analogicamente as normas excecionais; o que é admitido para os demais tipos de normas – art. 11.º CC.

**...2. *Critério do âmbito espacial (ou territorial) da norma:***

- Normas internacionais
- Normas da UE
- Normas estaduais
- Normas regionais
- Normas locais

[31] Cfr. no CC, p. ex., os arts.: 875.º ("Sem prejuízo do disposto em lei especial, o contrato de compra e venda de bens imóveis só é válido se for celebrado por escritura pública ou por documento particular autenticado"); 1143.º ("Sem prejuízo do disposto em lei especial, o contrato de mútuo de valor superior a 25 000 € só é válido se for celebrado por escritura pública ou por documento particular autenticado e o de valor superior a 2500 € se o for por documento assinado pelo mutuário"); 947.º ("1 – Sem prejuízo do disposto em lei especial, a doação de coisas imóveis só é válida se for celebrada por escritura pública ou por documento particular autenticado. 2 – A doação de coisas móveis não depende de formalidade alguma externa, quando acompanhada de tradição da coisa doada; não sendo acompanhada de tradição da coisa, só pode ser feita por escrito"). Note-se que a expressão "Sem prejuízo do disposto em lei especial" não transforma a norma excecional em norma geral, pois que se mantém exigência de forma, designadamente quando não haja lei especial e quando a lei especial (ou a duplamente excepcional) também exigir forma.

Conforme resulta evidente da formulação do critério, este distingue em função do âmbito territorial de vigência da norma.

Não sendo Portugal um estado federal (nem, tão pouco, plurinacional) não tem normas federais, enquanto a União Europeia não se reconhecer como modelo federal.

Em Portugal, sem regionalização, por normas regionais entendem-se apenas os decretos legislativos e regulamentares das regiões autónomas. As normas locais têm vigência apenas na circunscrição ou no território da autarquia: regulamentos autónomos ou posturas.

#### 1.3.3.3. Classificações relativas à característica da imperatividade da norma

...1. ***Critério do grau de imperatividade:***

- Normas injuntivas (cogentes ou diretamente imperativas)
  - » Preceptivas (exigentes de ação)
  - » Proibitivas (exigentes de omissão)
- Normas permissivas (ou dispositivas)
  - » Facultativas (ou permissivas puras)
  - » Supletivas

Razões homólogas às apresentadas para a distinção entre normas axiológicas e técnicas, se apresentam na presente classificação. É que, como para aquela, também para esta é preciso notar que a imperatividade nos termos supra expostos é característica essencial da norma jurídica (como naquela classificação a referência última ao valor da Justiça), o que não significa que todas as normas integrantes do sistema jurídico diretamente sejam imperativas e concomitantemente sejam específica e coativamente tuteladas. Ou seja, algumas normas jurídicas são apenas indireta ou mediatamente imperativas, são-no em virtude da sua integração sistemática; explorando este raciocínio se diz que estas caraterísticas qualificam essencialmente o sistema e não a norma jurídica.

...1.1. ***Normas injuntivas***

Normas injuntivas ou diretamente imperativas são as que estatuem uma conduta obrigatória para os previstos destinatários.

Obrigatoriedadecujainobservânciatememregracominadaumasanção.
O comportamento obrigado pode assumir a forma de uma ação ou de uma omissão e assim uma subclassificação:

**...1.1.1.** ***Injuntivas preceptivas (também ditas positivas ou*** exigentes de ação*)*

São as que estatuem, apontam, um comportamento positivo (um "*facere*", uma ação).

Este comportamento pode consistir na prática de atos como o de entregar a coisa doada (p. ex. art. 954.º/*b* CC) ou o de celebrar sob a forma de escritura pública determinados contratos[32].

**...1.1.2.** ***Injuntivas proibitivas (***exigentes de omissão)

São as que impõem um comportamento negativo (um "*non facere*", omissão, abstenção); ou seja proíbem uma conduta.

Como nas anteriores, o ato em causa pode ser apenas material, ou diretamente visar só ou também a produção de efeitos jurídicos, respetivamente: proibir a ultrapassagem a veículos pesados, ou proibir os pais e avós de venderem a filhos ou a netos sem consentimento dos demais destes: art. 877.º CC.

**...1.2.** ***Normas permissivas***

As normas permissivas não impõem um comportamento, diversamente: ou concedem poderes, ou contêm uma estatuição que pode ser afastada, sem sanção, pelos destinatários; por isto a subclassificação:

**...1.2.1.** ***Permissivas facultativas (ou permissivas puras)***

Estas normas estatuem facultando, autorizando, reconhecendo ou atribuindo direitos.

Os critérios subclassificatórios já apontados podem para aqui ser transpostos.

Assim, a conduta facultada pode ter uma natureza de simples ato jurídico[33] (p. ex. material: construir, plantar); ou pode consistir numa mani-

[32] Cfr. *infra* sobre as normas excecionais.

[33] Cfr. *infra* a classificação dos factos jurídicos.

festação de vontade, juridicamente relevante segundo o conteúdo desta manifestação (negócios jurídicos).

Igualmente, a conduta facultada pode apresentar-se estatuída sob a forma de uma ação, p. ex. art. 2188.º CC: "podem testar todos os indivíduos (...)". Mas, embora com pouca frequência, a conduta constante da estatuição da norma permissiva facultativa consiste numa omissão, p. ex. art. 963.º/2 CC: "O donatário não é obrigado a cumprir os encargos" para além "dos limites do valor da coisa ou do direito doado".

**...1.2.2. *Permissivas supletivas (ou externamente permissivas)***

Geralmente os contraentes expressam as cláusulas sobre os aspetos que têm por relevantes nos negócios que celebram.

Contudo pode posteriormente revelar-se necessária a regulação de outras matérias negociais: neste caso verifica-se uma lacuna (negocial) de omissão.

Sucede ainda que, por vezes, os contraentes entendem, aquando da celebração do negócio, que já estão regulados todos os aspetos necessários, só que, supervenientemente, um ou vários aspetos vêm a manifestar-se regulados de forma passível de diversas interpretações – *maxime* com sentidos mutuamente exclusivos, constituindo aqui lacunas negociais de colisão[34].

Prevendo estas carências, o legislador apresenta normas cuja aplicação está na disponibilidade dos seus destinatários – por isto são normas permissivas –: a norma supletiva só é aplicável se, da interpretação do negócio jurídico, não resultar uma (suficientemente inequívoca) manifestação de vontade em contrário.

A norma supletiva no seu conteúdo pretende verter a vontade que mais provavelmente as partes manifestariam caso tivessem previsto o aspecto não (ou não inequivocamente) regulado.

Mas a norma supletiva pondera com este interesse conjetural das partes um outro: o da intenção de maior justiça na regulação do tipo de situação.

[34] Cfr. *infra* a classificação das lacunas.

O peso específico destes dois interesses diverge em função da intensidade axiológico-jurídica das situações reguladas; por isto o conteúdo das normas supletivas pode ser predominantemente injuntivo ou, facultativo. Exemplo deste último tipo o art. 1027.º CC: "Se do contrato e respetivas circunstâncias não resultar o fim a que a coisa locada se destina, é permitido ao locatário aplicá-la a quaisquer fins lícitos, dentro de função normal das coisas de igual natureza".

E também os demais subcritérios classificatórios podem ter nelas aplicação, p. ex., podem estatuir uma conduta positiva ou negativa:

O comportamento estatuído é uma ação, p. ex.: "Se a doação for feita com o encargo de pagamento das dívidas do doador, entender-se-á a cláusula, na falta de disposição em contrário, como obrigando ao pagamento das que existirem ao tempo da doação" art. 964.º CC.

Menos frequentemente, o comportamento constante da estatuição é uma omissão, p. ex.: "Salvo disposição contratual em contrário, a falta de cumprimento das obrigações acessórias, não afeta a situação do sócio como tal" (= o sócio pode não prestar as obrigações acessórias) art. 287.º/4 CSC.

### ...2. *Critério da classe de sancionabilidade*

- Normas imperfeitas
- Normas menos-que-perfeitas
- Normas perfeitas
- Normas mais-que-perfeitas

Trata-se duma classificação oriunda (e controvertida: Ulpiano) da jurisprudência romana[35], e aparenta grande simplicidade[36]; tendo por critério a sancionabilidade penal e a civil por invalidade.

[35] Cfr. para o Direito Romano, entre nós, A. Santos Justo, *Direito Privado Romano, Vol. I – Parte Geral (Introdução. Relação Jurídica. Defesa dos Direitos)*, 2.ª ed., Stvdia Iuridica 50, Coimbra: Coimbra Editora, 2003, p. 80, onde apresenta esta classificação mas sem a categoria das *maius quam perfectae*. O estudo pelos cultores do direito que há dois milénios reuniu a Europa (753 a.C. da presumida criação de Roma até 565 d.C. com a morte do imperador oriental, e compilador do Direito, Justiniano) pode carrear recursos para o esteio de um direito privado europeu do século XXI, cfr. Glissen, John, *Introduction*

### ...2.1. *Normas imperfeitas*

São aquelas para cuja violação não é cominado qualquer tipo de sanção específica.

Costumam apontar-se como exemplos desta classe as normas constitucionais programáticas e outras no campo da competência dos órgãos da soberania.

Mas não se podem subestimar, de barato, os mecanismos constitucionais de controlo de constitucionalidade (mais: o défice de atenção dada ao controlo por omissão transcende o jurídico e é sobremodo politicamente condicionado).

### ...2.2. *Normas menos-que-perfeitas*

Para a violação destas normas é cominada apenas uma sanção penal[37] geralmente porque a sanção da invalidade não é possível (p. ex.: se já fumou em local proibido – trata-se dum ato material sem efeitos passíveis do "apagar" por invalidade do ato), ou não é adequada[38].

*Historique au Droit,* Bruxelas: Bruyant, 1979 – trad. A. M. Hespanha/ M. M. Malheiros, 2.ª ed., Lisboa: FCG, 1986, pp. 18, 20, 80, 203 e ss.
Franz Wieacker, *História do Direito Privado Moderno,* Lisboa: F. C. G., 1980 pp. 1, 38, 80 e ss.
Após Alvaro D'Ors, Sebastião Cruz, *Direito Romano,* 4.ª ed., Coimbra: ed. do Autor, 1984, pp. 113 e ss; Vieira Cura, A., *Compra e venda e transferência da propriedade no direito romano clássico e justinianeu (A raiz do* «sistema *do título e do modo*»*), in* Volume Comemorativo do 75.º Tomo do BFDUC, 2003, pp. 69-112.

[36] E controvertida, designadamente por Ulpianus. Cfr. Santos Justo, *Direito Privado Romano,* Vol. I – Parte Geral, op. e loc. cit.

[37] Em sentido impróprio ou latíssimo, face à clara distinção hoje, no Direito positivo português, entre Direito Penal e Direito Contraordenacional. Assim, neste latíssimo sentido, a sanção penal será tanto a própria sanção penal privativa da liberdade e a multa, como ainda a coima (cfr. infra) e a sanção disciplinar.

[38] Designadamente para proteger interesses do outro contraente ou de terceiro. No primeiro caso, exemplo de escola: à venda de mercadoria fora do horário normal é cominada apenas a coima ao vendedor; no segundo, a proteção (a favor dum terceiro, adquirente de boa-fé) contra a nulidade do negócio de aquisição (do direito) pelo sujeito que depois vende àquele terceiro.

...2.3. *Normas perfeitas*

São as normas para cuja violação o ordenamento jurídico comina a não produção de quaisquer efeitos jurídicos, pela consideração do ato como juridicamente inválido.

Mas além da sanção jurídica não é cominada uma sanção "penal".

...2.4. *Normas mais-que-perfeitas*

São as que implicam para além da invalidade do ato a imposição de uma sanção penal.

#### 1.3.3.4. Classificações relativas à estrutura da norma

...1. ***Critério de completude lógico-estrutural***

- Normas completas (ou finais)
- Normas incompletas (ou instrumentais)

Rejeitámos já um conceito de sistema jurídico atomístico, ou seja, nunca uma qualquer norma pode ser aplicada sem que com ela esteja a ser interpretado/aplicado um complexo normativo e em último termo todo o sistema. Por isto preferimos aqui esta terminologia classificatória a uma outra de autónomas e não autónomas, sendo distinção que lhe é muito próxima no sentido amplo que a entendemos.

...1.1. *Normas completas*

São normas completas aquelas que apresentam definitivamente uma previsão e também acabadamente apontam a respetiva consequência jurídica – a estatuição[39].

...1.2. *Normas incompletas (instrumentais ou formativas)*

Trata-se das normas que carecem do recurso a outras normas para que a sua previsão ou a sua estatuição (geralmente esta) se tenham por total-

[39] As que contêm em si um sentido e um alcance de eficácia completos. Bem se vê que o critério desta classificação varia em função da fronteira do que se considera estatuição.

mente delimitadas; ou que não contenham de todo um dos elementos estruturais[40].

...1.2.1. ***Normas remissivas***

Não contendo estatuição material, a função desta classe de norma é remeter para a estatuição de outra norma – p. ex.: artigos 939.° CC, 962.°/2 CC e 1206.° CC. Entendida esta categoria em sentido amplo poder-se-ão nela incluir as normas de Direito Internacional Privado (cfr.: arts. 14.° e ss. CC).

...1.2.2. ***Normas sobre a interpretação jurídica***

A norma sobre a interpretação aponta os critérios gerais de interpretação e aplicação das normas do sistema jurídico – p. ex.: art. 9.° e ss. CC e 236.°e seg. CC (interpretação e integração da lei, e interpretação e integração de negócio jurídico, respetivamente).

...1.2.3. ***Normas interpretativas (de preceitos especificados)***

A norma interpretativa clarifica ou fixa o sentido e alcance de outras normas ou de declarações de vontade juridicamente relevantes. A norma interpretativa não pode inovar nem corrigir o sentido da norma interpretada. Assim, temos como seus exemplos:

...1.2.3.1. ***Normas interpretativas de leis***

Em amplo sentido, cabem na classe de normas interpretativas da lei:

*a*) As definições legais. Quando uma norma apresenta a definição de expressão utilizada em uma ou várias leis, é dita definição legal – p. ex.: arts. 202.° a 212.°, 355.°/2 e 4 do CC.

[40] Sobre a incompletude ou instrumentalidade de uma norma e natureza da estatuição, atente-se que, em muitas normas incompletas, é surpreendível uma estatuição jurídica. Veja-se que as definições e as classificações carecem de outras normas que apontem as consequências para os factos juridicamente definidos ou classificados. Exemplificando na definição legal de presunção jurídica: quando a lei ou o julgador, por ilação, obtém ou fixa um facto desconhecido a partir de um facto conhecido (previsão), realiza uma presunção (esta é a estatuição de natureza jurídica) – cfr. art. 349.°; e como sequência o art. 351.°, ambos do CC.

*b*) As classificações legais. – p. ex.: arts. 203.º, 212.ª/2, 216.º/2, 217.º/1, 355.º/1.º do CC.

*c*) As leis interpretativas. A lei é interpretativa, quando esclarece (incluindo ou não definições legais) exclusivamente a formulação de uma determinada lei já vigente. (v. art. 13.º CC).

**...1.2.3.2.** ***Normas interpretativas de declarações de vontade (não público-normativas)***

Estas normas fixam o sentido de expressões utilizadas por sujeitos jurídicos privados (ou por quaisquer sujeitos, sem, ou fora, do exercício de competência legislativa ou regulamentar). Em regra, são normas que fixam um sentido para declarações (de vontade negocial) dúbias, emitidas por sujeitos particulares. São frequentes no Direito das Obrigações e no Direito das Sucessões (p. ex.: arts. 2262.º e seg. CC).

## 1.4. A Tutela do Direito e dos direitos

A garantia da vigência do Direito é dada pelos meios da sua tutela. A forma mais intensa de tutela, a última (mas característica e necessária) das formas de proteção do Direito e dos direitos, consiste no uso da força. A coercibilidade, reside exclusivamente nos órgãos legalmente dotados dessa competência, conforme aponta o art. 1.º do CPC:

"A ninguém é lícito o uso da força com o fim de realizar ou assegurar o próprio direito, salvo nos casos e dentro dos limites da lei".

Pela permissão da exceção à regra da estadualidade da coação, contida na parte final desta disposição, são admitidos positivamente alguns meios de tutela privada (ou autotutela); vejamos um quadro dos meios jurídicos de tutela, não o restringindo, portanto, aos meios coercivos:

| Tutela | privada (ou autotutela) |
|---|---|
| | arbitral (ou heterotutela privada)[41] |
| | pública (ou heterotutela pública) |

[41] Na arbitragem voluntária o(s) árbitro(s) é(são) designado(s) por acordo entre as partes em litígio. A deliberação do tribunal arbitral tem a mesma força que uma sentença judicial de 1.ª instância e é passível de recurso para o tribunal da relação, excerto se as partes convencionaram exclui-lo. A importância desta forma de composição de litígios

| | |
|---|---|
| Privada Civil | *direito de resistência – art. 21.º CRP* |
| | ação direta – art. 336.º CC |
| | legítima defesa – art. 337.º CC |
| | estado de necessidade – art. 339.º CC |
| | *exceção de não cumprimento contratual – art. 428.º CC* |
| | *direito de retenção – art. 754.º CC* |
| | *revogação do negócio ou do contrato – arts. 1170.º ss;* 265.º/2, 406.º, 448.º CC |
| | resolução do contrato – arts. 432.º e 437.º CC |
| Penal | legítima defesa – art. 32.º C. Penal[42] |
| | direito de necessidade – art. 34.º C. Penal |
| | estado de necessidade desculpante – art. 35.º C. Penal[43] |

Segundo o critério da atuação do meio de tutela face ao momento da violação do direito ou da norma, teremos:

resulta logo das suas simplicidade e celeridade para além da competência especializada do árbitro. Designadamente os centros de arbitragem de conflitos de consumo entre os consumidores e prestadores de bens ou serviços. Há centros de arbitragem de conflitos de consumo de competência genérica e centros de competência específica. Os centros integram pelo menos um tribunal arbitral, composto por um árbitro e por um serviço de informação e consulta jurídicas. Assim, um consumidor após informação e consulta pode no Centro apresentar uma reclamação e o serviço
de apoio promove um acordo entre as partes (fase de mediação). Caso este não se consiga, promove uma conciliação e se esta se verificar é registada em ata homologada pelo árbitro. Se a conciliação não se obtiver passa-se à fase da arbitragem na qual as partes começam por subscrever declaração de que aceitarão a decisão arbitral, que julgará face ao direito aplicável ou segundo a equidade quando as partes assim concordarem.

[42] "Constitui legítima defesa o facto praticado como meio necessário para repelir a agressão atual e ilícita de quaisquer interesses juridicamente protegidos do agente ou de terceiro".

[43] Estes dois últimos meios de autotutela são distintos quer entre si (o primeiro é uma causa de exclusão da ilicitude penal, enquanto o segundo apenas exclui a culpa), quer face ao estado de necessidade de relevo apenas civil (quer quanto à ilicitude – é lícito –, quer quanto à sanção) consagrado no ref. art. 339.º do CC (p. ex.: destruir a retaguarda do veículo alheio para impedir a destruição de uma valiosíssima pintura própria).

- Preventiva
- Compulsiva
- Sancionatória

Desenvolvendo, será:

| | | |
|---|---|---|
| • Preventiva | geral | militar |
| | | de polícia ou paramilitar |
| | | meramente administrativa |
| | especial | formalidades notariais e registrais |
| | | autorizações administrativas |
| | | procedimentos cautelares |
| | | medidas de segurança[44]. |

- Compulsiva – ocorre após o início da violação da norma, mas antes do seu termo e ainda admitindo o cumprimento como provável.
  *v.g.*: o impor uma coima ou uma dívida de montante crescente na razão do prolongamento do tempo de mora da obrigação tributária; o direito de retenção; a exceção de não cumprimento do contrato.
- Sancionatória – tem lugar após a violação da norma ou do direito subjetivo.

**Sancionatória jurídica civil**

- **Inexistência** – *V.:* artigo 1628.º CC; e ainda por nós, todavia sem unanimidade doutrinal, o 245 e sg. CC[45]
- **Ineficácia** – Invalidades » *nulidade – art. 286.º CC*
  » *anulabilidade – art. 287.º CC*

[44] Como outras preventivas e as compulsivas, esta assume também função sancionatória.

[45] Diversamente da nulidade, cf. art. 293.º CC, não se admite conversão nem redução de negócio sancionado com inexistência jurídica.

- Caducidade – arts. 296.º e 328.º ss.; 1051.º, 1174.º, 1716.º CC[46]
- Prescrição – arts. 296.º e 300.º ss; 1287.º CC[47]
- Resolução – arts. 432.º ss; 891.º; 1047 ss.; 1222.º CC[48]
- Revogação – arts. 230.º; 235.º; 265.º; 970.º ss; 1170.º ss CC
- Denúncia –arts. 1099.º, 1110.º, 1201.º CC[49] art. 400.º CT;

- Impugnação pauliana – art. 610 ss. CC[50].

[46] O direito ou relação jurídica "morre" *per se*: cessa não retroativamente pelo transcurso de um prazo que lhe finda a eficácia ou pela extinção de um pressuposto de eficácia da relação jurídica.

[47] O facto "mata" o direito: extingue-se o direito em consequência do facto de não ser exercitado durante determinado período de tempo em regra sem suspensão ou interrupção.

[48] A resolução é uma forma de extinção contratual, unilateral, pois é manifestada através de declaração de vontade à contraparte, fundamentada em alteração anormal da base negocial que não permite o cumprimento ou que atinge, total ou muito relevantemente, o equilíbrio das prestações das partes contratantes, pelo que tem, em geral, efeito *ex tunc*.

[49] Forma de extinção negocial *ex nunc* por cessação declaração extintiva, por força do princípio da boa-fé, há que ser comunicada à contraparte com o prazo de antecedência relevante face à data de produção de efeitos cessacionais, de modo a não lesar as expectativas desta, sendo satisfaciente de interesses daquele. O contexto contratual da sua admissibilidade implica que não carece de ser justificada para ser válida esta forma de cessação unilateral de contrato de execução duradoura – máxime do contrato de trabalho. Opera por comunicação da parte que não quer a subsistência do contrato dirigida à outra parte, constituindo assim uma declaração de denúncia contratual.

[50] São pressupostos ou requisitos gerais da impugnação pauliana: 1) a existência de um crédito; (ii) a anterioridade deste face ao ato a impugnar – ou, sendo posterior, que o ato tenha sido doloso com o fim de impedir a satisfação do direito do futuro credor; (iii) que do acto resulte a impossibilidade da satisfação integral do crédito, ou o seu agravamento; iv) que o ato gerador de prejuízos para o credor seja de natureza gratuita ou que sendo ato oneroso, tenha havido ainda a má-fé, para o que não basta o conhecimento da precária situação patrimonial do devedor nem se exigindo intenção de prejudicar; exige-se que o devedor e o terceiro tenham a consciência da suscetibilidade de causar prejuízo ao credor.

**Sancionatória material**

- **civil** – cumprimento coativo
  – reconstituição – *específica (natural) art. 562.º CC*
  – *não específica (sucedâneo ou equivalente pecuniário) art. 566.º CC*
  – compensação por danos morais (ou não patrimoniais) art. 496.º CC
- **penal** – penas
  – medidas de segurança[51]
- **contraordenacional** (ou mera ordenação social) – coimas[52]

### 1.4.1. Sobre a nulidade e a anulabilidade

Cabe aqui apontar as características gerais e essenciais da nulidade e da anulabilidade.

#### ...1. *Nulidade*

I. Opera "*ipso ivre*", ou seja, imediatamente por força da lei É desnecessária sentença judicial e é declarável oficiosamente pelo tribunal em qualquer processo onde se encontrem os elementos necessários para a sua verificação (art. 286.º CC).

II. É invocável por qualquer pessoa interessada – por sujeito de qualquer relação jurídica afetada na sua relevância jurídica ou prática pelo ato nulo (art. 286.º CC).

III. É insanável pelo decurso do tempo, ou seja, há possibilidade de invocá-la a todo o tempo, sem dependência de prazo (art. 286.º CC). Obviamente pode não ter é efeito prático a partir de determinados momentos, como p. ex. a verificação da usucapião do direito invalidamente transmitido.

IV. É insanável através de confirmação (art. 288.º CC "*a contrario*"). Não se confunde confirmação de ato com renovação uma vez que esta não tem efeitos legais com retroatividade ao momento do ato nulo, desde logo.

[51] Cfr. *infra* o texto sobre o Direito Penal enquanto ramo de Direito.

[52] Cfr. *infra* o texto sobre o Direito de mera Ordenação Social ou Direito Contraordenacional enquanto ramo de Direito.

Assim, o negócio nulo não produz desde a sua celebração os efeitos que visava.

A gravidade dos regime e efeitos da nulidade funda-se em razões de interesse público e de certeza e segurança negociais.

### ...2. *Anulabilidade*

Diversamente, o negócio anulável, apesar da falta ou vício de um seu elemento, produz os efeitos que visava, sendo tratado como válido enquanto, e se, não for exercido o direito potestativo de anular por via de ação ou de exceção.

Por outro lado, a menor gravidade dos seus regime e efeitos funda-se nas razões de interesse predominantemente particular que os requisitos violados visam tutelar.

Do artigo 287.º e seg., resulta:

I. A anulabilidade tem de ser invocada por pessoa com legitimidade para tal, através de específica ação judicial (ou por via de exceção), não podendo ser declarada oficiosamente pelo tribunal.

II. Só pode ser invocada pelas pessoas para cujos interesses a lei a estabelece ou pelas que a lei indique (*v.g.* arts. 125.º, 254.º CC).

III. É sanável pelo decurso do tempo; isto é, uma vez decorrido o prazo regra de um ano, ou outro especialmente previsto, já não pode o negócio ser anulado.

No caso de o negócio não se encontrar cumprido não há prazo para a arguição; e só se iniciará contagem do prazo a partir do momento da cessação do vício que fundamenta a invalidade (desde o conhecimento do erro ou do dolo, da cessação da coação ou do estado de necessidade ou dependência, etc.) – isto, caso a lei não aponte igualmente outro regime.

IV. É sanável mediante confirmação, tendo legitimidade para tal a pessoa a quem a lei atribuir o direito de anulação.

### ...3. *Efeitos da declaração de nulidade e da anulação*

I. Operam retroativamente

II. Em consequência, deve repor-se o estado de coisas anterior ao negócio, devendo ser restituído tudo o que tiver sido prestado, ou, se a restituição em espécie não for possível, deve prestar-se o valor correspondente.

III. Excecionalmente, a lei protege o interesse de terceiros de boa-fé, como por força do art. 291.º e/ou do 243.º do CC[53].

### 1.4.2. Regimes gerais

Nulidade:
- Falta da vontade – 240.º/2, 245.º, 246.º CC Vícios de forma – 220.º CC
- Vícios do objeto – 280.º CC Contrariedade à lei – 294.º CC

Anulabilidade:
- Incapacidades de exercício – 125.º CC
- Vícios da vontade e divergências não absolutas entre vontade e declaração – (erro, dolo, coação, incapacidade acidental 247.º ss CC)

[53] Além destes regimes gerais de proteção, são estatuídos regimes especiais e excecionais, cfr., p. ex., os arts. 892.º e 956.º do CC.

## SÚMULA CAPITULAR

### 1. DO SISTEMA JURÍDICO

#### 1.1. Aproximação à Noção de Direito

- A presença do Direito sente-se, sobremodo, através da imperatividade da lei ou da sentença judicial.
- Contudo, o Direito não se assume em primazia como uma estrutura sancionatória-penal ou incindível do patológico; pois o Direito é, antes de mais, estrutura de, e para a, justiça, a ordem e a paz sociais.

**Sentidos da expressão "direito"**

- Subjetivo – situação jurídica concreta de vantagem (poderes ou faculdades de fazer ou não fazer, de exigir ou de pretender);
- Normativo – conjunto dos princípios e das normas criadoras ou reveladoras de organizações, funções, faculdades, direitos e deveres;
- Objetivo – complexo normativo (princípios e normas) e toda a realidade juridicamente relevante, constituindo o sistema ou subsistema jurídico.

**Noção de Direito:**

Sistema normativo social, coativamente protegido porque mobilizado à realização da Justiça.

#### 1.2. Características e Estrutura do Sistema

Aspetos essenciais do sistema normativo:

– Uma ordem de elementos;

– Uma unidade de sentido normativo.

Características especiais do sistema jurídico:

– Abertura;

– Heterogeneidade estrutural,

– Teologicidade natural – ordenamento social de Justiça.

**1.2.1. Abertura do sistema: preserva direitos e estatutos ou situações e orienta normativamente a evolução destas situações e, (ainda o sistema) reconstrói-se permanentemente em interação com a realidade extra-sistemática**

**1.2.2. Heterogeneidade estrutural**

A – Princípios

B – Normas

C – Realidade sócio-jurídica

**...1. *Estrutura heterogénea tridimencional***

**...2. *Formulações legais típicas da estrutura normativa***

**1.2.2.1. Os princípios e o debate: Direito natural "versus" Direito positivo**

**1.2.2.2. Normas (remissão)**

**1.2.2.3. Realidade jurídica**

A realidade jurídica é essencialmente distinta dos princípios e das normas pois não comunga da natureza de normatividade destes.

A realidade jurídica manifesta-se:

- Momentaneamente – Aplicação individual e concreta da abstrata normatividade.
- Duradouramente – Relações jurídicas duradouras concretas. Instituições e associações e pessoas singulares públicas e privadas.

**1.3. A Norma Jurídica (Teoria geral da norma jurídica)**

**Noções de normas e posição adotada**

**1.3.1. Estrutura da norma**

**– *A previsão (ou hipótese)***

A previsão é o primeiro elemento lógico-estrutural da norma.

**– *A estatuição***

Resultado da implicação que o Direito impõe, sempre que se verifique a previsão.

**– *A sanção***

A reação cominada ao não cumprimento da estatuição.

**13.2. Características formais ou externas das normas**

**...1. *Generalidade***

A norma jurídica tem por âmbito subjetivo de aplicação uma generalidade de membros da comunidade jurídica

**...2. *Abstração***

A norma abstrai da particularidade de cada caso; dirigindo-se a categorias ou tipos de factos.

**...3. *Imperatividade***

Ou obrigatoriedade. A norma é um comando ou ordem a acatar pelos destinatários da respetiva previsão.

**1.3.3. Classificações das normas jurídicas (*lato sensu*)**

**1.3.3.1. Classificações relativas ao conteúdo da norma**

**...1. *Critério do grau de juridicidade da norma:***

Normas axiológicas

Normas técnicas

**...2. *Critério do conteúdo da estatuição:* Normas de estatuição material e jurídica**

**1.3.3.2. Classificações relativas ao âmbito da norma**

**...1. *Critério do âmbito material (substancial) da norma:***

Normas gerais

Normas especiais

Normas excecionais

**Normas gerais**

Têm o âmbito material potencialmente mais vasto da área jurídica. Âmbito que só é restringido quando existam normas especiais ou excecionais.

**Normas especiais**

Distinguem-se das gerais por uma dúplice razão:

- têm um âmbito material menor que aquele que a área jurídica potencia;
- têm um conteúdo que densifica a norma geral.

**Normas excepcionais**

- têm um âmbito material geralmente muito restrito;
- têm um conteúdo que se opõe diretamente ao regime regra, em razão da excecionalidade da relação jurídica em causa face à generalidade das relações do mesmo tipo geral.

**...2. *Critério do* âmbito *espacial da norma***

Normas internacionais

Normas da UE

Normas estaduais

Normas regionais

Normas locais

**1.3.3.3. Classificações relativas à característica da imperatividade da norma**

**...1. *Critério do grau de imperatividade:***

Normas injuntivas (cogentes ou diretamente imperativas)

» Preceptivas

» Proibitivas

Normas permissivas (ou dispositivas)

» Facultativas (ou permissivas puras)

» Supletivas

**...1.1. *Normas injuntivas***

Estatuem uma conduta obrigatória para os destinatários.

**...1.1.1. *Injuntivas preceptivas***

Estatuem, apontam, um comportamento positivo (um "*facere*", uma ação).

**...1.1.2. *Injuntivas proibitivas***

Impõem um comportamento negativo (um "*non facere*", omissão, abstenção), ou seja, proíbem uma conduta.

**...1.2. *Normas permissivas***

Concedem poderes ou contêm estatuição afastável pelos destinatários.

**...1.2.1. *Permissivas facultativas (ou permissivas puras)***

Facultam, autorizam, reconhecem ou atribuem faculdades ou direitos.

**...1.2.2. *Permissivas supletivas (ou externamente permissivas)***

Só são aplicadas se, da interpretação do negócio jurídico, não resultar uma (suficientemente inequívoca) manifestação de vontade em contrário.

**...2. *Critério da classe de sancionabilidade***

Normas imperfeitas – sem qualquer sanção específica

Normas menos-que-perfeitas – têm apenas sanção penal

Normas perfeitas – têm apenas sanção civil (v. invalidade)

Normas mais-que-perfeitas – têm sanção civil e penal

**1.3.3.4. Classificações relativas à estrutura da norma**

**...1. *Critério de completude lógico-estrutural (completas e incompletas)***

**...1.1. *Normas completas – têm previsão e estatuição***

**...1.2. *Normas incompletas – têm incompletas a previsão e ou a estatuição***

**...1.2.1. *Normas remissivas* – remetem para estatuição de outra norma**

**...1.2.2. *Normas sobre interpretação* – v. arts. 9.º e 236.º CC**

**...1.2.3. *Normas interpretativas* – esclarece normas legais ou contratuais**

**...1.2.3.1. *Normas interpretativas da lei***

*a)* As definições legais;

*b)* As classificações legais;

*c)* As leis interpretativas. – 13.º CC.

**...1.2.3.2. *Normas interpretativas de declarações contratuais***

**1.4. A Tutela do Direito e dos direitos**

A garantia da vigência do Direito é dada pelos meios da sua tutela.

A mais intensa tutela é o uso da força. Pelo que impõe o art. 1.º do CPC: "A ninguém é lícito o uso da força com o fim de realizar ou assegurar o próprio direito, salvo nos casos e dentro dos limites da lei".

**Tutela**
- privada (ou autotutela)
- arbitral (ou heterotutela privada)
- pública (ou heterotutela pública)

**Privada civil**
- direito de resistência – art. 21.º CRP
- ação direta – art. 336.º CC
- legítima defesa – art. 337.º CC
- estado de necessidade – art. 339.º CC
- exceção de não cumprimento contratual – art. 428.º CC
- direito de retenção – art. 754.º CC
- revogação do negócio – arts. 265.º/2, 406.º, 448.º CC
- resolução do contrato – arts. 432.º e 437.º CC

**Privada penal**
- legítima defesa – art. 32.º C. Penal
- direito de necessidade – art. 34.º C. Penal
- estado de necessidade desculpante – art. 35.º C. Penal

Segundo o critério temporal da atuação do meio de tutela face ao da violação:

**Preventiva geral**
- militar
- de polícia ou paramilitar
- meramente administrativa

**Especial**
- formalidades notariais e registrais
- autorizações administrativas
- procedimentos cautelares
- medidas de segurança

**Compulsiva** – após o início da violação, mas antes do seu termo

**Sancionatória** – com, ou após, a violação da norma ou do direito subjectivo.

**Desenvolvendo a última, mais relevante:**

**Sancionatória jurídica**
- *Inexistência* – inconstitucionalidade sucessiva; art. 1628.º CC
- *Ineficácia*

- invalidades
  - » nulidade – art. 286.º CC
  - » anulabilidade – art. 287.º CC

– caducidade – arts. 1051.º; 1174.º; 1716.º CC
– prescrição – art. 1287.º CC
– resolução – arts. 432.º ss; 891.º; 1047 ss.; 1222.º CC
– revogação – arts. 230.º; 235.º; 265.º; 970.º ss 1170.º ss CC

**Sancionatória material**

– cumprimento coativo
– material

- *reconstituição específica (natural) – art. 562.º CC*
- *reconstituição não específica – sucedâneo ou equiv. pecuniário – art. 566.ºCC*
- *compensação por danos não patrimoniais – art. 496.º CC*

**Sancionatória penal**

– penas
– medidas de segurança

**Sancionatória contraordenacional (ou de mera ordenação social)** – coimas

**1.4.1. Nulidade e anulabilidade**

**...1. *Nulidade***

**I. Opera "*ipso ivre*", ou seja, imediatamente por força da lei (art. 286.º CC).**

**II. É invocável por qualquer pessoa interessada – por sujeito de qualquer relação jurídica afetada na sua relevância jurídica ou prática pelo ato nulo (art. 286.º CC).**

**III. É insanável pelo decurso do tempo, ou seja, há possibilidade de invocá-la a todo o tempo, sem dependência de prazo (art. 286.º CC).**

**IV. É insanável através de confirmação (art. 288.º CC "*a contrario*").**

**...2. *Anulabilidade***

Produz os efeitos que visava, sendo tratado como válido se não for exercido o direito potestativo de anular por via de ação ou de exceção.

**I. A anulabilidade tem de ser invocada por pessoa com legitimidade para tal, através de específica ação judicial, não podendo ser declarada oficiosamente pelo tribunal.**

**II. Só pode ser invocada pelas pessoas para cujos interesses a lei a estabelece ou pelas que a lei indique (v. g. arts.: 125.º, 254.º CC).**

**III. É sanável pelo decurso do tempo; isto é: decorrido o prazo de um ano, ou de outro especialmente previsto, já não pode ser anulado o negócio.**

**IV .É sanável mediante confirmação por quem a lei apontar.**

***...3. Efeitos da declaração de nulidade e da anulação***

**I. Operam retroativamente.**

**II. Em consequência, deve repor-se o estado de coisas anterior ao negócio.**

**III. Excecionalmente, a lei protege o interesse de terceiros de boa-fé**
– entre muitos exemplos, ver as regras dos arts. 291.° e o 243.° do CC.

## 1.4.2. Regimes gerais

**Nulidade**

– Divergências absolutas entre a vontade e a declaração – 240.°/2 CC;

– Vícios de forma – 220.° CC;

– Vícios do objeto – 280.° CC;

– Contrariedade à lei – 294.° CC.

**Anulabilidade**

– Incapacidades de exercício – 125.° ss CC – (menoridade, inabilitação, interdição, incapacidade acidental)

– Vícios da vontade – 251.° ss. CC (erro, dolo, coação moral).

**1.5 Justiça, Estado e Moral**

**1.5.1. Justiça**

**1.5.2. Estado (Pluralismo jurídico – Direito, Sociedade e Estado)**

**1.5.3. Moral (Moral. Dos "códigos de ética empresarial")**

# 2.
# Ramos do Direito – Macro Divisão Material do Sistema

As plúrimas matérias que compõem o sistema jurídico são em regra estudadas e tratadas pelos diversos cultores jurídicos como se de uma árvore se tratasse – segundo a estilística, uma imagem de tal sistema.

Em sequência, na nossa imagem, a árvore será, holisticamente, todo o sistema jurídico (princípios, normas, realidade sociojurídica). A seiva que as raízes geram, será a energia das ideias fundamentais que se transforma em matéria como conjunto orientado coerentemente dos princípios jurídicos fundamentais comuns a todas as árvores (ordens jurídicas) – princípios jusnaturalísticos porque fundados na ideia de justiça onde só uma humanidade digna, logo porque racional, funda a razão da respetiva organização na opção natural pela ordem (e não pelo caos[54]) e paz (harmonia) que desenvolve uma árvore viva e frutificante, mas sensível à terra e ao tempo que varia mas que faz suceder a Primavera a cada Inverno[55] da vida. O tronco já visível porque positivado complexo normativo dos princípios gerais comuns a todos os ramos do Direito. Após o tronco, os dois primeiros ramos, serão o Direito Internacional e o direito estadual português. Subdividindo-se o Direito Internacional em geral ou comum e em regional, especial ou particular a alguns Estados. E subdividindo-se o direito estadual português nos muitos ramos de direito público e

[54] J. L. Brierly, *The Law of Nations, 6.ª ed., Oxford: Clarendon Press, 1963 – trad. de Almeida, M. C., Direito Internacional*, 4.ª ed., Lisboa: F. C. G., 1979, p. 55.

[55] V. a recorrência bélica mundial como determinante da derrocada positivista, entre nós referida em J. M. Silva Cunha, *Direito Internacional Público*, Tomo I, 2.ª ed. Coimbra: Coimbra Editora, 1967, p. 90. Nas proximidades de Castanheira Neves, Rodrigues Queiró e, nesta sede, A. A. Soares, *Lições de Direito Internacional Público*, 4.ª ed., Coimbra: Coimbra Editora, 1988, pp. 27 e ss.

direito privado – mas que não vivem isolados pois tocam-se permanentemente nas brisas e vendavais que aplacam e resolvem os conflitos sociais que reclamam justiça; justiça votada ao desenvolvimento da humanidade e da Terra que acolhe as árvores.

***Direito Internacional e Direito Interno***

A primeira grande divisão a fazer no sistema jurídico – *maxime* dentro do grande e variado conjunto das normas jurídicas criadas ou reconhecidas e aplicáveis em Portugal – é a que distingue entre o conjunto normativo de Direito Internacional Público e o complexo jurídico-normativo interno (Direito Interno ou Direito português)[56].

## 2.1. Do Direito Internacional

Conforme *supra* na classificação das normas segundo o seu âmbito territorial, o complexo normativo com maior âmbito espacial no mundo do jurídico é o Direito Internacional Público[57].

A história do Direito Internacional, não segundo o conceito moderno, pode ser encontrada a génese escrita, segundo A. Altman[58], na Acádia,

[56] Antes desta, seria quiçá oportuno apresentar a classificação dos direitos no mundo atual segundo as Famílias de Direito, dado que estas não apenas se distinguem entre si ao nível do direito interno como ainda ao nível da compreensão que assume do próprio direito internacional a que se vinculam. Assim teríamos a família dos direitos romano-germânicos subdivisível nas subfamílias romanística (à qual o direito português pertence), germanística e nórdica; assumindo, assim ainda, como família de geogénese europeia a anglo-saxónica ou da *common law* e, como não europeias, a islâmica, a hindu, a africana e a extremo-oriental. V., entre nós, C. Ferreira Almeida, *Introdução ao Direito Comparado*, 3.ª ed., Coimbra: Almedina, 2013, pp. 37 e ss.

[57] Em regra, e conforme a doutrina corrente, designá-lo-emos abreviadamente por Direito Internacional. E a primeira questão nesta sede será sobre se o Direito Internacional existe *per se* – deixemo-la para sede própria. Cfr. A. G. Pereira, F. Quadros, *Manual de Direito Internacional Público*, 3.ª ed., reimp. 2007; J. Miranda, *Curso de Direito Internacional Público*, 3.ª ed., Cascais: Principia, 2006; J. B. Gouveia, *Manual de Direito Internacional Público*, 2.ª ed., Coimbra: Almedina, 2005; N. Q. Dinh, P. Daillier, A. Pellet, *Droit International Public*, 7.ª ed., *Paris: Librairie Générale de Droit et Jurisprudence*, 2002; Ipsen Knut, *Völkerrecht*, 5.ª ed., Munique: Beck Verlag, 2005.

[58] Altman, Amnon. "Tracing the Earliest Recorded Concepts of International Law – (2) The Old Akkadian and Ur III Periods in Mesopotamia" Journal of the History of International Law. 2005. 7: 115–136.

entre 2300 e 2200 AC, quando este império registou convenções entre dois povos.

***Noção***

Os critérios modernos que pretendem esclarecer aquela primeira grande divisão e definir o normativo que pertence ao Direito Internacional são vários e controvertidos. Mas diremos que se reconduzem, fundamentalmente, a duas classes: 1.ª *a)* aos sujeitos (Estados ou organizações internacionais); 1.ª *b)* formas de criação (o Direito Internacional cria-se, sobretudo, por convenções internacionais – mas estas, antes, definem-se com as que se estabelecem entre ... sujeitos de Direito Internacional); 1.ª *c)* ao objeto (o Direito Internacional regula as situações internacionais – contudo para definir estas, diz-se que são as relações que se estabelecem entre... sujeitos de Direito Internacional); 2.ª) à (muito diversa) vigência (e eficácia) das sanções às violações do Direito Internacional – mas consideramos esta, apesar de indelével, na dimensão homóloga à do estatuto da coercibilidade na definição de Direito que apresentámos.

Assim, como noção geral, dizemos que: *Direito Internacional* é *o sector*[59] *jurídico relativo* às *relações de interesse internacional público, criadas ou manifestadas segundo procedimentos e entre sujeitos jurídicos da ordem jurídica internacional.*

***Sujeitos internacionais***

E sujeitos de Direito Internacional são: Estados soberanos ou equiparados, organizações internacionais[60] e, excecionalmente, pessoas físicas ou jurídicas de Direito interno (indivíduos, associações, fundações – para além da experiência de Haia, a criação do Tribunal Penal Internacional transforma esta excecionalidade em regra, ao assumir competência para julgar, diretamente, pessoas físicas).

[59] Não o designamos por (sub)sistema, pois, em rigor, não sendo ramo, ainda se caracteriza por se apresentar carente de homogeneidade e estruturação, sedimentação e eficácia próximas dos ramos de direito das ordens estaduais.

[60] J. M. Campos, M. Lopes Porto, J. A. Fernandes, *et al.*, *Organizações Internacionais – Teoria geral, Estudo monográfico das organizações internacionais de que Portugal faz parte*, Lisboa: F. C. G., 1999, pp. 35 e ss.

Sublinhamos, contudo, que o Direito Internacional se mantém um sector jurídico tão específico quanto difícil de definir rigorosamente[61].

Os sujeitos de Direito Internacional são, pois, primacialmente, os Estados. Estes constituem-se por dois elementos de facto e um de direito:

1) população;
2) território;
3) soberania.

***Fontes***

Relativamente às fontes do Direito Internacional, reconhecido e aplicável em Portugal, e aproximando ao que dispõe o art. 38.º do Estatuto do Tribunal Internacional de Justiça[62], temos:

*a)* Convenções internacionais, gerais ou não, que estabeleçam princípios e normas expressamente reconhecidas pelo Estado português;
*b)* Costume internacional, como prova de uma prática geral aceite como sendo de direito;
*c)* Princípios fundamentais e gerais de direito reconhecidos internacionalmente;
*d)* Jurisprudência internacional;
*e)* Doutrina jurídico-internacional pública dos publicistas mais qualificados das diferentes nações, como meio auxiliar para a determinação das regras de direito;
*f)* Equidade (decisão *ex aequo et bono*, que em cada caso for fonte reconhecida bilateralmente).

***Receção do Direito Internacional pelo Direito Interno***

Não cabe aqui, mas na disciplina de Direito Internacional Público, debater e precisar uma posição sobre as teorias da relação entre Direito Internacional e Direito do Estado ou Direito Interno[63] e sim ter sobre-

[61] Quanto aos seus objeto, fontes, sujeitos, validade e tutela.

[62] Cfr. J. L.Brierly, *The Law of Nations*, cit., pp. 56 e ss.

[63] Monismos ou dualismos, e assumidos estes com maior ou menor moderação. Este estudo remete-se para a sede específica que é a teoria geral do Direito Internacional

tudo em atenção a questão prática do modo de vigência do Direito Internacional em cada sistema do Direito Interno[64].

***As Três Modalidades de Receção***

As modalidades de receção ou incorporação do direito internacional no direito interno português resumem-se a três[65]:

*a)* Receção automática pura – quando princípios ou normas de direito internacional fazem parte do direito do Estado português logo que se criem ou revelem, conforme aceita o artigo 8.º/1, 3 e 4 e o artigo 16.º da CRP[66].

*b)* Receção automática condicionada à publicação no Diário da República (ou receção plena explícita) – quando convenções ou normas internacionais vigoram automaticamente no ordenamento jurídico português desde que se verifique a condição necessária e suficiente de serem publicadas no nosso jornal oficial; e como prescreve o artigo 8.º/ 2 da CRP[67].

*c)* Receção por transformação – quando o diploma internacional carece de ser transposta e para texto e diploma de direito interno e seguir o regime do procedimento legislativo também segundo o direito estadual. Esta modalidade de receção verifica-se quando a forma de receção de normativos internacionais não se classifique

Público. Cfr. A. A. Soares, *Lições de Direito Internacional Público,* cit., pp. 51 e ss.

[64] Sem que seja necessário deixar de entender que se mantém como intocada a relação (e *status*) de autonomia recíproca entre direito internacional e direito interno.

[65] Cfr. A. A. Soares, *Lições de Direito Internacional Público,* ob. cit. pp. 63 e ss, atualizando segundo o que diremos *infra* sobre a relação entre o Direito da UE e o Direito interno.

[66] Exemplos: princípios fundamentais e *jus cogens*. E, não já por preeminência substantiva (prioridade de valores jurídicos) mas sim em virtude do processo de integração europeia, temos, como exemplos de receção automática pura, os regulamentos da UE e as diretivas apenas na parte em que sejam suscetíveis de aplicação direta.

[67] Exemplos: convenções sem transformação material e apenas publicação no Diário da República, cfr. infra apontamos em sede de Direito internacional convencional.

nas modalidades anteriores e quando o sentido do artigo 8.º/4 o aceite[68].

### 2.1.1. Direito Internacional geral ou comum e sobre direitos fundamentais

**...1.** ***Do Direito Internacional comum imperativo (jus cogens – princípios fundamentais de direito internacional)***

Como condição essencial para a existência de uma ordem jurídica internacional, os Estados reconhecem estar superiormente vinculados por um conjunto de princípios imperativos de direito e justiça universal, em regra consuetudinariamente sedimentados e convencionalmente postos.

*i)* Centrados na dignidade da pessoa humana (ecocosmologicamente percebida e já fundamento materialmente constitucional bem elaborado do direito interno) são exemplos de direito internacional imperativo, e geral ou comum a todos os povos, os princípios agrupáveis segundo o basilar respeito pelos direitos humanos. Estes princípios são especialmente sublinhados na Declaração Universal dos Direitos Humanos, na Convenção Europeia dos Direitos Humanos e no Pacto Internacional de Direitos Pessoais, Civis e Políticos. Visam a proteção da dignidade de toda a pessoa humana, *maxime* na proibição absoluta do genocídio, da escravatura e da constituição de reféns (e da pena de morte e da prisão perpétua, acrescenta o ordenamento português).

*ii)* Centrados na socialidade internacional, são exemplos deles: o princípio ***pacta sunt servanda*** ("Todo o Tratado em vigor vincula as Partes contratantes e deve ser por elas executado de boa-fé"; e, "Nenhuma Parte contratante pode invocar as disposições de Direito interno para justificar a não execução de um Tratado" – na redação, prospectivamente, dos artigos 26.º e 27.º da Convenção

[68] Exemplos: diretivas da União Europeia (excerto em suas disposições que possam, incaracteristicamente, ser diretamente aplicáveis) e normas internacionais carentes de adaptação ou modelação estadual.

de Viena sobre o Direito dos Tratados, de 1969.05.23), o princípio da solução pacífica dos conflitos, o direito dos povos à autodeterminação, o princípio do *stoppel* (a expressão escrita e de vontade jurídica só é eficaz com a sua entrada na esfera jurídica de receção do destinatário), a proibição geral do recurso imediato à força, a imunidade diplomática, o princípio da boa-fé, o princípio da igualdade, o respeito pelos direitos de defesa, a possibilidade do recurso à equidade, o princípio da certeza e segurança jurídicas (que acolhe o princípio da não retroatividade, respeitando assim os direitos adquiridos individuais e também a seu modo, defendemos, os direitos adquiridos não individuais).

#### ...2. *"Ius cogens" e CRP*

O texto catual da CRP, prevê no seu art. 16.º/1, que o quadro dos direitos fundamentais consagrados na CRP é ampliado com outros direitos fundamentais de fonte internacional.

Dispõe a CRP no seu art. 8.º/1, que o Direito Internacional geral ou comum é também Direito português.

E determina o art. 16.º/2, que a interpretação e a integração das regras constitucionais e legais portuguesas relativas a direitos fundamentais, devem ser realizadas de harmonia com a Declaração Universal dos Direitos Humanos.

Isto significa que a CRP consagra um clausulado de receção automática pura do Direito Internacional geral e ainda do Direito Internacional convencional quando relativo a direitos fundamentais. O que não significa, literalmente, a sua total primazia face ao direito constitucional, em virtude do controlo da constitucionalidade de "quaisquer normas".

### 2.1.2. Do Direito Internacional convencional

Convenção internacional, em sentido amplo, abrange todos os tipos de concertações internacionais, assim pretendendo referir todos ou qualquer dos diversos tipos de acordos simples e acordos por troca de notas, pactos, convenções, tratados, ou outra forma de concertação entre sujeitos de Direito Internacional e segundo procedimentos específicos deste magno sector do Direito.

O sector do Direito Internacional convencional abrange pois as convenções internacionais *lato sensu,* bilaterais ou multilaterais, às quais Portugal se vincule.

***A receção automática condicionada à publicação***

O art. 8.º/2 da CRP não exige uma receção por transformação da convenção em lei interna, contém sim uma cláusula de receção plena explícita (ou noutra formulação: receção automática condicionada na eficácia interna à publicação no DR) do Direito Internacional convencional, pois que, tanto a aprovação de convenções internacionais [que é ato político e assume a forma de resolução da AR – art. 161.º/*i*) ou de decreto do Governo – artigos 197.º/1*c*) e 197.º/2, da CRP], como a ratificação, inserem-se na fase de criação, são requisitos de validade para o ordenamento internacional. A exigência de publicação no DR é apenas condição de eficácia jurídica no ordenamento português[69].

***As primazias***

O referido princípio *pacta sunt servanda,* obriga o Estado português a fazer eficaz no seu sistema jurídico qualquer regular pacto internacional que vincule internacionalmente o Estado português. Significa isto o culminar da primazia de todo o Direito Internacional face mesmo ao direito constitucional?

A CRP consagra, no seu artigo 8.º, a primazia de todo o direito internacional face ao direito ordinário português anterior ou posterior ao normativo internacional.

Contudo, o controlo *a posteriori* (repressivo, sucessivo) da constitucionalidade de "quaisquer normas" (de direito interno, internacional

[69] V., p. ex., a Resolução da Assembleia da República n.º 47/2007, de 21de Setembro, que aprovou a Convenção contra a Corrupção, adotada pela Assembleia Geral das Nações Unidas em 31 de Outubro de 2003. A publicação em D. R. inclui o texto desta Convenção na versão autenticada em língua inglesa e despectiva tradução em língua portuguesa, precedida de duas declarações em dois artigos iniciais da Resolução que determinam órgãos que a convenção estabelece deverem os Estados-Partes definir segundo os respetivos regimes jurídicos internos. E na mesma data da publicação da Resolução é também publicado o Decreto do Presidente da República n.º 97/2007, de 21de Setembro, que ratifica a Convenção anteriormente aprovada pela A.R.

comum e internacional convencional), afirma uma manifestação de supremacia do direito constitucional português – quer contra receção já verificada por força do artigo 8.º, quer em contradição com o citado princípio *pacta sunt servanda* do internacional *jus cogens*; mas amenizada pela irrelevância da declaração de inconstitucionalidade apenas orgânica ou formal, nos termos do art. 277.º/2 da CRP.

### 2.2. Direito da União Europeia

Assumindo o princípio da autonomia do Direito da União Europeia, também enquanto ordem específica e *tertitum genus* no Direito Internacional Público, dizemos que o Direito da União Europeia[70] é o sistema normativo da União Europeia, comunidade jurídica internacional atípica supranacional, mas não (ainda) federal[71]. São seus Estados-Membros: Portugal, França, Alemanha, Itália, Reino Unido, Espanha, Polónia, Países Baixos, Roménia, Bélgica, República Checa, Grécia, Hungria, Áustria, Suécia, Bulgária, Dinamarca, Irlanda, Lituânia, Eslováquia, Finlândia, Chipre, Estónia, Letónia, Luxemburgo, Eslovénia, Malta e Croácia – e em curso estão procedimentos ou manifestações de interesse para a adesão de quase todos os demais Estados da Europa e saída do Reino Unido (Brexit), art. 50.º TUE, antevendo-se regresso. Hoje, *l. s.*, é urgente a entrada da Ucrânia, e por tal, os já expectantes democráticos Estados.

O Direito da União Europeia refundar-se-á, eventualmente, num texto único – uma Constituição da Europa. Hoje mantém-se disperso por vários instrumentos, embora os mais compreensivos entre os de natureza materialmente constitucional desta organização supranacional sejam o

[70] Ainda designado por Direito Europeu. Após o tratado Reformador já as designações Direito Comunitário e Direito Comunitário Europeu não serão adequadas face à alteração da designação do próprio Tratado que Institui a Comunidade Europeia e em todo o texto da União.

[71] Noção simples que se preenche com o estatuído n.ºs 5 e 6 do artigo 7.º da CRP.
Para o Direito Comunitário ou da União Europeia v., além dos tratados, J. M. Campos, Manual de Direito Comunitário, 5.ª ed., Coimbra: Coimbra Editora, 2007, *passim.*; Fausto de Quadros, *Direito da União Europeia*, Coimbra: Almedina, 2004, pp. 9 e ss.; Vicenzi, C./ Fairhurst, J. (org.), *Law of the European Union*, Londres: Longman, 2004, pp.21 e ss.; Louis Cartou, et al., *L'Union Européenne*, 6.ª ed., Paris: Dalloz, 2006, pp.12 e ss., Oppermann, *Europarecht – Ein Studienbuch*, 3.ª ed., Munique: Beck Verlag, 2005, XLIX, pp. 2 e ss.

Tratado sobre o Funcionamento da União e o Tratado da União Europeia, pelo que segue o sumário do primeiro.

Preâmbulo

*TRATADO SOBRE O FUNCIONAMENTO DA UNIÃO*[72]

PARTE I – Os princípios
PARTE II – Não discriminação e cidadania da União
PARTE III – As políticas e ações internas da União
TÍTULO I – O Mercado Interno
TÍTULO II – A Livre Circulação de Mercadorias
TÍTULO III – A Agricultura e as Pescas
TÍTULO IV – A Livre Circulação de Pessoas, de Serviços e de Capitais
TÍTULO V – O Espaço de Liberdade, Segurança e Justiça
TÍTULO VI – Os Transportes
TÍTULO VII – As Regras Comuns Relativas à Concorrência, à Fiscalidade e à Aproximação das Legislações
TÍTULO VIII – A Política Económica E Monetária
TÍTULO IX – Emprego
TÍTULO X – A Política Social
TÍTULO XI – Fundo Social Europeu
TÍTULO XII – A Educação, A Formação Profissional, Juventude e Desporto
TÍTULO XIII – A Cultura
TÍTULO XIV – A Saúde Pública
TÍTULO XV – A Defesa dos Consumidores
TÍTULO XVI – As Redes Transeuropeias
TÍTULO XVII – A Indústria
TÍTULO XVIII – A Coesão Económica, Social e Territorial
TÍTULO XIX – A Investigação e o Desenvolvimento Tecnológico e o Espaço
TÍTULO XX – O Ambiente
TÍTULO XXI – A Energia
TÍTULO XXII – O Turismo

[72] Designação segundo o Conselho Europeu de Bruxelas de 21 e 22 de Junho de 2007, e em sequência, por força do Tratado Reformador.

TÍTULO XXIII - A Protecção Civil
TÍTULO XXIV - A Cooperação Administrativa
PARTE IV - A Associação Dos Países E Territórios Ultramarinos
PARTE V - A Ação Externa Da União
TÍTULO I - Disposições Gerais Relativas à Ação Externa da União
TÍTULO II - A Política Comercial Comum
TÍTULO III - A Cooperação com os Países Terceiros e a Ajuda Humanitária
TÍTULO IV - As Medidas Restritivas
TÍTULO V - Os Acordos Internacionais
TÍTULO VI - Relações da União com as Organizações Internacionais e os Países Terceiros e Delegações da União
TÍTULO VII - Cláusula de Solidariedade
PARTE VI - Disposições Institucionais E Financeiras
TÍTULO I - Disposições Institucionais
CAPÍTULO 1 - As instituições
SECÇÃO 1 - O Parlamento Europeu(223.º)
SECÇÃO 2 - O Conselho Europeu
SECÇÃO 3 - O Conselho
SECÇÃO 4 - A Comissão
SECÇÃO 5 - O Tribunal de Justiça da União Europeia
SECÇÃO 6 - O Banco Central Europeu
SECÇÃO 7 - O Tribunal de Contas
CAPÍTULO 2 - Atos Jurídicos da União, Processo de Adoção e Outras Disposições
CAPÍTULO 3 - Os Órgãos consultivos da União
CAPÍTULO 4 - Banco Europeu de Investimento
TÍTULO II - Disposições Financeiras
TÍTULO III - Cooperações Reforçadas
PARTE VII - Disposições gerais e finais
PROTOCOLOS
ANEXOS DECLARAÇÕES

**Nota sobre o Tratado da Constituição Europeia (CIG de 2004)**

Uma "Constituição Europeia", já se inseriu em um "Tratado que estabelece(ia) uma Constituição para a Europa" pretendendo introduzir uma nova etapa da UE e do respetivo estruturante ordenamento jurídico.

Para se chegar a este Tratado iniciaram-se em Julho de 2003 os trabalhos preparatórios da Convenção, que elaborou e apresentou o "Projeto de Tratado que estabelece uma Constituição para a Europa"; o qual foi objeto da Conferência Intergovernamental (CIG) que se iniciou em Outubro de 2003 e se assinou 2004.06.18. Em subsequência, em Roma, no dia 29 de Outubro de 2004, foi assinado pelos vinte e cinco chefes de Estado e de Governo dos Estados-Membros de então o "Tratado que estabelece uma Constituição para a Europa".

Este Tratado Constitucional da UE pretendeu aproximar a União de uma confederação de Estados revogando os então basilares Tratado da União Europeia e o Tratado que institui a Comunidade Europeia. Evoluindo na construção europeia, designadamente em sede da Política Externa e de Segurança Comum, ao (pretender) instituir um Ministro Europeu dos Negócios Estrangeiros.

Pretendeu realizar a simplificação do ordenamento jurídico da UE, designadamente através de uma reforma institucional com a extinção da estrutura da UE em heterogéneos pilares – atípicos em termos de modelo organizatório federal –, com a reformulação dos estatuto e competência dos "órgãos de soberania"[73] e com a simplificação dos principais procedimentos políticos e legiferativos[74].

A sobrevivência do Tratado da Constituição que chegou a obter 18 ratificações estaduais[75], foi ferida de morte pelas duas negativas referendárias de França e dos Países Baixos[76].

Apesar deste insucesso do Tratado da Constituição Europeia inserimos texto e notas sobre o mesmo por duas razões maiores. Primeira, porque foi o diploma que manifestou e fez parte de uma das mais auspicio-

[73] Passariam, segundo o malogrado tratado constitucional da CIG 2004, a ser claramente PE, CE, CM, CE e TJUE. Assumir-se-ia pois o Conselho Europeu (CE) como órgão superior *qua tale*, saindo deste quadro o Tribunal de Contas.

[74] Cfr., desde logo, a formulação do seu artigo I-1.º "a Constituição estabelece a União Europeia, inspirada na vontade dos cidadãos e dos Estados da Europa de construírem o seu futuro comum", *versus* as formulações dos revogandos tratados: "as Altas Partes Contratantes instituem entre si".

[75] Sem que outros procedimentos de ratificação se tivessem realizado e assim subido ao limite este número.

[76] Ambos fundadores das CECA, CEE e CEEA, criadas, pois, em 1951 e 1957.

sas fases votadas ao progresso da construção política da União Europeia. Segunda, porque mais que memória é subsídio histórico para a hermenêutica do direito europeu passado e sê-lo-á ainda para o futuro.

### O Tratado de Lisboa (ou Tratado Reformador)

#### *Da assinatura ao início de vigência*

O Tratado de Lisboa, de 13.12.2007, previa no artigo 6.º das disposições transitórias[77]:

1. This Treaty shall be ratified by the High Contracting Parties in accordance with their respective constitutional requirements. The instruments of ratification shall be deposited with the Government of the Italian Republic.
2. This Treaty shall enter into force on 1 January 2009, provided that all the instruments of ratification have been deposited, or, failing that, on the first day of the month following the deposit of the instrument of ratification by the last signatory State to take this step.

Todavia, circunstâncias políticas várias – *v. g.* internas na Polónia – inviabilizaram aquela previsão e apenas se deu o início de vigência do Tratado de Lisboa em 1 de Dezembro de 2009.

De início mais frequentemente designado por "Tratado Reformador", acabou por prevalecer a regra do local ou cidade onde teve lugar a sua assinatura: Lisboa.

#### *Da desistência do Tratado constitucional ao Tratado de Lisboa*

O Conselho Europeu de Bruxelas de 21 e 22 de Junho de 2007 assumiu a falência da ratificabilidade do Tratado da Constituição Europeia nos termos da CIG 2004 e mandatou a Presidência de Portugal do 2.º semestre de 2007 para redigir e apresentar um projeto de Tratado na

[77] Segundo o documento da CIG 2007.
Draft Treaty amending the Treaty on European Union and the Treaty establishing the European Community

inauguração da CIG 2007 convocada pelo Conselho. Tratado a assinar durante 2007 como "Tratado Reformador" (Tratado de Lisboa).

No melhor cenário, este Tratado procuraria salvaguardar a constitucional essência com a diferença na aparência.

O que reconfirma o político ritmo das CE: dois passos em frente (com a CIG 2004), um passo atrás (na CIG 2007).

O Tratado de Lisboa não substitui todos os tratados fundacionais – como sucederia com o Tratado da Constituição Europeia –: recua, mantém o Tratado da União Europeia (TUE) com a sua anterior designação, e mantém o Tratado que institui a Comunidade Europeia (TCE), mas passa a denominar-se Tratado sobre o Funcionamento da União[78]. "União" esta que substitui e sucede à Comunidade no tratado instituidor desta. Ambos os Tratados constituem os tratados em que se funda a União e têm o mesmo valor hierárquico-normativo.

O Tratado de Lisboa salvaguarda da CIG 2004 que a União é dotada de personalidade jurídica, e única; e a expressão "Comunidade" é substituída/entendida em qualquer texto da UE por "União".

Pelo Tratado de Lisboa outras alterações de formulação ou morfológicas e sintagmáticas são feitas ao TUE e ao TCE.

Assim, horizontalmente, em todo o texto do TCE, várias substituições terminológicas[79] manifestam as alterações quer também terminológicas, quer estruturais, quer orgânicas e de funcionamento, quer de fundo.

[78] As alterações técnicas ao Tratado Euratom e aos Protocolos, acordadas na CIG de 2004, são apresentadas em protocolos anexos ao Tratado de Lisboa.

[79] Em histórica redação no original do Tratado Reformador de Lisboa *(...)*

4)

(a) the words "Community" and "European Community" shall be replaced by "Union", the words "European Communities" shall be replaced by "European Union";

(b) the words "this Treaty" and "the present Treaty" shall be replaced by "the Treaties" and the verb, where applicable, shall be put in the plural; this point shall not apply to Articles 312 and 313;

(c) the words "the Council [shall], acting in accordance with the procedure referred to in Article 251" shall be replaced by "the European Parliament and the Council [shall], acting in accordance with the ordinary legislative procedure", and the words "procedure referred to in Article 251" shall be replaced by "ordinary legislative procedure";

**Estrutura do Tratado da União Europeia**[80]

Título I – Disposições comuns

Título II – Disposições relativas aos princípios democráticos

Título III – Disposições relativas às instituições[81]

- Parlamento Europeu[82],
- Conselho Europeu[83],

[80] Segundo o já determinado pelo Conselho Europeu de Bruxelas para a CIG 2007. Ainda segundo esta determinação, os Títulos I, IV (na redação até 2007), V e VI (VIII até 2007) obedecem à estrutura do TUE até 2007, com as alterações acordadas na CIG de 2004. Os títulos II e III são novos, mas introduzindo as inovações acordadas na CIG de 2004. Para mais determinações e desenvolvimentos, cfr. as Conclusões da Presidência do Concelho Europeu de Bruxelas de 21 e 22 de Junho de 2007 e após estas o Tratado de Lisboa ou os TUE e o TFUE.

[81] As instituições, segundo o artigo 9.° do TUE na redação do Tratado de Lisboa.

[82] O artigo 9a do TUE com introdução pelo Tratado de Lisboa, em histórica redação no original:

1. The European Parliament shall, jointly with the Council, exercise legislative and budgetary functions. It shall exercise functions of political control and consultation as laid down in the Treaties. It shall elect the President of the Commission.
2. The European Parliament shall be composed of representatives of the Union's citizens. They shall not exceed seven hundred and fifty in number. Representation of citizens shall be degressively proportional, with a minimum threshold of six members per Member State. No Member State shall be allocated more than ninety-six seats.

The European Council shall adopt by unanimity, on the initiative of the European Parliament and with its consent, a decision establishing the composition of the European Parliament, respecting the principles referred to in the first subparagraph.(...)

[83] O artigo 9b do TUE com introdução pelo Tratado de Lisboa, em histórica redação no original:

*1. The European Council shall provide the Union with the necessary impetus for its development and shall define the general political directions and priorities thereof. It shall not exercise legislative functions.*

*2. The European Council shall consist of the Heads of State or Government of the Member States, together with its President and the President of the Commission. The High Representative of the Union for Foreign Affairs and Security Policy shall take part in its work.*

*3. The European Council shall meet twice every six months, convened by its President. When the agenda so requires, the members of the European Council may decide each to be assisted by a minister and, in the case of the President of the Commission, by a member of the Commission. When the situation so requires, the President shall convene a special meeting of the European Council.*

*4. Except where the Treaties provide otherwise, decisions of the European Council shall be taken by consensus.*

- Conselho[84],
- Comissão[85],

*5. The European Council shall elect its President, by a qualified majority, for a term of two and a half years, renewable once. In the event of an impediment or serious misconduct, the European Council can end his or her term of office in accordance with the same procedure.*
*6. The President of the European Council:*
*(a) shall chair it and drive forward its work;*
*(b) shall ensure the preparation and continuity of the work of the European Council in cooperation with the President of the Commission, and on the basis of the work of the General Affairs Council;*
*(c) shall endeavour to facilitate cohesion and consensus within the European Council;*
*(d) shall present a report to the European Parliament after each of the meetings of the European Council.*
*The President of the European Council shall, at his or her level and in that capacity, ensure the external representation of the Union on issues concerning its common foreign and security policy, without prejudice to the powers of the High Representative of the Union for Foreign Affairs and Security Policy. The President of the European Council shall not hold a national office".*

[84] O artigo 9c do TUE com introdução pelo Tratado de Lisboa, em histórica redação no original:
*1. The Council shall, jointly with the European Parliament, exercise legislative and budgetary functions. It shall carry out policy-making and coordinating functions as laid down in the Treaties.*
*2. The Council shall consist of a representative of each Member State at ministerial level, who may commit the government of the Member State in question and cast its vote.*
*3. The Council shall act by a qualified majority except where the Treaties provide otherwise.*
*4. As from 1 November 2014, a qualified majority shall be defined as at least 55% of the members of the Council, comprising at least fifteen of them and representing Member States comprising at least 65 % of the population of the Union.*
*A blocking minority must include at least four Council members, failing which the qualified majority shall be deemed attained.*
*The other arrangements governing the qualified majority are laid down in Article 205(2) of the Treaty on the Functioning of the European Union.*
*5. The transitional provisions relating to the definition of the qualified majority which shall be applicable until 31 October 2014 and those which shall be applicable from 1 November 2014 to 31 March 2017 are laid down in the Protocol on transitional provisions.*
*6. The Council shall meet in different configurations, the list of which shall be adopted in accordance with Article 201b(a), of the Treaty on the Functioning of the European Union.*
*The General Affairs Council shall ensure consistency in the work of the different Council configurations. It shall prepare and ensure the follow-up to meetings of the European Council, in liaison with the President of the European Council and the Commission.*
*The Foreign Affairs Council shall elaborate the Union's external action on the basis of strategic guidelines laid down by the European Council and ensure that the Union's action is consistent.*

*7. A Committee of Permanent Representatives of the Governments of the Member States shall be responsible for preparing the work of the Council.*

*8. The Council shall meet in public when it deliberates and votes on a draft legislative act. To this end, each Council meeting shall be divided into two parts, dealing respectively with deliberations on Union legislative acts and non-legislative activities.*

*9. The Presidency of Council configurations, other than that of Foreign Affairs, shall be held by Member State representatives in the Council on the basis of equal rotation, in accordance with the conditions established in accordance with Article 201b(b), of the Treaty on the Functioning of the European Union."*

[85] O artigo 9d do TUE com introdução pelo Tratado de Lisboa, em histórica redação no original:

*1. The Commission shall promote the general interest of the Union and take appropriate initiatives to that end. It shall ensure the application of the Treaties, and measures adopted by the institutions pursuant to them. It shall oversee the application of Union law under the control of the Court of Justice of the European Union. It shall execute the budget and manage programmes. It shall exercise coordinating, executive and management functions, as laid down in the Treaties. With the exception of the common foreign and security policy, and other cases provided for in the Treaties, it shall ensure the Union's external representation. It shall initiate the Union's annual and multiannual programming with a view to achieving interinstitutional agreements.*

*2. Union legislative acts may be adopted only on the basis of a Commission proposal, except where the Treaties provide otherwise. Other acts shall be adopted on the basis of a Commission proposal where the Treaties so provide.*

*3. The Commission's term of office shall be five years.*

*The members of the Commission shall be chosen on the ground of their general competence and European commitment from persons whose independence is beyond doubt.*

*In carrying out its responsibilities, the Commission shall be completely independent (...).*

*4. The Commission appointed between the date of entry into force of the Treaty amending the Treaty on European Union and the Treaty establishing the European Community and 31 October 2014 shall consist of one national of each Member State, including its President and the High Representative of the Union for Foreign Affairs and Security Policy who shall be one of its Vice-Presidents.*

*5. As from 1 November 2014, the Commission shall consist of a number of members, including its President and the High Representative of the Union for Foreign Affairs and Security Policy, corresponding to two thirds of the number of Member States, unless the European Council, acting unanimously, decides to alter this number.*

*The members of the Commission shall be chosen from among the nationals of the Member States on the basis of a system of strictly equal rotation between the Member States, reflecting the demographic and geographical range of all the Member States. This system shall be established unanimously by the European Council in accordance with Article 211 of the Treaty on the Functioning of the European Union. (...)*

- Tribunal de Justiça da União Europeia[86],
- Banco Central Europeu,
- Tribunal de Contas.

Título IV – Disposições relativas à cooperação reforçada

Título V – Disposições gerais relativas à ação externa da União e disposições específicas relativas à política externa e de segurança comum

Título VI – Disposições finais

### 2.2.1. As Instituições da União Europeia

As "instituições"[87] são os órgãos superiores da União. As primeiras cinco destas sete "instituições" têm estatuto, eleição e competências remotamente similares aos quatro clássicos órgãos de soberania num sistema semipresidencialista.

O quadro orgânico geral divulga-se institucionalmente de modo próximo ao que reelaboramos como segue.

***Instituições*** (*vs.* órgãos *de soberania)*

[86] O artigo 9f do TUE com introdução pelo Tratado de Lisboa, em histórica redação no original:

*1. The Court of Justice of the European Union shall include the Court of Justice, the General Court and specialised courts. It shall ensure that in the interpretation and application of the Treaties the law is observed.*

*Member States shall provide remedies sufficient to ensure effective legal protection in the fields covered by Union law.*

*2. The Court of Justice shall consist of one judge from each Member State. It shall be assisted by Advocates-General.*

*The General Court shall include at least one judge per Member State.*

*The judges and the Advocates-General of the Court of Justice and the judges of the General Court shall be chosen from persons whose independence is beyond doubt and who satisfy the conditions set out in Articles 223 and 224 of the Treaty on the Functioning of the European Union. They shall be appointed by common accord of the governments of the Member States for six years. Retiring judges and Advocates-General may be reappointed.*

*3. The Court of Justice of the European Union shall in accordance with the Treaties:*

*(a) rule on actions brought by a Member State, an institution or a natural or legal person;*

*(b) give preliminary rulings, at the request of courts or tribunals of the Member States, on the interpretation of Union law or the validity of acts adopted by the institutions;*

*(c) rule in other cases provided for in the Treaties.*

[87] Cfr. nesta sede, P. Pita Cunha, *Direito Institucional da União Europeia*, Coimbra: Almedina, 2004, pp. 22 ss.; T. Oppermann, *Europarecht – Ein Studienbuch*, cit., pp. 78 e ss.

- Parlamento Europeu *(Remotamente, como a AR)*;
- Conselho + Comissão + Conselho Europeu *(Remotamente, como: Governo + PR)*
- Tribunal de Justiça da União Europeia *(Proximamente a Tribunais)*
- Tribunal de Contas e Banco Central Europeu *(Classicamente sem estatuto soberano)*

***Órgãos financeiros***

- (A instituição) Banco Central Europeu
- Fundo Europeu de Investimento

***Órgãos consultivos***

- Comité Económico e Social Europeu
- Comité das Regiões

***Órgãos interinstitucionais***

- Serviço das Publicações da União Europeia
- Serviço de Seleção de Pessoal
- Escola Europeia de Administração

***Cooperação de segurança, policial e judiciária***

- Agência Europeia de Defesa (AED)
- Instituto de Estudos de Segurança da União Europeia (IESUE)
- Centro de Satélites da União Europeia (CSUE)
- Agência Europeia para a Segurança da Aviação (AESA) Agência Europeia de Segurança Marítima (EMSA) Academia Europeia de Polícia (CEPOL)
- Unidade Europeia de Cooperação Judiciária (Eurojust)
- Serviço Europeu de Polícia (Europol)

***Agências e organismos***

- Agência dos Direitos Fundamentais da União Europeia.
- Agência Europeia de Medicamentos.
- Agência Europeia do Ambiente.
- Agência da UE para os Sistemas Informáticos de Grande Escala (*EU-USA*).
- Agência Europeia para a Segurança e a Saúde no trabalho.
- Agência de Europeia de Controlo das Pescas.
- Agência de Execução do Conselho Europeu de Investigação.
- Agência de Execução para a Investigação.
- Agência de Execução para as Pequenas e Médias Empresas.

- Agência de Cooperação dos Reguladores de Energia.
- Centro de Tradução dos Organismos da União Europeia.
- Centro Europeu para o Desenvolvimento da Formação Profissional.
- Fundação Europeia para a Formação.
- Fundação Europeia p Melhoria das Condições de Vida e Trabalho.
- Instituto Europeu de Inovação e Tecnologia. (...)

### 2.2.2. As Instituições, na especialidade

#### 2.2.2.1. Conselho Europeu

O Conselho Europeu, distinto do "Conselho (de Ministros da UE)"[88], é Instituição da UE desde o Tratado de Lisboa. Foi (pré-)criado pelo Tratado de Maastricht, que o determinou como a mais alta cimeira deliberativa e impulsionadora das principais iniciativas políticas da UE e como instância para dirimir conflitos ou chegar a consensos não conseguidos nas configurações normais do Conselho de Ministros da UE. O Conselho Europeu é constituído pelos chefes de Estado e de Governo dos Estados-Membros da União Europeia e o presidente da Comissão Europeia e que apenas reúne, ordinariamente, quatro vezes por ano[89].

Segundo o *pretendido Tratado da Constituição de 2004* o Conselho Europeu foi assumido instituição da UE mas, dada a não vigência daquela, foi criado, sim, com o Tratado de Lisboa, conforme *supra* referido.

#### 2.2.1.2. Conselho (de Ministros da União Europeia)

O Conselho exerce função política e (co)legislativa.

[88] Já no plano do Direito Internacional, e assim liminarmente distinta de qualquer destes, é a organização internacional Conselho da Europa.

[89] O objetivo deste Conselho é "pôr a Europa a atuar externamente a uma só voz", desenvolvendo para isso uma Política Externa e de Segurança Comum (PESC). O papel de "Senhor Europa" é desempenhado pelo Alto Representante para a Política Externa e de Segurança Comum (cargo criado pelo Tratado de Amesterdão), que é também Secretário-Geral do Conselho. Para ocupar este lugar foi designado J. Solana, em 1999 – início da vigência do Tratado de Amesterdão. Cf. nota *supra*, não pode exercer a função legislativa.

É um único órgão institucional, reúne ministros dos Estados segundo "formações" (20 a partir de 1990; 9 a partir de 2002; 10 a partir do tratado de Lisboa) em função dos temas a tratar:

- Assuntos Gerais;
- Negócios Estrangeiros;
- Assuntos Económicos e Financeiros (ECOFIN);
- Justiça e Assuntos Internos (JAI);
- Emprego, Política Social, Saúde e Proteção dos Consumidores;
- Competitividade (Mercado interno, Indústria, Investigação, Espaço);
- Transportes, Telecomunicações e Energia;
- Agricultura e Pescas;
- Ambiente;
- Educação, Juventude, Cultura e Desporto – com o audiovisual.

A Presidência do Conselho é rotativa. Assim, cada Estado-Membro, pelo seu representante, prepara, promove consensos, dirige a ação do Conselho durante seis meses, preside as reuniões do órgão.

P. ex., cada ECOFIN da segunda metade de 2007 – aquando da negociação final do TL – foi ordenado e presidido pelo Ministro das Finanças de Portugal.

O Secretariado-Geral do Conselho (que não é designado em concomitância nem pelo Estado que inicia e assegura cada presidência) assessora a presidência, garantindo assim o eficiente funcionamento dos trabalhos do órgão.

Por sua vez, o Secretário-Geral é assistido por um Secretário-Geral-Adjunto, responsável pelo Secretariado-geral do Conselho.

Cada Estado-Membro tem em Bruxelas uma Representação Permanente que promove os respetivos interesses. O chefe desta Representação Permanente é assim o representante permanente, ou "embaixador ", do respetivo Estado no seio da UE.

A atividade do Conselho é preparada pelo Comité de Representantes Permanentes (COREPER), o qual é composto pelos Representantes Permanentes dos Estados. E a atividade do COREPER é, a montante, preparada por mais de um centena e meia de especializados comités e grupos de trabalho que integram delegados dos Estados-Membros.

O Conselho tem a sua sede em Bruxelas, onde reúne várias vezes por mês; tendo sessões no Luxemburgo em Abril, Junho e Outubro.

***Competências do Conselho, em geral***

Além de primaciais competências legislativas e orçamentais (com o PE), o Conselho também tem competências, designadamente: adota posições de carácter político ou similar, através de *declarações* ou *resoluções*; e estabelece regras de exercício das competências executivas da Comissão ou das reservadas ao próprio Conselho.

As principais competências do Conselho são as seguintes:

1. Legislar – em paridade procedimental com o Parlamento Europeu;
2. Coordenar as políticas económicas gerais dos Estados-Membros;
3. Celebrar, em nome da UE, acordos internacionais entre esta e Estados, entes equiparados ou organizações internacionais. Por mandato do Conselho, são negociados pela Comissão, aprovados pelo Parlamento, após o que o Conselho delibera a celebração;
4. Adotar, com o Parlamento Europeu, o orçamento da UE;
5. Definir e implementar a Política Externa e de Segurança Comum segundo as orientações gerais fixadas pelo Conselho Europeu;
6. Coordenar a ação dos Estados-Membros e adotar as medidas de cooperação policial e judiciária – máxime em matéria penal.

***Funcionamento e modalidades de deliberação***

O Conselho, enquanto principal instituição decisória da UE, é dominantemente organizado também visando impulsionar e implementar superiormente o Tratado da União Europeia. Para tal o Conselho assume o desenvolvimento dos objetivos tradicionais das iniciais comunidades europeias, a política externa e de segurança comum (PESC), a cooperação policial e judiciária penal, acrescidos dos objetivos da evolução da UE.

O Conselho delibera para, designadamente, a agricultura, o ambiente, a energia, a investigação e desenvolvimento, e foi configurado para ser especialmente implementado com o processo legislativo ordinário.

Foi o Tratado da União Europeia que reforçou a competência do Parlamento Europeu nesta sede, ao estabelecer o procedimento de codecisão. Assim, em áreas como as do mercado interno, defesa dos consumidores, redes transeuropeias, educação e saúde, a legislação é adotada conjuntamente pelo Parlamento Europeu e pelo Conselho. São em regra consultados organismos ou grupos intermédios, designadamente os entes de representação profissional e de atividades, através do Comité Económico e Social, bem como autárquicos e regionais do Comité das Regiões.

***Modalidades de Deliberação***

O Conselho pode deliberar (a 27) através de três principais modalidades. Sena a regra geral a da maioria, qualificada.

Pode ainda deliberar por unanimidade e por maioria simples.

Em matérias da maior relevância é exigida a unanimidade. Na maior parte das matérias é suficiente, mas necessária, a maioria qualificada. E nas questões simplesmente procedimentais é apenas exigível a maioria simples.

***A maioria qualificada***

A maioria qualificada é **a regra** das modalidades deliberativas.

Exige:

(i) 55 % dos Estados-Membros. Votando a favor com os atuais 27 Estados-Membros, equivale a 15 países.
(ii) que representem, pelo menos, 65 % da população da EU.

Em 01.11.2014 deu-se o início da vigência da "dupla maioria":

(1) Com proposta da Comissão ou do Alto Rep.da UE Neg.Estr.e PESC: 55% dos Estados a favor + estes representarem pelo menos 65% da população da UE.
(2) Sem uma daquelas propostas, aqueles 55% passam a 72%.

General Secretariat of the Council

| | |
|---|---|
| Institution: | **Council of the European Union** |
| Session: | **3925** |
| Configuration: | **Transport, Telecommunications and Energy** |
| Item: | **2021/0204 (COD)** (Document: **61/22**) |
| Voting Rule: | **qualified majority** |
| Subject: | Decision of the European Parliament and of the Council amending Directive 2003/87/EC as regards the notification of offsetting in respect of a global market-based measure for aircraft operators based in the Union (first reading) |

| Vote | Members | | Population (%) |
|---|---|---|---|
| Yes | 27 | | 100% |
| No | 0 | | 0% |
| Abstain | 0 | | 0% |
| Not participating | 0 | | |
| Total | 27 | | |

Sitting date: **19/12/2022**

Final result

| Member State | Weighting | Vote |
|---|---|---|
| BELGIQUE/BELGIË | 2,58 | |
| БЪЛГАРИЯ | 1,55 | |
| CESKÁ REPUBLIKA | 2,36 | |
| DANMARK | 1,30 | |
| DEUTSCHLAND | 18,57 | |
| EESTI | 0,30 | |
| ÉIRE/IRELAND | 1,12 | |
| ΕΛΛΑΔΑ | 2,39 | |
| ESPAÑA | 10,59 | |
| FRANCE | 15,07 | |
| HRVATSKA | 0,90 | |
| ITALIA | 13,38 | |
| ΚΥΠΡΟΣ | 0,20 | |
| LATVIJA | 0,42 | |

| Member State | Weighting | Vote |
|---|---|---|
| LIETUVA | 0,62 | |
| LUXEMBOURG | 0,14 | |
| MAGYARORSZÁG | 2,17 | |
| MALTA | 0,12 | |
| NEDERLAND | 3,94 | |
| ÖSTERREICH | 1,99 | |
| POLSKA | 8,45 | |
| PORTUGAL | 2,30 | |
| ROMÂNIA | 4,29 | |
| SLOVENIJA | 0,47 | |
| SLOVENSKO | 1,22 | |
| SUOMI/FINLAND | 1,23 | |
| SVERIGE | 2,32 | |

** When acting on a proposal from the Commission or the High Representative, qualified majority is reached if at least 55 % of members vote in favour (15 MS) accounting for at least 65% of the population*

*For information: http://www.consilium.europa.eu/public-vote*

### *A unanimidade*

A unanimidade é exceção – é exigida em assuntos sensíveis, como a política externa e a fiscalidade exigem a unanimidade (votos favoráveis de todos os países) ou unanimidade significando todos a favor – o que implica a inexistência de abstenções.

Unanimidade é exigida para a PESC com base nas orientações gerais definidas pelo Conselho Europeu. Assuntos exigindo unanimidade são também: harmonização dos impostos indiretos dos Estados; direitos dos cidadãos da UE; adesão de novos Estados; finanças da UE; harmonização da segurança social.

***A maioria simples***

A maioria simples é suficiente quando se vota sobre questões processuais e administrativas; a maioria simples exige 14 Estados a favor.

***A minoria de bloqueio***

A minoria de bloqueio exige, para se verificar, o acordo de, pelo menos: (i) 4 Estados e (ii) que representem pelo menos 35% da população da UE.

Caso não se consiga este bloqueio, a Declaração 7 do TL prevê o "Compromisso de **Ioanina**" e o Conselho pondera o interesse da minoria.

***Nota histórica***

*O número de votos por Estado-Membro foi estabelecido, com Nice, tendencialmente em função da dimensão relativa da respetiva população – favorecendo os grandes Estados-Membros. Assim, desde 2004/11/01 (para coincidir então com a entrada em funções de nova Comissão) até a final de 2006 o total de votos era de 321. Mas já a Declaração n.º 20 adoestada na assinatura do Tratado de Nice determinou a posição comum a adotar pelos Estados-Membros por ocasião das negociações de adesão com a Roménia e a Bulgária. Essa declaração previa 14 votos para a Roménia e 10 votos para a Bulgária.*

*O total de votos é de 345 desde a adesão destes dois Estados e de 352 desde a da Croácia, sendo assim repartidos:*

- *França, Alemanha, Itália e Reino Unido: 29.*
- *Espanha e Polónia: 27.*
- *Roménia: 14.*
- *Países Baixos: 13.*
- *Bélgica, República Checa, Grécia, Hungria, e Portugal: 12.*
- *Áustria, Suécia e Bulgária: 10.*
- *Dinamarca, Irlanda, Lituânia, Eslováquia, Finlândia e Croácia: 7.*
- *Chipre, Estónia, Letónia, Luxemburgo e Eslovénia: 4.*
- *Malta: 3.*

*Por força da Declaração n.º 21 do Tratado de Nice, a partir de 2007 com a adesão da Roménia e da Bulgária, o limiar da maioria qualificada (parâmetro mínimo da maioria qualificada regrada à aproximação dos 4/5 dos votos ponderados) foi de 73,91%, ou seja: 255 votos de um total de 345. Cômputo este sob reserva da cláusula demográfica esta cláusula integra um número aditado pelo Tratado de Nice ao artigo 205.° do Tratado CE, determinando que qualquer membro do Conselho podia pedir, por ocasião de uma tomada de decisão por maioria qualificada, que se verificasse se essa maioria qualificada representava, pelo menos, 62% da população da União. Se não fosse esse o caso, a decisão em causa não seria adotada. Esta disposição acrescia às demais condições necessárias para a adoção de uma decisão – a maioria qualificada dos votos e a maioria dos*

Desde 01.11.2014 vigora a regra *supra* indicada da "dupla maioria". *Estados-Membros*[90] [91].

[90] Assim, para efeitos de aplicação do n.° 4 do artigo 205.° do Tratado CE, do n.° 4 do artigo 118.° do Tratado Euratom, assim como do terceiro parágrafo do n.° 2.° do artigo 23.° e do n.° 3 do artigo 34.° do Tratado UE, para o período compreendido entre 1 de Janeiro e 31 de Dezembro de 2007, o total da população da UE passou a ser de 492 881 200 habitantes e o limiar de 62% de 305 586 300.

[91] Conforme disposto nas Conclusões da Presidência do Concelho Europeu de Bruxelas de 21 e 22 de Junho de 2007, significativa parte das alterações institucionais aprovadas na CIG de 2004 é integrada no TUE. *Lembramos aqui o coevo texto*: "(12.) O novo Título III dará uma panorâmica do sistema institucional, especificando as seguintes modificações institucionais ao atual sistema: *artigos relativos às instituições da União, ao Parlamento Europeu* (nova composição), ao Conselho Europeu (sua conversão numa instituição e criação do cargo de Presidente), ao Conselho (introdução do sistema de votação por dupla maioria e mudanças no sistema de presidências semestrais do Conselho, com possibilidade de o alterar), à Comissão Europeia (nova composição e reforço do papel do Presidente), ao [Ministro] dos Negócios Estrangeiros da União (criação do novo cargo, mudança do título para Alto Representante da União para os Negócios Estrangeiros e a Política de Segurança) e ao Tribunal de Justiça das Comunidades Europeias. (13.) O sistema de votação por dupla maioria, tal como acordado na CIG de 2004, produzirá efeitos em 1 de Novembro de 2014, data até à qual o atual sistema de maioria qualificada (n.° 2 do artigo 205.° do TCE) continuará a ser aplicado. Posteriormente, durante um período transitório até 31 de Março de 2017, sempre que uma decisão deva ser adotada por maioria qualificada, um membro do Conselho pode solicitar que a decisão seja tomada de acordo com a maioria qualificada definida no n.° 2 do artigo 205.° do TCE – NICE. Além disso, até 31 de Março de 2017, se membros do Conselho que representem pelo menos 75% da população ou pelo menos 75% do número de Estados-Membros necessários para constituir a minoria de bloqueio prevista no [n.° 2 do artigo I-25.°] manifestarem a sua oposição a que Conselho adote um ato por maioria qualificada, será aplicável o mecanismo previsto

... 1. O EUROGRUPO

O Eurogrupo constituído pelos 20 países da zona euro (com a adesão da Croácia ao euro a partir de 2023) coordenam as respetivas políticas económicas no âmbito do Eurogrupo, composto pelos ministros da economia e das finanças. O Eurogrupo reúne na véspera das reuniões do Conselho ECOFIN.

O Eurogrupo reúne os ministros da área do euro para tratar dos assuntos relativos ao Euro, moeda comum que o define.

O Eurogrupo foi criado em 1997. O Eurogrupo é um órgão informal em que os ministros dos Estados-Membros da área do euro debatem assuntos respeitantes à moeda única que são da responsabilidade comum dos seus países.

A sua principal função é assegurar uma coordenação estreita das políticas económicas entre os Estados-Membros da área do euro. Visa igualmente promover condições para um crescimento económico mais forte e é responsável por preparar as reuniões da Cimeira do Euro e por lhes dar seguimento.

O Eurogrupo reúne-se habitualmente uma vez por mês, na véspera da reunião do Conselho (Assuntos Económicos e Financeiros – ECOFIN). O Conselho ECOFIN é composto pelos ministros da Economia e das Finanças de todos os Estados-Membros e é responsável pela política da

no projeto de decisão constante da Declaração n.º 5 anexa à Ata Final da CIG de 2004. A partir de 1 de Abril de 2017, será aplicável o mesmo mecanismo, sendo as percentagens pertinentes, respetivamente, de pelo menos 55% da população ou de pelo menos 55% do número de Estados-Membros necessário para constituir a minoria de bloqueio prevista no [n.º 2 do artigo I-25.º]". Assim, conseguir uma maioria vinculativa exigirá um mínimo de 15 dos 28 Estados-Membros de 2–007. Quinze Estados e mais de 320 milhões de habitantes. Ora, repare-se que, os grandes da União Europeia – em 2007, como em 2014 – são apenas quatro Estados: Itália, França, Reino Unido e Alemanha –, e mesmo se reunirem possível acordo com os seguintes dois seguintes maiores – Espanha e Polónia – ainda carecem de mais nove países para adotarem um ato legislativo." Pelo que nenhum pequeno grupo de Estados (computando apenas números ...) terá procedimentalmente determinante poder na União Europeia. Estaremos já numa figura jus-internacional com personalidade jurídica e orgânica parcialmente confederal.

UE em três domínios principais: política económica, fiscalidade e regulamentação dos serviços financeiros[92].

...2. O ECOFIN

Os acordos alcançados nas reuniões do Eurogrupo são objeto de uma decisão oficial no Conselho ECOFIN do dia seguinte, sendo votados unicamente pelos ministros dos países do Eurogrupo.

#### 2.2.1.3. Comissão Europeia

***Noção, composição e competência***

***Noção***

A Comissão Europeia é o superior órgão executivo e político da UE, sendo nominalmente independente dos Estados-Membros. Com competências executivas principais e outras residuais, desempenha papel de relevo no sucesso decisório da União Europeia, dado que a legislação da UE é aplicada relevantemente através da ação positiva e de controlo da Comissão. O Ato Único Europeu de 1986, o Tratado da União Europeia e o Tratado de Amesterdão confirmaram e ampliaram o âmbito de atribuições da União e competências da Comissão – ambiente, educação, saúde, defesa dos consumidores, redes transeuropeias, política de I&D, cultura e União Económica e Monetária.

***Composição***

A Comissão é composta por titulares nacionais dos Estados – um por cada Estado-Membro –, mas com mandatos imperativamente independentes dos respetivos Estados originários em consonância com o estatuto da Instituição *qua tale*.

[92] Cfr. https://www.consilium.europa.eu/pt/eurogroup/how-the-eurogroup-works/, visitada em 05.01. 2023.

É aprovada pelo Parlamento (desde 2014), depende e é responsável perante o mesmo, pelo que é obrigada a demitir-se em bloco se for objeto de uma moção de censura aprovada por este[93].

Perante a função jurisdicional europeia, há a relação de subordinação à jurisprudência do Tribunal de Justiça e do Tribunal Geral, a gestão do orçamento comunitário realizada pela Comissão é controlada pelo Tribunal de Contas, cujas funções consistem em verificar a legalidade e a regularidade das receitas e despesas e em garantir a boa gestão financeira do orçamento da UE. Na realização do sistema de relacionamento interinstitucional, de *checks and balances,* o PE, com suporte no relatório do Tribunal de Contas, deve dar quitação à Comissão da execução do orçamento anual.

A Comissão funciona com sedes em Bruxelas e Luxemburgo, tem uma singular autonomia financeira e tem a assessorá-la uma administração de 33 Direções Gerais e 11 serviços.

As propostas, ações e decisões da Comissão são examinadas, controladas e julgadas de várias formas pelas outras instituições da União. Contudo, a Comissão não toma decisões sobre as políticas e as prioridades da UE, dado estas constituirem competências do Conselho e do Parlamento.

***Competência***

A Comissão Europeia tem competências principais que correspondem a três distintas funções:

1. Iniciativa legislativa (criadora formal das propostas legislativas) – sem prejuízo de impulso do PE e de secundária competência própria e autónoma para a adoção de regulamentos e diretivas;
2. Controlo administrativo (e não jurisdicional) do cumprimento do Direito – "Guardiã dos Tratados";
3. Gestora e executora das políticas e das relações comerciais internacionais da UE.

[93] Designadamente, foi sob ameaça de uma moção de censura que Jacques Santer apresentou a demissão coletiva da Comissão a que presidia, em 16 de Março de 1999. Romano Prodi presidiu de 1999 a 2004. De 2004 a 31.10.2014 presidiu o ex-Primeiro Ministro de Portugal, José Manuel Durão Barroso. Seguiu-se-lhe Jean-Claude Juncker.

### *Iniciativa legislativa*

A Comissão detém a competência de iniciativa legislativa, elaborando as propostas a adotar (ou adotar com alterações, ou não adotar) pelas duas instituições com poder de decisão legislativa – Conselho e Parlamento.

Assim, o procedimento legislativo inicia-se com as propostas regulamento ou de diretiva da Comissão; sem prejuízo de que as propostas podem partir do seu suscitar pelo Parlamento.

Na elaboração dessas propostas, a Comissão toma em consideração os interesses dos Estados, respeitando os princípios da subsidiariedade e da proporcionalidade da ação europeia, mas devendo sempre prevalecer o interesse europeu, e realizando as consultas necessárias.

Assim, a Comissão trabalha em estreita colaboração com os dois órgãos consultivos da UE, o Comité Económico e Social e o Comité das Regiões, que em regra consulta para as suas propostas legislativas.

Após a Comissão transmitir formalmente uma proposta legislativa ao Conselho e ao Parlamento, o procedimento legislativo decorre na cooperação entre Conselho, Comissão e Parlamento Europeu.

O Conselho pode alterar as propostas por maioria qualificada, se a Comissão concordar com a alteração, pois que, em caso contrário, as alterações só podem ser adotadas se por unanimidade dos membros do Conselho. O Parlamento Europeu partilha o procedimento legislativo ordinário (anterior codecisão) com o Conselho na maior parte dos domínios e dispõe de um direito de consulta noutros. Ao rever as suas propostas, a Comissão tem de tomar em consideração as alterações propostas pelo Parlamento. À Comissão também compete elaborar o anteprojeto de orçamento e propô-lo Conselho. A iniciativa da Comissão em recomendações e pareceres é limitada.

A Comissão pode apresentar propostas e participar nos debates em matérias da cooperação intergovernamental apontadas pelo Tratado da União Europeia: Política Externa e de Segurança Comum e cooperação em matéria de Justiça e Assuntos Internos.

### *Competência legislativa reunida a competência executiva*

A Comissão tem competência secundária para, por si, adotar regulamentos e diretivas.

Tem, outrossim, já como *executive branch,* competência para aprovar decisões.

Reúne pois, como um governo estadual comum, uma sequência de exercícios de função legislativa secundária e função administrativa superior concentrada e desconcentrada horizontalmente.

### *"Guardiã dos Tratados"*

Das competências mais relevantes da Comissão sublinha-se o garantir que o direito europeu (quer originário, quer derivado) é devidamente aplicado pelos Estados-Membros. Se considerar que um Estado-Membro não cumpre qualquer dos deveres europeus, a Comissão pode desencadear um processo - normalmente um processo por incumprimento -, notificando o Estado-Membro em causa no sentido de este apresentar as suas observações. Caso essas observações não satisfaçam a Comissão, esta formulará um parecer fundamentado, exigindo-lhe que regularize a situação em causa num prazo determinado. E, em sequência, pode intentar uma ação no Tribunal de Justiça. Em determinadas circunstâncias, a Comissão pode aplicar sanções pecuniárias a particulares, empresas e organizações por infração do direito europeu. Por sua vez, as empresas e os Estados-Membros também podem propor ações no Tribunal de Justiça ou no Tribunal Geral e quando pretendem recorrer das sanções (pecuniárias em regra) aplicadas pela Comissão.

### *Gestora orçamental*

A Comissão gere o orçamento anual da União, sendo responsável pela despesa pública e pela gestão dos fundos comunitários mais importantes. O Fundo Europeu de Orientação e de Garantia Agrícola e os fundos estruturais chamam a si uma parte considerável do orçamento e têm como objetivo reduzir as disparidades económicas entre regiões.

O estatuto da Comissão é ainda estabelecido com outras relevantes executivas competências como o delegar poderes para criar regras para aspetos mais específicos da legislação do Conselho; o introduzir medidas preventivas durante um período limitado para proteger o mercado europeu comunitário do *dumping* de países terceiros; o aplicar as regras de concorrência do Tratado e regular as fusões e aquisições mais significativas.

***Representante em cooperação interna***

A Comissão participa em todas as sessões do Parlamento Europeu e tem de explicar e justificar as suas políticas sempre que tal seja solicitado pelos deputados. A Comissão tem ainda de responder às perguntas escritas e orais dos deputados do Parlamento

Além disso, o presidente da Comissão participa ainda, conjuntamente com os chefes de Estado e de Governo dos Estados-Membros nas reuniões bissemestrais do Conselho Europeu.

***Representante internacional***

A Comissão tem competência para negociar e executar programas de ajuda e de desenvolvimento de países não membros da UE, e negociar acordos internacionais de comércio e cooperação com países terceiros, ou grupos de países, que são depois apresentados ao PE e ao Conselho para votação e vinculação. O presidente da Comissão participa, enquanto representante da União, nas cimeiras económicas anuais do dito grupo dos países mais industrializados do mundo.

### 2.2.1.4. Parlamento Europeu

***Noção, composição e competência***

***Noção***

O Parlamento Europeu é a instituição representativa dos cidadãos europeus, e faz, na sua representatividade direta em especial, acrescentar a cidadania europeia à estadual. Representou, já, 500 milhões de cidadãos da União Europeia quando a 28. Trata-se, assim, do maior parlamento multinacional do mundo e constitui a base democrática da UE. Desde 1979 são realizadas eleições diretas para o Parlamento Europeu de cinco em cinco anos em todos os Estados-Membros da UE. A composição do PE representa as principais correntes políticas da UE.

O Parlamento define-se como a Instituição da cidadania europeia ou defensor dos direitos dos cidadãos, grande guardião dos interesses europeus. Nesse sentido, os cidadãos da UE têm – individual, coletiva ou associadamente – do direito de petição ao PE. As Petições são pois admitidas de qualquer cidadão da UE e sem formalidades especiais. Assim se assume o *PE* como facto da efetividade da *cidadania europeia*.

***Composição***

O Parlamento Europeu é composto por 705 deputados eleitos nos 27 Estados-Membros da União Europeia alargada. Esta composição que decresceu dos anteriores 751, foi resultante do Brexit.

Desde 1979, os deputados ao Parlamento Europeu são eleitos por sufrágio universal directo e por cinco anos.

As normas relativas à composição do Parlamento Europeu são constam do artigo 14.º, n.º 2, do TUE, que estabelece que o Conselho Europeu adota por unanimidade, por iniciativa do Parlamento e com a aprovação deste, uma decisão que determine a composição. Este artigo refere ainda que o Parlamento é composto por um máximo de 751 representantes dos cidadãos da UE (750 deputados mais o Presidente). Além disso, a representação dos cidadãos é «degressivamente proporcional», com um limiar mínimo de seis membros por Estado-Membro. A nenhum Estado--Membro podem ser atribuídos mais do que 96 lugares.

O conceito de proporcionalidade degressiva significa que, embora os lugares sejam distribuídos de acordo com a dimensão populacional dos Estados-Membros, os Estados-Membros com mais população aceitam estar sub-representados para favorecer uma maior representação dos Estados-Membros menos populosos: quanto maior for o país, menor é o número de lugares em relação à sua população. Este conceito foi definido mais pormenorizadamente nas decisões sucessivas do Conselho Europeu adotadas nos termos do artigo 14.º, n.º 2, do TUE desde a entrada em vigor do Tratado de Lisboa.

A saída do Reino Unido da UE obrigou a que se repensasse o modo como os 73 assentos parlamentares que cabem ao país devem ser redistribuídos. Na sequência de uma proposta do Parlamento, o Conselho Europeu adotou, em 28 de junho de 2018, uma decisão que estabeleceu a composição do Parlamento após as eleições de 2019. O número total de lugares foi reduzido de 751 para 705, tendo alguns Estados-Membros aumentado a sua representação. O número de deputados ao Parlamento Europeu eleitos em cada Estado-Membro foi acordado da seguinte forma: Alemanha – 96; França – 79; Itália – 76; Espanha – 59; Polónia – 52; Roménia – 33; Países Baixos – 29; Bélgica, Grécia, Hungria, Portugal, Suécia e República Checa – 21; Áustria – 19; Bulgária – 17; Finlândia, Dinamarca e Eslováquia – 14; Irlanda – 13; Croácia – 12; Lituânia – 11; Letónia e Eslovénia – 8; Estónia – 7; Chipre, Luxemburgo e Malta – 6. No entanto, o artigo 3.º, n.º 2, da referida decisão previa igualmente que, caso o Reino Unido continuasse a ser um Estado-Membro no início da legislatura 2019-2024 (ou seja, em junho de 2019), o número de deputados ao Parlamento Europeu por Estado-Membro continuaria a ser o mesmo da legislatura anterior[3], até que a saída do Reino Unido se tornasse juridicamente vinculativa. O acordo de saída entrou em vigor em 31 de janeiro de 2020.

Após cada eleição, o Parlamento reúne-se por direito próprio na primeira terça-feira posterior ao decurso do prazo de um mês (Ato de 20 de setembro de 1976[4]). Em conformidade com o artigo 229.º, n.º 1, do TFUE, o Parlamento reúne-se também por direito próprio na segunda terça-feira de março de cada ano.

O PE, conforme as eleições em 2019.05.26 e a partir das eleições de 2014.05.25 – seguindo o Tratado de Lisboa – passou (de anteriores 785 e 766) a ter 751 deputados. Os Estados-Membros após tais eleições mas antes do Brexit, tiveram os seguintes deputados: Alemanha-96, França-74, Itália-73, Reino Unido-73, Espanha-54, Polónia-51, Roménia-32, Países Baixos-26, Grécia-21, Portugal-21, Bélgica-21, República Checa-21, Hungria-21, Suécia-20, Áustria-18, Bulgária-17, Dinamarca-13, Eslováquia-13, Finlândia-13, Irlanda-11, Lituânia-11, Croácia-11, Letónia-8, Eslovénia-8, Estónia-6, Chipre-6, Luxemburgo-6, Malta-6.

Uma vez que o número de deputados ao Parlamento Europeu tinha aumentado de 732 para 785 com as adesões da Bulgária e da Roménia, a entrada em vigor do Tratado de Lisboa e as eleições de maio de 2014 conduziram , pois, à estipulada redução do número de deputados, apesar das três últimas adesões.

Depois das eleições europeias de 2014 o número de deputados do PE diminuiu em vários Estados para o previsto segundo o TL e entre o mínimo de 6 e máximo de 96. Portugal passou de 22 para 21 deputados.

O PE tem um presidente, catorze vice-presidentes e (seis) questores[94]. As suas (dezassete) comissões, que preparam as sessões plenárias,

[94] Aos deputados prestam assessoria os "assistentes parlamentares". Estes só se assemelham vagamente aos questores por prestarem apoio aos deputados, pois, diversamente do questor, cada assistente é-o apenas do seu empregador – deputado – mediante funções decorrentes de contrato individual segundo o direito estadual do seu deputado.

e os seus grupos políticos reúnem-se geralmente em Bruxelas e Estrasburgo. O Secretariado-Geral está sediado no Luxemburgo.

O Parlamento realiza normalmente as suas sessões plenárias em Estrasburgo e ainda, algumas sessões adicionais, em Bruxelas.

Quanto à paleta político-ideológica do PE2014, sublinhe-se que os maiores grupos políticos foram o do Partido Popular Europeu (Democrata-Cristão) - PPE, com 221 deputados; o dos Socialistas e Democratas (S&D), com 191; o dos Conservadores e Reformistas, com 70; e o da Aliança dos Democratas e Liberais pela Europa, com 67 deputados.

O Parlamento é ainda órgão eletivo de controlo não judicial da União Europeia. Tem o poder de aprovar e demitir a Comissão (aprovando uma moção de censura por uma maioria de dois terços dos seus membros). Controla a gestão e execução das políticas comunitárias, nomeadamente analisando os relatórios que lhe são enviados pelo Tribunal de Contas e formulando perguntas orais e escritas à Comissão e ao Conselho. O Presidente do Conselho Europeu informa – já por relação de interdependência – o Parlamento das decisões tomadas.

No que tange ao orçamento da UE, a Comissão propõe um projeto de orçamento, que depois é discutido no Parlamento e no Conselho.

O Parlamento pode rejeitar o orçamento proposto. Quando o rejeita, é reiniciado o procedimento orçamental. O Parlamento tem exercido normalmente as suas competências orçamentais para codeterminar as políticas da UE, contudo, a maior parte das despesas agrícolas comunitárias não cabe no controlo do PE.

As competências ou poderes mais relevantes do Parlamento são, pois:

1. *Poder legislativo, em associação*: o PE aprecia as propostas da Comissão e está associado ao Conselho nos procedimentos legislativos; pode ainda propor iniciativas legislativas à Comissão.
2. *Poderes orçamentais*: o PE partilha poderes orçamentais com o Conselho através da votação do orçamento anual e do controlo da sua execução;

Promovem o contacto triangular deputados-PE-cidadãos europeus. Existem mais de 4000 assistentes de deputado do PE.

3. *Fiscalização do poder executivo*: o PE detém o poder de fiscalização das atividades da União Europeia através da votação da Comissão (com o seu presidente), do direito de censurar a Comissão e das perguntas escritas e orais que pode formular à Comissão e ao Conselho.

***Carência atenuada do direito de iniciativa***

Note-se que o PE possui poderes apenas colegislativos e *a priori*, ou liminarmente, limitados pela regra da competência de iniciativa da Comissão. Consideramos que esta carência é atenuada em virtude de o PE ter competência para propor à Comissão que tome iniciativas legislativas.

***Competências orçamentais***

Sendo um dos dois membros da autoridade orçamental, o Parlamento Europeu está envolvido no processo orçamental a partir da fase de preparação, nomeadamente definindo as orientações gerais e o tipo de despesa.

***Competências de controlo político do poder executivo***

O poder executivo na UE é partilhado pela Comissão e o Conselho de Ministros, mas os seus representantes deslocam-se frequentemente ao Parlamento. O PE detém uma função de fiscalização ou controlo do poder executivo e da definição e gestão da orientação política da UE.

***Competências de interposição de recursos para o Tribunal de Justiça***

Em casos de alegada violação do Tratado por outra instituição, o PE pode recorrer ao Tribunal de Justiça, designadamente através de:

1. Direito de intervenção, ou seja, de apoiar uma das partes numa ação no Tribunal de Justiça;
2. Ação por "omissão" – o Parlamento pode propor ações no Tribunal contra outra instituição por violação do Tratado;
3. Interposição de recurso de anulação de ato de outra instituição. O PE pode pois também ser a parte demandada num recurso contra um ato adotado através do procedimento ordinário ou quando os seus atos se destinem a produzir efeitos em relação a terceiros.

***Funcionamento***

Para regular o funcionamento desta instituição , dos, grupos parlamentares e dos seus órgãos o PE tem o seu **Regimento**, nos termos do artigo 232.º do Tratado sobre o Funcionamento da União Europeia, o Parlamento Europeu dotou-se de um regulamento interno designado por Regimento, conforme a teria administrativa geral. O Parlamento Europeu tem, pois, um corpo normativo de organização geral, especial e de funcionamento, desenvolvido e detalhado (241 artigos e 8 anexos). Pode o mesmo consultar-se em: https://www.europarl.europa.eu/doceo/document/RULES-9-2023-01-18-RULE-178_PT.html

### 2.2.1.5. O Tribunal de Justiça da União Europeia

O Tribunal de Justiça da União é a instituição jurisdicional da UE.

Tem a sua sede no Luxemburgo.

O Tribunal de Justiça constitui assim a autoridade judiciária da União Europeia e vela, em colaboração com os órgãos jurisdicionais dos Estados-Membros, pela aplicação e a interpretação uniformes do direito da UE.

É um órgão complexo, pois compõe-se de várias jurisdições: dois tribunais necessários (o Tribunal de Justiça e o Tribunal Geral) e os facultativos que forem criados (p. ex. o Tribunal da Função Pública. O Tribunal da Função Pública, foi criado em 2004, cessou as suas atividades em 1 de setembro de 2016 depois de se terem transferido para o Tribunal Geral as suas competências no contexto da reforma da arquitetura jurisdicional da União[95].

As competências do Tribunal de Justiça e do Tribunal Geral realizam a tutela judicial específica e uniformizadora em relação ao cumprimento do ordenamento jurídico da UE. A missão fundamental do Tribunal de Justiça é garantir no seio de toda a UE a justiça europeia e a uniformidade na interpretação e na aplicação do direito supraestadual europeu. Pelo que é exposto que no âmbito desta missão, o Tribunal:

- Controla e fiscaliza a legalidade dos atos das instituições da União Europeia;

[95] Cfr. ainda *infra* nota específica sobre o mesmo.

- Jurisdicionalmente, assegura o respeito, pelos Estados-Membros, das obrigações decorrentes dos Tratados;
- Interpreta o direito da União a pedido dos juízes nacionais.

O Tribunal de Primeira Instância (Tribunal Geral, pelo TL) foi criado em 1988, atendendo à necessidade de reestruturar institucionalmente a organização judiciária da UE e repartir o já grande volume de processos no Tribunal de Justiça. O implementar, na organização judiciária da UE, o princípio basilar do duplo grau de jurisdição,

Assim, as decisões proferidas pelo Tribunal Geral podem, no prazo de dois meses, ser objeto de recurso para o Tribunal de Justiça, limitado às questões de direito

Por decisão do Concelho da UE de 2004.11.02, exercendo a previsão do Tratado da suscetibilidade de criação de câmaras especializadas, foi criado o Tribunal da Função Pública; autonomizando-se assim o tratamento jurisdicional das questões relativas à função pública europeia até então da competência do então Tribunal de Primeira Instância - que assim passou a ser, nesta sede, tribunal de recurso.

***Regime linguístico único no direito internacional***

Assumindo que cada Estado-Membro tem a sua própria língua e o seu sistema jurídico específico, o Tribunal de Justiça da União Europeia é uma instituição multilingue. O seu regime linguístico não se verifica em qualquer outra jurisdição de organização no direito internacional ou direito comparado. Assim, cada uma das línguas oficiais dos estados da Eu e concomitantemente da mesma UE é ou pode ser língua de processo. O Tribunal de Justiça é, legalmente, obrigado a respeitar o multilinguismo integral por força da imposição de comunicar com rigor linguístico, e atinente hermenêutica jurisdicional nos processos, com as partes na língua do processo e de assegurar a difusão da sua jurisprudência em todos os Estados-Membros nas línguas respetivas.

**...1. *O Tribunal de Justiça* (*TJ*)**

O Tribunal de Justiça é, pois, o principal e superior órgão de controlo jurisdicional da UE, tem tido uma influência dogmática mais relevante do que a dos tribunais comuns dos Estados-Membros - algo semelhante a sectores que em diversos Estados se desenvolveram sobremodo segundo o impulso jurisprudencial, *v. g.:* o direito administrativo.

O TL manteve a Comunidade Europeia da Energia Atómica (Euratom). As competências do Tribunal de Justiça relativas à Euratom são, regra geral, iguais às relativas à União Europeia.

### *Competência*

O exercício do TJ, mobilizador-evolutivo do direito europeu, resultou de um quadro não homogéneo de competências reunidas na competência judicial tradicional (decisão judicial de litígios) e, atipicamente, pela competência consultiva, com a emissão de pareceres.

Tem competência judicial, produzindo acórdãos[96] decorrentes de:

1. Litígios entre Estados-Membros;
2. Litígios entre a UE e Estados-Membros;
3. Litígios entre instituições;
4. Litígios entre cidadãos e a UE.

Tem competência consultiva:

- Pareceres sobre acordos internacionais.

São tipos de processos de ações e de recursos, os seguintes.

1. Ação por incumprimento – após gorada recomendação da Comissão;
2. Recurso de anulação;
3. Ação por omissão;
4. Reapreciação de recursos do TG de acórdãos do TFP – triplo grau;
5. Recurso de acórdãos do Tribunal Geral – duplo grau;
6. Processo de reenvio prejudicial.
   6.1. Os pedidos de decisão prejudicial são de importância vital para a interpretação uniforme do direito comunitário. As decisões a título prejudicial ocorrem quando os tribunais nacionais sus-

[96] O acórdão tem três partes essenciais: 1.ª – A identificação das partes (Partes); 2.ª – A fundamentação (Fundamentação jurídica); e 3.ª – A decisão (Parte decisória).

pendem a instância e ("re")enviam para o Tribunal de Justiça questões de direito europeu necessárias ao processo em causa. O acórdão ou despacho do TJ assegura a cooperação entre o Tribunal de Justiça e os tribunais estaduais pela interpretação uniforme do direito da UE a pedido de juiz estadual.

O TJ, cf. *supra*, também se pronuncia sobre alegadas violações do direito da UE por parte dos Estados-Membros.

As bases dos regimes processuais do TJ estão previstas nos Tratados. No Tratado de Amesterdão, foram conferidos ao TJ mais competências em casos de violação do direito da UE pelas instituições. Parte da cooperação em matéria de Justiça e Assuntos Internos passou a integrar a sua competência.

Com o Tratado de Nice, adotou-se uma nova repartição de competências entre as então duas instâncias jurisdicionais da UE e a possibilidade de criar câmaras jurisdicionais especializadas – nesta base se criou o Tribunal da função pública.

De maior relevo, importa referir que no TFUE é o Tribunal de Justiça é regulado do artigo 251.º ao 281.º; a qual se conexiona o Estatuto do Tribunal de Justiça da União Europeia e o Regulamento de Processo do Tribunal de Justiça[97]

[97] Embora os diplomas atinentes ao TJUE e à tramitação processual se encontrem num conjunto mais vasto que integra: Tratado da União Europeia; Tratado sobre o Funcionamento da União Europeia; Versão consolidada do Tratado que institui a Comunidade Europeia da Energia Atómica; Protocolos: Anexos do Tratado sobre o Funcionamento da União Europeia; Carta dos Direitos Fundamentais da União Europeia; Estatuto do Tribunal de Justiça da União Europeia (1-5-2019); Decisão do Conselho, de 25 de junho de 2013, que aumenta o número de advogados-gerais do Tribunal de Justiça da União Europeia (2013/336/EC); Decisão (UE) 2020/135 do Conselho de 30 de janeiro de 2020 relativa à celebração do Acordo sobre a Saída do Reino Unido da Grã-Bretanha e da Irlanda do Norte da União Europeia e da Comunidade Europeia da Energia Atómica; Regulamento de Processo do Tribunal de Justiça (1-1-2020); Regulamento adicional (14-1-2014); Recomendações à atenção dos órgãos jurisdicionais nacionais, relativas à apresentação de processos prejudiciais (8-11-2019); Instruções práticas às partes relativas aos processos apresentados no Tribunal de Justiça (1-3-2020); Decisão do Tribunal de Justiça, de 23 de outubro de 2012, relativa às funções jurisdicionais do vice-presidente do Tribunal de Justiça; Decisão (UE) 2016/2386 do Tribunal de Justiça, de 20 de setembro

### *Composição*

O TJ é composto por 27 juízes e 11 advogados-gerais.

Sob a direção do presidente, dirige os serviços o secretário do TJ.

Os juízes e os advogados-gerais são designados, sob acordo, pelos governos dos Estados-Membros, para mandatos de seis anos, renováveis; e são escolhidos de entre juristas dos respeitantes estados.

Os juízes do Tribunal de Justiça elegem de entre si o presidente e o vice presidente do Tribunal por um período de três anos, renovável. O presidente dirige os trabalhos e os serviços do Tribunal de Justiça e preside às audiências e deliberações das maiores formações de julgamento. O vice presidente assiste o presidente no exercício das suas funções e substitui o em caso de impedimento.

Os advogados-gerais assistem o TJ. Têm por competência apresentar "conclusões"[98] Substancialmente, são pareceres jurídicos que instruem os processos para os quais foram nomeados). Tal competência é exercida pública, imparcial e em plena independência.

### *Organização e funcionamento*

O TJ organiza-se e funciona em Tribunal Pleno (27 juízes), em Grande Secção (15 juízes) ou em secções (5 ou 3 juízes). Ao Tribunal Pleno compete apreciar questões e máximo relevo previstas pelo Estatuto do Tribunal de Justiça (*v. g.:* declarar a demissão do Provedor de Justiça da UE, demitir compulsivamente comissários europeus, considerar questões de importância excecional). Reúne-se em Grande Secção sempre que um Estado-Membro ou uma instituição que seja parte na instância o requeira,

de 2016 relativa às regras de segurança aplicáveis às informações ou peças apresentadas no Tribunal Geral ao abrigo do artigo 105.o do seu Regulamento de Processo; Decisão do Tribunal de Justiça, de 16 de outubro de 2018, relativa à apresentação e à notificação de actos processuais através da aplicação e-Curia; Condições de utilização da aplicação e-Curia (1-12-2018).

[98] Nas conclusões, o advogado-geral, em audiência, propõe oralmente uma fundamentada solução para o litígio em causa. As conclusões, materialmente, são um parecer obrigatório não vinculativo para o juiz – que, no texto da sua parte de fundamentação de um acórdão o refere p. ex., assim: "...Nestas condições, como o advogado-geral observou no n. 59 das suas conclusões, o facto de ...". A conclusão constitui parte integrante do processo e é publicada, junto ao acórdão propriamente dito, na Colectânea da Jurisprudência.

bem como em processos particularmente complexos ou importantes que não sejam da competência do Pleno. Os demais processos são apreciados em secções de cinco ou de três juízes.

***Jurisprudência do TJ***

A jurisprudência do TJ é pública, podendo pois ser consultada por qualquer entidade[99].

### ...2. *Tribunal Geral (TG)*

***Composição***

O TG é composto por dois juízes por Estado-Membro, nomeados consensualmemnte pelos Governos dos Estados-Membros, após consulta de um comité encarregado de dar parecer sobre a adequação dos candidatos à função de juiz. O mandato dos juízes, renovável, é de seis anos. Os presidentes das secções compostas por cinco juízes são eleitos de entre os juízes por um período de três anos.

***Competência***

O TG exerce competências em sede definida pelos tratados. Estas foram atribuídas ao Tribunal de Justiça claramente definidas: (i) no quadro do processo de reenvio prejudicial, e (ii) de específicas espécies de ações e recursos.

- Recursos de anulação interpostos pelas pessoas singulares ou coletivas contra os atos das instituições, dos órgãos ou dos organismos da UE de que sejam destinatárias ou que lhes digam direta e individualmente respeito (trata-se, por exemplo, do recurso interposto

[99] Pode ser consultada e feito download na página oficial do tribunal p. ex. em: http://curia.europa.eu/juris/documents.jsf?language=pt&jur=C&cit=none%252CC%252CCJ%252CR%252C2008E%252C%252C%252C%252C%252C%252C%252C%252C%252C%252Ctrue%252Cfalse%252Cfalse&td=%24mode%3D8D%24from%3D2019.9.30%24to%3D2019.10.7%3B%3B%3BPUB1%2CPUB3%2CPUB4%3BNPUB1%3B%3BORDALL&cid=757289&pcs=Oor&nat=or&mat=or&ordreTri=dateDesc&redirection=doc&page=1

por uma empresa contra uma decisão da Comissão que lhe aplica uma coima), bem como contra os atos regulamentares que lhes digam diretamente respeito e não necessitem de medidas de execução, e das ações intentadas por essas mesmas pessoas com vista a obter o reconhecimento de uma abstenção destas instituições, órgãos e organismos;

- Ações e recursos interpostos pelos Estados-Membros contra a Comissão;
- Ações e recursos interpostos pelos Estados-Membros contra o Conselho quanto aos atos adotados no domínio dos auxílios de Estado, às medidas de defesa comercial («dumping») e aos atos através dos quais o Conselho exerce competências de execução;
- Ações que tenham por objeto a reparação dos danos causados pelas instituições, órgãos ou organismos da UE ou dos seus agentes;
- Ações e recursos baseados em contratos celebrados pela UE, que prevejam expressamente a competência do Tribunal Geral;
- Ações e recursos no domínio da propriedade intelectual, interpostos contra o Instituto de Harmonização do Mercado Interno (marcas, desenhos e modelos) e contra o Instituto Comunitário das Variedades Vegetais;
- Ações e recursos no domínio da propriedade intelectual, interpostos contra o Instituto da Propriedade Intelectual da União Europeia (EUIPO) e contra o Instituto Comunitário das Variedades Vegetais (OCVV);
- Litígios entre as Instituições da UE e o seu pessoal respeitantes às relações de trabalho bem como ao regime de segurança social.

As decisões do Tribunal Geral podem ser objeto de recurso, limitado às questões de direito, a interpor no prazo de dois meses, para o Tribunal de Justiça

Na sequência de uma decisão de 1993 do Conselho, os poderes do então TPI foram alargados a todos os processos intentados por particulares e empresas contra decisões das instituições e agências comunitárias, incluindo ações por omissão e de indemnização e recursos de anulação – *maxime antidumping* e anti-subsídio: ações por omissão propostas por particulares em processos de auxílios estatais e medidas de proteção do comércio livre.

Os recursos interpostos do TFP para o TG compreendem matéria de direito e não, em regra, matéria de facto.

***Funcionamento***

O processo perante este tribunal compreende, em regra, duas fases: uma escrita e outra oral.

Os princípios e regras processuais em sede de TG são idênticos aos das ações e recursos diretos intentados no TJ.

Os processos são julgados em secções de três ou cinco juízes ou, em certos casos, por um juiz singular. Pode igualmente funcionar em Grande Secção (quinze juízes), quando em especial complexidade do processo.

Assim, nos termos também divulgados[100], a tramitação processual é como se segue.

[100] Cf. https://curia.europa.eu/jcms/jcms/Jo2_7024/pt//, vistada em 2023.12.22:

**1. As espécies de processos**

**Reenvio prejudicial**

O Tribunal de Justiça trabalha em colaboração com todos os órgãos jurisdicionais dos Estados-Membros, que são juízes de direito comum de direito da União. Para garantir uma aplicação efetiva e homogénea da legislação da União e evitar qualquer interpretação divergente, os juízes nacionais podem, e por vezes devem, dirigir-se ao Tribunal de Justiça a fim de lhe pedir que esclareça um ponto de interpretação do direito da União, para poderem, por exemplo, verificar a conformidade da respetiva legislação nacional com este direito. O pedido de decisão prejudicial pode igualmente ter como finalidade a fiscalização da legalidade de um acto de direito da União.

O Tribunal de Justiça responde não através de um simples parecer mas mediante acórdão ou despacho fundamentado. O tribunal nacional destinatário fica vinculado pela interpretação dada. O acórdão do Tribunal de Justiça vincula também os outros órgãos jurisdicionais nacionais a que seja submetido um problema idêntico.

É também no âmbito do processo de reenvio prejudicial que qualquer cidadão europeu pode solicitar que sejam esclarecidas as regras da União que lhe dizem respeito. De facto, embora o processo de reenvio prejudicial só possa ser desencadeado por um órgão jurisdicional nacional, as partes já presentes nos órgãos jurisdicionais nacionais, os Estados-Membros e as instituições da União podem participar no processo perante o

O TG dispõe do seu próprio Regulamento de Processo. O processo é iniciado por uma petição escrita de um advogado ou agente e dirigida à Secretaria. Os pontos essenciais da ação ou recurso são objeto de uma

Tribunal de Justiça. Foi deste modo que alguns grandes princípios do direito da União foram enunciados a partir de questões prejudiciais, muitas vezes submetidas por órgãos jurisdicionais de primeira instância.

**Acão por incumprimento**
Permite ao Tribunal de Justiça fiscalizar o cumprimento pelos Estados-Membros das obrigações que lhes incumbem por força do direito da União. O recurso ao Tribunal de Justiça é precedido de um procedimento prévio desencadeado pela Comissão e que consiste em dar ao Estado-Membro a ocasião de responder às imputações que lhe são feitas. Se tal procedimento não levar o Estado-Membro a pôr termo ao incumprimento, pode ser intentada no Tribunal de Justiça uma ação por violação do direito da União.

Essa ação pode ser intentada pela Comissão (é, na prática, o caso mais frequente) ou por um Estado-Membro. Se o Tribunal de Justiça declarar o incumprimento, o Estado em causa terá de lhe pôr termo sem demora. Se, após a propositura de nova acção pela Comissão, o Tribunal de Justiça declarar que o Estado-Membro em causa não deu cumprimento ao seu acórdão, pode, condená-lo no pagamento de um montante fixo ou de uma sanção pecuniária compulsória. Todavia, em caso de não comunicação das medidas de transposição de uma diretiva à Comissão, o Tribunal de Justiça pode, sob proposta desta última, aplicar uma sanção pecuniária ao Estado Membro em causa, logo na fase do primeiro acórdão de incumprimento.

**Recurso de anulação**
Através deste tipo de recurso, o recorrente pede a anulação de um acto de uma instituição, de um órgão ou de um organismo da União (designadamente um regulamento, uma diretiva, uma decisão). São da competência do Tribunal de Justiça os recursos interpostos por um Estado-Membro contra o Parlamento Europeu e/ou o Conselho (exceto dos atos deste último em matéria de auxílios de Estado, de dumping e de competências de execução) ou por uma instituição da União de um acto de outra instituição. O Tribunal Geral é competente para conhecer, em primeira instância, de todos os outros recursos deste tipo, designadamente dos recursos interpostos pelos particulares.

**Acão por omissão**
Permite fiscalizar a legalidade da inação das instituições, de um órgão ou de um organismo da União. Este tipo de ação só pode, porém, ser intentado depois de a instituição em causa ter sido convidada a agir. Quando a ilegalidade da omissão for declarada, compete à instituição visada pôr termo ao incumprimento através de medidas adequadas. A competência para as acções por omissão é partilhada entre o Tribunal de Justiça e o Tribunal Geral segundo os critérios aplicáveis aos recursos de anulação.

comunicação, em todas as línguas oficiais, publicada no Jornal Oficial da União Europeia. O secretário notifica a petição à parte contrária, que dispõe de um prazo de dois meses para apresentar uma contestação. Nas ações e recursos diretos, o demandante tem, em princípio, a faculdade

**Recurso de decisão do Tribunal Geral**
Pode ser interposto no Tribunal de Justiça recurso, limitado às questões de direito, dos acórdãos e despachos do Tribunal Geral. Se o recurso for admissível e procedente, o Tribunal de Justiça anula a decisão do Tribunal Geral. Caso o processo esteja em condições de ser julgado, o Tribunal de Justiça pode decidir definitivamente o litígio. Caso contrário, deve remeter o processo ao Tribunal Geral, que fica vinculado pela decisão proferida sobre o recurso.

**2. A tramitação processual**
Seja qual for a sua natureza, o processo compreende uma fase escrita e, eventualmente, uma fase oral, que é pública. É necessário, no entanto, distinguir entre, por um lado, o processo prejudicial e, por outro, as ações e recursos (recursos diretos e recursos de decisões do Tribunal Geral).

***Início do processo no Tribunal de Justiça e fase escrita***
***– Nos reenvios prejudiciais***
O órgão jurisdicional nacional submete ao Tribunal de Justiça questões relativas à interpretação ou à validade de uma disposição da União, geralmente sob a forma de uma decisão judicial, em conformidade com as regras processuais nacionais. Após a tradução do pedido em todas as línguas da União pelo Serviço de Tradução do Tribunal de Justiça, o secretário notifica-o às partes no processo principal e também aos Estados-Membros e às instituições da União. Envia para publicação no Jornal Oficial uma comunicação com a identificação, designadamente, das partes e das questões submetidas. As partes, os Estados-Membros e as instituições dispõem de dois meses para apresentar as suas observações escritas ao Tribunal de Justiça .

***– Nas ações e recursos diretos e nos recursos de decisões do Tribunal Geral***
O processo deve iniciar-se no Tribunal de Justiça através de uma petição escrita dirigida à Secretaria. O secretário manda publicar uma comunicação relativa ao processo no Jornal Oficial da União Europeia, especificando os fundamentos e os pedidos do demandante. A petição é notificada às outras partes, que dispõem de dois meses para apresentar uma contestação ou uma resposta. Se for caso disso, o demandante ou recorrente tem o direito de apresentar uma réplica e o demandado ou recorrido uma tréplica. Os prazos para apresentação destes documentos devem ser respeitados.

Em ambos os tipos de processos, são nomeados pelo presidente e pelo primeiro advogado-geral, respetivamente, um juiz-relator e um advogado-geral, aos quais incumbe acompanhar a tramitação do processo.

de apresentar uma réplica, dentro de um prazo que lhe é fixado, à qual o demandado pode responder através de uma tréplica.

**- Medidas preparatórias**

Em todos os processos, uma vez encerrada a fase escrita, as partes podem indicar, no prazo de três semanas, se e por que razão pretendem que seja realizada uma audiência de discussão. O Tribunal decide, sob proposta do juiz-relator e depois de ouvido o advogado-geral, se são necessárias diligências de instrução, qual a formação de julgamento a que o processo deve ser atribuído e se há lugar a audiência de discussão, cuja data é marcada pelo presidente.

**- Audiência pública e conclusões do advogado-geral**

Quando tenha sido decidido realizar uma audiência de discussão, a causa é debatida em audiência pública perante a formação de julgamento e o advogado-geral. Os juízes e o advogado-geral podem fazer às partes as perguntas que considerarem pertinentes. Algumas semanas mais tarde, noutra audiência pública, são apresentadas ao Tribunal as conclusões do advogado-geral, nas quais se analisam detalhadamente os aspetos, sobretudo jurídicos, do litígio, propondo o advogado-geral ao Tribunal, com toda a independência, a solução que considera mais adequada. Fica assim concluída a fase oral. Quando considere que o processo não suscita nenhuma questão de direito nova, o Tribunal pode, ouvido o advogado-geral, decidir que a causa seja julgada sem conclusões.

**- Acórdãos**

Os juízes deliberam com base num projeto de acórdão elaborado pelo juiz relator. Qualquer juiz da formação de julgamento em causa pode propor alterações ao projeto. As decisões do Tribunal de Justiça são tomadas por maioria, não havendo lugar a eventuais votos de vencido. O acórdão só é assinado pelos juízes que tiverem estado presentes na deliberação oral durante a qual o mesmo foi adotado, sem prejuízo da regra segundo a qual o juiz com menor antiguidade da formação de julgamento não assina o acórdão se esta formação tiver um número par. Os acórdãos são proferidos em audiência pública. Os acórdãos e as conclusões dos advogados gerais estão disponíveis no sítio Internet CURIA no dia da sua prolação ou leitura. Na maior parte dos casos, são posteriormente publicados na Coletânea da Jurisprudência.

## 3. Tramitações processuais específicas

### Tramitação simplificada

Quando uma questão prejudicial for idêntica a uma questão sobre a qual o Tribunal de Justiça já se tenha pronunciado ou quando a resposta a essa questão não suscite nenhuma dúvida razoável ou possa ser claramente deduzida da jurisprudência, o Tribunal de Justiça pode, depois de ouvir o advogado-geral, decidir por meio de despacho fundamentado, no qual fará referência ao acórdão já proferido sobre a questão ou à jurisprudência pertinente.

Qualquer pessoa que demonstre ter interesse na resolução de um litígio submetido ao TG assim como os Estados-Membros e as instituições

**Tramitação acelerada**
A tramitação acelerada dos processos permite ao Tribunal de Justiça julgar rapidamente processos muito urgentes, reduzindo ao máximo os prazos e concedendo a tais processos prioridade absoluta. Na sequência de um pedido apresentado por uma das partes, compete ao presidente do Tribunal de Justiça decidir, ouvidas as outras partes, se uma urgência especial justifica a utilização da tramitação acelerada. Está também prevista o recurso à a tramitação acelerada nos processos de reenvio prejudicial. Neste caso, o pedido é apresentado pelo órgão jurisdicional nacional que apresenta o pedido prejudicial ao Tribunal de Justiça, devendo especificar, no seu pedido, as circunstâncias que justificam a urgência extraordinária em responder à questão submetida a título prejudicial.

**Tramitação prejudicial urgente**
Este tipo de tramitação processual permite ao Tribunal de Justiça tratar dentro de um prazo consideravelmente mais curto as questões mais sensíveis relativas ao Espaço de Liberdade, de Segurança e de Justiça (cooperação policial e judiciária em matéria civil e penal, bem como vistos, asilo, imigração e outras políticas relativas à livre circulação de pessoas). Os processos submetidos a tramitação urgente são confiados a uma secção de cinco juízes especialmente designada e a fase escrita decorre, na prática, essencialmente por via eletrónica e é extremamente reduzida, tanto em termos de duração como do número de atores autorizados a submeter observações escritas, intervindo a maior parte desses atores na fase oral do processo, que é obrigatória.

**Pedido de medidas provisórias**
O pedido de medidas provisórias destina-se a obter a suspensão da execução de um acto de uma instituição, que seja igualmente objeto de recurso, ou qualquer outra medida provisória necessária para evitar um prejuízo grave e irreparável em detrimento de uma parte.

**Despesas do processo**
O processo no Tribunal de Justiça não está sujeito a custas. Em contrapartida, as despesas do advogado autorizado a exercer a advocacia nos tribunais de um Estado-Membro, que deve obrigatoriamente representar as partes, não são suportadas pelo Tribunal. No entanto, se uma das partes estiver impossibilitada de suportar, total ou parcialmente, as despesas do processo, pode, sem ser representada por advogado, pedir o benefício da assistência judiciária. O pedido deve ser acompanhado de todos os elementos que provem a necessidade de assistência judiciária.

**Regime linguístico**
Nas ações e recursos, a língua utilizada na petição (que pode ser uma das 24 línguas oficiais da União Europeia) será em princípio a língua do processo, ou seja, a língua em que

da UE podem intervir no processo. O interveniente apresenta alegações de intervenção, nas quais expõe as razões por que entende que os pedi-

decorrerá a respetiva tramitação. Nos recursos de decisões do Tribunal Geral, a língua do processo é a do acórdão ou do despacho do Tribunal Geral que é objeto de recurso. Nos reenvios prejudiciais, a língua do processo é a língua do órgão jurisdicional nacional que submete a questão ao Tribunal de Justiça. Os debates na fase oral são objeto de interpretação simultânea, consoante as necessidades, em diferentes línguas oficiais da União Europeia. Os juízes deliberam, sem intérpretes, numa língua comum que, tradicionalmente, é o francês.

**Esquema do processo no Tribunal de Justiça**
Tramitação dos processos no Tribunal de Justiça
Acções e recursos, incluindo os recursos de decisões do Tribunal Geral
Processos prejudiciais

**Fase escrita**
Petição

Notificação da petição pela Secretaria ao demandado ou recorrido

Comunicação da ação ou recurso para o Jornal Oficial da União Europeia (série C)

[Medidas provisórias]

[Intervenção]

Contestação ou resposta

[Exceção de inadmissibilidade]

[Réplica e tréplica]

[Pedido de assistência judiciária]

Designação do juiz-relator e do advogado-geral

Decisão de reenvio do órgão jurisdicional nacional

Tradução para as outras línguas oficiais da União Europeia

Comunicação das questões para o Jornal Oficial da União Europeia (série C)

Notificação às partes, aos Estados-Membros, às instituições da União, aos Estados do EEE e ao Órgão de Fiscalização da EFTA

Observações escritas das partes, dos Estados e das instituições

O juiz-relator prepara o relatório preliminar

dos de uma das partes deveriam ser deferidos ou indeferidos, alegações essas a que as partes podem, em seguida, responder.

Durante a **eventual fase oral** do processo, realiza-se uma audiência pública. Nesta audiência, os juízes podem fazer perguntas aos representantes das partes. O juiz-relator resume, num relatório para audiência sucinto, os factos alegados, a argumentação de cada parte e, sendo caso disso, dos intervenientes. Este documento é facultado ao público na língua do processo.

Seguidamente, os juízes deliberam com base no projeto de acórdão elaborado pelo juiz relator, e o acórdão é proferido em audiência pública.

O processo no Tribunal Geral não está sujeito a custas. Em contrapartida, as despesas do advogado autorizado a exercer advocacia nos tribunais de um Estado-Membro, que deve obrigatoriamente representar as partes, não são suportadas pelo Tribunal Geral. No entanto, qualquer pessoa que não tenha possibilidade de suportar as despesas da instância pode pedir **assistência judiciária**.

***Processo de medidas provisórias***

Um recurso interposto no Tribunal Geral não tem por efeito suspender a execução do acto impugnado. O Tribunal Geral pode, porém, ordenar a suspensão da execução ou outras medidas provisórias. O presidente do Tribunal Geral ou, se for caso disso, outro juiz – na qualidade de juiz das medidas provisórias – decide sobre esse pedido mediante despacho fundamentado.

Reunião geral dos juízes e dos advogados-gerais

Atribuição do processo a uma formação de julgamento

[Diligências de instrução]

***Eventual* Fase oral [Conclusões** *do advogado-geral]*

**Deliberação dos juízes**

**Acórdão**

*Notas: As etapas facultativas do processo são indicadas entre parênteses. A negro os documentos à disposição do público.*

Só são concedidas medidas provisórias se estiverem preenchidos três requisitos:

1. a ação ou recurso não deve, à primeira vista, afigurar se desprovido de fundamento sério,
2. o requerente deve demonstrar a urgência das medidas sem as quais sofrerá um prejuízo grave e irreparável,
3. as medidas provisórias devem ser ordenadas ponderando os interesses das partes e o interesse geral.

O despacho tem caráter provisório e não prejudica em nada a decisão do Tribunal Geral no processo principal. Por outro lado, pode ser objeto de recurso para o vice-presidente do Tribunal de Justiça.

**Tramitação acelerada**

A tramitação acelerada no TG permite ao mesmo TG pronunciar-se rapidamente sobre o mérito da causa em processos considerados especialmente urgentes. A tramitação acelerada pode ser requerida pelo demandante ou pelo demandado. Pode também ser decidida oficiosamente pelo Tribunal.

***Jurisprudência do TJ***

A jurisprudência do TJ é pública, podendo pois ser consultada por qualquer entidade[101].

***...2. Nota sobre o que foi o Tribunal da Função Pública da UE** (TFPUE)*

*Em 2 de Novembro de 2004 o Conselho adotou a Decisão 2004/752/CE que instituiu o Tribunal da Função Pública da UE.*

[101] Pode ser consultada e feito download da página oficial do tribunal, melhor por listagem de processos, em: http://curia.europa.eu/juris/documents.jsf?language=pt&jur=T&cit=none%252CC%252CCJ%252CR%252C2008E%252C%252C%252C%252C%252C%252C%252C%252C%252C%252Ctrue%252Cfalse%252Cfalse&td=%24mode%3D8D%24from%3D2019.9.30%24to%3D2019.10.7%3B%3B%3BPUB1%2CPUB3%3BNPUB1%3B%3BORDALL&ordreTri=dateDesc&pcs=O&redirection=doc&page=1#

*Das decisões do TFPUE era admitido recurso, exclusivamente para questões de direito, para o então Tribunal de Primeira Instância, e, excecionalmente, admitida a reapreciação pelo Tribunal de Justiça.*

*O TFPUE foi, pois, um tribunal especializado do TJUE que decidia, em primeira instância sobre os litígios entre a UE e os seus agentes. Nos termos do artigo 19.º do TUE, que previa (e prevê) a possibilidade de criação de tribunais especializados, foi criada esta primeira instância especializada que, ao longo dos cerca de dez anos de funcionamento (2005 a 2016) apreciava uma média de 150 processos por ano, num universo de funcionários e agentes da UE de 40.000 pessoas à data*[102].

[102] Apesar de extinto o TFPUE, a respetiva jurisdição mantem-se, ora, no TG, pelo que é útil ver o seguinte exemplo de Petição em sede de função pública da UE, publicado no JOUE C 56/44, de 10.3.2007. Ação intentada em 19 de Janeiro de 2007 – Skoulidi// Comissão das Comunidades Europeias
(Processo F-4/07) (2007/C 56/83)
Partes
Demandante: Eleni-Eleftheria Skoulidi (Bruxelas, Bélgica) (representante: G. Vandersanden)
Demandada: Comissão das Comunidades Europeias
Pedidos da demandante:
- conceder à demandante a reparação do dano moral sofrido devido à decisão da Autoridade Investida do Poder de Nomeação (AIPN), de 28 de Março de 2006, de não a autorizar a beneficiar do acordo de intercâmbio que tinha sido celebrado entre a Comissão e o Governo grego;
- avaliar esse dano *ex aequo et bono* em 200 000 euros;
- condenar a Comissão das Comunidades Europeias na totalidade das despesas.

Fundamentos e principais argumentos:
A demandante, após ter sido colocada à disposição do Ministério Grego da Educação Nacional e do Culto durante oito meses, pediu para beneficiar do regime de intercâmbio de funcionários entre a Comissão e os Estados-Membros de modo a finalizar os trabalhos que tinha efetuado no decurso da sua colocação à disposição. Após ter recebido o acordo de vários serviços da Comissão bem como do Governo grego, a recorrente recebeu uma decisão negativa da sua instituição, pelo facto de o intercâmbio ser contrário às disposições aplicáveis em matéria de colocação à disposição.
Na sua ação, a recorrente considera que a Comissão cometeu várias infrações, ou seja, que:
- violou o dever de diligência a que toda a administração está obrigada;
- não respeitou os compromissos resultantes do acordo de intercâmbio que ela própria celebrou com o Governo grego, violando deste modo a confiança legítima da demandante bem como o interesse geral comunitário;

*Com a reforma da orgânica jurisdicional da União Europeia, o TFPUE foi extinto e as suas competências transitaram para TG. Assim o Tribunal Geral tornou-se, a partir de 2016.09.01, competente para decidir, em primeira instância, dos litígios entre as instituições da UE e os seus funcionários – máxime: regime laboral e regime de segurança social dos funcionários da UE.*

### 2.2.1.6. A Instituição Tribunal de Contas Europeu

O Tribunal de Contas (TC) é a instituição da UE competente para fiscalizar as contas das receitas e despesas da UE, garantindo que esta utiliza legalmente os recursos financeiros, ou seja: de acordo com as regras e os regulamentos orçamentais e no respeito pelos princípios administrativos e contabilísticos.

***Composição e competência***

O Tribunal de Contas é composto por 27 membros (um por Estado-Membro) que são nomeados por um período de seis anos pelo Conselho e deliberam por unanimidade, após consulta do Parlamento Europeu. A fiscalização do Tribunal é contínua e pode ser efetuada, *in loco*[103] em:

- Qualquer organismo da UE ou que efetue a gestão de receitas ou despesas em nome da mesma;
- Qualquer pessoa singular ou coletiva beneficiária de pagamentos provenientes do orçamento comunitário;
- Estados-Membros – neste caso a fiscalização é feita em colaboração com as instituições de fiscalização ou serviços nacionais competentes. Os Estados-Membros têm o estrito dever de prestar todos os documentos ou informações solicitados pelo TC.

O TC remete anualmente ao Conselho e ao PE uma declaração sobre a fiabilidade das contas e a regularidade e legalidade das operações a que elas se referem. Um relatório anual apresentando as observações do TC

– é responsável por afirmações inconvenientes relativamente à demandante;
– discriminou a demandante relativamente a outros funcionários que foram colocados à disposição de determinadas administrações nacionais durante um período mais longo.

[103] Sede social ou estabelecimento prestador de serviço ou bem.

sobre a gestão das finanças comunitárias é transmitido às instituições comunitárias e publicado no JO. O relatório identifica as áreas onde é possível, e até desejável, melhorar. Bem assim, são publicadas no JO as respostas das instituições às observações do TC.

O TC dispõe ainda de competência consultiva – similarmente a muitos estaduais. As instituições da UE podem solicitar pareceres ao TC. Em alguns casos, o parecer do TC é vinculativo para o Conselho. Também publicados no JOUE são as observações sobre determinados assuntos – sob a forma de relatórios especiais – que o TC pode elaborar.

#### 2.2.1.7. Provedor de Justiça europeu – *European Ombudsman*

O PE também nomeia um provedor de justiça[104] cujas responsabilidades principais definidas no Tratado da UE são:

1. Assegurar uma proteção residual, informal, célere mas não judicial, dos interesses dos cidadãos europeus, face à interpretação e à aplicação do direito da UE
2. Reforçar a responsabilidade democrática das instituições da UE.

Assim, o provedor de justiça da EU, tem poderes para receber e investigar queixas apresentadas por cidadãos[105] da UE relativas a casos de irregular administração na atuação das instituições ou órgãos públicos europeus.

#### 2.2.1.8. Os órgãos consultivos da UE

##### ...1. *Comité Económico e Social*

Noção, composição e competência em geral

O Comité Económico e Social (CES) é um órgão apenas consultivo. É o organismo composto para (e específico de) acolhimento, análise e consulta dos parceiros económicos e sociais, designadamente empregadores, trabalhadores, organizações sindicais, consumidores.

[104] Que goza de estatuto de independência.

[105] Podem requerer a ação do Provedor da UE, ainda, as pessoas singulares ou coletivas que, respetivamente, tenham residência ou sede estatutária em Estado-Membro da UE.

***Competência do Comité Económico e Social no processo legislativo***

O CES elabora pareceres para as Instituições sobre matérias do interesse dos parceiros ou representantes profissionais e sectoriais.

O CES emite diferentes tipos de parecer:

1. *Consulta obrigatória* (parecer obrigatório) Quando o parecer é obrigatório – ou necessário – a decisão do órgão institucional que deve obter o parecer apenas pode ser tomada após o recebimento e consideração do mesmo. Assim é disposto em matéria de política agrícola, livre circulação de pessoas e serviços, política de transportes, harmonização da fiscalidade indireta, aproximação das legislações para o mercado interno, política de emprego, política social, educação, formação profissional e política de emprego dos jovens, saúde pública, defesa do consumidor, redes transeuropeias, política industrial, coesão económica e social, investigação e desenvolvimento tecnológico e meio ambiente.
2. *Consulta "voluntária"* (*rectius:* parecer facultativo requerido) Quando o parecer é facultativo (voluntário ou exploratório), a decisão do órgão institucional que pode solicitar um parecer pode ser tomada sem a solicitação ou o seu recebimento, mas, se recebido deve ponderá-lo.
3. *Pareceres da sua própria iniciativa* (parecer facultativo não requerido) O CES pode decidir emitir parecer sobre qualquer assunto que repute de interesse para uma decisão que não exija parecer obrigatório e que não tenha sido solicitado qualquer pelo órgão decisor ou outro.

A emissão do parecer é acompanhada da respetiva publicação no Jornal Oficial da UE.

**...2. *Comité das Regiões***

O Comité das Regiões (CR) tem génese pelo Tratado de Maastricht, como órgão consultivo independente. O objeto do Comité das Regiões consiste na emissão de pareceres na defesa dos interesses das comunidades regionais e autarquias locais e dos munícipes.

As competências do CR seguem segundo quatro vetores:

- Informar a UE sobre o ponto de vista local e regional nas propostas e políticas da União;
- Informar os cidadãos sobre as políticas comunitárias, autárquicas em especial, decididas e executadas pela União Europeia;
- Reforçar a coesão económica e social inter-regional dos Estados-Membros;
- Monitorizar o zelo pelo princípio da subsidiariedade e pelo princípio da autonomia local.

***Intervenção do Comité das Regiões no processo legislativo***

O CR emite pareceres obrigatórios, facultativos como o CES e também a emissão do parecer é acompanhada da respetiva publicação no Jornal Oficial da UE.

Estão sujeitos a parecer obrigatório matérias de:

- Coesão económica e social[106];
- Transportes, telecomunicações e redes de energia a nível transeuropeu;
- Saúde pública;
- Cultura; educação, formação profissional e juventude;
- Emprego,
- Ambiente.

### 2.2.3. As fontes do Direito da União Europeia

Como qualquer sistema jurídico, a ordem jurídica da União Europeia tem fontes:

- Princípios fundamentais do direito;
- Fontes Internacionais;
- Fontes Doutrinais;
- Fontes Consuetudinárias;
- Fontes Jurisprudenciais;

[106] Através de ações específicas de definição das missões, dos objetivos prioritários e da organização dos fundos estruturais, e da aplicação de decisões relativas ao Fundo Europeu de Desenvolvimento Regional.

- Fontes Legislativas;
- Fontes Administrativas.

Para além do natural reconhecimento da aplicabilidade à UE do Direito Internacional geral, há que contar, em sequência e segundo o relevo internacional, com o Direito Internacional convencional particular, vinculativo e vigente na UE.

Este é constituído por:

*a)* Acordos ou convenções celebradas entre as Comunidades e Estados ou organizações internacionais. Nesta classe temos três subclasses.
   *i)* *Acordos de associação* (cooperação económica estreita, visando apoio financeiro ao parceiro no acordo. acordos com as regiões e os territórios ultramarinos, os acordos que visam preparar uma adesão e criar uma união aduaneira e o acordo sobre o Espaço Económico Europeu (EEE);
   *ii)* *Acordos de cooperação*, que visando agora apenas uma cooperação económica preferencial, vinculam hoje a UE, p. ex., aos os Estados do Magrebe[107] e aos Estados do Machrek[108];
   *iii)* *Acordos comerciais*, em matéria de política aduaneira e comercial, celebrados com países terceiros, grupos de países terceiros ou aqueles outros no âmbito da criação (OMC) ou relacionamento com organizações comerciais internacionais.

*b)* Acordos celebrados conjuntamente pelos Estados-Membros e a UE ou as Comunidades Europeias nos domínios de competência partilhada (*Acordos mistos*);

*c)* Decisões de comités mistos ou órgãos de gestão ou execução, implementação de convenções internacionais.

O Direito Europeu positivo, compõe-se do acervo, já com mais de meio século, do Direito Comunitário originário (fundacional, "constitucional" ou primário) e do Direito Comunitário derivado (ou secundário).

[107] Argélia, Marrocos e Tunísia.

[108] Egipto, Jordânia, Líbano e Síria.

...1. ***Direito Comunitário originário*** (textos "constitucionais" comunitários ou Tratados Comunitários[109])

São fundacionais (ou "constitucionais") fontes do Direito Comunitário ou Europeu, os tratados constituintes das comunidades, da União e das respetivas alterações:

- CECA – (Tratado CECA) Tratado de Paris de 1951/04/18, com início de vigência em 1952/07/25.
- CEE – (Tratado CE) Tratado de Roma de 1957/03/25 – início de vigência em 1958/01/1.
- CEEA – (Tratado EURATOM) Simultâneo ao anterior.
  - Também simultânea aos anteriores: Convenção que instituiu uma Assembleia Parlamentar e um Tribunal Comunitário comuns às três comunidades.

1965/04/08, (Tratado de Fusão), em Bruxelas: instituiu um Conselho e uma Comissão comuns às Comunidades. (Revisto em 1970/04/22).

1972/01/22, em Bruxelas: adesão da Grã-Bretanha, Dinamarca e Irlanda às CE, com início da vigência em 1973/01/01.

1979/05/28, em Atenas: adesão da Grécia às CE, com início de vigência em 1981/01/01.

1985/06/12, em Lisboa e Madrid: adesão de Portugal e de Espanha às CE, início de vigência em 1986/01/01.

1986/02/17-28, no Luxemburgo e Haia: Ato Único Europeu, com início de vigência em 1987/07/01.

1992/02/07 – (Tratado da União Europeia) em Maastricht, com início de vigência em 1993/11/01.

1994/06/23, em Corfu: adesão da Áustria, da Finlândia e da Suécia (a Noruega recusou a adesão por força do respetivo referendo de 1947/11/28-29), com início de vigência em 1995/01/01.

[109] Para um percurso histórico e institucional, didático e muito sintético, v. Pascal Fontaine, *A Construção Europeia – de 1945 aos Nossos Dias*, (ed. rev. e act. por J. Barros Moura, e com pref. de Mário Soares), Lisboa: Gradiva, 1998, pp. 7 e ss.

1997/10/02 – (Tratado de Amesterdão), com início de vigência em 1999/05/01.

2001/02/26 – (Tratado de Nice), Reforma institucional da composição e do funcionamento das Instituições, especialmente atendendo a futuras adesões, com início de vigência em 2003/02/01. Tendo por escopo principal adaptar a organização e o funcionamento da União para seu alargamento, inovou ou adaptou especialmente:

- Alterando o procedimento decisório;
- Reduzindo ao mínimo as situações em que o Conselho decide por unanimidade;
- Alterando a ponderação dos votos de cada um dos Estados no Conselho;
- Alterando a estrutura das instituições;
- Alterando a repartição dos lugares no Parlamento Europeu;
- Pela renúncia ao segundo comissário por França, Alemanha, Reino Unido e Itália;
- Aumentando as competências do presidente da Comissão Europeia.

2003/04/16, Tratado de Atenas – adequações no Tratado de Nice e adesões do Chipre, Eslováquia, Eslovénia, Estónia, Hungria, Letónia, Lituânia, Malta, Polónia e República Checa, com início de vigência em 2004/05/01.

*Sem vigência: 2004.10.29 – ... Tratado da Constituição Europeia (Abandonado em Janeiro de 2007 com 18 ratificações e duas não-ratificações por referendos em França e Holanda).*

*A Constituição Europeia pretendeu-se sequente a Nice no processo de reforma, ora também material, da UE. Uma vez a Constituição em vigor, o conteúdo do Tratado de Nice seria revogado e substituído pelo "Tratado que estabelece uma Constituição para a Europa".*

2005/04/25 – No Luxemburgo: adesão da Bulgária e da Roménia, com início de vigência em 2007/01/01.

2007/12/13 – (Tratado de Lisboa) – Reforma institucional e funcional, com início de vigência em 2009/12/01.

2012/04/24 – Tratado de adesão da Croácia, com início de vigência em 2013/07/01.

*2020/01/31 –Brexit.*

**...2. *Direito europeu derivado (fontes "unilaterais") – Remissão***

Regulamento[110/111];

Diretiva[112];

Decisão[113]

Recomendação e parecer[114]

### 2.2.4. Os processos legislativos da UE

Originalmente o Tratado de Roma conferiu ao Parlamento Europeu um papel meramente consultivo, cabendo à Comissão propor legislação e ao Conselho de Ministros aprová-la. Os tratados subsequentes ampliaram a influência do PE de um papel exclusivamente consultivo até ao pleno envolvimento no processo legislativo da Comunidade. Atualmente, o PE tem poderes para alterar e até adotar legislação. Assim, num vasto leque

[110] Com o Tratado de Lisboa esta figura com esta designação mantém-se. Passaria a "Lei europeia" – segundo o referido malogrado "Tratado que estabelece uma Constituição para a Europa"– ato legislativo diretamente vinculativo de todos os sujeito jurídicos da UE (dos Estados aos cidadãos).

[111] Nos termos do art. I-33.º do cit. Tratado constitucional, seria criada uma nova figura, o "regulamento europeu", como ato não legislativo. Portanto parcialmente assimilável aos regulamentos portugueses como norma executiva administrativa quando executa lei e é obrigatório em todos os seus elementos e diretamente aplicável em todos os Estados-Membros, mas diverge quando pode vincular apenas algum(ns) Estado(s)-Membro(s) e só quanto ao resultado a alcançar.

[112] Com o Tratado de Lisboa a diretiva assim se mantém designada. Passaria a "Lei-quadro europeia" – segundo o mesmo não ratificado Tratado da Constituição – cujo estatuto e regime seria praticamente igual ao das atuais mantidas diretivas. Atente-se que seria assumido como ato legislativo ... mas que poderia vincular apenas um EstadoMembro (e apenas quanto ao resultado).

[113] Passaria a "Decisão europeia" segundo o cit. artigo do Tratado da Constituição da Europa. Assumir-se-ia como ato não legislativo mas obrigatório em todos os seus elementos, e podendo ser geral ou não – neste caso com destinatários determinados.

[114] Segundo o mesmo não ratificado Tratado, as vigentes recomendações e pareceres manter-se-iam na terminologia, natureza e regime jurídico, cfr. *infra.*

de áreas o poder decisório é compartilhado pelo Conselho e o PE. Em função da base jurídica, o PE participa, em diferentes graus, na elaboração da legislação comunitária. Com o Tratado de Lisboa o respetivo TFUE no seu artigo 289.º tipifica em só duas classes os processos legislativos:

*a)* Processo legislativo ordinário;
*b)* Processos legislativos especiais.

***A) Processo legislativo ordinário***

O procedimento legiferativo de codecisão foi introduzido pelo Tratado de Maastricht. O Tratado de Amesterdão acrescentou vinte e três matérias em que se aplica o procedimento de codecisão e o Tratado de Nice introduziu mais sete. Com o Tratado de Lisboa passou a designar-se "ordinário" pois é regra e o mais frequente dos procedimentos legislativos.

Este procedimento, *grosso modo,* coloca[115] o Parlamento em pé de igualdade com o Conselho. A partir do Tratado de Amesterdão, o procedimento de codecisão simplificado partilha o poder decisório de forma balanceada entre o PE e o Conselho.

Um ato legislativo é adotado se o Conselho e o PE estiverem de acordo em primeira ou em segunda leituras. Se não chegarem a acordo é convocado um "Comité de Conciliação" – constituído por igual número de membros do Parlamento e do Conselho e com a presença da Comissão –, que tentará obter um compromisso em relação a um texto que o Conselho e o Parlamento possam ambos posteriormente aprovar. Se a conciliação não resultar em acordo, o Parlamento pode rejeitar imediatamente a proposta por maioria absoluta. O ora procedimento ordinário, que reforça o papel do PE enquanto colegislador, é aplicável a mais vasto leque de domínios[116], nomeadamente: livre circulação de trabalhadores, defesa do consumidor, educação, cultura, saúde e redes transeuropeias, política comum de asilo, cultura e desporto.

A regra de voto no processo ordinário é a maioria qualificada. Oficialmente, "tendo em vista facilitar a tomada de decisão e reforçar a eficácia

[115] Realiza uma elevação de estatuto do PE a órgão colegislativo.

[116] Seguindo trinta e nove bases jurídicas no Tratado CE antes do Tratado de Lisboa.

do processo, o TL introduziu uma nova definição de maioria qualificada" abolindo o voto ponderado que favorecia Estados menores.

### *B) Processos legislativos especiais*[117]

Os processos legislativos especiais substituem os anteriores processos de consulta, de cooperação e de parecer favorável. Como pretendeu significar-se na sua denominação, estes processos são diversos, e algo até melhor se diria, excecionais face ao processo ordinário.

O Tratado de Amesterdão simplificou os diferentes procedimentos legislativos ampliando significativamente o procedimento de codecisão, que, na prática, quase substituiu o pretérito procedimento de cooperação. Consequentemente, um deles – o procedimento de cooperação – já era aplicável a muito poucos casos[118]. Ora nos processos legislativos especiais do TL, o Conselho da UE continua a ser o único legislador. A competência do PE limita-se à mera "Consulta" não vinculativa ou à formalística «Aprovação», consoante o procedimento especial. Diversamente do regime anterior e do que sucede com o processo legislativo ordinário, o TFUE não define nem regula após o artigo 289.º os tipos de processos legislativos especiais. Estes são definidos casuisticamente nos artigos do TUE e do TFUE que indicam a respetiva aplicação – como processos "especiais" excecionalmente, é certo.

### *C) "Cláusulas-ponte"*

O TL acrescentou "cláusulas-ponte" para aplicar o processo ordinário a matérias de processo legislativo especial; e que cumulativamente permitem a votação por maioria qualificada a atos que deveriam ser adotado por unanimidade. Existem dois tipos de cláusulas-ponte:

- A cláusula-ponte geral aplicável a todas as políticas europeias; a ativação desta cláusula deve ser autorizada por uma decisão do Conselho Europeu aprovada por unanimidade;
- As 6 cláusulas-ponte específicas a definidas políticas europeias – artigos: 81.º (cooperação judiciária em direito de família); 153.º

[117] Cf., em geral, artigo 289.º e ss do TFUE.

[118] Duas disposições sobre a UME.

(social); 192.º (ambiente); 312.º (finanças); 333.º (cooperação reforçada, TFUE); 31.º (PESC, TUE).

### *Os diplomas*

#### ...2.1. *Regulamento (=decisão geral da CECA) (geral, obrigatório, diretamente aplicável)*

Os regulamentos têm carácter geral[119].

São obrigatórios em todos os seus elementos – são normas "completas"[120].

São diretamente aplicáveis com a publicação no JOUE.

Têm início de vigência supletivo no 20.º dia após a publicação no JOUE.

Órgãos competentes para a adoção ou aprovação de regulamentos são o Conselho, ou este e o PE, ou a Comissão – cada um em matéria das respetivas competências.

Os regulamentos dizem-se de base quando visam diretamente aplicar disposições dos Tratados e dizem-se de execução quando são necessários para a execução dos regulamentos de base.

Sob sanção de nulidade, os regulamentos[121] terão que conter, antes do seu articulado, a respetiva fundamentação de facto e de direito, referindo as propostas, consultas e pareceres obrigatórios.

#### ...2.2. *Diretiva (= Recomendação da CECA[122]) (em regra: geral, obrigatória e indireta)*

A diretiva tem em regra natureza normativa[123], é obrigatória e em regra não é diretamente aplicável.

[119] Ou seja, são verdadeiras normas por participarem das características da generalidade e abstração.

[120] Mas, *vide* infra, regulamento de base e regulamento de execução.

[121] Bem como as diretivas e as decisões do Conselho e da Comissão.

[122] As recomendações da CECA, homólogas às diretivas da CEE e CEEA, passaram para a competência da Comissão com o Tratado de Fusão das Instituições, de 1965/04/08.

[123] Mas pode vincular apenas um ou não todos os Estados-Membros.

A diretiva vincula o(s) Estado(s) a que se dirige apenas quanto ao resultado, deixando a estes a liberdade de adotar a forma[124] e os meios[125]. A diretiva em princípio não seria diretamente aplicável, contudo tal entendimento tem sido recusado pelo TJ – para aquelas (ou suas disposições) que não careçam de outras normas para a sua eficácia. Além do que caso não sejam transpostas integralmente ou o não sejam oportunamente, os sujeitos dos Estados-Membros podem invocá-las nos tribunais destes Estados.

As diretivas são em regra também aprovadas pelo Conselho sob proposta da Comissão; mas também têm competência para adoção de diretivas o Conselho com o PE, e ainda, apenas a Comissão – segundo as respetivas competências.

### ..2.3. *Decisão (individual e obrigatória)*

A decisão vincula diretamente determinado(s) Estado(s), associação(ões) ou indivíduo(s) e em todos os seus elementos, vinculando o destinatário a agir ou a não agir, a exercer direitos ou a cumprir deveres. As decisões só se tornam eficazes relativamente ao seu destinatário a partir da respetiva notificação[126] (*V. g.*: Estado, ente público, privado ou público-privado).

– Quer o Conselho sob proposta da Comissão ou excecionalmente por sua iniciativa, quer a Comissão, quer o Conselho e o PE, quer apenas a Comissão, têm competência para a adoção de decisões – sempre no quadro do exercício das respetivas competências.

### ...2.4. *Recomendação e Parecer (externamente não vinculativos)*

#### *Recomendação*

A recomendação é ato não vinculativo para o destinatário. O que não significa que pode ser ignorado pelo destinatário, pois é manifestação

[124] Por lei ou por decreto-lei e com as especificidades procedimentais que se entenda adequadas.

[125] Modalidades técnico-jurídicas e ou materiais para alcançar o resultado – *v.g.*: por retenção de imposto, por cobrança postecipada.

[126] Ainda que se trate de decisões publicadas no JOUE.

institucional de vontade relevante e pode ser suposto para ato vinculativo. Pode ser dirigido a outra(s) instituição(ões), a Estado(s) ou até a pessoas privadas de Estados da UE.

No que tange à sua solicitação e emissão pode ser obrigatório ou facultativo.

É da competência da Comissão, mas também da competência de qualquer instituição da UE.

***Parecer***

O parecer é também não vinculativo e integra a competência dos órgãos consultivos, mas também podem ser adotado pelos institucionais decisores conforme o artigo 249.º do Tratado CE.

Assim, têm competência para o emitir, os órgãos especificamente consultivos da UE, *maxime* o Comité Económico e Social[127], mas também o PE, o Tribunal de Contas, o Conselho, a Comissão e o TJ (restritamente).

Ainda sobre pareceres cfr. supra os CES e CR.

**...2.5.** ***Ação comum (Política Externa e de Segurança Comum)***

A ação comum é fonte normativa criada pelo Tratado da União Europeia. É adotada pelo Conselho por unanimidade ou, em determinados casos, por maioria qualificada. É vinculativa para os Estados-Membros, que assim devem, no âmbito da PESC, atingir os objetivos nela fixados, salvo dificuldade relevante.

### 2.2.5. Primazia; aplicabilidade direta; efeito direto; responsabilidade estadual - a fonte jurisprudencial de princípios

Não é aqui sede para considerar a temática estrita sobre as teses monistas e dualistas das relações entre direitos internos e direitos internacionais, cujo lugar sistemático é pois o da parte geral do Direito Internacional Público. Mas fica a nota indiciadora da precedência metódica e dogmática de tal consideração.

O Tribunal de Justiça da UE e os demais órgão são unânimes na afirmação da primazia do Direito da UE ou Direito Europeu face aos dos Esta-

[127] E o Comité das Regiões, cfr. o art. 4.º do Tratado CE segundo o Tratado da UE.

dos-Membros da UE – e nem a aplicabilidade direta nem o efeito direto são unanimemente havidos como percursos argumentativos necessários e ou suficientes para a afirmação ou a infirmação de tal primazia.

Apresentemos sínteses específicas sobre os princípios atinentes.

### ...1. *A primazia do Direito da União Europeia*

As considerações feitas *supra*, sobre a receção do Direito Internacional convencional no Direito português, valem para a relação entre o Direito Europeu originário ("direito constitucional europeu") e o Direito constitucional português; acrescentando-se pela essencialidade, que a matéria de controlo da constitucionalidade é limite material de revisão constitucional.

É o direito de cada Estado-Membro, porque soberano, que aparentemente começa por decidir qual é a ordem jurídica que tem primazia: o direito da UE ou o direito de cada Estado-Membro.

O Estado X, no exercício incondicionado de tal soberania, pode violar o acordado em convenção internacional pois cada soberania decide o que prevalece no respetivo ordenamento jurídico.

Contudo, violando o que acordou com outro(s) Estado(s) soberanos ou com qualquer organização internacional, a consequência será incorrer em responsabilidade internacional face ao(s) Estado(s) ou organização internacional cocontratante.

Além do que, se até Nice o direito comunitário europeu, não jurisprudencial, não apresenta norma expressa sobre esta questão, cada conflito entre ordem jurídica europeia e cada ordem jurídica estadual só tem solução em função do primado que for reconhecido ao direito europeu sobre os direitos de cada um e de todos os Estados-Membros. Tal resulta de que se o Direito da UE dependesse do incondicionado exercício das soberanias estaduais poderia nada restar do direito europeu, dado que a afirmação prevalecente das ordens jurídicas estaduais poderia fazer esquecer o direito europeu, condenando-o a letra morta; o que significaria a ineficácia do normativo europeu e a concomitante irrealizabilidade dos próprios objetivos basilares que presidiram à criação das comunidades europeias.

Assim, com relutâncias significativas – p. ex. da jurisprudência do *BvfG*[128] pontuadas em 1963 e em 1993 –, e com adesões expressas – p. ex. no franqueamento ao primado supraconstitucional nos artigos 65.º e ss. da Constituição holandesa –, a primazia supraconstitucional do direito europeu ratificado é já em regra aceite antes do malogrado Tratado da Constituição Europeia.

No direito do Estado português, apontando para o europaismo, alinham-se além das razões pela primazia do Direito Internacional já abordadas, a interpretação da cláusula da União Europeia do art. 7.º/6, o art. 8.º e a jurisprudência europeia[129], que estabeleceu a mais íntima correlação entre o princípio da aplicabilidade direta do Direito Comunitário e o princípio da primazia do mesmo, afirmando inequivocamente tal primazia face ao direito constitucional dos Estados-Membros – desenvolvendo jurisprudência anterior.

Pois que, face ao direito infraconstitucional já tinha sido estabelecido o primado do Direito Comunitário, pelo Acórdão Costa/E.N.E.L., de 1964: um tribunal italiano solicitou o TJCE sobre se a lei italiana de nacionalização do sector da produção e da distribuição de energia elétrica era compatível com o Tratado CEE. O Tribunal de Justiça, decidiu que dada a especificidade jurídica do ordenamento comunitário, este deve ser aplicado de modo uniforme em todos os Estados-Membros independentemente dos regimes atinentes criados por estes.

Segundo o artigo 8.º/3 da CRP, as normas emanadas dos órgãos competentes das organizações de que Portugal seja parte, vigoram diretamente na ordem interna, desde que tal se encontre estabelecido nos respetivos tratados constitutivos.

Esta disposição poderia significar que esta classe de normas de Direito Internacional[130] teria uma posição hierárquico-normativa claramente

[128] O Tribunal constitucional federal da República da Alemanha foi reconhecidamente um dos tribunais dos Estados europeus que melhor desenvolveu jurisprudência mais relevante nesta sede e bem assim a italiana *Corte Costituzionale*, cfr. infra.

[129] Indelevelmente, com o Acórdão Simmenthal, de 1978.03.09, do TJCE; v. em Silva, M. M., *Direito Comunitário, T I, – Jurisprudência, Questões e Notas*, Lisboa: AAFDL, 2000, pp. 36 e ss.

[130] Que se preenche com o direito europeu derivado.

supralegal e também equiconstitucional; contudo, face ao que já sublinhámos sobre o controlo sucessivo da constitucionalidade, a posição de "quaisquer normas" de Direito Internacional deveria ser infraconstitucional. A antecipação de revisões constitucionais portuguesas a adesões a normativos europeus comunitários previstos como colidentes com o Direito Interno, pode manifestar tal superioridade. Contudo: *a*) tal procedimento também acontece para a vinculação a outros pactos internacionais; *b*) o argumento é reversível - pode sustentar-se que se faz sempre prévia revisão constitucional para evitar a contrariedade da CRP à convenção internacional que se irá subscrever (e que será prevalecente); *c*) é favorável à primazia do direito comunitário, o facto de no caso de conflito entre normas estaduais e normas comunitárias se verificar a aplicação do princípio: *droit fédéral passe droit du pays* - mas nem é necessária esta via de ultra-adesão à primazia do Direito Europeu, pois o reconhecimento da ordem comunitária como uma ordem jurídica autónoma e irredutível, quer relativamente ao Direito Internacional, quer relativamente aos sistemas jurídicos dos Estados-membros - não os federando - tem solucionado manifestações desta problemática relacional[131].

Contudo, com a introdução do n.º 4 no artigo 8.º da CRP[132], ficou expressamente assumida pela CRP a preeminência do regime fixado pela União sobre a aplicação em Portugal do direito europeu, quer originário quer derivado; e assim se fixou como supraconstitucional o direito europeu, embora sem prejuízo da ressalva final da disposição[133].

### ...2. *O princípio da aplicabilidade direta*

Conforme vimos, os regulamentos são automaticamente recebidos e incorporados nas ordens jurídicas dos Estados da UE por força do mesmo

[131] Referimo-nos à conhecida posição do tribunal constitucional alemão de 1963.12.14 e ao Acórdão n.º 98 de 1965.12.16 da *Corte Costituzionale* italiana. Cfr. Scannicchio, N., *Il diritto privato europeo nel sistema delle fonti, in* Lipari, N. (coord.), *Diritto Privato Europeu*, Vol. I, Pádua: CEDAM, 1997, p. 34.

[132] Pela sexta revisão da CRP, operada pela Lei Constitucional n.º 1/2004, de 24 de Setembro.

[133] Este n. 4 *in fine*, determina a reserva da conformidade e respeito do direito europeu, e de tal regime de aplicação interna, à supremacia absoluta dos princípios fundamentais do Direito.

n.º 3 do art. 8.º da CRP, ou seja, não carecem sequer de publicação no DR, basta a sua publicação no JO para imediatamente fazerem também parte do Direito português. Têm esta característica, como os regulamentos comunitários, as decisões gerais da CECA e as decisões individuais não destinadas a Estados, ou mesmo as diretivas quanto às suas normas com aplicabilidade direta.

### ...3. *O princípio do efeito direto*

O citado n.º 3 do art. 8.º da CRP estabelece ainda o princípio do efeito direto. Efeito direto é a suscetibilidade de qualquer sujeito jurídico se fazer valer do Direito Europeu, num tribunal nacional, quer contra sujeitos jurídicos públicos quer particulares. Obviamente, tal suscetibilidade exige que as normas invocadas sejam vigentes e exequíveis.

Foi o Acórdão do Tribunal de Justiça de 1963.02.05 no Processo 26/62, Van Gend & Loos[134], que este TJ expressamente fez jurisprudência clara do princípio do efeito direto.

No caso, a empresa de transportes Van Gend & Loos, importando mercadorias da Alemanha para os Países Baixos, deveria pagar direitos aduaneiros segundo o direito do seu Estado. A empresa recorreu invocando a violação do direito comunitário europeu pelo direito neerlandês, pois o Tratado CEE proíbe os Estados-Membros de aumentarem os direitos aduaneiros nas inter-relações comerciais. Em decisão prejudicial pedida pelo tribunal administrativo neerlandês (*Tarifcommissie*), o Tribunal de Justiça fixou que a empresa tinha direitos da ordem comunitária europeia a aplicar diretamente pelo tribunal do Estado-Membro.

### ...4. *O princípio da responsabilidade civil dos Estados por violação do Direito Europeu*

Diremos no capítulo seguinte que as fontes de direito enquanto operadores da genética jurídica são instituições e modos que criam ou revelam (*essendi* e *cognoscendi*) princípios ou normas jurídicas. Ora, cumulando os anteriores três princípios (primazia, efeito direto e aplicabilidade direta),

[134] V. em M. M. Silva, *Direito Comunitário, T I, – Jurisprudência, Questões e Notas*, cit., pp. 11 e ss.

o TJCE, em 1991, com o Acórdão Francovich[135], não criou mas revelou um princípio dedutível do direito já claramente positivado da UE: o princípio geral da responsabilidade civil por violação do direito europeu, por ação cometida por um Estado(s)-Membro(s) causadora adequada de dano a pessoa determinada.

Em súmula, o caso propiciador foi como segue. Dois italianos, credores de remunerações face aos seus empregadores em estado de insolvência invocaram a omissão do Estado italiano pela não transposição de diretiva sobre proteção dos trabalhadores em caso de insolvência do empregador. O TJ, também em processo prejudicial, interpretando que a dita diretiva visava também conferir aos particulares direitos de que estes tivessem sido privados em consequência da omissão do Estado em transpor a mesma diretiva, reconheceu aos particulares a faculdade de intentarem uma ação de indemnização contra o próprio Estado italiano.

### 2.3. O Direito Interno (ou Estadual)

Já fizemos uma análise estrutural tripartida dos elementos de um abstrato sistema jurídico (dir-se-ia uma divisão vertical: princípios – normas – realidade jurídica). Acabámos de surpreender a heterogeneidade substancial, ou seja, a diversidade das matérias jurídicas constituintes de dois situados conjuntos normativos supraestaduais – o Direito Internacional geral e o regional, e o Direito da União Europeia.

Vamos, sequentemente, dividir e subdividir o Direito português atual.

#### 2.3.1. Direito Público e Direito Privado

A primeira e grande divisão do Direito interno, pretende traduzir a distinção entre Direito Público e Direito Privado. Só que esta pretensão vem-se assumindo mais carente de clareza e utilidade, dir-se-ia em progressão geométrica e em razão inversa à subida aritmética da sua antiguidade.

É que já os romanos distinguiam, neste plano, o Direito, atendendo ao trecho do Digesto (que entrou em vigor em 539) *do* imperador e jurista divulgador Justiniano onde recolheu o entendimento do rememorado

[135] *Idem*, M. M. Silva, *Direito Comunitário*, cit., pp. 405 e ss.

jurisconsulto romano Ulpiano (170-228 d.C.); contudo, ao original[136], já em si diverso de outras expressões da distinção (*v.g.* que separariam Direito Público de Direito Privado em função da existência da *publicatio* = publicação) têm sido dadas controversas interpretações, entre as quais: uma que liminarmente afasta o sentido do texto duma pretensão de classificação interna do Direito (seriam sim dois aspetos surpreendíveis em qualquer normativo jurídico), e outra que entende a expressão de Ulpiano como das primeiras manifestações do critério ou teoria dos interesses.

Os vários critérios distintivos são geralmente reconduzidos a três:

- Critério do interesse
- Critério da posição relativa dos sujeitos
- Critério da qualidade dos sujeitos

**...1. *Critério do interesse***

Segundo a teoria dos interesses, a distinção seria função da natureza (pública ou privada) do interesse visado pelo subsistema normativo.

Assim, se o conjunto normativo tem por escopo (direto, acrescenta entre nós Freitas do Amaral) tutelar um interesse público, estaremos face a Direito Público.

E se a normação visa proteger interesses individuais ou particulares, já será de Direito Privado.

Exemplifica-se a tese apontando como de Direito Público as normas que definem os órgãos de soberania e suas competências.

Exemplo de normativo de Direito Privado será a regulação dos direitos e obrigações das partes numa relação de comodato.

No primeiro exemplo, o interesse prosseguido é claramente o da coletividade; diversamente, no segundo, visa-se proteger os interesses puramente particulares dos sujeitos da relação jurídica.

[136] Recolhido no Digesto: D.1.1.1.2.; sobre a natureza controvertida destes dois pontos de vista que não, eventualmente ainda, distinção, cfr. A. Santos Justo, *Direito Privado Romano I – Parte geral*, cit., pp. 29 e ss.

Teoria aparentemente simples, no superficial comentário da exemplificação.

É que em todas as normas jurídicas estão vazados interesses públicos e privados, pois toda a norma de natureza jurídica se integra num sistema votado a um fim supremo que é ineliminavelmente público, mas simultaneamente privado, já que participa de dois momentos apenas teoricamente dissociáveis: o da necessária socialidade e o da evolucionante individualidade humana.

Assim, o Direito Civil não termina "onde acaba o egoísmo", porque este não tem absolutamente lugar em qualquer normativo que se defina jurídico.

Podemos bem ver como é do interesse público que as relações jurídicas de família sejam apenas as apontadas na lei e que o seu regime se apresente claro e uniforme, pois, da razoabilidade das soluções que o Direito, geral e abstratamente, aponte para a sua preservação e alteração, depende muito intimamente um saudável viver comunitário, sendo a família (*lato sensu*) a primeira célula social. Por exemplo, que incremento de conflitualidade social aconteceria caso uma forma de extinção "normal" duma relação familiar, como o divórcio, não estivesse na minúcia necessária regulado juridicamente?

Mas mesmo no sector do Direito Civil onde o princípio da autonomia da vontade se pretende mais extensa e intensivamente manifestado – o Direito das Obrigações – o interesse público acompanha sempre o interesse privado:

- quando é exigida a escritura pública ou documento escrito com reconhecimento de assinaturas para a validade da transmissão de imóveis, é bem patente a defesa do interesse público da certeza sobre a titularidade deste tipo de bens bem como sobre as condições essenciais das suas transmissões, a par da realização dos interesses privados liminares da ponderação suficiente para negócios de maior relevo ou da certeza de que o bem foi regularmente adquirido e merece a tutela do Direito contra todas as formas de perturbação ilegítima do exercício individual dos direitos adquiridos.

Por outro lado, no Direito Público, e logo em Direito Constitucional, não apenas as normas sobre direitos e liberdades protegem claramente os dois tipos de interesses, como as normas que organizam e definem competências dos órgãos de soberania não deixam de tutelar interesses particulares pela segurança que lhes visam proporcionar como pela clareza potenciada que visam assegurar na representação e coordenação dos mesmos interesses particulares.

Ou, no Direito Administrativo, a regulação minuciosa do ingresso e acesso na função pública, se visa a melhor satisfação das exigências de qualidade do serviço público, não deixa de concomitantemente proteger os interesses dos singulares potenciais e efetivos destinatários.

### ...1.1. *Correção deste critério: o critério do interesse predominante*

Nos termos desta pretendida precisão do critério, aceite que todo o normativo acolhe simultaneamente interesses públicos e interesses privados, haveria que atender ao interesse mais relevante.

Sem prejuízo da superação do radical défice da formulação original, esta precisão (como a do interesse direto) não consegue contudo eximir-se à dificuldade que intrinsecamente suscita, ou seja, a da ponderabilidade dos interesses[137].

Exemplos acabados de contradições que irremediavelmente se suscitam quando se pretenda obnubilar a incomparabilidade quantitativa dos interesses, são os daquelas normas injuntivas[138] que a tradição, doutrinal e legislativa, sempre integrou em ramos ou sub-ramos do Direito Privado, mas que por natureza apontam um regime que se impõe aos eventuais interesses particulares contrários:

- Designadamente, as normas que impõem uma forma necessária para atos jurídicos ou as que fixam e definem taxativamente as relações ou direitos admitidos, *v.g.*: relações familiares, títulos de vocação sucessória, direitos reais.

[137] P. ex., questione-se testando a tese do interesse direto: da norma constitucional que estatui o direito à habitação, qual o interesse direto?

[138] *Jus cogens* – direito imperativo, aqui em sede estadual privatista. Por maioria de razão é afastado um outro critério que é função do nível de imperatividade das normas: as injuntivas constituiriam o Direito Público e as permissivas o Direito Privado. Mas tenha-se em conta que o que aqui pretendemos é fazer a distinção entre ramos do Direito, e não, entre tipos de normas.

### ...2. *Critério da posição relativa dos sujeitos na relação jurídica*

Segundo este critério, a distinção é função da existência ou não de assimetricidade relacional entre os sujeitos ou partes (se uma parte tem ou não mais poder que a outra) na relação jurídica:

- Se os sujeitos se encontram na relação numa posição de supra e infra ordenação, ou seja, se um sujeito está subordinado ao correlacionado estaremos face a uma relação de Direito Público e o normativo que regula esta relação será de Direito Público.
- Diversamente, se os sujeitos da relação se constatam equiordenados (ou coordenados como é mais frequente mas menos correcto dizer-se) então a relação é de Direito Privado.

Não colhe contudo grandes aplausos esta teoria, uma vez que são muito significativos os exemplos que a contradizem.

Assim, contra o que é geralmente aceite, segundo esta tese as relações entre entes públicos do mesmo nível (*v.g.* central, descentralizado ou desconcentrado), seriam de Direito Privado, e por outro lado, relações entre pais e filhos[139] seriam de Direito Público[140].

### ...3. *Critério da qualidade dos sujeitos na relação jurídica*

Segundo este critério, que como dissemos também opera sobre o conceito de relação jurídica, o Direito Público rege as relações nas quais intervenha o Estado ou os demais entes de Direito Público (pessoas jurídicas que gozam de prerrogativas específicas do poder público, dito também poder de soberania ou de *imperium:* poder de impor a sua vontade independentemente da anuência da pessoa destinatária – física ou jurídica e privada ou pública) quando estes entes públicos intervenham investidos de *jus imperium*.

Portanto, relações entre entes públicos e relações entre entes públicos e sujeitos jurídicos privados, sempre que os primeiros intervenham com poder soberano.

[139] Cfr. arts. 1877.º e ss. CC, 1886.º e sg. CC, e na adoção 1927.º e ss. CC.

[140] A exemplificação com a relação entre entidade patronal privada e seus empregados é também geralmente apontada para invalidar o critério.

Assim, este magno sector compreende, segundo esta teoria, o conjunto de disciplinas ou ramos nos quais a respetiva relação típica se carateriza por uma ou todas as partes serem entes públicos (Estado, municípios, freguesias, regiões, institutos públicos, fundações públicas, empresas públicas, corporações públicas), e assumindo-se no exercício de poder público.

Direito Público que define ainda a estrutura e funções orgânicas[141] em cada um dos entes públicos.

Por seu turno o Direito Privado regula as relações *inter privos*; e, entre estes e entes públicos quando estes não se apresentem como atribuídos de poder soberano.

Os entes públicos não estão investidos de poder público quando intervêm em atos jurídicos de natureza privada e sem uso de prerrogativa pública, *v.g.* no aluguer de um aparelho retransmissor de empresa de radiodifusão privada, ou na compra de medicamentos numa farmácia.

### ...4. *Critério preferido*

Apesar das dificuldades, algumas infra tocadas, este critério é doutrinalmente o mais seguido.

Uma combinação do último critério com o do interesse predominante é, contudo, a solução mais capaz de refletir a diversidade substancial.

### *Sobre a utilidade da divisão*

O interesse teórico desta grande divisão não é despiciendo uma vez que aponta dois vetores estruturantes do sistema jurídico que indiciam coerentes desenvolvimentos construtivos; contudo, tem vindo a ser alvo de difíceis reptos.

Já o interesse imediatamente prático desta distinção (apenas entre os dois magnos ramos) é mais reduzido.

Desde logo existe um espaço híbrido do sistema jurídico, no qual Direito Público e Direito Privado participam de osmose clara. Mas mais ainda, verifica-se o crescente reconhecimento do estatuto do "interesse público" nas mais variadas matérias tradicionalmente havidas como de

[141] Que não são propriamente "relações" jurídicas.

Direito Privado; e, de sentido contrário, o também crescente reconhecimento da necessidade de submeter o Estado e os demais entes públicos às regras privatistas de proteção dos interesses particulares[142] ameaçam distorcer esta distinção, senão mesmo estilhaçá-la privatizando bens, serviços e direito público[143], ou remetê-la, em grande ciclo de recorrência, à antiga ideia de que se trata apenas de duas perspetivas duma só realidade.

É que o maior interesse prático apontado a esta *magna divisio*, em rigor não lhe cabe: falamos do interesse em apontar as vias jurisdicionais de proteção dos direitos ou interesses ameaçados ou perturbados. É que é antes cada um ou cada grupo de ramos do Direito Público e do Direito Privado que tem os respetivos tribunais (*v.g.* Tribunal Constitucional, tribunais administrativos e fiscais, tribunais do trabalho, tribunais de família, etc.) e processos.

### 2.3.2. Os ramos do Direito Público e os ramos do Direito Privado

***Do critério classificatório***

Na divisão do sistema jurídico, quer no âmbito do Direito Público, quer do Direito Privado, o critério é geralmente o do objeto do complexo normativo institucional.

Note-se que dizemos critério do objeto jurídico-institucional e não critério do objeto da relação jurídica, nem diríamos critério da estrutura da relação jurídica.

Dizemos "geralmente" o objeto, pois a classificação (em rigor as classificações) das várias matérias jurídicas em ramos e sub-ramos, mais que dum critério, é função de uma articulada pluralidade de critérios.

Por exemplo, dentro do Direito Civil:

- Só os direitos obrigacionais se distinguem dos reais, no plano da relação jurídica; porque a ligação do titular do direito à coisa é

[142] *V.g.* o calar constitucional da definitividade e executoriedade dos atos administrativos, o fazer intervir o particular na relação jurídico-fiscal procedimental e processual com semelhantes garantias pelo incumprimento ou cumprimento defeituoso da parte pública.

[143] Cfr. com ênfase no movimento do Direito Administrativo, M. João Estorninho, *A Fuga para o Direito Privado*, Coimbra: Almedina, 1999, *passim*.

mediatizada pelo outro sujeito da relação, e este sujeito é determinado nos direitos obrigacionais, enquanto nos direitos reais a ligação à coisa é imediata e o sujeito passivo é não um mas uma pluralidade indeterminada.

- Enquanto as relações obrigacionais e reais se definem pelo seu objeto, já as relações familiares e sucessórias se definem basicamente em função dos respetivos factos constitutivos (casamento, procriação, adoção, e, falecimento, respetivamente).

Uma nota final nestas considerações prévias:

Esta multidivisão material do Direito é necessária pela vastidão deste, dos seus subsistemas, das suas especialidades substantivas, objetivas, construtivas, metodológicas e práticas. Diversidades que obrigaram a especializações dos seus cultores profissionais, não apenas na doutrina e na jurisprudência, como assim na advocacia e na consultoria jurídica - os distintos e enciclopédicos generalistas reduzem em favor de especialistas, como acontece em países de prática jurídica de maior dimensão.

Contudo, isto não afasta a unidade do Direito, pois o Direito estadual é (visa ser) um só sistema e as suas matérias embora diversas, reciprocamente se solicitam e interpenetram, fazendo *jus* à ideia já apontada segundo a qual nunca se aplica apenas uma norma para definir juridicamente uma situação, mas sim, hierárquica e/ou seletivamente (com os pesos específicos suscitados pela situação concreta) todo o Direito é aplicado.

### 2.3.2.1. Ramos do Direito Público

#### ...1. *Direito Constitucional*

Com génese nos conflitos, revolução e parlamentarismo ingleses do séc. XVII[144], e com as revoluções americana e francesa (e consequentes Constituições), firmou-se com alguma vocação de intemporalidade, a ideia da necessidade de um conjunto de regras fundamentais de uma

[144] Dos quais John Locke fez uma vivida tradução teorizada no segundo Tratado do seu "*An Essay Concerning the Origin, Extend and End of Civil Government*". Inglaterra que hoje singularmente, excepciona, como Estado sem uma Constituição formal escrita, mas apenas com um conjunto de leis e costumes fundamentais de origens temporais diversas.

comunidade política que exprimam os primeiros direitos e garantias, que fixem os órgãos dotados do supremo poder público (soberania), os modos da sua formação e as respetivas competências, e bem assim, que parametrizem os objetivos últimos a que tal comunidade está mobilizada.

*Assim, Direito Constitucional* é *o subsistema jurídico-normativo público que estabelece os direitos e deveres fundamentais, caracteriza o Estado e fixa os seus fins principais, estabelece os seus* órgãos *de soberania, seus modos de designação, suas composição, competência e funcionamento*[145], *e fixa a tutela da sua parametricidade*[146].

Princípios e normas constitucionais exigiram-se recuadamente em positividade securitária, ou, mais ainda, de um texto jurídico positivo fundamentante e fundamental do Estado, que seja sentido material, basilar e paramétrico para as manifestações de juridicidade de uma comunidade ou Estado de Direito.

No direito comparado e no direito internacional, devem sublinhar-se: em Inglaterra a *Magna Carta* em 1215.06.15; a *Petition of Right* que Carlos I teve que assinar em 1628.06.07; o *Habeas Corpus Act* a que Carlos II se vergou em 1679; o *Instrument of Government* e *Bill of Rights* que Guilherme de Orange anuiu em 1689.02.13 e o *Act of Setlement* de 1701.06.12 após a *Glorious Revolution;* a Declaração de Direitos do Homem da Virgínia, escrita por George Mason e adotada pela Convenção de 1776.06.12 e a primeira Constituição moderna em 1787.09.17; a Revolução Francesa de 1789 que fez promulgar a Declaração dos Direitos do Homem e do Cidadão de 1789.08.26 e a Constituição de 1791.09.03; a Constituição monárquica espanhola de Cádiz, de 1812.03.19; a Declaração Universal dos Direitos Humanos de 1948ONU; a Convenção Europeia para a Salvaguarda dos Direitos Humanos, em 1950 pelo Conselho da Europa; a Carta Social Europeia, em 1961, com início de vigência em 1965. Os eventos legislativos principais do constitucionalismo português, ocorreram em 23 de

[145] Cfr. Jorge Miranda, *Manual de Direito Constitucional – Tomo III, Estrutura Constitucional do Estado,* 5.ª ed., Coimbra: Coimbra Editora, 2004, *passim*; *Idem, Manual de Direito Constitucional – Tomo V, Actividade Constitucional do Estado,* 3.ª ed., 2004, *passim.*

[146] Cfr. Para a noção deste ramo enquanto objeto de estudo, ver o contexto preliminar da consideração da exigência conjunta das teoria e dogmática em direito constitucional, J. J. Gomes Canotilho, *Direito Constitucional e Teoria da Constituição, cit.*, pp. 21 e ss.

Fevereiro de 1822 com a 1.ª Constituição; em 29 de Abril de 1826 com a Carta Constitucional (atos adicionais em 1852, 1885, 1895/6 e 1907); em 4 de Abril de 1838 com a efémera e última Constituição monárquica; em 21 de Agosto de 1911 com a Constituição da 1.ª República (com revisões de 1916, 1918, 1919.08, 1919.09, 1920 e 1921); em 11 de Abril de 1933 com a Constituição da 2.ª República (do "Estado Novo"; com revisões em 1935.03, 1935.05.21, 1935.05.23, 1936, 1937, 1938, 1945, 1951, 1959 e 1971); em 1976 com a Constituição da Revolução dos Cravos (revista já em 1982, 1989, 1992, 1997, 2001, 2004 e 2005).

A Constituição portuguesa teve a 7.ª revisão realizada pela Lei Constitucional n.º 1/2005-08-12. As anteriores revisões ocorreram com as leis constitucionais seguintes: LC 1/2004-07-24 (6.ª); LC 1/2001-12-12 (5.ª); LC 1/97-09-20 (4.ª); LC 1/92-11-25 (DR distribuído em 1992-12-04) (3.ª); LC 1/89-07-08 (2.ª); e LC 1/82-09-30 (1.ª). O texto originário, aprovado pela Assembleia Constituinte em 2 de Abril de 1976, entrou em vigor em 25 de Abril de 1976[147].

[147] A Assembleia da República pode rever Constituição após cinco anos sobre a data da publicação da última lei de revisão ordinária – revisão ordinária. A AR pode ainda assumir poderes de revisão constitucional em qualquer momento, desde que por decisão de, pelo menos, quatro quintos dos deputados em efetividade de funções – revisão extraordinária. Cfr. art. 284.º da CRP. Assim, A primeira revisão constitucional (ordinária, de **1982)** alterou a parte respeitante ao poder político, tendo criado o Tribunal Constitucional. A segunda revisão (ordinária, de **1989)**, veio rever sobretudo a constituição económica, passando a consagrar um regime de mercado, aberto e concorrencial e eliminando a proibição constitucional de privatização de empresas nacionalizadas após o 25 de Abril; foi ainda introduzida a categoria de lei de valor reforçado, entre as quais as leis orgânicas; e foi consagrado o instituto do referendo. A terceira revisão (extraordinária, de **1992**) adotou-se para assegurar a adequação (conformidade) da Constituição à ratificação ao Tratado de Maastricht que instituiu a União Europeia: consagrando que a lei ordinária pode reconhecer a estrangeiros residentes capacidade ativa e passiva na eleição dos titulares dos órgãos das autarquias locais; admitindo a possibilidade de a lei atribuir, em condições de reciprocidade, aos cidadãos dos Estados-Membros da União Europeia residentes em Portugal o direito de elegerem e serem eleitos deputados ao Parlamento Europeu; alienanado a parcela de soberania relativa à independência de Portugal, pelo Banco de Portugal, emitir moeda; e, ainda, fixando que que as revisões constitucionais ordinárias decorrem sempre de cinco em cinco anos, não interrompendo a contagem deste prazo a existência de revisão extraordinária no decurso do quinquénio. Na quarta revisão (ordinária, de **1997**) só a Parte IV não se alterou. Introduziu-se o direito de ação popular quando estejam em causa direitos dos consumi-

Reparemos na CRP, em perspetiva estrutural, com alguns sublinhados para artigos de maior relevo ou paragens referenciais[148]:

Preâmbulo

Princípios Fundamentais (1.º a 11.º)» 1.º; 5.º; 6.º; 7.º/6 cláusula da UE; 8.º/3,4
PARTE I – DIREITOS E DEVERES FUNDAMENTAIS (12.º a 79.º)

dores ou relativos à preservação do *ambiente*; permitiram-se poderes tributários às autarquias locais; alterou-se muito significativamente o regime eleitoral da AR, reduzindo-se o número de deputados já só entre 180 e 230), introduziu-se a possibilidade de a lei instituir círculos uninominais, sem prejuízo do sistema proporcional; relativamente a referendos, estabeleceu-se que o referendo só tem efeito vinculativo (jurídico, obviamente) quando o número de votantes for superior a metade dos eleitos inscritos no recenseamento eleitoral, foi permitido o referendo regional, foi flexibilizado o referendo local e admitida a iniciativa popular referendária (por petição à AR). A quinta revisão (extraordinária, de **2001**) permitiu que convencionar o exercício em comum ou em cooperação dos poderes necessários à concretização dos objetivos em maior integração política, espaço de liberdade, segurança e justiça e de coesão económica e social; em matéria de direito judiciário internacional, estabeleceu-se que Portugal aceita a jurisdição do Tribunal Penal Internacional nas condições de complementaridade e demais termos *estabelecidos no Estatuto de Roma*; em sede de extradição, expressa-se que ela não é admitida por motivos políticos ou por crimes a que corresponda, segundo o direito do Estado requisitante, pena de morte ou lesão irreversível da integridade física; no que se refere à extradição por crimes a que corresponda segundo o direito do Estado requisitante, pena ou medida de carácter perpétuo, Portugal aplicará as normas de cooperação judiciária penal estabelecidas no âmbito da União Europeia. Já no que tange ao princípio fundamental da inviolabilidade do domicílio durante a noite sem o consentimento da pessoa, este admite exceções nos casos de flagrante delito ou mediante autorização judicial em casos de criminalidade violenta ou organizada, terrorismo, tráfico de pessoas, de armas e de estupefacientes. A sexta revisão (extraordinária, de **2004)** consagra (agora expressa e inequivocamente) o primado do direito da União Europeia sobre o direito interno (aditando o n.º 4 ao art. 8.º). Esta revisão alarga a autonomia regional (transposição de atos jurídicos da União; dissolução das ALR pelo PR extra dissolução--sanção; "Representante da República" substitui "Ministro da República". A sétima revisão (extraordinária, de **2005)** votou-se exclusivamente para permitir a realização de referendo sobre a aprovação de tratado que vise a construção e aprofundamento da União Europeia – debalde, contudo pois, cfr., supra, o Tratado da Constituição Europeia foi rejeitado por dois Estados que se admitiu tornarem ineficazes as ratificações e referendos dos demais Estados.

[148] Cfr. Vital Moreira, J. J. Gomes Canotilho, *Constituição da República Portuguesa – anotada*, 4.ª ed., Coimbra: Coimbra Editora, 1998, *passim*.

TÍTULO I - Princípios gerais (12.° a 23.°)» 13.°; 16.°; 17.°; 18.°

TÍTULO II - Direitos, liberdades e garantias (24.° a 57.°)

CAPÍTULO I - Direitos, liberdades e garantias pessoais (24.° a 47.°)» 24.°; 29.°; 30.°/1; 43.°; 47.°

CAPÍTULO II - Direitos, liberdades e garantias de participação política (48.° a 52.°)» 52.°

CAPÍTULO II - Direitos, liberdades e garantias dos trabalhadores (53.° a 57.°)» #

TÍTULO III - Direitos e deveres económicos, sociais e culturais (58.° a 79.°)

CAPÍTULO I - Direitos e deveres económicos (58.° a 62.°)» #

CAPÍTULO II - Direitos e deveres sociais (63.° a 72.°)» 63.°; 64.°; 65.°; 66.°; 71.°; 72.°

CAPÍTULO II - Direitos e deveres culturais (73.° a 79.°)» #

PARTE II - Organização económica (80.° a 107.°)

TÍTULO I - Princípios gerais (80.° a 89.°)» 80.°, 82.°; 84.° domínio público; 86.°; 87.°; 89.°

TÍTULO II - Planos (90.° a 92.°)» 92.°

TÍTULO III - Políticas agrícola, comercial e industrial (93.° a 100.°)» 99.°

TÍTULO IV - Sistema financeiro e fiscal (101.° a 107.°)» 103.°; 104.°

Parte III - Organização do poder político (108.° a 276.°)

TÍTULO I - Princípios gerais (108.° a 119.°)» 110.°; 112.°; 119.°

TÍTULO II - Presidente da República (120.° a 146.°)

CAPÍTULO I - Estatuto e eleição (120.° a 132.°)» 120.°; 122.°; 128.°;

CAPÍTULO II - Competência (133.° a 140.°)» 133.°; 134; 135; 136.°; 137.°; 140.°

CAPÍTULO IV - Conselho de Estado (141.° a 146.°)» 142; 145.°

TÍTULO III - Assembleia da República (147.° a 181.°)

CAPÍTULO I - Estatuto e eleição (147.° a 160.°)» 148.°; 149.°; 156.° Capítulo II

Competência (161.° a170.°)» legislativa de reserva absoluta - 164.°; legislativa de reserva relativa - 165.°; forma dos atos - 166.°

CAPÍTULO III - Organização e funcionamento (171.°a 181.°)» 171.°; 174.°; 180.°

TÍTULO IV - Governo (182.° a 201.°)

CAPÍTULO I - Função e estrutura (182.° a 186.°)» #

CAPÍTULO II - Formação e responsabilidade (187.° a 196.°)» #

CAPÍTULO III – Competência (197.º a 201.º)» (política: 197.º; legislativa: 198.º; administrativa: 199.º)

TÍTULO V – Tribunais (202.º a 220.º)

CAPÍTULO I – Princípios gerais (202.º a 208.º)» # Capítulo II Organização dos tribunais (209.º a 214.º) Capítulo III Estatuto dos juízes (215.º a 218.º)» 216.º

CAPÍTULO IV – Ministério Público (219.º e 220.º)» seu órgão superior: Procuradoria-Geral da República

TÍTULO VI – Tribunal Constitucional (221.º a 224.º)

TÍTULO VII – Regiões autónomas (225.º a 234.º)

TÍTULO VIII – Poder local (235.º a 265.º) Capítulo I Princípios gerais (235.º a 243.º)» # Capítulo II Freguesia (244.º a 248.º)» # Capítulo III Município (249.º a 254.º)» #

CAPÍTULO IV – Região administrativa (255.º a 262.º)» 256.º

CAPÍTULO V – Organizações de moradores (263.º a 265.º» 263.º

TÍTULO IX – Administração Pública (266.º a 272.º)» princípios: 266.º; estrutura: 267.º; direitos: 268.º

TÍTULO X – Defesa nacional (273.º a 276.º)

PARTE IV – Garantia e revisão da Constituição (277.º a 289.º)

TÍTULO I – Fiscalização da constitucionalidade (277.º a 283.º)

TÍTULO II – Revisão constitucional (284.º a 289.º)» (competência: 284.º; limites materiais: 288.º).

***As partes essenciais da Constituição***

O Direito Constitucional, nos planos da socialidade e da individualidade tem tradução regra nas constituições atuais em dois primaciais maiores sectores:

*a)* Os direitos, liberdades e garantias (deveres e sujeições) – que na CRP preenchem o cerne da Parte I[149].
Sobre esta primacial parte, remetemos para o considerado supra (1.2) sobre princípios fundamentais, jusnaturalismos *vs.* positivis-

[149] Para esta I parte (e ainda a segunda) v. Vital Moreira/ J. J. Gomes canotilho, *Constituição da República Portuguesa – Anotada – Vol I, Art. 1.º a 107.º*, Coimbra: Coimbra Editora, 2007, *passim.*

mos, em sede de estrutura do sistema jurídico, e para 1.5 sobre Justiça e Estado.

*b)* A organização superior da sociedade ou comunidade estadual – que na CRP ocupa a Parte III, estabelecendo os órgãos políticos superiores ou internamente soberanos, com seus estatuto, competência e modos de eleição ou de designação (tribunais). O sistema político e o sistema de governo semipresidencialista da República Portuguesa são, pois, nesta plasmados.

Complexo normativo liminar para ambos tais grandes setores é o dos princípios fundamentais – na constituição portuguesa expressos nos artigos 1.º a 11.º. Constituição que abre seu articulado precisamente elegendo em sublinhado a dignidade da pessoa humana, qual valor jurídico paramétrico superior e, conforme dissemos antes nas linhas sobre a ideia e princípios conaturais ao Direito. Aponta em sequência a CRP, os carateres político-jurídicos fundamentais da comunidade nacional e estadual portuguesa.

A Constituição é a primacial fonte normativa positiva do direito constitucional, depois outros textos instrumental e materialmente constitucionais o integram como a Lei da Nacionalidade, a Lei dos Partidos Políticos, o regimento da AR, a legislação eleitoral para a AR e PR, ou a Lei do Tribunal Constitucional[150].

***O controlo da constitucionalidade das normas***[151]

Nos sistemas jurídicos com Constituição formal[152], a contrariedade das leis face à Constituição do Estado, gera os vícios de inconstitucionalidade; em Portugal a CRP estabelece:

[150] Lei n.º 28/82, de 15 de Novembro, que regula a organização, funcionamento e processo do TC.

[151] Cfr. para esta matéria, Jorge Miranda, *Manual de Direito Constitucional – Tomo VI, – Inconstitucionalidade e Garantia da Constituição,* 2.ª ed., Coimbra: Coimbra Editora, 2005, *passim*; Cardoso da Costa, *A Jurisdição Constitucional em Portugal,* Coimbra: Almedina, 2007, *passim*; J. J. Gomes Canotilho, *Direito Constitucional e Teoria da Constituição, cit.*, pp. 873 e ss.; J. M. Cardoso da Costa, A Jurisdição Constitucional em Portugal, Coimbra: Almedina, 2007.

[152] Diversa, e arcaicamente para alguns autores, acontece que, onde historicamente sur-

- Inconstitucionalidade material – vício substancial (material) da norma;
- Inconstitucionalidade formal – vício formal de norma ou diploma;
- Inconstitucionalidade procedimental – vício no procedimento de formação;
- Inconstitucionalidade orgânica – vício quanto à competência do órgão emitente da norma apreciada.

A inconstitucionalidade e os procedimentos da sua fiscalização, distinguem-se, nos termos da CRP, em:
Inconstitucionalidade por:

- **omissão** (art. 283.º CRP) (sem relevante aplicação)
- **ação** (art. 277.º e ss. CRP)

Fiscalizações:

- **preventiva** – (art. 278.º e seg. CRP)
- **sucessiva** » concreta (art. 280.º CRP)
  » abstrata (art. 281.º e seg. CRP)

***O Direito Constitucional como sede de princípios de ramos do Direito***

O Direito Constitucional enquanto subsistema normativo fundamental, não pode deixar de procurar ser o repositório basilar para os grandes

giu o controlo constitucional material dos atos políticos e jurídicos da coroa – Inglaterra –, não há fiscalização constitucional das normas de valor legislativo ou inferior. Isto sucede porque não há aí uma constituição formal, unitária e coerente (mas sim diplomas de valor materialmente constitucional desde da *Magna Charta*, conforme supra referimos), e porque normas materialmente constitucionais podem ser aprovadas e revogadas segundo o regime legislativo parlamentar comum. Ora esta soberania do parlamento na arquitetura relacional dos órgãos de soberania caracteriza um sistema que assim, formalmente, não carece de um sistema específico de fiscalização da constitucionalidade de normas materialmente infraconstitucionais. Mas este conglomerado normativo (de algum primitivismo atual) suscita cada vez mais perplexidades com a pluridimensionalidade semântica da *Rule of law* face a opções insindicáveis da *parliamentary sovereignty*, cfr. J. J. Gomes Canotilho, *ob. cit., p. 88, apud* Ferdinad Mount, *The British Constitution Now: Recovery or Decline*, p. 16.

sectores ou ramos do Direito, ancorando-se nele os princípios fundamentais destes[153]. Apesar disto, e porque entre a constituição material e a formal a discrepância é variável, a CRP apresenta, segundo a estrutura constitucional (e não, portanto, segundo a sistemática da divisão dos ramos de direito, pois segundo esta serão referências sectoriais), princípios gerais dos vários ramos e especialidades jurídicas dos quais damos alguns exemplos de artigos que os consagram:

- Direito das Obrigações – *v.g.*, arts. 1.º; 61.º e 62.º/1.
- Direito da Nacionalidade – *v.g.*, art. 4.º
- Direito do Mar – *v.g.*, arts. 5.º a 8.º; 15.º; 84.º; 133.º/o); 134.º/a), *b)* e *g)*; 135.º a 137.º; 161.º/i); 164.º/g); 165.º/v); 166.º; 197.º/c); 201.º/c); 277.º/1 s); 278.º/1; 279.º/4.
- Direito Internacional – *v.g.*, arts. 7.º; 8.º; 16.º; 277.º/2; 279.º; 280.º/1 e 3; 281.º/1, *a)*.
- Direito Internacional Privado – *v.g.*, art. 14.º ss.
- Direito Penal e Processual Penal – *v.g.*, arts. 28.º a 32.º.
- Direito da Informática – *v.g.*, arts. 35.º.
- Direito da Comunicação – *v.g.*, arts. 35.º; 37.º a 43.º.
- Direito da Família – *v.g.*, art. 36.º.
- Direito das Coisas – *v.g.*, art. 62.º.
- Direito das Sucessões – *v.g.*, art. 62/1.º *in fine*;
- Direito da Saúde – *v.g.*, art. 64.º. Direito do Ensino – *v.g.*, art. 73.º a 79.º. Direito Agrário – *v.g.*, arts. 93.º e ss.
- Direito Público da Economia – *v.g.*, arts. 80.º a 100.º; 214.º.
- Direito Financeiro – *v.g.*, arts. 101.º; 105.º e ss.
- Direito Fiscal – *v.g.*, arts. 103.º e seg.; 165.º/1, *i)*; 227/1 *i)*.
- Direito Administrativo – *v. g*, arts. 6.º; 45.º/1; 47.º/2; 63.º e ss; 73.ª e ss; 112.º; 164.º e ss; 182.º e ss.; 225 e ss.; 235.º e ss.; 266.º e ss., 277.º/1; 288.º/1, *n)* e *m)*; 291.º.
- Direito Judiciário – *v.g.*, arts. 202.º a 224.º.
- Direito Policial – *v.g.*, art. 272.º.

[153] Contra, D. F. do Amaral, R. A. Pereira (colab.), *Manual de Introdução ao Direito*, pp. 267 e sg. Sem que perfilhemos a postulação normativista da Constituição como "*norma normarum*".

- Direito do Urbanismo e Direito do Ambiente – *v. g*, arts. 9.º/e) e *g)*; 52.º/3; 62.º; 65.º; 66.º; 80/d); 81.º/a), *l)* e *m)*; 83.º; 84.º; 165.º/1 *d)*, *g)*, *l)*, *n)*, *v)* e *z)*; 227.º/*b)*; 241.º; 242.º; 266.º e 268.º.

### ...2. *Direito Administrativo*

Se o Direito Constitucional, entre mais, fixa fins ao Estado, cabe em sequência implementá-los, torná-los mais próximos pela sua paulatina realização mediada e parametrizada pela lei[154].

Esta tarefa cabe em primeira linha ao Direito Administrativo, o que em termos dos três clássicos poderes, significa que o Direito Administrativo, *grosso modo*, é o primeiro Direito executivo pois regula a execução dos interesses públicos superiormente definidos "pelo" Direito Constitucional[155].

*Assim, Direito Administrativo é o subsistema jurídico-normativo público e autónomo, relativo* à *organização e* à *atividade materialmente público-administrativa.*

O Direito Administrativo, regula, pois, os entes público-administrativos[156] nas respetivas criação e organização, as relações administrativas entre entes públicos e relações administrativas com os particulares.

Isto significa que rege com normas de organização e de funcionamento interno (direito administrativo organizacional e adjetivo) e normas de relação (jurídico-administrativa – que compõem o direito administrativo material). Estas últimas compreendem: a1) normas que reconhecem ou conferem direitos e poderes de autoridade a entes administrativos *lato sensu*; a2) normas que impõem deveres ou vinculações a entes administrativos; b1) normas que reconhecem ou conferem faculdades, direitos subjetivos e interesses legítimos administrativos a particulares; b2) nor-

[154] Cfr. Paulo Otero, *Legalidade e Administração Pública – O Sentido da Vinculação Administrativa* à *Juridicidade*, Coimbra: Almedina, 2007 (reimp. de 2003), pp. 349 e ss.

[155] Na temática da distinção entre os dois ramos é consensual na doutrina a referência, por todos, a A. R. Queiró, *Lições de Direito Administrativo* (policopiado), vol. I, Coimbra, 1976, pp. 167 e ss.

[156] E privados com poder público. Cfr. Pedro da Costa Gonçalves, *Entidades Privadas com Poderes Públicos*, Coimbra: Almedina, 2005, *passim*.

mas que impõem deveres ou vinculações de natureza jus-administrativa a particulares[157].

O ente máximo da Administração Pública (porque único ente administrativo com órgão de soberania) é o Estado[158], cujo órgão executivo ou administrativo superior é o Governo, que é, assim, órgão de soberania (art. 110.º/1 da CRP). O Governo, além da conatural função executiva ou administrativa, tem competência política e competência legislativa - o que significa que exerce as funções homónimas.

Mas nesta sede disciplinar, perspetivamos especificamente o Governo como primeiro órgão administrativo do Estado-Administração: como o órgão superior de direção, superintendência, e tutela dos organismos e entes da Administração pública central, desconcentrada e descentralizada, conforme segue.

### ...2.1. *Organização administrativa*

Os princípios constitucionais da organização da Administração Pública, são o da desburocratização, o da aproximação dos serviços, o da participação, o da desconcentração e o da descentralização[159]. Anotemos apenas sobre os últimos:

Desconcentração horizontal (repartição sectorial de competências dentro da mesma pessoa coletiva)

Para uma melhor eficácia do exercício da função administrativa o Estado (Estado-Administração, ou Estado enquanto pessoa coletiva do Direito Administrativo) reparte as suas tarefas a um nível sectorial e superior, ou seja, no governo entre os vários ministérios. Bem assim, são

[157] Estamos, com diversa sistematização, substancialmente próximos de D. F. Amaral, *Manual de Direito Administrativo*, 3.ª ed., Coimbra: Almedina, 2007, pp. 132 e ss. (v. na 2.ª ed.), do que resulta que quer os entes administrativos (públicos *lato sensu*, para abranger os privados com funções ou de interesse público) quer os sujeitos particulares, todos são sujeitos ora ativos ora passivos nas diversas relações administrativas - não se cingindo pois à clássica relação típica entre autoridade pública como sujeito ativo (com poder de *imperium*) *versus* particular administrado sujeito passivo por dever jurídico.

[158] Cfr. com tratamento em sede jus-administrativa, cfr. D. F. Amaral, *Manual de Direito Administrativo*, cit., pp. 211 e ss e bibliografia remetida.

[159] Cfr. o referido art. 267.º da CRP, depois vertidos também designadamente no CPA.

repartidas horizontalmente funções dentro das demais pessoas coletivas públicas.

Desconcentração vertical (repartição hierárquica de competências)

Mas ainda em favor, sobretudo, da eficácia e também celeridade na prossecução do interesse público administrativo, é necessária ainda uma dita desconcentração vertical. Trata-se de uma atribuição de competências a órgãos hierarquicamente subordinados aos desconcentrados horizontalmente.

Esta desconcentração vertical é mais visivelmente geográfica, mas decorre também da necessidade de repartir tarefas vastas e poderes subalternos; assim p. ex., existe desconcentração vertical da função administrativa financeira: do ministério das finanças para as suas subordinadas secretarias de estado, destas para as respetivas direções-gerais, destas para as respetivas delegações regionais e destas para as correlativas delegações locais[160].

Descentralização e/ou devolução de atribuições/poderes é a criação de pessoas coletivas além do Estado – os entes públicos menores da Administração indireta.

Por outro lado, não apenas o Estado (Estado-Administração), por intermédio dos seus órgãos administrativos, exerce a função administrativa, mas também outros entes públicos a exercem autonomamente[161].

É assim que temos a descentralização, e que pode assumir diversas formas. Mais divulgada é a sua bipartição em territorial e institucional.

Descentralização territorial ou geográfica

Esta forma de descentralização manifesta-se na existência de entes públicos como as regiões administrativas (ora não criadas), os municípios e as freguesias.

Note-se que não se verifica aqui, essencialmente, uma delegação de poderes nem uma relação hierárquica face aos órgãos estaduais; o que se verifica é um fenómeno de democracia local, e, estes entes (os respetivos

[160] *Exemplo, embora com o Direito Fiscal:* Ministério das Finanças – Secretaria de Estado dos Assuntos Fiscais – Autoridade Tributária e Aduaneira (AT) – Direção(ões) Distrital(is) de Finanças – Serviço(s) de Finanças.

[161] Mas em regra sob o controlo dos atos destas pessoas coletivas por parte dos concernentes órgãos tutelares do Estado – tutela de legalidade e mérito.

órgãos e titulares), apesar de estarem sujeitos a controlo tutelar de legalidade dos seus atos, dependem, de Direito, das espacialmente determinadas comunidades, que os elegem; mais, o município é até anterior ao Estado.

Integram, pois, a administração autónoma territorial.

Descentralização institucional – e/ou Devolução de atribuições/poderes

Nesta forma de descentralização sem territorialidade o que acontece frequentemente é uma forma avançada de desconcentração de serviços públicos, sob a capa de uma autonomia face aos órgãos estaduais, acontecendo formas de controlo quase hierárquico dos atos destes entes.

Cabem aqui dois grupos:

*a)* As da Administração indireta[162] do Estado como os serviços públicos personalizados ou os institutos públicos, as fundações públicas e, já menos rigorosamente, as entidades públicas empresariais[163].

*b)* As da administração autónoma não territorial:

  *i)* Pessoas públicas, como as associações públicas (ordens profissionais), os consórcios públicos (associações ou federações públicas de autarquias locais) e universidades públicas[164];

[162] Ou instrumental; e que ocorre no Estado ou em outra pessoa coletiva pública territorial. Cfr., contextualizada e em pedagógica síntese, J. Caupers, *Introdução ao Direito Administrativo*, 13.ª ed., Lisboa: Âncora Editora, 2013, pp. 94 e 99 e ss.

[163] Pessoas públicas criados em diversos sectores sociais, culturais ou económicos, e com especificidades nas relações de superintendência e ou tutelar.

[164] Vital Moreira, *Administração Autónoma e Associações Públicas*, Coimbra: Coimbra Editora, 1997 (reimp. 2003), pp. 367 e ss., assegura que as universidades públicas gozam autonomia ampla, inclusive estatutária, e de quase total autogoverno e autoadministração, só não as incluindo na administração autónoma por razão meramente formal (por a leia não as qualificar como associações públicas); objeção que não consideramos aqui decisiva, como assim João Caupers, Jorge Miranda, Paulo Otero, Rebelo de Sousa. Substancialmente neste sentido e em apreciação da Proposta de Lei n.º 148/X/2 (GOV) do RJIES, se manifestaram Figueiredo Dias, Alves Correia, Bacelar Gouveia, Coutinho de Abreu, Faria Costa, J. Loureiro, J. Andrade, J. Marques, M. A. Aragão, M. Costa Andrade, Pedro Gonçalves, entre mais, subscrevendo que "o estatuto jurídico que convém às universidades públicas portuguesas é o de pessoas coletivas de direito público, integradas na administração autónoma do Estado (...). Parcialmente acolhendo o sentido desta

*ii)* Pessoas privadas de interesse público, como as instituições particulares de solidariedade, de saúde, de habitação, ou de integração social e outras associações privadas com funções públicas.

### ...2.1.1. *Relações interpessoais e interorgânicas*

As relações orgânicas (em quadro de desconcentração – só vertical e aqui havendo lugar à figura da delegação de poderes ou, *rectius,* de competências) estão sujeitas a direção e supervisão; as interpessoais[165] regem-se segundo superintendência e ou tutela.

### ...2.1.2. *Hierarquia, superintendência e tutela*

A relação hierárquica estabelece-se entre órgãos e/ou agentes da mesma pessoa ou serviço público e consiste nos poderes de direção (dar ordens e instruções), de inspeção (fiscalizar), supervisão (revogar, confirmar, suspender, modificar, e, não por regra substituir, os atos do inferior hierárquico) e disciplinar.

posição, a Lei n.º 62/2007, de 10 de Setembro, que aprovou o Regime jurídico das instituições de ensino superior (RJIES) criou a figura da fundação pública de direito privado para as uni versidades, e (por proposta apresentada pelo CCISP) extensiva aos institutos politécnicos. De D. F. Amaral, *Manual de Direito Administrativo,* cit., p. 352, não podemos deixar de referir por transcrição: "Toda a gente compreenderá que não é possível, sobretudo num regime democrático e pluralista que respeite e consagre a autonomia universitária, classificar as Universidades do Estado como simples direções-gerais, embora personalizadas, do Ministério da Educação: não são, pois, serviços personalizados do Estado. Mas tão pouco se podem considerar como *fundações públicas,* porque não consistem basicamente num património, nem a sua missão essencial é gerir financeiramente os respetivos bens". Sublinhamos nós que, apesar de "criadas" pelo Estado, na sua génese estiveram associações de sábios inicialmente alheias ao Estado estamental, no seu desenvolvimento multisecular sempre esteve presente uma autonomia fundada na criação e transmissão do conhecimento que refunda e legitima criticamente o próprio Estado, e no seu património e teleologia intrínseca se guardam, reteleologizam e realizam os passos do conhecimento e da inovação científica e técnica que descobrem e reinventam a humanidade e a Natureza, e onde o Estado é apenas estado – um suporte intitucional que deve honrar a magna tarefa que o transcende.

[165] Portanto, em sede de descentralização em qualquer das suas modalidades.

Entre o Estado e pessoas públicas por este criadas temos poder de superintendência ... ou devolução de poderes pois não se verificam poderes hierárquicos puros, ... mas há mais que recomendações e orientações. Já na relação de tutela, o Estado através do órgão tutelar (ministério) exerce "apenas" o controlo que visa assegurar a legalidade e também, regra geral, o mérito dos atos dos órgãos da pessoa tutelada sem que possa socorrer-se dos poderes hierárquicos ou, em regra geral também, de poder de superintendência.

### ...2.2. *Atividade administrativa*

Em Portugal, o critério ou instituto de referência do estudo da atividade administrativa centrava-se na figura do ato administrativo[166]. Hoje, é pelo procedimento administrativo que tal atividade, sobremodo, se estuda e opera no ordenamento português.

Mas quanto às modalidades da atividade administrativa a mesma apresenta-se segundo quatro grandes tipos.

*a)* Dado que a atividade administrativa pode satisfazer necessidades ou realizar atos estritamente materiais (ex.:lecionar em estabelecimento público, operar em hospital público, construir ponte, reciclar resíduo perigoso) assim se traduzindo em *operações materiais;*

*b)* O procedimento pode formar *atos administrativos* de natureza jurídica e não normativos mas sim individuais e ou concretos (ex.: deferimento do requerimento de licenciamento do projeto urbanístico X, adjudicação da obra y);

*c)* Pode culminar na celebração de *contratos administrativos*;

*d)* Pode criar normas e diplomas administrativos: *regulamentos.*

### ...2.3. *Fontes do Direito Administrativo*

O Direito Administrativos tem por fontes os princípios gerais do Direito e os gerais do direito público e do administrativo, o Direito Internacional (com o da UE incluído), a Constituição, as leis (leis da AR, decretos-leis do Governo, decretos legislativos regionais), e as nor-

[166] No francês é o serviço público, na Alemanha a relação jurídico-administrativa e em Itália o procedimento administrativo.

mas administrativas constantes das diversas espécies de regulamentos, a jurisprudência, a doutrina, as praxes administrativas, o costume e usos, as normas empresariais ou profissionais de entes privados jurídico-publicisticamente reconhecidas, as normas técnicas jurídico-publicisticamente reconhecidas[167].

De entre elas, as principais são os princípios, as leis e as normas de natureza administrativa.

***Princípios***

São princípios gerais (e alguns fundamentais de direito) do Direito Administrativo, em regra recebidos na CRP ou em diplomas legislativos sem que por esta (útil) positivação baixe o seu valor paramétrico superior:

*a)* Princípio da legalidade -» 266.º/2 CRP + 3.º CPA;
*b)* Princípio do interesse público –» 266.º/1 CRP + 4.º CPA;
*c)* Princípio da ação no *ad ministrare* e da decisão –» 266.º/1 CRP e 13.º CPA;
*d)* Princípio da participação dos administrados –»12.ºe 100.º CPA;
*e)* Princípio da igualdade –» 13.º; 266/2.º CRP + 6.º e 152/1, *d)* (*praxis* administrativa uniforme) CPA;
*f)* Princípio da proporcionalidade (exigibilidade+adequação+propor cionalidade *stricto sensu*) –» 266.º/2CRP + 7.º CPA;
*g)* Princípio da verdade material e do inquisitório no procedimento administrativo –» 58.º CPA;
*h)* Princípio da imparcialidade –» 266.º/2CRP + 9.º; 69.º a 76.º CPA [impedimentos; escusa (próprio) e suspeição (outrem)];
*i)* Princípio da boa-fé no procedimento –» 266.º/2 CRP + 10.º e 60.º CPA;
*j)* Princípio da colaboração entre a Administração e os particulares –» 10.º e 60 CPA;
*k)* Princípio da decisão –» 13.º CPA

[167] Sobre a falácia da "omnipotência" do direito positivo administrativo e a mutação na diversidade de fontes do Direito Administrativo, cfr. Paulo Otero, *Legalidade e Administração Pública – O Sentido da Vinculação Administrativa* à *Juridicidade*, cit., pp. 411 e ss.

*l)* Princípio da boa administração, celeridade, economicidade e eficiência -» 267.º/1 CRP + 5.º e 59.ºCPA

*m)* Princípio do acesso à justiça administrativa -» 20.º CRP + 16.º CPA;

*n)* Princípio da responsabilidade da Administração -» 22.º CRP + 16.º CPA;

*o)* Princípio da informação e da Administração aberta -» 20.º/2; 268/1,2,3 CRP + 17.º e 82.º a 85.º CPA + ADA (Lei n.º 46/2007.08.24);

*p)* Princípio da autonomia local -» 6.º /1; 235.º; 288/1, *n)* CRP + CEAL[168];

*q)* Princípio da autonomia regional portuguesa -» 6.º /2; 225.º; 288/1, *o)* CRP;

*r)* Princípio da autonomia das universidades públicas -» 76.º/2; 73.º/4; 42.º/2 CRP[169].

***Leis***

Não existe no direito português um código do Direito Administrativo geral - o denominado "Código Administrativo", de 1936-40, tem quase todo o seu articulado revogado e regia exclusivamente o sector de autarquias locais (e contencioso); e foi o último do movimento iniciado em 1836 por Passos Manuel[170].

[168] Carta Europeia da Autonomia Local de 1985 e ratificada pela Resolução da AR n.º 28/90de 23 de Outubro. Trata-se de manifestação positiva em Direito Internacional da natureza de direito fundamental deste milenar princípio.

[169] Cfr. *supra*, nota desenvolvida em sede de descentralização institucional da Administração Pública.

[170] Após uma história multissecular de direito local consuetudinário e foraleiro, de ordenações afonsinas, manuelinas, filipinas, livros de posturas concelhias, decretos (ora centralizadores francófilos ora municipalistas. Na sequência do início oficial do movimento codificador (com a criação, por D.ª Maria I, da Comissão para a elaboração do primeiro Código Civil), foi em 31 de Dezembro de 1836 que foi criado o primeiro Código Administrativo português - municipalista, de Passos Manuel. Seguiram-se-lhe: Código Administrativo de 1842, centralizador (setembrista); Código Administrativo de 1867, de Martens Ferrão (codificação normativista, sistemática e coerente); Código Administrativo de 1870 (aproximação do CA de 1836 e do de 1842); Código Administrativo de 1878, de Rodrigues Sampaio, repondo as tradicionais liberdades concelhias; Código Administrativo de 1886; Código Hintze Ribeiro, de 1895; Código Administrativo de 1896, centrali-

Existe sim, a par de uma dispersão enorme de diplomas, um Código do Procedimento Administrativo (CPA), aprovado pelo Decreto-Lei n.º 4/2015, de 07 de janeiro[171], o qual, além de na sua Parte III regular o próprio procedimento, contém normativo administrativo geral.

Diplomas de maior relevo são[172], p. ex., a Lei n.º 4/2004, de 15 de Janeiro, sobre a organização da administração direta do Estado; a Lei n.º 3/2004, de 15 de Janeiro, que é a Lei Quadro dos Institutos Públicos; para administração local rege a Lei n.º 75/2013, de 12 de Setembro, já retificada e alterada.

Salientem-se como normativos gerais ou estruturantes no Direito Administrativo (e fiscal) em sede de garantias dos administrados, além do direito processual administrativo e organização judiciária administrativa[173], a Lei de Participação Procedimental e de Ação Popular; a Lei de Acesso aos Documentos Administrativos (ADA); a Lei de Proteção de Dados pessoais Face à Informática e leis associadas; o Estatuto do Provedor de Justiça; e a Lei de Proteção do Utente de Serviços Públicos Essenciais.

***Regulamentos***

Os regulamentos são a fonte superior (positivo-normativa) *específica* de direito administrativo, na medida em que eles mesmos são expressão da função administrativa normativa.

zador, de João Franco; 1910 (reposição do CA de 1878); e finalmente o Código Administrativo de 1936-40, hoje insignificante após mais de 90 alterações e derrogações.

[171] Que revogou o inicial, aprovado pelo Decreto-Lei n.º 442/91.11.15 – alterado pelo Decreto-Lei n.º 6/96, 31 Janeiro (com republicação) e pelo Acórdão do TC n.º 118/97, de 24 Abril (legitimidade procedimental das organizações sindicais); e com retificações pela Declaração de Retificação 265/91, 31 Dezembro e pela Declaração de Retificação 22-A/92, 29 Fevereiro.

[172] Além dos diplomas que regem o órgão de soberania e superior da Administração Pública, após o estabelecido na CRP, e que são os decretos-leis que aprovam a lei orgânica de cada Governo e o regimento do respetivo conselho de Ministros. Ver, além dos vigentes, p. ex., os pretéritos Decreto-Lei n.º 79/2005, de 15 de Abril e Resolução do Conselho de Ministros n.º 82/2005, de 15 de Abril.

[173] Referido *infra* em... 2.3.

Segundo a perspetiva da relação com (a Constituição - autónomos -, *e)* a lei, os regulamentos podem ser: independentes (art. 112.º/6 e 7); (de entes) autónomos; complementares; de execução.

Segundo o critério do âmbito espacial os regulamentos podem ser centrais, regionais, locais e mistos ou territoriais (de institutos e outros organismos públicos personalizados e da administração autónoma não territorial - universidades públicas).

São tipos principais de diplomas regulamentares:

- Decretos regulamentares (do Governo e promulgados pelo PR);
- Decretos regulamentares regionais (das assembleias legislativas ou governos regionais);
- Resoluções administrativas;
- Portarias [de ministros (ou de secretários de estado), em nome do Governo];
- Despachos normativos (de membros do Governo).

***Limites ao poder regulamentar e hierarquia normativa***

Limites por: princípios gerais de Direito; princípios e normas constitucionais; principio da legalidade, em especial (reserva da AR); relações entre Estado e pessoas coletivas menores; proibição da retroatividade e da inderrogabilidade singular dos regulamentos (por via regulamentar)[174].

Hierarquia: regulamentos do Estado prevalecem sobre os de da AP indireta e autónoma - não existindo hierarquia entre estes, mas sim relações de prevalência em virtude das atribuições das respetivas pessoas públicas em reflexo da hierarquia dos interesses visados. Os regulamentos das assembleias municipais prevalecem sobre os das de freguesia.

Mas note-se que há desvios e exceções à hierarquia pura quer por equinivelamentos entre e face a regulamentos governamentais, quer por restrições à parametricidade da lei[175]:

[174] Cfr. Paulo Otero, *Legalidade e Administração Pública - O Sentido da Vinculação Administrativa à Juridicidade*, cit., pp. 628 e ss.

[175] J. J. Gomes Canotilho, *Direito Constitucional e Teoria da Constituição*, 2.ª ed., cit. p. 740.

*a)* não subordinação entre regulamentos centrais e regionais *i*) em matéria de competência regional própria e ainda *ii*) da matéria de competência não reservada por lei de órgão de soberania (art. 227.º/1 da CRP);

*b)* restrições ou não subordinação entre regulamentos do Governo e regulamentos de autarquias locais quando diretamente fundados no núcleo essencial da autonomia local;

*c)* não subordinação entre regulamentos do Governo e regulamentos estatutários das universidades públicas[176] (*ex vi* art. 76.º/ 2, após o 73.º/4, da CRP);

*d)* paridade entre regulamentos[177] de membros do Governo (mas infra-ordenados relativamente aos regulamentos do Governo)[178]; e paridade hierárquica também entre regulamentos de outros órgãos não supra-infra ordenados.

### ...2.4. *Justiça Administrativa*

O Direito Administrativo (e fiscal) tem orgânica e processo jurisdicional específico[179], conforme referimos *supra* e contextualizamos *infra* em

[176] Cfr. Paulo Otero, *Legalidade e Administração Pública – O Sentido da Vinculação Administrativa* à *Juridicidade*, cit., p. 631.

[177] Note-se que a matéria da relação internormativa regulamentar em Direito do Urbanismo é aqui (na relação de paridade hierárquica) especialmente ilustrativa da imprestabilidade de quadros de relações simples e rígidas. Veja-se o princípio da articulação e mesmo o da contracorrente (*Gegenstormprinzip*) H. J. Wollf, O. Bachof, R. Stober, *Verwaltungsrecht*, Vol. I, 15.ª ed., Munique: Beck Verlag, 2003 (9.ª ed., pp. 578 e ss), *apud* F. Alves Correia, *Manual de Direito do Urbanismo*, Vol. I, 2.ª ed., Coimbra: Almedina, 2004, pp. 364 e sg. Nós falamos em compatibilidade hierárquica imperfeita como princípio e chegamos á admissão do relevo móvel de cada fonte segundo o respetivo contexto dogmático; e, por outro lado, a teoria das fontes em direito do urbanismo supõe uma conceção adequada e coerente do próprio sistema jurídico, cfr. o nosso artigo *Os PDM Algarvios. O Contexto: da lei ao PROTAL*, in Urbanism, Territorial Order and Environment Studies Center Law Review – Revista Internacional do CEDOUA, Ano III – 2.00, 2000, pp. 49 e ss.

[178] Paulo Otero, *Legalidade e Administração Pública – O Sentido da Vinculação Administrativa* à *Juridicidade*, cit., pp. 633 e sg..

[179] Aqui v. Sérvulo Correia, *Direito do Contencioso Administrativo I*, Lisboa: Lex, 2005, *passim*; J. C. Vieira de Andrade, *A Justiça Administrativa*, 13.ª ed., Coimbra: Almedina, 2014, *passim*.

sede de ramos do Direito. Veja-se, especialmente, o (novo) Estatuto dos Tribunais Administrativos e Fiscais (ETAF)[180], e o Código do Processo nos Tribunais Administrativos (CPTA)[181].

Nesta sede notemos que até à alteração do art. 268.º/2 pela revisão constitucional de 1989, os atos administrativos só eram passíveis de recurso contencioso se fossem definitivos e executórios; a partir de então o art. 268.º/4 da CRP esqueceu a definitividade material ou horizontal e consagrou finalmente como critério de impugnabilidade a suscetibilidade de o ato lesar direitos ou interesses legalmente protegidos.

Atos lesivos de posições subjetivas (Rogério Soares na qualificação de atos administrativos) ou atos lesivos de direitos ou interesses legalmente protegidos como critério de impugnabilidade (Jorge Miranda) são os aptos a produzir efeitos negativos na esfera jurídica dos particulares, quando estes efeitos não podem ser sustados ou afastados por meios administrativos, independentemente de serem finais ou não[182].

[180] Aprovado pela Lei n.º 13/2002, de 19 de Fevereiro, que após diplomas intercorrentes acabou por iniciar vigência apenas em 01.01.2004. Revogou: o homónimo ETAF aprovado pelo Decreto-Lei n.º 129/84, de 27 de Abril, o Decreto-Lei n.º 45 006, de 27 de Abril de 1963; o Decreto-Lei n.º 784/76, de 30 de Outubro; o Decreto-Lei n.º 374/84, de 29 de Novembro; a Lei n.º 46/91, de 3 de Agosto; e a Portaria n.º 116/92, de 24 de Fevereiro.

[181] Com início de vigência também em 01.01.2004, foi aprovado pela Lei n.º 15/2002, de 22 de Fevereiro. Revogou: a LPTA, aprovada pelo Decreto-Lei n.º 267/85, de 16 de Julho; a parte IV do CA; o garantista e, em Portugal, "revolucionário"Decreto-Lei n.º 256-A/77, de 16 de Julho; o Decreto-Lei n.º 40 768, de 8 de Setembro de 1956; o Decreto-Lei n.º 41 234, de 20 de Agosto de 1957; e o Decreto-Lei n.º 134/98, de 15 de Maio.

[182] Cfr. o Ac. do TCAN, de 21 de Abril de 2005 – Proc. 00033/0, que refere que atos lesivos direitos ou interesses legalmente protegidos, para efeitos do art. 268.º, n.º 4, da CRP "deverão considerar-se apenas aqueles que sejam aptos a produzir efeitos negativos na esfera jurídica dos particulares, quando estes efeitos não possam ser afastados por meios administrativos (...); só faz sentido recusar a definitividade em relação aos atos relativamente aos quais exista um recurso hierárquico necessário (a denominada "definitividade vertical") ou no caso de competências concorrentes. O art. 51.º do CPTA fixa a partir de cláusula geral, os critérios de impugnabilidade dos (a) atos administrativos com eficácia externa ainda que sem serem ainda finais e (b) das decisões materialmente administrativas de (b1) autoridades não organicamente pertencentes à Administração Pública e de (b2) entes privados atuando ao abrigo de normas de direito administrativo.

### ...3. *Direito Financeiro*

As tarefas constitucionalmente incumbidas ao Estado e demais pessoas coletivas públicas, executadas em grande parte segundo as regras do Direito Administrativo, são necessariamente financiadas por recursos que esses entes públicos dispõem. Assim, os entes públicos adquirem meios financeiros e fazem a respetiva gestão.

O Direito Financeiro regula três atividades a coordenar, traduzindo-se assim no Direito das receitas, no Direito das despesas e no Direito da administração financeira.

O Direito das receitas (pecuniárias) de organismos públicos abrange designadamente:

- Impostos;
- Coimas;
- Taxas resultantes da prestação de bens e serviços públicos individualizados;
- Multas;
- Preços pela venda de bens próprios e prestação de serviços;
- Lucros;
- Juros;
- Empréstimos;
- Subsídios;
- Transferências;
- Doações;
- Heranças e legados.

A autonomia do Direito Financeiro é contestada, sobretudo pela marcada heterogeneidade do seu objeto, no qual se vêm a compreender também o Direito da dívida pública e o direito da contabilidade pública no sentido de sublinhar o seu objeto como direito dos dinheiros públicos, da respetiva gestão em estrita obediência ao princípio da legalidade administrativo-financeira, e do controlo deste dever, quer regendo direitos e deveres de entes, órgãos, funcionários e agentes, e particulares, quer punindo as ilegalidades financeiras públicas, no que assume estatuto cimeiro o Tribunal de Contas.

### ...4. *Direito Fiscal*

No âmbito do Direito Financeiro, certa doutrina estrangeira (recebendo corrente de Itália) vem afirmando um sector de todas as receitas públicas como objeto de um ramo autónomo de Direito: o Direito Tributário[183]. Se bem que entre nós esta influência tenha expressão, preferimos entender como Direito Tributário o Direito relativo aos tributos e por estes entender as taxas, as contribuições especiais[184] e os impostos; Direito este sem razão forte em autonomizar, por razão homóloga à que põe em causa a autonomia do Direito Financeiro, embora a Lei Geral Tributária lhe tenha vindo abrir um espaço de desenvolvimento que antes não possuía.

Diversamente, o Direito Fiscal teria um homogéneo[185] objeto de estudo: o imposto; todavia imperará a diluição principológica[186].

Cabem no Direito Fiscal normas de soberania fiscal (Direito Fiscal constitucional); normas sobre a obrigação fiscal propriamente dita; normas sobre as obrigações fiscais acessórias (que permitem a determinação concreta da incidência, o lançamento, a liquidação e a cobrança); normas sancionatórias dos ilícitos fiscais (Direito Fiscal penal); normas do processo (contencioso) fiscal; normas sobre os conflitos espaciais de tributação (Direito Fiscal internacional)[187].

O Direito Fiscal, na especialidade do seu objeto, rege sobretudo por códigos de tributação dos rendimentos (IRC e IRS), do consumo (IVA,

183 E para o que apontam a designação e os primeiros artigos da Lei Geral Tributária.

184 *V.g.*, contribuições de melhoria e contribuições derivadas por maior dispêndio público provocado, as quais são de duvidosa autonomia face às figuras do imposto e da taxa.

185 Mas conectado aos diversos ramos ou disciplinas jurídicas como o Direito do Ambiente, nesta perspetiva, v. o nosso artigo "*Impostos e Ambiente*", Scientific Meetings Review – Revista Encontros Científicos, 2, 2006, pp. 206 e ss.

186 Cfr. J. Casalta Nabais, *Direito Fiscal*, 9.ª ed., Coimbra: Almedina, 2017, *passim*.

187 Para este ramo cfr. Nabais, Casalta, *Direito Fiscal*, cit., *passim*, e bibliografia referenciada a pp. XV e ss. V., também, L. M. Leitão, *Estudos de Direito Fiscal*, Vol. II, Coimbra: Almedina, 2007. J. L. S. Sanches, *et al.*, *Fiscalidade N.º 26/27 – Revista de Direito e Gestão Fiscal*, Coimbra, Coimbra Editora, 2007. J.-M. Communier, *Droit Fiscal Communautaire*, Bruxelas: Bruylant, 2001. Eura Audit (ed.), *Les Impôts en Europe*, Paris: Delmas, 2007, apresentando uniforme e sinteticamente os sistemas fiscais da Alemanha, Bélgica, Chipre, Dinamarca, Espanha, França, Itália, Luxemburgo, Holanda, Polónia, Portugal, Reino Unido e Suíça.

IEC, ISV, IUC, IS), e do património[188] (IMI, IMT e ISTG); ao que acresce, continuando o texto em síntese maior, a regulação da infração tributária e do respetivo processo (RGIT, CPPT).

A Lei Geral Tributária[189] tem a seguinte estrutura:

TÍTULO I – Da ordem tributária
 CAPÍTULO I – Princípios gerais
 CAPÍTULO II – Normas tributárias
TÍTULO II – Da relação jurídica tributária
 CAPÍTULO I – Sujeitos da relação jurídica tributária
 CAPÍTULO II – Objeto da relação jurídica tributária
 CAPÍTULO III – Constituição e alteração da relação jurídica tributária
 CAPÍTULO IV – Extinção da relação jurídica tributária
  SECÇÃO I – Pagamento da prestação tributária
  SECÇÃO II – Caducidade do direito de liquidação
  SECÇÃO III – Prescrição da prestação tributária
 CAPÍTULO V – Garantia da prestação tributária
TÍTULO III – Do Procedimento Tributário
 CAPÍTULO I – Regras gerais
 CAPÍTULO II – Sujeitos
  SECÇÃO – Administração tributária
  SECÇÃO II – Contribuintes e outros interessados
 CAPÍTULO II – Marcha do procedimento
  SECÇÃO I – Início do procedimento
 CAPÍTULO IV – Decisão
 CAPÍTULO IV – Procedimentos de avaliação
  SECÇÃO I – Princípios gerais
  SECÇÃO II – Avaliação indireta

[188] Entre a capacidade contributiva e o princípio do benefício v. uma nossa síntese em *Tributação Local – Uma Síntese de Fundamentos*. Faro: ESGHT – IPF, 1990, e *Tributação do Urbanismo*, in Scientific Meetings Review –Revista Encontros Científicos, 1, pp. 174 e ss. V. ainda a extra e a parafiscalidade na diluição da principologia clássica.

[189] Aprovada pelo Decreto-Lei n.º 398/98, de 17 de Dezembro, alterada quase anualmente. V. Campos, C. L., Rodrigues, B. S., Sousa, J. L., *Lei Geral Tributária – comentada e anotada*, 3.ª ed., Lisboa: Vislis, 2003, *Lei Geral Tributária – Anotada e Comentada*, Hélder Martins Leitão, Librum Editora, 2017.

SUBSECÇÃO I - Pressupostos
SUBSECÇÃO II - Critérios
SUBSECÇÃO III - Procedimentos
TÍTULO IV - Do Processo Tributário
CAPÍTULO I - Acesso à justiça tributária
CAPÍTULO II - Formas de processo e processo de execução

### ...5. *Direito Penal (ou criminal)*

Quando se verifica a violação de quaisquer normas jurídicas é imperioso que estejam estabelecidos mecanismos de tutela, que permitem repor a ordem legal, compensar os interesses atingidos e prevenir futuras violações.

Dentre estas violações, algumas são socialmente muito graves porque são passíveis de pôr em causa as condições essenciais de existência social pacífica e saudável.

Estão portanto em causa interesses eminentemente coletivos, além de outros interesses particulares simultânea e diretamente atingidos. Quando são apenas não essenciais os interesses privados violados, o ilícito é apenas civil e a sanção é também civil.

Os atos lesivos dos interesses públicos e ou particulares essenciais são designados crimes. A sua factualidade[190] é apresentada pelo legislador com a maior clareza possível.

As sanções para os ilícitos criminais, conforme *supra* indicado, são primacialmente penas e medidas de segurança.

Os princípios fundamentais que presidem a este ramo de Direito Público estão vazados na CRP, como segue.

Princípios da proibição da pena de morte e das sanções perpétuas ou ilimitadas:

- "Em caso algum haverá pena de morte" - art. 24.º/2 da CRP;
- "Não pode haver penas nem medidas de segurança privativas ou restritivas da liberdade com carácter perpétuo ou de duração ilimitada ou indefinida" - art. 30.º/1 da CRP.

[190] A previsão da norma que os define em termos gerais e abstratos.

Princípios da legalidade, da não retroatividade e da tipicidade fechada:

- "Ninguém pode ser sentenciado criminalmente senão em virtude de lei anterior, que declare punível a ação ou omissão, nem sofrer medida de segurança cujos pressupostos não estejam fixados em lei anterior" - art. 29.º/1 CP;
- "Não podem ser aplicadas penas ou medidas de segurança que não estejam expressamente cominadas em lei anterior" - art. 29.º/3 CP.

O atual Código Penal português[191] divide-se em duas partes: a geral; e a especial, nesta sendo tipificados e definidos os crimes e as respetivas sanções:

- Título I – Dos crimes contra as pessoas (contra: a vida, a vida intrauterina, a integridade física, a liberdade pessoal, a liberdade e autodeterminação sexual, a honra, a reserva da vida privada, outros bens jurídicos pessoais).
- Título II – Dos crimes contra o património (contra: a propriedade, o património em geral, direitos patrimoniais, o sector público ou cooperativo).

[191] Aprovado no uso da autorização legislativa da Lei n.º 24/82, de 23 de Agosto, o Código Penal foi aprovado pelo Decreto-Lei n.º 400/82, de 23 de Setembro, e alterado pela Lei n.º 6/84, de 11 de Maio, pelos Decretos-Leis n.os 101-A/88, de 26 de Março, 132/93, de 23 de Abril, e 48/95, de 15 de Março, pelas Leis n.os 90/97, de 30 de Julho, 65/98, de 2 de Setembro, 7/2000, de 27 de Maio, 77/2001, de 13 de Julho, 97/2001, 98/2001, 99/2001 e 100/2001, de 25 de Agosto, e 108/2001, de 28 de Novembro, pelos Decretos-Leis n.os 323/2001, de 17 de Dezembro, e 38/2003, de 8 de Março, pelas Leis n.os 52/2003, de 22 de Agosto, e 100/2003, de 15 de Novembro, pelo Decreto-Lei n.º 53/2004, de 18 de Março, e pelas Leis n.os 11/2004, de 27 de Março, 31/2004, de 22 de Julho, 5/2006, de 23 de Fevereiro, 16/2007, de 17 de Abril, e, extensa, profunda e controversamente, pela Lei n.º 59/2007, de 4 de Setembro, e seguintes, sendo a 40.ª feita pela Lei n.º 110/2015, de 26 de agosto. A relevância dos períodos de vigência de todas estas alterações legislativas assume um significado juridicamente mais intenso que nos outros ramos do direito, pois que, designadamente, logo o princípio da aplicação da lei mais favorável exige a consideração minuciosa das situações jurídico-penais concretas face a cada alteração legislativa e respetivas datas de início e termo de vigência.

- Título III - Dos crimes contra a identidade cultural e a integridade pessoal.
- Título IV - Dos crimes contra a vida em sociedade (contra a família, os sentimentos religiosos e o respeito devido aos mortos); de falsificação (de documentos; moeda, títulos de crédito e valor selado; cunhos, pesos e objetos análogos); de perigo comum (incêndios, explosões e outras condutas especialmente perigosas); contra a segurança das comunicações; contra a ordem e tranquilidade públicas (de antissocialidade perigosa, contra a paz pública, contra sinais de identificação).
- Título V - Dos crimes contra o Estado (contra a segurança do Estado; contra a autoridade pública; contra a realização da justiça; no exercício de funções públicas: corrupção, peculato, abuso de autoridade, violação de segredo, abandono de funções).

**...6. *Direito Contraordenacional*** *(ou de Mera Ordenação Social)*

Distinto do Direito Penal, o Direito das contraordenações não sanciona condutas que põem em causa valores fundamentais, essenciais da comunidade. É sim um subsistema (disperso por vários diplomas especiais no que tange aos diversos tipos de contravenções) relativo a contravenções de deveres de procedimento com a Administração Pública, às quais é cominada coima.

Sendo contravenção ou contraordenação, a violação de norma de procedimento com a Administração pública e que preencha um tipo legal no qual se comine uma coima, e, eventualmente também, medida acessória, mas nunca sanção privativa da liberdade.

Os diplomas nesta sede são, designadamente, os de: contraordenações no licenciamento de empresas; contraordenações relativas a nome ou insígnia de estabelecimento; contraordenações relativas à falta de inscrição dos estabelecimentos comerciais ou industriais nos respetivos cadastros; contraordenações fiscais; contraordenações laborais; contraordenações na segurança social; contraordenações relativas a segurança, higiene e saúde no trabalho; contraordenações ambientais; contraordenações de ordenamento do território ou urbanísticas; contraordenações do direito estradal ou de trânsito.

As coimas, de montante dentro dos parâmetros previstos, e regularmente atualizados em concernentes diplomas, serão fixadas em cada caso concreto por uma autoridade administrativa, em função da gravidade da contravenção, da culpa e da situação económica do agente.

As medidas acessórias podem consistir na apreensão ou perda de objetos pertencentes ao infrator, na interdição de exercer uma atividade ou no encerramento de estabelecimento comercial ou suspensão de autorizações, na privação de obtenção de direitos a benefícios públicos ou de participação em concursos públicos.

### ...7. *Direito Processual e Direito Judiciário*

Estes (sub)ramos do Direito, também ditos "adjetivos" (em contraposição aos demais, ditos substantivos porque regulam a materialidade ou substância das situações da vida), regulam o modo como os direitos substantivos se devem proteger, atuar, realizar, nas instâncias públicas jurisdicionais ou administrativas (aqui especialmente os procedimentais).

O processo é uma sequência ordenada e coerente de atos, no culminar dos quais o tribunal diz o Direito para o caso concreto.

Os tribunais são entes imparciais uma vez que não representam nem são sujeitos das questões jurídicas que visam definir – ou seja, o tribunal é terceiro, decidindo sobre os interesses alheios, heterocompondo as pretensões das partes que os solicitam.

São, também, órgão(s) de soberania, exercendo a sua função jurisdicional sem dependência de qualquer (outro) soberano poder público, obedecendo exclusivamente ao Direito[192].

O Direito Processual Civil rege o processo civil para as questões privatistas, em regra dos direitos civil e comercial[193].

[192] A expressão comum nos diplomas é "e apenas estão sujeitos à lei". Ora a expressão "lei" nestes contextos tem o sentido lato significando "direito", "*rule of law*", ou, mais precisamente: "estado de direito de justiça", conforme logo o artigo 204.º da CRP aponta exigindo a vinculação à plurimodalidade das fontes do direito, maxime aos princípios fundamentais nestes primando pelo consagrado no já sublinhado primeiro artigo da mesma Constituição.

[193] Desde 1932 tem também esta competência.

O Direito Processual do Trabalho, com respetivo código, regula o processo judicial para as relações jusprivatistas de trabalho subordinado.

O Direito Processual Penal regula o processo penal.

O Direito que regula o modo de composição judicial de interesses entre particulares e entes públicos administrativos, ou entre estes enquanto tais, é o Direito Processual Administrativo.

Também o Direito Fiscal tem normas processuais próprias (v. LGT *in fine*, e CPPT).

Voltando ao Processo Civil, este prevê (art. 10.º do CPC - Lei n.º 41/2013, de 26 de junho) duas espécies de ações, em função do fim:

As ações *declarativas* e as *executivas*.

As ações declarativas podem ser:

- De *simples apreciação*, quando se tem por fim único obter a declaração da existência ou inexistência de um direito ou de um facto;
- De *condenação*, quando se visa exigir a prestação de uma coisa ou de um facto, pressupondo ou prevendo a violação de um direito.
- *Constitutivas*, quanto se visa autorizar uma alteração na ordem jurídica existente.

Nas ações executivas vêm-se requerer as providências adequadas à efetiva reparação de um direito violado. Tem necessariamente por base um título (*v.g.* sentença condenatória, título de crédito) e pode consistir no pagamento de quantia certa, na entrega de coisa certa ou na prestação de um determinado facto, quer positivo quer negativo (art. 45.º do CPC)

## Orgânica judicial portuguesa

Segundo a matéria, os tribunais pertencem à ordem judicial (ou jurisdição comum) ou a ordem jurisdicional especial (v. administrativa e fiscal)[194].

[194] Dispõe o artigo 29.º da LOSJ que existem as seguintes categorias de tribunais.
1 – Além do Tribunal Constitucional, existem as seguintes categorias de tribunais:
*a)* O Supremo Tribunal de Justiça e os tribunais judiciais de primeira e de segunda instância;
*b)* O Supremo Tribunal Administrativo e os demais tribunais administrativos e fiscais;

***Organização do Sistema Judiciário***

A ordem judicial é regida pela Lei n.º 62/2013, de 26 de agosto (Lei da Organização do Sistema Judiciário (LOSJ)[195], entrou em vigor em 01de setembro de 2013 (In. A. Jud).

Sublinhemos alguns dos preceitos elementares da OST.

***Ordem judicial comum***[196]

Há tribunais judiciais de 1.ª e de 2.ª instâncias e o Supremo Tribunal de Justiça.

Os tribunais judiciais de 2.ª instância denominam-se tribunais da Relação e designam-se pelo nome da sede do município em que se encontrem instalados.

Os tribunais judiciais de 1.ª instância são, em regra, os 23 tribunais de comarca e, alguns tribunais de competência territorial alargada (mais que uma comarca) por dadas matérias: TPI; TCRS; TM*; TEP; TCIC.

***Competência em geral***

Na ordem interna, a competência reparte-se pelos tribunais judiciais segundo a matéria, o valor, a hierarquia e o território.

***Competência em razão da matéria***

São da competência dos tribunais judiciais as causas que não sejam atribuídas a outra ordem jurisdicional (artigo 40.º LOSJ)

*c)* O Tribunal de Contas.
2 – Os tribunais judiciais de segunda instância são, em regra, os tribunais da Relação e designam-se pelo nome do município em que se encontram instalados.
3 – Os tribunais judiciais de primeira instância são, em regra, os tribunais de comarca.
4 – Podem existir tribunais arbitrais e julgados de paz.

[195] Lei objeto da Declaração de Retificação n.º 42/2013, de 24 de outubro. é estruturada em doze títulos, capítulos, secções e subsecções. Foi alterada pelos diplomas: Lei n.º 55/2019, de 05/08; Lei n.º 27/2019, de 28/03; Lei n.º 19/2019, de 19/02; DL n.º 110/2018, de 10/12; Lei n.º 23/2018, de 05/06; Lei Orgânica n.º 4/2017, de 25/08; Lei n.º 94/2017, de 23/08; Lei n.º 40-A/2016, de 22/12.

[196] Artigo 22.º e ss da LOSJ. Tribunais de competência alargada: 83.º/3 e 111.º ss.

Pelo artigo 81.º da LOSJ[197] os tribunais de comarca desdobram-se em:

- Instâncias locais de competência genérica;
- Instâncias centrais com secções de competência especializada:
  *a)* Cível;
  *b)* Criminal;
  *c)* Instrução criminal;
  *d)* Família;
  *e)* Menores - em regra agregados a família ;
  *f)* Trabalho;
  *g)* Comércio;
  *h)* Execução.

***Competência em razão da hierarquia***

Os tribunais judiciais encontram-se hierarquizados para efeito de recurso das suas decisões.

[197] 1 - Os tribunais de comarca desdobram-se em juízos, a criar por decreto-lei, que podem ser de competência especializada, de competência genérica e de proximidade, nos termos do presente artigo e do artigo 130.º
2 - Os juízos designam-se pela competência e pelo nome do município em que estão instalados.
3 - Podem ser criados os seguintes juízos de competência especializada:
*a)* Central cível;
*b)* Local cível;
*c)* Central criminal;
*d)* Local criminal;
*e)* Local de pequena criminalidade;
*f)* Instrução criminal;
*g)* Família e menores;
*h)* Trabalho;
*i)* Comércio;
*j)* Execução.
4 - Sempre que o volume processual o justifique podem ser criados, por decreto-lei, juízos de competência especializada mista.
5 - Podem ser alteradas, por decreto-lei, a estrutura e a organização dos tribunais de comarca definidos na presente lei e que importem a criação ou a extinção de juízos.
6 - Pode proceder-se à agregação de juízos por portaria do membro do Governo responsável pela área da justiça, ouvidos o Conselho Superior da Magistratura, o Conselho Superior do Ministério Público e a Ordem dos Advogados

Em regra, o Supremo Tribunal de Justiça conhece, em recurso, das causas cujo valor exceda a alçada dos tribunais da Relação e estes das causas cujo valor exceda a alçada dos tribunais judiciais de 1.ª instância.

***Competência em razão de valor***

A lei de processo determina o tribunal em que a ação deve ser instaurada em face do valor da causa.

*Alçadas*:

Em matéria cível, a alçada dos tribunais da Relação é de € 30.000 e a dos tribunais de 1.ª instância é de € 5.000– o que significa que a partir destes valores é admitido recurso das decisões, respetivamente, para o Supremo Tribunal de Justiça ou para o Tribunal da Relação correspondente ao tribunal de 1.ª instancia *a quo*.

Em matéria criminal, não há alçada, sem prejuízo das disposições processuais relativas à admissibilidade de recurso cfr. o art. 44.º/2 da OSJ.

***Competência territorial***

O Supremo Tribunal de Justiça tem competência em todo o território, os tribunais da Relação, no respetivo distrito judicial, e os tribunais judiciais de 1.ª instância, na área das respetivas circunscrições cf. *supra*.

***Ordem judicial administrativa***

Aos organizados tribunais administrativos e fiscais compete o julgamento de litígios emergentes de relações jurídicas administrativas e fiscais.

Conforme a LOSJ, existem os seguintes tribunais administrativos e fiscais:

*a)* O Supremo Tribunal Administrativo;
*b)* Os tribunais centrais administrativos;
*c)* Os tribunais administrativos de círculo;
*d)* Os tribunais tributários.

A maioria dos tribunais administrativos e fiscais funcionam agregados, pelo que os tribunais administrativos de círculo e os tribunais tributários assumem, em tal situação de agregação, a designação unitária de tribunais administrativos e fiscais.

O ***Supremo Tribunal Administrativo*** é o órgão superior da hierarquia dos tribunais da jurisdição administrativa e fiscal, tem sede em Lisboa e jurisdição em todo o território nacional.

***Tribunais centrais administrativos***

São tribunais centrais administrativos o Tribunal Central Administrativo Sul, com sede em Lisboa, e o Tribunal Central Administrativo Norte, com sede no Porto. Em breve o Tribunal Central Administrativo do Centro, em Coimbra(?!).

Os tribunais centrais administrativos conhecem de matéria (de fato, excecionalmente, e em regra) de direito.

A jurisprudência destes tribunais é publicada em regra[198]; apresentando algumas lacunas decorrentes sobretudo da falta de serviços de apoio.

Os ***tribunais administrativos de círculo, os tribunais tributários e os tribunais administrativos e fiscais*** têm sede e áreas de jurisdição são determinadas por decreto-lei. Para o Algarve funciona o Tribunal Administrativo e Fiscal de Loulé. A jurisprudência destes tribunais não é ainda (2019) publicada em *site* público.

### ...8. *Direito dos Registos e do Notariado*

De natureza também adjetiva (sobretudo probatória) são as regras positivadas nos códigos do notariado (já privatizado quanto aos seus organismos), dos registos predial, comercial, etc.

### ...9. *Direito da Segurança Social*

O Direito do Trabalho foi já um ramo híbrido quando foi entendido em incindível conjunto como Direito Social ou parte de um ramo cuja outra parte era o direito da previdência ou segurança social. Modernamente tende ao privatismo. Tende porque apesar de se ter cindido (d) o Direito da Seguarança Social continua a albergar na sua *comprehensio* o

[198] Cruzando o Direito Fiscal e o Direito Civil, pode ver-se, em www.dgsi.pt, do TCA-Norte: Acórdão de 23.05.2019 – Processo n.º 01857/11.5BEPRT.

direito dos IRC e o da defesa coletiva das organizações representativas de/das duas partes dos interesses laborais.

O Direito da Segurança Social foi Direito Público e tende algo ao hibridismo, pois seu princípio da equivalência manifesta a "cedência" a pragmáticas orçamentais, financeiras privatistas securitárias - por vezes havidas ou reveladas como mais eficientes.

O Direito da Segurança Social, típico do Estado de Direito Social clássico, regula atribuições e relações de entes públicos votados à recolha e gestão de recursos para implementação das tarefas públicas da proteção na idade pós-laboral, da saúde em qualquer idade e da demais segurança e assistência social dentro e fora da relação laboral.

### ...10. *Direito Económico*

O Direito Económico, ou Direito Público da Economia, rege sobre a intervenção direta ou indireta do poder público na Economia. Recente, algo híbrido, de contornos não sedimentados, regula matérias como a defesa da concorrência e dos interesses dos consumidores, o regime das empresas públicas, o investimento estrangeiro, as instituições de crédito, enfim, as adequadas e diversas intervenções do Estado e de outras pessoas públicas na economia.

### ...11. *Direito do Urbanismo. Direito do Ordenamento do Território. Direito do Ambiente*[199]

Entendemos o Direito do Urbanismo e o do Ordenamento do Território como próximos mas discertníveis subsistemas normativos públicos concernentes à gestão ecologicamente harmónica do uso, ocupação e transformação do território.

[199] Cuja proximidade sistemática ao Direito do Urbanismo se mantém apesar de um autêntico surto de desenvolvimento normativo nacional e transnacional, jurisprudencial e doutrinal – conforme seguramente atesta, entre vasta e excelente obra, M. Alexandra S. Aragão, *O Princípio do Nível Elevado de Proteção e a Renovação Ecológica do Direito do Ambiente e dos Resíduos*, Coimbra: Almedina, 2006.

É que é/pode ser difícil a delimitação do direito do urbanismo face ao direito do ordenamento do território[200].

Se p. ex. em França, Alemanha, Itália ou Espanha, o Direito Urbanístico além de autonomia disciplinar consegue desde há muito grande laboração científica, entre nós foi a última década do século XX que acolheu um extraordinário impulso académico[201], doutrinal[202], legal e jurisprudencial. Apesar de leis de bases em alteração e desenvolvimento por diplomas subsequentes, esta disciplina continua a carecer de unidade formativa, pois muitas normas de Direito Urbanístico estão dispersas por não integrada legislação – tarefa que só um código urbanístico (ou de OT) pode plasmar e fazer evoluir global e coerentemente.

A organização administrativa do urbanismo e do ordenamento do território, convoca, entre mais, Governo, autarquias locais, comissões de coordenação e desenvolvimento regional, comunidades intermunicipais, Agência Portuguesa do Ambiente, Direcção-Geral do Território – que foi dotada de autonomia administrativa e com a estrutura determinada pelo Decreto Regulamentar n.º 30/2012, de 13 de março, conforme previsto no artigo 17.º do Decreto-Lei n.º 7/2012, de 17 de janeiro. A DGT é um serviço central da administração direta do Estado, no âmbito do Ministério do Ambiente, Ordenamento do Território e Energia (cf. o art. 2.º do Decreto-Lei n.º 119/2013, de 21 de agosto).

Sobre a legislação relevante para o urbanismo, vejam-se, sobretudo, os diplomas principais que se seguem.

[200] Cfr. entre extensa e relevante obra jusurbanística, Fernanda Paula Oliveira, *A Discricionariedade de Planeamento Urbanístico Municipal na Dogmática Geral da Discricionariedade Administrativa*, Coimbra: Almedina, 2011, p. 12 ss.

[201] Veja-se a manifestação sistemática em Portugal por F. Alves Correia, *Manual de Direito do Urbanismo* – Vol. I, Coimbra: Almedina, 2006.

[202] O primeiro grande estudo de investigação de alto nível internacional, no século passado em Portugal, é consensualmente o de F. Alves Correia, *O Plano Urbanístico e o Princípio da Igualdade*, 2.º reimp., Coimbra: Almedina, 2001. Que tem vindo a atualizar a produção legal, e a mais relevante criação científica doutrinal e jurisprudencial a partir de *As Grandes Linhas da Recente Reforma do Direito do Urbanismo Português*, (reimp. de 1993), Coimbra: Almedina, 2000.

O Regime Jurídico da Urbanização e Edificação (RJUE), aprovado pelo Decreto-Lei n.º 555/99, de 16 de Dezembro[203].

O novo (revisão do) regime jurídico dos instrumentos de gestão territorial, aprovado pelo Decreto-Lei n.º 80/2015, de 14 de maio.

O Código das Expropriações (CE), aprovado pela Lei n.º 168/99, de 18 de Setembro[204].

No que tange ao ordenamento do território v. em especial a Lei n.º 31/2014, de 30 de Maio (Lei de bases gerais da política pública de solos, de ordenamento do território e de urbanismo) e aspetos basilares no citado Decreto-Lei n.º 80/2015.05.14.[205]

A política de ordenamento do território e de urbanismo faz-se pelo sistema de (ordenamento e) gestão territorial, organizado com interação coordenada:

*a)* O âmbito nacional;
*b)* O âmbito regional;
*c)* O âmbito intermunicipal;
*d)* O âmbito municipal[206].

O âmbito nacional é concretizado através dos seguintes instrumentos:

[203] Com inicial suspensão e alterações até Decreto-Lei n.º 136/2014 de 9 setembro.

[204] Com alterações introduzidas desde a Lei n.º 13/2002, de 19 de Fevereiro (NETAF), até à Lei n.º 56/2008, de 4 de setembro; e com diplomas complementares sobre peritos e árbitros nesta sede. Estudo em pioneirismo científico especificamente nesta matéria é o de F. Alves Correia, *As Garantias do Particular na Expropriação por Utilidade Pública,* Separata do Vol. XXIII do Suplemento ao BFDC, Coimbra 1982, *passim.* Em casuística, pode ver-se o nosso *Da Maceira-Liz ao Facho Litoral, Valore Mais – 15%, Comentário ao Acórdão n.º1/99 (1.ª Secção. Recurso n.º 970/98) do Supremo Tribunal de Justiça, in* Urbanism, Territorial Order and Environment Studies Center Law Review – Revista CEDOUA, Ano II – 2.99, 1999, pp. 73 e ss.

[205] Sobre os PROT em geral e em especial sobre o PROTALv. O nosso estudo *Os PDM Algarvios. O Contexto: da lei ao PROTAL,* in Urbanism, Territorial Order and Environment Studies Center Law Review – Revista Internacional do CEDOUA, Ano III – 2.00, 2000, pp. 39 e ss., e 155.

[206] Sobre a planificação municipal no Algarve, cfr. o nosso *Os Planos Directores Municipais do Algarve,* Urbanism, Territorial Order and Environment Studies Center Law Review – CEDOUA, Ano IV – 2. 01, 2001, pp. 41 e ss.

*a)* Programa nacional da política de ordenamento do território;
*b)* Programas setoriais;
*c)* Programas especiais – *e. g.*: POC[207].

O âmbito regional é concretizado através dos programas regionais de ordenamento do território (PROT).

O âmbito *intermunicipal é concretizado através dos seguintes instrumentos:*

I) Programas intermunicipais;
II) Planos Intermunicipais
IIa) Planos diretores intermunicipais;
IIb) Planos de urbanização intermunicipais;
IIc) Planos de pormenor intermunicipais.

O âmbito municipal é concretizado através dos seguintes planos:

*a)* Planos diretores municipais;
*b)* Planos de urbanização;
*c)* Planos de pormenor.

Em matéria de "servidões" administrativas note-se:

- Abastecimento de água e saneamento, aeródromos civis, albufeiras de águas públicas, aproveitamentos hidráulicos, edifícios e construções de interesse público, estradas e caminhos, instalações militares, jazigos e centros de manipulação de minérios radioativos, linhas elétricas, marcos geodésicos, obras públicas, património cultural, recursos geológicos, rede ferroviária, sinalização marítima, redes de telecomunicações[208].

[207] Cfr. o nosso *Intervenções Urbanísticas no Litoral Turístico, in* Urbanism, Territorial Order and Environment Studies Center Law Review - Revista Internacional do CEDOUA, Ano II - 2.99, 1999, pp. 33 e ss.

[208] Para a teoria das vinculações urbanísticas, v. o nosso *Vinculação Urbanística da Propriedade Privada,* (polic.), Tese de mestrado, Coimbra: Faculdade de Direito da Universidade de Coimbra, 1991, *passim.*

Em matéria de "áreas perigosas e áreas de risco" dispõe 13.º NRJIGT:

- Os (programas e, especificamente, os) planos territoriais delimitam áreas perigosas e de risco, identificam elementos vulneráveis para cada risco e estabelecem regras e medidas para a prevenção e a minimização de riscos, em função da graduação dos níveis de perigosidade, de acordo com critérios a estabelecer pelas entidades responsáveis em razão da matéria.

***Direito do Ambiente***

O magno (pois que relevantíssimo) sector do Direito ambiente, teve a sua 1.ª base com a Lei n.º 11/87, de 7 de abril (alterada pela Lei n.º 13/2002, de 19 de fevereiro) revogada pela vigente Lei de Bases da Política de Ambiente – Lei n.º 19/2014, de 14 de Abril. São seus princípios materiais: desenvolvimento sustentável; responsabilidade intra e intergeracional; prevenção e precaução; poluidor-pagador; utilizador-pagador; responsabilidade por ameaças ou danos; recuperação pelo causador. São, também pela lei, princípios para as políticas públicas: transversalidade e integração; cooperação internacional; conhecimento e ciência; educação ambiental; e informação e participação. Para a eficácia veja-se, *e.g.*: a Lei n.º 50/2006, de 29 de Agosto (Lei Quadro das Contraordenações Ambientais), o Decreto-Lei n.º 147/2008, de 29 de Julho (Responsabilidade por Danos Ambientais, e o Decreto-Lei n.º 75/2015, de 11 de Maio (Licenciamento Único Ambiental), além das avaliações de impacto e direito da poluição.

### 2.3.2.2. Ramos híbridos (e especialidades com autonomia disciplinar)

**...1. *Direito Agrário***

Este ramo autonomizou-se do Direito Civil e passou a uma situação híbrida mas apenas dentro direito interno, que resultou da progressiva intervenção pública no regime do aproveitamento e gestão dos solos agrícolas e florestais.

**...2. *Direito do Turismo***

O Direito do Turismo não é um subsistema porque é uma disciplina que regula as relações jurídicas específicas mas de diversas sedes dogmáticas, com fontes internacionais (particulares em especial), europeias, internas públicas mas também privatistas, e que compreende normas, orientações jurídicas e regras sectoriais de conduta materialmente jurídicas ou de *soft law*, relativas à indústria, e atividades hoteleiras e turísticas. É também o direito do lazer ou do tempo do livre arbítrio recreativo de uma animada e aberta cultura humana em cidadania mundial (sem esquecer o emergente e neoaristocrático turismo interplanetário) querida sem preconceitos culturais, fronteiras políticas, ideológicas ou religiosas, mas sim no sorriso ecuménico da mais livre comunicação.

Preocupa-se assim com a organização internacional, europeia e portuguesa para o sector turístico e respetivos organismos – entes e órgãos internacionais, portugueses, associativos públicos, privados e mistos.

Abrange regras ou regimes jurídicos internacionais, europeus comunitários e portugueses relativos às atividades essencial ou conexamente turísticas, *e. g.*: Regime Jurídico de Acesso e Exercício de Atividades de Comércio, Serviços e Restauração, pelo Decreto-Lei n.º 10/2015, de 16 de Janeiro. Em Portugal, temos um regime jurídico da instalação, exploração e funcionamento dos empreendimentos turísticos pelo Decreto-Lei n.º 39/2008, de 7 e Março, com alteração visando diminuir custos de contexto, simplificar e liberalizar pelo Decreto-Lei n.º 15/2014, de 23 de janeiro.

Esta disciplina jurídica compreende também dos regimes das viagens (concernentes contratos e agências), dos direitos real e obrigacional de habitação periódica, do turismo em áreas de proteção especial, do turismo de natureza, do de habitação, dos agentes de animação.

O direito dos transportes e o direito aéreo por vezes sobrelevados por alguns autores, cremos serem significativamente reconduzíveis ao direito do turismo (seja ele, *v. g.*, cultural, de animação, recreativo, de saúde, de negócios).[209]

### ...3. *Direito do Mar (Internacional e Administrativo)*

O Direito do Mar (*Droit de La Mer, Dirritto di Mare, Seerecht, Law of the Sea*) é a disciplina que regula as relações jurídicas internacionais gerais

[209] Sobre Direito do Turismo, v., por todos, Virgílio Machado; *maxime*, Direito e Turismo como Instrumentos de Poder, Editorial, Novembro, 2010.

e convencionais particulares, internas públicas e privadas, e que compreende normas, orientações jurídicas e princípios de génese jusnatural, consuetudinária, jurisprudencial, convencional, legal, ou de equidade do Direito Interno público dos Estados e do Direito Internacional geral e particular, relativas aos espaços marítimos e conexos[210], reconhecendo-os com o estatuto primacial de património comum da humanidade.

No Direito do Mar, as respetivas heterogeneidades de objeto, fontes normativas e estratos, não o apresentam com unidade, estrutura, elaboração doutrinal e sedimentação normativa necessárias para que seja considerado como um ramo do Direito nem, ao menos, homogénea especialidade jurídica, mas tal nem para Portugal nem para a Terra significa menos que inoportunidade pouco científica de tratamento de um recurso natural excecional.

A disciplina do Direito do Mar não abrange o Direito Marítimo (*Droit Maritime, Diritto Marittimo o Diritto Commerciale Marittimo, Seefahrendrecht, Maritime Law ou Admiralty Law*), pois este rege o direito comercial do mar ou direito do transporte marítimo de pessoas e bens.

Pretendendo-se o complexo jurídico que reestabelece os poderes dos Estados sobre o mar em perspetiva tomada a partir do litoral, mas sob o valor cimeiro do interesse público da comunidade internacional, o Direito do Mar procurou um diploma positivador de direito consuetudinário e aglutinador de normas de acordos e tratados, compreensivo, coerentemente estruturado, e, substancial ou materialmente também superior na hierarquia normativa juspublicística internacional geral.

O "código" do Direito Internacional do Mar é atualmente a Convenção de Montego Bay, como resultado da III Conferência das Nações Unidas de Direito do Mar, iniciada em 1973 e concluída em 1982; em vigor no

[210] Como a zona de interface do litoral; entre nós, cfr os estudos de gestão do litoral da EUROCOAST – Portugal, da Faculdade de Ciências do Mar e do Ambiente, e, entre mais, os de Dias, J. A. Dos nossos, v. além dos supra referidos em sede de Direito do Urbanismo e do Ambiente, "Litoral: Incrementar Solo Público de Gestão Privada?", *in Os Caminhos da privatização da administração Pública – IV Colóquio Luso-Espanhol de Direito Administrativo da Universidade de Coimbra*, Stvdia Ivridica n.º 60, Colloquia – 7, (e em Separata), Coimbra (Portugal), Coimbra Editora, 2001, pp. 427 e ss.; *Lições de Direito do Mar*, policop. Faro: UAlg, 2004; *Revogação de Títulos de Utilização Privativa de Recursos Dominiais Litorais, in* Revista de Gestão Costeira Integrada, 7, (1).

Direito Internacional desde 1994 – desde 1997 em Portugal, por força do Decreto de ratificação, do Presidente da República, n.º 67-A/97, de 14 de Outubro.

Portugal, com uma ZEE que multiplica mais de 18 vezes o território continental, e é a mais extensa da UE, tem, assim, especiais responsabilidades políticas e científicas nesta sede – bem assim as tem o Algarve, que historicamente funda a dimensão extracontinental do reino superior, e de cuja Universidade se esperam, pois, as melhores formação e investigação superiores, aberta a quem tem méritos (e métodos) qualitativos para trilhar, desenvolver e promover as Ciências do Mar. Legislação portuguesa tem base na Lei n.º 17/2014, de 10 de Abril (Bases da Política de Ordenamento e de Gestão do Espaço Marítimo Nacional).

**...4 . Outras especialidades ou disciplinas *total ou dominantemente jurídico-públicas***

Não cabe já fazermos mais que nomeações (ver supra, em Direito Constitucional, as referências a artigos da CRP) a disciplinas como o Direito Humanitário, o Direito da Nacionalidade, o Direito da Comunicação, o Direito da Saúde, o Direito do Ensino, o Direito Estradal, ou o Direito Policial.

### 2.3.2.3. Ramos do Direito Privado

**...0. *Direito Civil (também dito Direito Privado Comum)***

O Direito Privado regula as relações *inter privos*, foi dito, esta regulação é do foro do Direito Civil como normativo basilar, ou seja, o Direito Civil é o Direito geral ou Direito Privado comum – comum porque tem por âmbito virtual todo o Direito Privado, o que se traduz na sua natureza subsidiária para o Direito Privado não Civil ou Direito Privado especial (*v. g.*: Direito Comercial, Direito do Trabalho)[211].

A relação entre Direito Civil e o Direito Comercial é homóloga à relação entre norma geral e norma especial.

[211] O que significa que o Direito Civil é aplicável caso o Direito Comercial (ou outro ramo ou disciplina privada especial) não contenha o regime para uma dada factualidade; cfr. art. 3.º do C. Com.

Esta coerência e homogeneidade do Direito Privado contrasta com o défice destas em Direito Público, desde logo porque o Direito Civil foi o primeiro ramo do Direito – cronológica e cientificamente. Ganhou estrutura e rigor já teóricos, na Roma clássica e quase ininterruptamente veio sendo cultivado como único ou primeiro até meados do século XVIII nas nações europeias de cultura jurídica romano-germânica[212].

Este rigor científico propicia que as primeiras disposições das suas codificações tenham, em regra, validade não só para todo o Direito Privado como para o Direito Público. É o que sucede com várias normas sobre fontes do Direito, interpretação e aplicação, conflitos de normas no tempo e no espaço; sujeitos, coisas e factos na relação jurídica, prova dos direitos[213].

Passemos agora à atenção a cada um dos quatro ramos do Direito Civil, segundo a internacionalmente mais divulgada classificação, a classificação germânica[214] acolhida no Código Civil português de 1867 e no de 1966 – ora vigente[215].

Esta codificação divide-se em cinco livros[216]:

- Parte Geral
- Direito das Obrigações
- Direito das Coisas
- Direito da Família
- Direito das Sucessões

[212] Cfr. em geral, Giovanni Tarello, *Dottrine Storiche del Diritto Privato-Materiali per una Storia della Cultura Giuridica*, vol. IV, Bolonha, 1976, *passim*.

[213] Como diz M. Rebelo de Sousa, é o núcleo da juridicidade social, representando um património comum de toda a vida jurídica privada ou pública.

[214] Introduzida por Gustavo Hugo – 1789, e perfilhada pelo histórico Savigny e o positivista B. Windscheid.

[215] Constante do DL 47344/66.11.25, mas com três dezenas de alterações, destacando-se a do DL 496/77.11.25. Este CC entrou em vigor em 1967.07.01, revogando o de 1867 cujo brilhante responsável primeiro foi o Visconde de Seabra com uma original sistematização.

[216] Já abordámos a crítica à sistematização germânica, a qual enferma pelo menos de multiplicidade de critérios e do afundar dos direitos de personalidade numa vulgar secção da parte geral.

O Código Civil, aprovado pelo Decreto-Lei n.º 47344, de 25 de Novembro de 1966, sistematiza-se como segue.

LIVRO I - **PARTE GERAL**

TÍTULO I - DAS LEIS, SUA INTERPRETAÇÃO E APLICAÇÃO

CAPÍTULO I - Fontes do direito - 1.º

CAPÍTULO II - Vigência, interpretação e aplicação das leis - 5.º

CAPÍTULO III - Direitos dos estrangeiros e conflitos de leis

SECÇÃO I - Disposições gerais - 14.º SECÇÃO II - Normas de conflitos

SUBSECÇÃO I - Âmbito e determinação da lei pessoal - 25.º

SUBSECÇÃO II - Lei reguladora dos negócios jurídicos - 35.º

SUBSECÇÃO III - Lei reguladora das obrigações - 41.º

SUBSECÇÃO IV - Lei reguladora das coisas - 46.º

SUBSECÇÃO V - Lei reguladora das relações de família - 49.º

SUBSECÇÃO VI - Lei reguladora das sucessões - 62.º

TÍTULO II - DAS RELAÇÕES JURÍDICAS

SUBTÍTULO I - DAS PESSOAS

CAPÍTULO I - Pessoas singulares

SECÇÃO I - Personalidade e capacidade jurídica - 66.º

SECÇÃO II - Direitos de personalidade - 70.º

SECÇÃO III - Domicílio - 82.º

SECÇÃO IV - Ausência - 89.º

SUBSECÇÃO I - Curadoria provisória - 89.º

SUBSECÇÃO II - Curadoria definitiva - 99.º

SUBSECÇÃO III - Morte presumida - 114.º

SUBSECÇÃO IV - Direitos eventuais do ausente - 120.º

SECÇÃO V - Incapacidades

SUBSECÇÃO I - Condição jurídica dos menores - 122.º

SUBSECÇÃO II - Maioridade e emancipação - 130.º

SUBSECÇÃO III - Maiores acompanhados - 138.º

CAPÍTULO II - Pessoas coletivas

SECÇÃO I - Disposições gerais - 157.º

SECÇÃO II - Associações - 167.º

SECÇÃO III - Fundações - 185.º

CAPÍTULO III - Associações sem personalidade jurídica e comissões especiais - 195.º

SUBTÍTULO I-A DOS ANIMAIS – 201.º-B
SUBTÍTULO II – DAS COISAS – 202.º
SUBTÍTULO III – DOS FACTOS JURÍDICOS
CAPÍTULO I – Negócio jurídico
SECÇÃO I – Declaração negocial
SUBSECÇÃO I – Modalidades da declaração – 217.º
SUBSECÇÃO II – Forma – 219.º
SUBSECÇÃO III – Perfeição da declaração negocial – 224.º
SUBSECÇÃO IV – Interpretação e integração – 236.º
SUBSECÇÃO V – Falta e vícios da vontade – 240.º
SUBSECÇÃO VI – Representação
DIVISÃO I – Princípios gerais – 258.º
DIVISÃO II – Representação voluntária – 262.º
SUBSECÇÃO VII – Condição e termo – 270.º
SECÇÃO II – Objeto negocial. Negócios usurários – 280.º
SECÇÃO III – Nulidade e anulabilidade do negócio jurídico – 285.º
CAPÍTULO II – Atos jurídicos – 295.º
CAPÍTULO III – O tempo e a sua repercussão nas relações jurídicas
SECÇÃO I – Disposições gerais – 296.º
SECÇÃO II – Prescrição
SUBSECÇÃO I – Disposições gerais – 300.º
SUBSECÇÃO II – Prazos da prescrição – 309.º
SUBSECÇÃO III – Prescrições presuntivas – 312.º
SUBSECÇÃO IV – Suspensão da prescrição – 318.º
SUBSECÇÃO V – Interrupção da prescrição – 323.º
SECÇÃO III – Caducidade – 328.º
SUBTÍTULO IV – DO EXERCÍCIO E TUTELA DOS DIREITOS
CAPÍTULO I – Disposições gerais – 334.º
CAPÍTULO II – Provas
SECÇÃO I – Disposições gerais – 341.º
SECÇÃO II – Presunções – 349.º
SECÇÃO III – Confissão – 352.º
SECÇÃO IV – Prova documental
SUBSECÇÃO I – Disposições gerais – 362.º
SUBSECÇÃO II – Documentos autênticos – 369.º
SUBSECÇÃO III – Documentos particulares – 373.º

SUBSECÇÃO IV - Disposições especiais - 380.º
SECÇÃO V - Prova pericial - 388.º
SECÇÃO VI - Prova por inspeção - 390.º
SECÇÃO VII - Prova testemunhal - 392.º
LIVRO II - **DIREITO DAS OBRIGAÇÕES**
LIVRO III - **DIREITO DAS COISAS**
LIVRO IV - **DIREITO DA FAMÍLIA**
LIVRO V - ***DIREITO DAS SUCESSÕES***

### ...1. *Direito das Obrigações*

O Direito das Obrigações regula as relações jurídicas obrigacionais ou de crédito.

O legislador define no art. 397.º CC a obrigação como vínculo jurídico interpessoal que determina que uma pessoa realize em favor de outra pessoa uma prestação.

Assim, a relação obrigacional estabelece-se entre duas ou mais pessoas determinadas (ou, no mínimo, determináveis).

Uma é o sujeito ativo da relação e a outra o sujeito passivo.

A relação obrigacional típica vincula o sujeito passivo a adotar um comportamento (realizar uma prestação) em favor do sujeito ativo.

O objeto imediato da relação é portanto uma prestação ou comportamento. Pode esgotar-se nesse comportamento e será uma prestação de facto. Esta prestação de facto pode ser positiva (uma ação, ou um fazer) ou negativa (ou de omissão, abstenção, como p.ex.: em apartamento, não abrir furos com berbequim ou produzir outros ruídos incómodos durante o tempo normal de repouso).

Mas o objeto da relação pode não se esgotar na prestação de um facto e integrar ainda, além do objeto imediato (a conduta ou prestação), um objeto mediato que será uma coisa (p. ex.: na obrigação de restituir um automóvel alugado, o objeto mediato é o próprio automóvel).

As fontes codificadas das obrigações são:

- negócios unilaterais;
- contratos;
- gestão de negócios;
- enriquecimento sem causa,
- responsabilidade civil.

O contrato é a principal fonte das obrigações e é a forma técnico-jurídica que manifesta um princípio basilar do Direito Civil: o princípio da autonomia da vontade (ou autonomia privada) – decorrente dos arts. 1.º e 61.º/1 (iniciativa económica privada) da CRP[217], e manifesta-se no princípio geral do Direito das Obrigações positivado no art. 405.º CC (princípio da liberdade contratual), Que reconhece o amplo espaço de contratação para celebrar ou não os contratos; e celebrando-os, serem eles: contratos típicos ou nominados (especialmente regulados no CC art. 874.º e ss., com já muitos outros em leis avulsas), contratos mistos (os que reúnem num contrato, características de dois ou mais contratos típicos), e, contratos atípicos (ou inominados diversos dos anteriores, criados com forma e conteúdo segundo a lei da vontade das partes).

No Código Civil o Direito das Obrigações tem lugar sistemático no Livro II:

LIVRO II – **DIREITO DAS OBRIGAÇÕES**

TÍTULO I – DAS OBRIGAÇÕES EM GERAL

CAPÍTULO I – Disposições gerais

SECÇÃO I – Conteúdo da obrigação – 397.º

SECÇÃO II – Obrigações naturais – 402.º

CAPÍTULO II – Fontes das obrigações

SECÇÃO I – Contratos

SUBSECÇÃO I – Disposições gerais – 405.º

SUBSECÇÃO II – Contrato-promessa – 410.º

SUBSECÇÃO III – Pactos de preferência – 414.º

SUBSECÇÃO IV – Cessão da posição contratual – 424.º

SUBSECÇÃO V – Exceção de não cumprimento do contrato – 428.º

SUBSECÇÃO VI – Resolução do contrato – 432.º

SUBSECÇÃO VII – Resolução ou modificação do contrato por alteração das circunstâncias – 437.º

SUBSECÇÃO VIII – Antecipação do cumprimento. Sinal – 440.º

SUBSECÇÃO IX – Contrato a favor de terceiro – 443.º

[217] Consiste, assim, na liberdade de gestão das esferas jurídicas pessoal e patrimonial, gozando livremente os bens próprios, realizando ou recusando realizar negócios jurídicos, exercendo, pois, direitos e assumindo deveres em liberdade e responsabilidade.

SUBSECÇÃO X – Contrato para pessoa a nomear – 452.º
SECÇÃO II – Negócios unilaterais – 457.º
SECÇÃO III – Gestão de negócios – 464.º
SECÇÃO IV – Enriquecimento sem causa – 473.º
SECÇÃO V – Responsabilidade civil
SUBSECÇÃO I – Responsabilidade por factos ilícitos – 483.º
SUBSECÇÃO II – Responsabilidade pelo risco – 499.º
CAPÍTULO III – Modalidades das obrigações
SECÇÃO I – Obrigações de sujeito ativo indeterminado – 511.º
SECÇÃO II – Obrigações solidárias
SUBSECÇÃO I – Disposições gerais – 512.º
SUBSECÇÃO II – Solidariedade entre devedores – 518.º
SUBSECÇÃO III – Solidariedade entre credores – 528.º
SECÇÃO III – Obrigações divisíveis e indivisíveis – 534.º
SECÇÃO IV – Obrigações genéricas – 539.º
SECÇÃO V – Obrigações alternativas – 543.º
SECÇÃO VI – Obrigações pecuniárias
SUBSECÇÃO I – Obrigações de quantidade – 550.º
SUBSECÇÃO II – Obrigações de moeda específica – 552.º
SUBSECÇÃO III – Obrigações em moeda estrangeira – 558.º
SECÇÃO VII – Obrigações de juros – 559.º
SECÇÃO VIII – Obrigação de indemnização – 562.º
SECÇÃO IX – Obrigação de informação e de apresentação de coisas ou documentos – 573.º
CAPÍTULO IV – Transmissão de créditos e de dívidas
SECÇÃO I – Cessão de créditos – 577.º
SECÇÃO II – Sub-rogação – 589.º
SECÇÃO III – Transmissão singular de dívidas – 595.º
CAPÍTULO V – Garantia geral das obrigações
SECÇÃO I – Disposições gerais – 601.º
SECÇÃO II – Conservação da garantia patrimonial
SUBSECÇÃO I – Declaração de nulidade – 605.º
SUBSECÇÃO II – Sub-rogação do credor ao devedor – 606.º
SUBSECÇÃO III – Impugnação pauliana – 610.º
SUBSECÇÃO IV – Arresto – 619.º
CAPÍTULO VI – Garantias especiais das obrigações

[218] Os artigos 1064.º a 1113.º, ordenados em secções e subsecções, foram repostos, mas com a redação da Lei n.º 6/2006, de 27 de Fevereiro, que entrou em vigor em 27 de Junho de 2006 (NRAU).
[219] Revogada pelo RAU – Decreto-Lei n.º 321-B/90, de 15 de Outubro.

CAPÍTULO VII - Mútuo - 1142.º
CAPÍTULO VIII - Contrato de trabalho - 1152.º
CAPÍTULO IX - Prestação de serviço - 1154.º
CAPÍTULO X - Mandato
SECÇÃO I - Disposições gerais - 1157.º
SECÇÃO II - Direitos e obrigações do mandatário - 1161.º
SECÇÃO III - Obrigações do mandante - 1167.º
SECÇÃO IV - Revogação e caducidade do mandato
SUBSECÇÃO I - Revogação - 1170.º
SUBSECÇÃO II - Caducidade - 1174.º
SECÇÃO V - Mandato com representação - 1178.º
SECÇÃO VI - Mandato sem representação - 1180.º
CAPÍTULO XI - Depósito
SECÇÃO I - Disposições gerais - 1185.º
SECÇÃO II - Direitos e obrigações do depositário - 1187.º
SECÇÃO III - Obrigações do depositante - 1199.º
SECÇÃO IV - Depósito de coisa controvertida - 1202.º
SECÇÃO V - Depósito irregular - 1205.º
CAPÍTULO XII - Empreitada
SECÇÃO I - Disposições gerais - 1207.º
SECÇÃO II - Alterações e obras novas - 1214.º
SECÇÃO III - Defeitos da obra - 1218.º
SECÇÃO IV - Impossibilidade de cumprimento e risco pela perda ou deterioração da obra - 1227.º
SECÇÃO V - Extinção do contrato - 1229.º
CAPÍTULO XIII - Renda perpétua - 1231.º
CAPÍTULO XIV - Renda vitalícia - 1238.º
CAPÍTULO XV - Jogo e aposta - 1245.º
CAPÍTULO XVI - Transação - 1248.º

### ...2. *Direito das Coisas (ou Direitos Reais)*

O Direito das Coisas regula as relações jurídicas cujo objeto imediato é a coisa (e não a prestação ou conduta como acontece nos direitos obrigacionais). A distinção dos direitos reais face aos direitos obrigacionais traduz-se na diversidade do objeto imediato e do sujeito passivo das relações jurídicas homónimas:

- as relações de crédito têm por objeto imediato uma conduta ou prestação[220], enquanto as relações reais têm por objeto imediato uma coisa[221].
- as relações de crédito têm determinado(s) sujeito(s) passivo(s), por isso os respetivos direitos se dizem relativos; enquanto as relações reais têm um número indeterminado de sujeitos passivos (aqueles que potencialmente podem interferir no gozo da coisa pelo titular do direito real sobre a mesma) e por isso os respetivos direitos são direitos absolutos.

Assim pois, a definição de direito real, como poder direto e imediato de um sujeito sobre uma coisa, que obriga a generalidade dos demais sujeitos jurídicos a não perturbarem o exercício daquele poder.

A mais importante consequência desta eficácia absoluta, *erga omnes*, é o direito de preferência ou prevalência:

- o direito real prevalece sobre qualquer direito relativo (direitos obrigacionais ou de crédito) mesmo que este tenha sido anteriormente constituído; exceto, p. ex.:
  - na relação locativa (art. 1057.º CC)
  - na prevalência dos privilégios mobiliários gerais (art. 736.º/1 CC);
- o direito real exclui qualquer direito real posteriormente constituído sobre o mesmo objeto quando seja conflituante com o primeiro, exceto:
  - se primeiramente registado;
  - se decaiu o primeiro por usucapião ou porque o titular do segundo tem a proteção de terceiro pelos arts. 243.º ou 291.º CC;
  - se a lei impõe ordem de prevalência diversa da cronológica[222].

[220] Entende-se que quando na relação obrigacional há uma coisa como seu objeto é-o não como objeto imediato (que é sempre a prestação ou conduta) mas como objeto mediato.

[221] Corpórea ou incorpórea; não são coisas as pessoas e as prestações. Cfr. infra Livro II, Parte I, 3., – Objeto da relação jurídica.

[222] P. ex. em privilégios creditórios especiais – arts. 746.º, 747.º, 751.º, 759.º/2; em direitos reais de aquisição, os legais prevalecem sobre os convencionais anteriores art. 422.º CC.

Também diversamente do que sucede quanto aos direitos de crédito, os direitos reais são apenas os típicos ou nominados no Código Civil ou em lei avulsa e com as características e conteúdo legalmente definidos. Assim, a autonomia privada nesta sede cinge-se essencialmente à liberdade de celebrar ou não celebrar os contratos com eficácia real[223].

**...2.1.** ***Os direitos reais admitidos classificam-se em três grupos:***

I – Os direitos reais de gozo investem os seus titulares de poderes de diverso grau de fruição de coisas[224].

São os seguintes:

- Propriedade (1302.º) – singular<br>– compropriedade<br>– propriedade horizontal
- Usufruto (1439.º)
- Uso e habitação (1484.º)
- Superfície (1524.º)
- Servidão predial (1543.º)
- Habitação periódica[225]. Direito real de habitação duradoura – DL 1/2020.01.09.

II – Os direitos reais de garantia conferem ao seu titular o poder de fazer cumprir o seu crédito pelo valor ou rendimento de bens determinados do devedor ou de terceiro; são:

- Consignação de rendimentos (656.º) *(Anticrese)*
- Penhor (666.º)

[223] P. ex.: art. 1306.º CC. Todo o direito não legalmente tipificado, ao qual pretendam conferir natureza real terá apenas eficácia obrigacional.

[224] Próprias no caso do direito de propriedade e alheias no caso dos direitos reais menores. Direitos pessoais de gozo são, p. ex., o comodato, a locação, a locação financeira ou *leasing*; cfr. J. Andrade Mesquita, *Direitos Pessoais de Gozo*, Coimbra: Almedina, 1999, pp. 27 e ss.

[225] Criado pelo Decreto-Lei n.º 355/81, de 31 de Dezembro, a que se seguiu o Decreto-Lei n.º 130/89, de 18 de Abril, o qual foi revogado e substituído pelo DL n.º 275/93, de 05 de Agosto – cuja última (sexta) alteração lhe foi dada pelo DL n.º 245/2015, de 20 de outubro. Só este direito real de gozo está regulado fora do CC e com a variante em direito obrigacional de habitação turística (artigos 45.º ss).

- Hipoteca (686.º)
- Privilégios creditórios (733.º)
- Direito de retenção (754.º)

Os direitos reais de garantia (do cumprimento dos deveres emergentes de relações obrigacionais) encontram-se pois regulados no Código Civil no Livro do Direito das Obrigações e não no dos Direitos Reais.

III – Os direitos reais de aquisição conferem ao seu titular o poder de constituir um direito real de gozo ou de garantia, são:

Direitos potestativos de aquisição, que só podem ser criados por lei:

- 1370.º CC (aquisição de comunhão em paredes meias)
- 1551.º CC (aquisição de prédio encravado)
- 1550.º, 1557.º. 1563.º CC (constituição de servidões)

Direitos reais, legais, de preferência:

- 1380.º CC;
- 1409.º CC;
- 1535.º CC;
- 1555.º CC.

Direito real, convencional, de preferência: art. 421.º CC

Promessa real de alienação ou oneração: art. 413.º CC

### ... 2.2. *Da Posse*

Partilhamos a corrente que entende não ser a posse um perfeito direito real; sendo mais, sim, um poder de facto, manifestado quando o sujeito atua "por forma correspondente ao exercício" de um direito real[226].

#### ...2.2.1. *Usucapião*

A posse reiterada durante determinados prazos pode conduzir à aquisição do direito a cujo exercício aquela corresponde. Tal acontece através

[226] Este trecho do art. 1251.º afastaria dúvidas quanto à qualificação como direito.

da prescrição do real direito. Este modo de aquisição do direito real é denominado usucapião[227].

Com exceção dos direitos reais de garantia, o Direito das Coisas tem lugar sistemático no Livro III:

LIVRO III - **DIREITO DAS COISAS**
TÍTULO I - DA POSSE
CAPÍTULO I - Disposições gerais - 1251.º
CAPÍTULO II - Caracteres da posse - 1258.º
CAPÍTULO III - Aquisição e perda da posse - 1263.º
CAPÍTULO IV - Efeitos da posse - 1268.º
CAPÍTULO V - Defesa da posse - 1276.º
CAPÍTULO VI - Usucapião
SECÇÃO I - Disposições gerais - 1287.º
SECÇÃO II - Usucapião de imóveis - 1293.º
SECÇÃO III - Usucapião de móveis - 1298.º
TÍTULO II - DO DIREITO DE PROPRIEDADE
CAPÍTULO I - Propriedade em geral
SECÇÃO I - Disposições gerais - 1302.º
SECÇÃO II - Defesa da propriedade - 1311.º
CAPÍTULO II - Aquisição da propriedade
SECÇÃO I - Disposições gerais - 1316.º
SECÇÃO II - Ocupação - 1318.º
SECÇÃO III - Acessão
SUBSECÇÃO I - Disposições gerais - 1325.º
SUBSECÇÃO II - Acessão natural - 1327.º
SUBSECÇÃO III - Acessão industrial mobiliária - 1333.º
SUBSECÇÃO IV - Acessão industrial imobiliária - 1339.º
CAPÍTULO III - Propriedade de imóveis
SECÇÃO I - Disposições gerais - 1344.º
SECÇÃO II - Direito de demarcação - 1353.º
SECÇÃO III - Direito da tapagem - 1356.º
SECÇÃO IV - Construções e edificações - 1360.º
SECÇÃO V - Plantação de árvores e arbustos - 1366.º

[227] Cfr. art. 1287.º CC.

SECÇÃO VI – Paredes e muros de meação – 1370.º
SECÇÃO VII – Fracionamento e emparcelamento de prédios rústicos – 1376.º
SECÇÃO VIII – Atravessadouros – 1383.º
CAPÍTULO IV – Propriedade das águas
SECÇÃO I – Disposições gerais – 1385.º
SECÇÃO II – Aproveitamento das águas – 1389.º
SECÇÃO III – Condomínio das águas – 1398.º
CAPÍTULO V – Compropriedade
SECÇÃO I – Disposições gerais – 1403.º
SECÇÃO II – Direitos e encargos do comproprietário – 1406.º
CAPÍTULO VI – Propriedade horizontal
SECÇÃO I – Disposições gerais – 1414.º
SECÇÃO II – Constituição – 1417.º
SECÇÃO III – Direitos e encargos dos condóminos – 1420.º
SECÇÃO IV – Administração das partes comuns do edifício – 1430.º
TÍTULO III – DO USUFRUTO, USO E HABITAÇÃO
CAPÍTULO I – Disposições gerais – 1439.º
CAPÍTULO II – Direitos do usufrutuário – 1446.º
CAPÍTULO III – Obrigações do usufrutuário – 1468.º
CAPÍTULO IV – Extinção do usufruto – 1476.º
CAPÍTULO V – Uso e habitação – 1484.º
TÍTULO IV – DA ENFITEUSE – 1491.º a 1523.º (revogado)
TÍTULO V – DO DIREITO DE SUPERFÍCIE
CAPÍTULO I – Disposições gerais – 1524.º
CAPÍTULO III – Direitos e encargos do superficiário e do proprietário – 1530.º
CAPÍTULO IV – Extinção do direito de superfície – 1536.º
TÍTULO VI – DAS SERVIDÕES PREDIAIS
CAPÍTULO I – Disposições gerais – 1543.º
CAPÍTULO II – Constituição das servidões – 1547.º
CAPÍTULO III – Servidões legais
SECÇÃO I – Servidões legais de passagem – 1550.º
SECÇÃO II – Servidões legais de águas – 1557.º
CAPÍTULO IV – Exercício das servidões – 1564.º
CAPÍTULO V – Extinção das servidões – 1569.º

### ...3. *Direito da Família*

O Direito da Família regula as relações jurídicas familiares. Relações cujas espécies legais o CC estabelece (art. 1576.º CC) imperativamente serem exclusivamente quatro por força do princípio da tipicidade familiar[228]:

- Casamento;
- Parentesco;
- Afinidade;
- Adoção.

Mas, em rigor, as fontes são apenas três:

- Casamento, que é a fonte da relação familiar matrimonial ou conjugal e da relação familiar de afinidade.
- Geração ou procriação, que é a fonte das relações de parentesco.
- Adoção, que é fonte das relações adotivas.

#### ...3.1. *Relações familiares*

##### *1) Casamento*

Casamento é o contrato celebrado sem prazo entre duas pessoas (não necessariamente de sexo diferente) que pretendem constituir família mediante uma plena comunhão de vida, segundo as disposições do CC.

O casamento pode ser religioso (católico) ou civil; os efeitos civis do casamento religioso (católico) são os do casamento civil.

A capacidade (de gozo e) de exercício da faculdade de celebrar casamento é adquirida aos 16 anos.

São impedimentos dirimentes (1601.º CC) à celebração do casamento:

- A idade inferior a16 anos;
- A demência notória ainda que intermitente, e a inabilitação e interdição por anomalia psíquica;

[228] Não cabe aqui debate doutrinal jurídico e, *a fortiori*, sociológico.

- O casamento (civil ou católico) anterior não dissolvido;
- O parentesco em linha recta;
- O parentesco no segundo grau da linha colateral;
- A afinidade na linha recta.

A condenação de um dos nubentes, como autor ou cúmplice, por homicídio doloso consumado ou não, contra o cônjuge do outro.

Se o casamento for contraído com impedimento dirimente a sanção é a anulabilidade, que carece de ação judicial especialmente intentada para o efeito.

O casamento civil anulado, quando contraído de boa-fé por ambos os cônjuges, produz efeitos como válido quer em relação aos cônjuges quer em relação a terceiros, até ao trânsito julgado da respetiva sentença de anulação[229].

Mas, não é casamento putativo o casamento "inexistente"[230] pois este não produz quaisquer efeitos.

***Efeitos pessoais***

Do casamento resulta uma plena comunhão de vida; esta, no plano pessoal, consubstancia-se em deveres recíprocos de:

- respeito,
- fidelidade,
- coabitação,
- cooperação,
- assistência (contribuição para as despesas domésticas)[231].

[229] É o casamento putativo regulado nos arts. 1647.° e sg..

[230] Figura jurídica que aqui tem o seu relevo tradicional, de há dois séculos; assim, nesta data, é casamento inexistente em Portugal, designadamente, o celebrado entre duas pessoas do mesmo sexo, como o é o celebrado sem o consentimento (declaração de vontade) de um ou ambos os cônjuges; v. art. 1628.°/*c*) *e*) CC.

[231] Quando os cônjuges estão separados de facto ou de direito, este dever diz-se de prestação de "alimentos" e compreende tudo o que é necessário para o sustento, habitação e vestuário, além do para a instrução e educação quando o alimentado seja menor (art. 2003.° CC). Tem, como é patente, uma natureza patrimonial.

***Efeitos patrimoniais***

Regimes de administração e de disposição de bens (arts. 1678.º e 1682.º e ss. do CC).

I – Se a administração dos bens próprios (e dos referidos no art. 1678.º/2) cabe ao titular respetivo; já a administração dos bens comuns tem um duplo regime:

A. para os atos de administração ordinária destes bens qualquer dos cônjuges tem autónoma legitimidade na sua prática;
B. para a prática de atos de administração não ordinária é necessário o consentimento do outro cônjuge.

São atos de administração ordinária aqueles que visam prover à frutificação normal e à conservação dos bens administrados, dentro de uma gestão patrimonial corrente e prudente, onde não são possíveis operações de risco que podem beneficiar muito o património mas com semelhante probabilidade o podem prejudicar gravemente.

II – Os atos de disposição têm regime diverso consoante se trate de bens móveis ou de imóveis.

A. A alienação ou oneração de móveis comuns, administrados conjuntamente, exige consentimento dos dois cônjuges (exceto se se tratar de ato tido como de administração ordinária).
   Cada um dos cônjuges pode alienar ou onerar qualquer móvel que administre exclusivamente, exceto os móveis referidos no art. 1682.º/2 e 3. Há liberdade de criação depósitos bancários – art. 1680.º.
B. Alienação, oneração, arrendamento ou outros direitos pessoais de gozo sobre imóveis (quer sejam próprios quer comuns) carece do duplo consentimento – também assim para o estabelecimento comercial.

Obviamente este regime não terá lugar quando vigore o regime de separação de bens – exceto para a casa de morada da família.

III – Dívidas

Relativamente ao regime do contrair de dívidas regem os art. 1690.º a 1697.º CC.

*Efeitos dos atos jurídicos indevidamente praticados*

Nos termos do art. 1687.º os atos ilegalmente praticados por falta de consentimento são anuláveis a requerimento do cônjuge que não deu o seu consentimento ou dos seus herdeiros; e só pode ser exercido nos seis meses subsequentes à data em que o requerente teve conhecimento do ato, mas nunca depois de decorridos três anos após a sua prática.

*Modo de cumprimento do regime conjugal patrimonial*

Quando seja necessário o acordo de ambos os cônjuges (frequentemente ditas "ilegitimidades conjugais") tal é cumprido por meio do consentimento do cônjuge não interveniente no negócio. O consentimento é dado para cada ato. O instituto da assistência (consentimento conjugal) é suprível judicialmente no caso da recusa do consentimento ser "injusta" ou, por qualquer causa, ser impossível de prestar (art. 1684.º CC).

*Regimes de bens e partilha destes pelo fim das relações patrimoniais*

**Regime de bens** supletivo é da comunhão de adquiridos[232].

Casamento celebrado sem precedência do processo de publicações ou celebrado por quem tenha completado 60 anos de idade, imperativamente é de separação de bens[233].

O regime supletivo é também afastado por convenção antenupcial que consagre o regime de comunhão geral[234] ou o de separação de bens.

**Extinção** da relação *patrimonial* (sendo a partilha de bens a resultante do regime de bens) entre cônjuges, por[235]:

[232] Arts. 1717.º e 1721.º e ss. Este regime caracteriza-se por definir como bens próprios os que cada cônjuge tiver até à celebração do casamento e aqueles que posteriormente lhe advierem por sucessão ou doação.

[233] Definido nos arts. 1732.º e ss.

[234] Definido nos arts. 1732.º e sg., reparando antes no art. 1720.º.

[235] Art. 1688.º CC.

- Declaração de nulidade ou anulação do casamento;
- Dissolução do casamento;
- Separação judicial de bens;
- Separação judicial de pessoas e bens.

**Modificação** da relação matrimonial. Esta acontece, por:

- Separação judicial de bens ou de pessoas e bens;
- Separação de pessoas e bens (separação de facto).

São causas civis e católicas de **extinção** da relação *matrimonial:*

- A morte de um dos cônjuges;
- O divórcio.

E causa exclusivamente católica:

- Dispensa do casamento rato e não consumado[236].

***2) Parentesco***

Segundo o art. 1578.º CC, parentesco é a relação familiar que se estabelece entre duas pessoas em virtude de uma descender da outra ou de ambas descenderem de um progenitor comum.

Estas duas modalidades de parentesco designam-se por parentesco na linha recta e parentesco na linha colateral, (respetivamente: avós, pais, filhos, netos; e, irmãos, tios, sobrinhos, primos).

O parentesco determina-se ainda (quer na linha recta quer na colateral) por graus:

Na linha recta o grau é o número das pessoas (rigorosamente: gerações) que formam a linha de parentesco, excluindo o progenitor; assim, pai e filho são parentes na linha recta em 1.º grau.

[236] Art. 1625.º e seg. independentemente da causa material da não consumação. Note-se, o casamento é válido até à data da dispensa eclesiástica.

Na linha colateral os graus contam-se também pelo número de pessoas, subindo por um dos ramos até ao progenitor comum (não o contando) e descendo até ao parente considerado.

Conforme resulta, não há parentesco colateral em primeiro grau.

Efeitos de parentesco:

- Os efeitos de parentesco produzem-se até qualquer grau na linha recta e até ao sexto grau na linha colateral[237].

São efeitos mais notados do parentesco:

- A qualidade de herdeiro legitimário dos descendentes e dos ascendentes.
- O impedimento dirimente ao casamento entre parentes em 1.º ou 2.º graus.
- A obrigação de prestação de alimentos[238].

### 3) *Afinidade*

Afinidade é a relação familiar que vincula um dos cônjuges aos parentes do outro.

Determina-se pelos mesmos graus e linhas que definem o parentesco, mas é uma relação claramente não cumulativa e distinta deste. Assim afinidade dupla ou dobrada não é relação familiar, *v.g.* "concunhados".

Não cessa pela dissolução do casamento[239].

### 4) *Adoção*

Adoção é (além de facto ou fonte) a relação que vincula duas pessoas em termos análogos à filiação natural (sanguínea).

Modalidades – plena e restrita

Pela adoção plena o adotado adquire a situação legal de filho do adotante e integra-se com os seus descendentes na família deste, extin-

[237] Sobrinho-neto e tio-avô – V, e primos em segundo grau – VI.

[238] Art. 2009.º, parente na linha recta, e na linha colateral: irmãos e tios (estes só até à maioridade do alimentado).

[239] Art. 1585.º CC – após a Lei 61/2008 (do divórcio) a afinidade já cessa com este.

guindo-se as relações familiares entre o adotado e seus ascendentes e colaterais naturais (exceto quanto aos impedimentos matrimoniais).

Com a adoção restrita o adotado mantém todos os direitos e deveres em relação à família natural[240].

O adotado restrito não é herdeiro legitimário do adotante nem este daquele, mas aquele é o herdeiro legítimo na falta de cônjuge, descendentes ou ascendentes, bem assim o adotante é herdeiro legítimo do adotado ou de seus descendentes na falta de cônjuge, descendentes, ascendentes, irmãos e sobrinhos do falecido.

### ...3.2. *Relações próximas das familiares*

- Esponsais – a relação entre promitentes de casamento tem algum relevo: v. arts.: 1594.° e 1871.°/1*d*) CC;
- Ex-conjugal – tem também contado relevo; v. p. ex. arts.: 1677.°-B e C, e 2016.° CC;
- União de facto[241] – tem um relevo diverso segundo a interpretação que, desde logo, é dada ao art. 36.°/1 da CRP; vejam-se os arts. 1871.°/*c*), 1691.°/*b*), 495.°/3, 2020.°, do CC, 1106.°/2 do NRAU;
- Vida em economia comum[242]. V., p. ex.: arts. 44.° CPA, e 1106.°/1, *b*), 2 e 3 do NRAU[243].
- Apadrinhamento civil – Lei n.° 103/2009, de 11 de setembro.

[240] Cfr. art. 1992.° e ss. do CC.

[241] A Lei n.° 7/2001, de 5 de Novembro, estabelece especificamente o regime geral das medidas de proteção das uniões de facto.

[242] A Lei n.° 6/2001, de 5 de Novembro, estabelece especificamente o regime geral das medidas de proteção das pessoas que vivam em economia comum.

[243] Art. 1106.°/1, *b*), 2 e 3 do NRAU. Estes 2 e 3 prescrevem – "... a posição do arrendatário transmite-se, em igualdade de circunstâncias, sucessivamente para o cônjuge sobrevivo ou pessoa que, com o falecido, vivesse em união de facto, para o parente ou afim mais próximo ou de entre estes para o mais velho ou para o mais velho de entre as restantes pessoas que com ele residissem em economia comum há mais de um ano. 3 – A morte do arrendatário nos seis meses anteriores à data da cessação do contrato dá ao transmissário o direito de permanecer no local por período não inferior a seis meses a contar do decesso".

LIVRO IV – **DIREITO DA FAMÍLIA**

TÍTULO I – DISPOSIÇÕES GERAIS – 1576.º

TÍTULO II – DO CASAMENTO

CAPÍTULO I – Modalidades do casamento – 1587.º

CAPÍTULO II – Promessa de casamento – 1591.º

CAPÍTULO III – Pressuposto da celebração do casamento

SECÇÃO I – Casamento católico – 1596.º SECÇÃO II – Casamento Civil

SUBSECÇÃO I – Impedimentos matrimoniais – 1600.º

SUBSECÇÃO II – Processo preliminar de publicações – 1610.º

CAPÍTULO IV – Celebração do casamento civil

SECÇÃO I – Disposições gerais – 1615.º

SECÇÃO II – Casamentos urgentes – 1622.º

CAPÍTULO V – Invalidade do casamento

SECÇÃO I – Casamento católico – 1625.º

SECÇÃO II – Casamento Civil

SUBSECÇÃO I -Disposição geral – 1627.º

SUBSECÇÃO II -Inexistência do casamento – 1628.º

SUBSECÇÃO III – Anulabilidade do casamento

DIVISÃO I – Disposições gerais – 1631.º

DIVISÃO II – Falta ou vícios da vontade – 1634.º

DIVISÃO III – Legitimidade – 1639.º

DIVISÃO IV – Prazos – 1643.º

CAPÍTULO VI – Casamento putativo – 1647.º

CAPÍTULO VII – Sanções especiais – 1649.º

CAPÍTULO VIII -Registo do casamento

SECÇÃO I – Disposições gerais – 1651.º

SECÇÃO II – Registo por transcrição

SUBSECÇÃO I – Disposição geral – 1654.º

SUBSECÇÃO II – Transcrição dos casamentos católicos celebrados em Portugal – 1655.º

SUBSECÇÃO III – Transcrição dos casamentos civis urgentes – 1662.º

SUBSECÇÃO IV – Transcrição dos casamentos de portugueses no estrangeiro – 1664.º

### ...4. *Direito das Sucessões*

O Direito das Sucessões regula os modos de transmissão de direitos sobre bens que pertenceram a uma pessoa que morreu (o de *cujus*, aquele de cuja herança se trata, autor da herança ou da sucessão, falecido).

Estes modos denominam-se títulos de vocação sucessória e são dois, a lei e o negócio jurídico:

- Da lei resulta a sucessão legitimária e a sucessão legítima;
- Do negócio jurídico unilateral, resulta a sucessão testamentária;
- Do negócio bilateral, a sucessão contratual (excecionalmente admitida).

• *Sucessão legitimária*

Esta sucessão é forçosa, é independente da vontade (mesmo que contrária à vontade do falecido).

A massa da herança é dividida em duas partes ideais: a quota indisponível ou "legítima"[244]; e a quota disponível.

A quota indisponível é a parte mínima da massa hereditária legalmente destinada imperativamente por lei aos herdeiros legitimários. O seu montante varia em função do tipo e grau da relação familiar. A quota disponível (para o testador destinar a quem quiser) é a parte que resta após ser salvaguardada a quota indisponível.

São herdeiros legitimários, o cônjuge, os filhos e os ascendentes.

Os montantes da legítima, são, da massa da herança, os seguintes:

| | |
|---|---|
| 1/2 – quando sejam herdeiros apenas: | o cônjuge;<br>ou um filho; ou pais. |
| 2/3 – quando sejam herdeiros apenas: | o cônjuge e filho ou filhos;<br>ou mais que um filho. |
| 1/3 – quando sejam herdeiros apenas: | ascendentes de mais de um grau. |

[244] Esta expressão (legítima) tem ligação a dois significados: um, enquanto tipo de sucessão (a sucessão legítima, art. 2131.º e ss. CC); e outro, que significa parte da herança da qual o autor de um testamento não pode dispor por imperativo da lei (com este sentido se prefere a expressão "quota indisponível").

- *Sucessão testamentária*

A sucessão testamentária dá-se quando os bens do *de cujos* são transmitidos para quem ele designou em testamento – dentro dos limites impostos pelo regime prévio e imperativo da sucessão legitimária: ou seja, serão transmitidos segundo a vontade do testador os bens que preencham a "quota disponível" e não ofendam a "legítima".

- *Sucessão legítima*

Quando o falecido não efetuou testamento ou realizou mas não testou toda a quota disponível, há lugar à sucessão legítima.

São herdeiros legítimos pela ordem seguinte e preferindo os herdeiros da classe mais elevada:

- Cônjuge e descendentes (o cônjuge terá pelo menos 1/4 da herança)
- Cônjuge e ascendentes (o cônjuge terá pelo menos 2/3 da herança)
- Irmãos e seus descendentes
- Outros colaterais até ao quarto grau
- Estado

- *Sucessão contratual*

A regra geral é a proibição dos pactos sucessórios[245].

Exceção é designadamente, a instituição de herdeiro ou nomeação de legatário na convenção antenupcial (art. 1700.º CC).

Os sucessores são herdeiros ou legatários:

- O herdeiro sucede na totalidade ou numa quota ideal do património do falecido.
- O legatário sucede em bens ou valores "especificados"[246].

[245] Art. 2028.º CC. Contratos (lembre-se que o testamento é um negócio unilateral e não um contrato) visando regular a sucessão por morte de parte(s) contratuais.

[246] Ainda que apenas pelo género (art. 2253.º CC). Os conceitos de determinação e especificação são aqui difíceis, melhor dito será: o legatário sucede apenas em alguns bens com exclusão dos restantes. Cfr. os arts. 2263.º e 2267.º, esclarecendo que também é legado a totalidade de créditos e admitindo legados alternativos.

Estas definições são imperativas e afastam qualquer diverso critério de classificação pelo autor da sucessão.

O Direito das Sucessões integra o Livro V do código civil:

LIVRO V – **DIREITO DAS SUCESSÕES**
TÍTULO I – DAS SUCESSÕES EM GERAL
CAPÍTULO I – Disposições gerais – 2024.º
CAPÍTULO II – Abertura da sucessão e chamamento dos herdeiros e legatários
SECÇÃO I – Abertura da sucessão – 2031.º
SECÇÃO II – Capacidade sucessória – 2033.º
SECÇÃO III – Direito de representação – 2039.º
CAPÍTULO II – Herança jacente – 2046.º
CAPÍTULO IV – Aceitação da herança – 2050.º
CAPÍTULO V – Repúdio da herança – 2062.º
CAPÍTULO VI – Encargos da herança – 2068.º
CAPÍTULO VII – Petição da herança – 2075.º
CAPÍTULO VIII – Administração da herança – 2079.º
CAPÍTULO IX – Liquidação da herança – 2097.º
CAPÍTULO X – Partilha da herança
SECÇÃO I – Disposições gerais – 2101.º
SECÇÃO II – Atribuições preferenciais – 2103.º-A
SECÇÃO III – Colação – 2104.º
SECÇÃO IV – Efeitos da partilha – 2119.º
SECÇÃO V – Impugnação da partilha – 2121.º
CAPÍTULO XI – Alienação de herança – 2124.º
TÍTULO II – DA SUCESSÃO LEGÍTIMA
CAPÍTULO I – Disposições gerais – 2131.º
CAPÍTULO II – Sucessão do cônjuge e dos descendentes – 2139.º
CAPÍTULO III – Sucessão do cônjuge e dos ascendentes – 2142.º
CAPÍTULO IV – Sucessão dos irmãos e seus descendentes – 2145.º
CAPÍTULO V – Sucessão dos outros colaterais – 2147.º
CAPÍTULO VI – Sucessão do Estado – 2152.º
TÍTULO III – DA SUCESSÃO LEGITIMÁRIA
CAPÍTULO I – Disposições gerais – 2156.º
CAPÍTULO II – Redução de liberalidades – 2168.º

### ...5. *Direito Privado Especial*

#### ...5.1. *Direito Comercial*

O regime privado especial, do Direito Comercial, resulta fundamentalmente de quatro ordens de necessidades sentidas no desenvolvimento das relações jurídicas comerciais e das quais emergem correspondentes princípios do Direito Comercial contrapostos ao Direito Civil:

*a)* Simplicidade e celeridade: Forma dos atos (art. 1143.º e 681.º CC vs. 396.º e 400.º C. Com.). Prescrição 2 *vs.* 20 anos (art. 317.º/b *vs.* 309.º CC). *E-commerce* e segurança: DL 7/2004; L 41/2004; Lei n.º 58/2019 exec. RGPD.

*b)* Proteção preferida ao credor (*favor debitoris* do art. 513.º CC *vs. favor creditoris* do art. 100.º C. Com.).

*c)* Presunção de onerosidade (art. 1158.º, 1186.º CC *vs.* 232.º, 404.º C.Com.)

*d)* Uniformidade transnacional (exemplos mais remotos nas Leis uniformes da letra, livrança e do cheque); e art. 96.º e 97 C.Com.

### ...5.1.1. *Atos de comércio*

O Direito Comercial regula as relações emergentes da atividade comercial, entendida esta como a prática de atos de comércio.

E são atos comerciais:

Os regulados no Código Comercial ou outra legislação comercial – atos de comércio objetivos; e todos os contratos e obrigações dos comerciantes, que não forem de natureza essencialmente civil e se o contrário do próprio ato não resultar – atos de comércio subjetivos.

Assim, todos os atos dos comerciantes são comerciais exceto se forem de natureza essencialmente civil (como p. ex. o casamento, a perfilhação, o testamento), ou se do próprio ato o contrário não resultar (resulta do próprio ato a sua não comercialidade, p. ex. na compra, pelo retalhista, dum frigorífico ou de uma estante para a casa de morada da sua família).

A importância da disposição que define os atos comerciais é a partir de 1932 e 1938 reduzida, uma vez que foram extintos os tribunais e o processo comercial. Hoje, na prática, releva pouco mais que para a noção de comerciante em nome singular[247] e para as obrigações jurídico-contabilísticas a que só os comerciantes estão vinculados (adotar uma firma, a ter escrituração mercantil, a fazer inscrever no registo comercial os atos a ele sujeitos, a dar balanço e prestar contas)[248].

Esta mesma consequência deriva para os atos unilateralmente comerciais (também ditos mistos).

[247] Segundo o art. 13.º CCom., são comerciantes as pessoas que tendo capacidade para praticar atos do comércio (obviamente em sentido objetivo) fazem deste profissão. Cf. J. M. Coutinho de Abreu Coord. *Código das Sociedades Comerciais Comentário,* 7 vol. Almedina, 2014; *idem, Curso de Direito Comercial,* Coimbra, 2015.

[248] Art. 18.º CCom.

Atos unilateralmente comerciais são os que são mercantis apenas para uma parte da relação jurídica (a venda de produtos da empresa ao consumidor final é um contrato só comercial para a empresa). O regime destes atos é o da lei comercial para ambos os contratantes exceto no que tange às disposições comerciais apenas aplicáveis aos comerciantes (*v.g.* logo precisamente, as supra ref. dos arts. 18.º, 99.º e 100.º do C. Com.).

São atos de comércio objetivos, designadamente, os seguintes:

- Sociedade comercial (CSC)[249].
- Consórcio e associação em participação – DL 231/81.
- Mandato comercial – 231.º C. Com. (cfr. com o art. 1157.º CC).
- Comissão comercial – 266.º C. Com (cfr. com o art. 1180.º CC).
- Letra – L.U.L.L.
- Livrança – L.U.L.L. Extrato de fatura.
- Conta corrente – 334.º CC.
- Operações de bolsa.
- Operações de banco.
- Transporte – 366.º C. Com.
- Empréstimo – 394.º C. Com. (cfr. com os arts. 1129.º e 1142 CC).
- Penhor comercial – DL 75/2017.06.26. (cfr. com o art. 666.º CC).
- Depósito comercial – 403.º C. Com. (cfr. com o art. 1185.º CC). Seguro – 425.º C. Com.
- Cheque – L.U.C.
- Compra e venda comercial – 463.º C. Com. (cfr. com o art. 874.º CC).
- Troca ou escambo comercial – 480.º C. Com. (cfr. o art. 939.º CC).
- Aluguer comercial – 481.º C. Com. (cfr. com os arts. 1022.º a 1063.º do CC que incluem o aluguer).

E muitos outros em legislação avulsa, frequentemente ainda designados em língua inglesa em Portugal como, p. ex., os de agência[250], *factoring*, *franchising*[251], *leasing*. E em crescente regulação os contratos cibernéticos.

[249] Cfr. art. 1.º do CSC com o art. 980.º CC.

[250] Sobre a mesma e figuras afins, ver concernente estudo de A. Pinto Monteiro.

[251] A bibliografia nesta matéria é já extensa, pelo que damos aqui nota, apenas, do nosso

### ...5.1.2. *Comerciantes. Sociedades comerciais*

Antes deste subcapítulo há que considerar as sociedades comerciais no âmbito das pessoas coletivas, por sua vez no audro dos sujeitos da relação jurídica, e que algo desenvolvemos, também em perspetiva clássica, *infra* na Parte II em sede de teoria da relação jurídica.

Em subsequência, temos um percurso pelos dois diplomas basilares do Direito Comercial português: Código Comercial e Código das Sociedades Comercias, como segue.

## CÓDIGO COMERCIAL PORTUGUÊS

LIVRO PRIMEIRO – DO COMÉRCIO EM GERAL

**TÍTULO I – DISPOSIÇÕES GERAIS**

ART.º 1.º – Objecto da lei comercial

A lei comercial rege os actos de comércio sejam ou não comerciantes as pessoas que neles intervém.

ART.º 2.º – Actos de comércio

Serão considerados actos de comércio todos aqueles que se acharem especialmente regulados neste Código, e, além deles, todos os contratos e obrigações dos comerciantes, que não forem de natureza exclusivamente civil, se o contrário do próprio acto não resultar.

ART.º 3.º – Critério de integração

Se as questões sobre direitos e obrigações comerciais não puderem ser resolvidas, nem pelo texto da lei comercial, nem pelo seu espírito, nem pelos casos análogos nela prevenidos, serão decididas pelo direito civil.

estudo numa fase ainda de desenvolvimento deste instituto em Portugal: "Aspetos Jurídicos do Franchising", *in Public and Private Sector Partnerships: Working for Change*, ed. Montanheiro, L; Rebelo, E.; Owen, G.; Rebelo E., Reino Unido: Sheffield Hallam University, 1996, pp. 503 e ss.

ART.º 4.º – Lei reguladora dos actos de comércio

Os actos de comércio serão regulados:

1.º Quanto à substância e efeitos das obrigações, pela lei do lugar onde forem celebrados, salva convenção em contrário;

2.º Quanto ao modo do seu cumprimento, pela do lugar onde este se realizar;

3.º Quanto à forma externa, pela lei do lugar onde forem celebrados, salvo nos casos em que a lei expressamente ordenar o contrário.

§ único. O disposto no n.º 1.º deste artigo não será aplicável quando da sua execução resultar ofensa ao direito público português ou aos princípios de ordem pública.

ART.º 5.º – Competência internacional dos tribunais portugueses

Os portugueses que, entre si ou com estrangeiros, contraírem obrigações comerciais fora do reino, e os estrangeiros que, entre si ou com os portugueses no reino as contraírem, podem ser demandados perante os competentes tribunais do reino pelos nacionais ou estrangeiros com quem as hajam contraído, se nele tiverem domicílio ou forem encontrados.

ART.º 6.º – Relações com estrangeiros

Todas as disposições deste Código serão aplicáveis às relações comerciais com estrangeiros, excepto nos casos em que a lei expressamente determine o contrário, ou se existir tratado ou convenção especial que de outra forma as determine e regule.

## TÍTULO II – DA CAPACIDADE COMERCIAL E DOS COMERCIANTES

### CAPÍTULO I – Da capacidade comercial

ART.º 7.º – Capacidade para a prática de actos de comércio

Toda a pessoa, nacional ou estrangeira, que for civilmente capaz de se obrigar, poderá praticar actos de comércio, em qualquer parte destes reinos e seus domínios, nos termos e salvas as excepções do presente Código.

ART.º 8.º – Capacidade do menor emancipado

*(Revogado pelo art. 1.º do DL n.º 363/77, de 2 de Setembro.)*

ART.º 9.º – Capacidade da mulher
*(Revogado pelo art. 1.º do DL n.º 363/77, de 2 de Setembro)*

ART.º 10.º – Dívidas comerciais de um dos cônjuges
*(Caducado, uma vez que o DL n.º 329-A/95, de 12 de Dezembro revogou a moratória a favor da meação dos bens comuns do patimónio conjugal que estava inscrita na parte final do n.º 1 do artigo 1696.º).*

ART.º 11.º – Obrigações mercantis do cônjuge separado judicialmente
*(Revogado pelo art.º 1.º do DL n.º 363/77, de 2 de Setembro)*

ART.º 12.º – Lei reguladora da capacidade comercial
A capacidade comercial dos portugueses que contraem obrigações mercantis em país estrangeiro, e a dos estrangeiros que as contraem em território português, será regulada pela lei do país de cada um, salvo quanto aos últimos naquilo em que for oposta ao direito público português.

CAPÍTULO II – Dos Comerciantes

ART.º 13.º – Quem é comerciante
São comerciantes:
1.º As pessoas, que, tendo capacidade para praticar actos de comércio, fazem deste profissão;
2.º As sociedades comerciais

ART.º 14.º – Quem não pode ser comerciante
É proibida a profissão do comércio:
1.º Às associações ou corporações que não tenham por objecto interesses materiais;
2.º Aos que por lei ou disposições especiais não possam comerciar.

ART.º 15.º – Dívidas comerciais do cônjuge comerciante
As dívidas comerciais do cônjuge comerciante presumem-se contraídas no exercício do seu comércio.

ART.º 16.º – Poderes da mulher casada comerciante
*(Revogado pelo art.º 1.º do DL n.º 363/77 de 2 de Setembro)*

ART.º 17.º – Condição do Estado e dos corpos e corporações administrativas
O Estado, o distrito, o município e a paróquia não podem ser comerciantes, mas podem, nos limites das suas atribuições, praticar actos de comércio, e quanto a estes ficam sujeitos Às disposições deste Código.

§ único. A mesma disposição é aplicada às misericórdias, asilos, mais institutos de beneficência e caridade.

ART.º 18.º – Obrigações especiais dos comerciantes
Os comerciantes são especialmente obrigados:
1.º A adoptar uma firma;
2.º A ter escrituração mercantil;
3.º A fazer inscrever no registo comercial os actos a ele sujeitos;
4.º A dar balanço, e a prestar contas.

**TÍTULO III – DA FIRMA**

ART.ºS 19.º a 28.º
*(Os artigos 19.º, 20.º e 24.º a 28.º foram revogados pelo art.º 88.º, alínea a), do DL n.º 42/89, de 3 de Fevereiro; os artigos 21.º,22.º e 23.º foram revogados pelo art.º 3.º n.º 1, alínea a), do DL n.º 262/86, de 2 de Setembro).*

(...)

**CÓDIGO DAS SOCIEDADES COMERCIAIS**

TÍTULO I – PARTE GERAL
- CAPÍTULO I – Âmbito de aplicação – 1.º
- CAPÍTULO II – Personalidade e capacidade – 5.º
- CAPÍTULO III – Contrato de sociedade
  - SECÇÃO I – Celebração e registo – 7.º
  - SECÇÃO II – Obrigações e direitos dos sócios
    - SUBSECÇÃO I – Obrigações e direitos dos sócios em geral – 20.º

SUBSECÇÃO II – Obrigação de entrada – 25.º
SUBSECÇÃO III – Conservação do capital – 31.º
SECÇÃO III – Regime da sociedade antes do registo. Invalidade do contrato – 36.º
CAPÍTULO IV – Deliberações dos sócios – 53.º
CAPÍTULO V – Administração e fiscalização – 64.º
CAPÍTULO VI – Apreciação anual da situação da sociedade – 65.º
CAPÍTULO VII – Responsabilidade civil pela constituição, administração e fiscalização da sociedade – 71.º
CAPÍTULO VIII – Alterações do contrato
SECÇÃO I – Alterações em geral – 85.º
SECÇÃO II – Aumento do capital – 87.º
SECÇÃO III – Redução do capital – 94.º
CAPÍTULO IX – Fusão de sociedades
SECÇÃO I – 97.º
SECÇÃO II – Fusões transfronteiriças – 117.º-A
CAPÍTULO X – Cisão de sociedades – 118.º
CAPÍTULO XI – Transformação de sociedades – 130.º
CAPÍTULO XII – Dissolução da sociedade – 141.º
CAPÍTULO XIII – Liquidação da sociedade – 146.º
CAPÍTULO XIV – Publicidade de actos sociais – 166.º
CAPÍTULO XV – Fiscalização pelo Ministério Público – 172.º
CAPÍTULO XVI – Prescrição – 174.º
TÍTULO II – SOCIEDADES EM NOME COLECTIVO
CAPÍTULO I – Características e contrato – 175.º
CAPÍTULO II – Deliberações dos sócios e gerência – 189.º
CAPÍTULO III – Alterações do contrato – 194.º
CAPÍTULO IV – Dissolução e liquidação da sociedade
TÍTULO III – SOCIEDADES POR QUOTAS
CAPÍTULO I – Características e contrato – 197.º
CAPÍTULO II – Obrigações e direitos dos sócios
SECÇÃO I – Obrigação de entrada – 202.º
SECÇÃO II – Obrigações de prestações acessórias – 209.º
SECÇÃO III – Prestações suplementares – 210.º
SECÇÃO IV – Direito à informação – 214.º
SECÇÃO V – Direito aos lucros – 217.º

CAPÍTULO V Deliberações dos accionistas – 373.º
CAPÍTULO VI Administração, fiscalização e secretário da sociedade
SECÇÃO I Conselho de administração – 390.º
SECÇÃO II Fiscalização – 413.º
SECÇÃO III Comissão de auditoria – 423.º-B
SECÇÃO IV Conselho de administração executivo – 424.º
SECÇÃO V Conselho geral e de supervisão – 434.º
SECÇÃO VI Revisor oficial de contas – 446.º
SECÇÃO VII Secretário da sociedade – 446.º-A
CAPÍTULO VII Publicidade de participações e abuso de informações – 447.º
CAPÍTULO VIII Apreciação anual da situação da sociedade – 451.º
CAPÍTULO IX Aumento e redução do capital – 456.º
CAPÍTULO X Dissolução da sociedade – 464.º
TÍTULO V – SOCIEDADES EM COMANDITA
CAPÍTULO I Disposições comuns – 465.º
CAPÍTULO II Sociedades em comandita simples – 474.º
CAPÍTULO III Sociedades em comandita por acções – 478.º
TÍTULO VI – SOCIEDADES COLIGADAS
CAPÍTULO I – Disposições gerais – 481.º
CAPÍTULO II – Sociedades em relação de simples participação, de participações recíprocas e de domínio – 483.º
CAPÍTULO III – Sociedades em relação de grupo
SECÇÃO I – Grupos constituídos por domínio total – 488.º
SECÇÃO II – Contrato de grupo paritário – 492.º
SECÇÃO III – Contrato de subordinação – 493.º
CAPÍTULO IV – Apreciação anual da situação de sociedades obrigadas à consolidação de contas – 508.º-A
TÍTULO VII – Disposições penais – 509.º
TÍTULO VIII – Disposições finais e transitórias – 530.º

### ...5.2. *Direito do Trabalho*

Apesar de regular as relações emergentes do contrato individual de trabalho definido logo no artigo 1152.º do Código Civil, o trabalho privado subordinado é regulado primacialmente por um diploma geral desde 2003 – o Código do Trabalho.

É-o, ainda, por instrumentos de regulamentação coletiva de trabalho (IRCT; *v.g.*, convenções coletivas) e por normas de direito público estadual como as portarias de regulamentação e da extensão; daqui a sua frequentemente defendida natureza híbrida, que contudo se tem vindo a diluir, cf. já *supra* indiciámos[252].

Pontuando o conteúdo do Direito legislativo do Trabalho temos o seguinte elenco.

**...5.2.*1. Noção de Direito do Trabalho*** *(v. 11.° CT)*

**...5.2.***1.1. Noção, objeto e fins do Direito do Trabalho*

**...5.2.***1.2. Conteúdo do Direito do Trabalho*

**...5.2.2. *Fontes do Direito do Trabalho***

**...5.2.***2.1. Constituição da República Portuguesa*

CRP – 1.°; 8.°; 13.°; 15.°; 16.°, 17.°; 18.°; 53.°; 54.°; 55.°; 56.°; 57.°; 58.°; 59.°.

**...5.2.***2.2. As fontes internacionais – ONU(OIT); UE (TUE TFUE Direito secundário ou derivado)*

- Convenção n.° 87 – sobre a liberdade sindical e a proteção do direito sindical;
- Convenção n.° 95 – sobre a proteção do salário;
- Convenção n.° 98 – sobre a aplicação dos princípios do direito de organização e de negociação coletiva;
- Convenção n.° 131 – sobre a impenhorabilidade do salário;
- Convenção n.° 132 – sobre as férias anuais remuneradas;
- Convenção n.° 135 – sobre a proteção e facilidades a conceder aos representantes dos trabalhadores nas empresas;
- (...).

**...5.2.***2.3. As fontes internas*

DIP; CRP; CT; IRCT; legislação complementar ao CT e avulsa: profissionais de espetáculos; serviço doméstico; a bordo de embarcações/navios; praticantes desportivos. Em sede de relação com entidades públicas rege também o Regime jurídico do trabalho em funções publicas.

[252] Pelo que ora o consideramos, clara e dominantemente, ramo de direito privado.

**...5.2.**_2.4. Hierarquia das fontes_

Internacionais cogentes;

CRP;

CC – 1.º a 4.º;

CT – 3.º;

IRCT negociais e não negociais, CT – 2.º;

"Legislação complementar".

***...5.2.3. Contrato individual de trabalho***

**...5.2.**_3.1. Conceito – 11.º CT_

**...5.2.**_3.2. Caracterização jurídica do contrato de trabalho – 12.º CT_

**...5.2.**_3.3. Distinção entre contrato de trabalho e contrato de prestação de serviços – 1154.º CC vs. 11.º CT_

**...5.2.3.**_4. As partes na relação de trabalho_

CC – 66.º ss 122 ss;

CT – 13.º e 66; e 97.º (empregador);

***...5.2.4. Relação individual de trabalho***

**...5.2.**_4.1. A formação do contrato de trabalho_

_CT – 102.º a 105.º_

**...5.2.**_4.2 Informação sobre aspetos relevantes_

_CT – 106.º a 109.º_

**...5.2.**_4.3 Forma do contrato de trabalho_

_CT – 12.º, 110.º_

**...5.2.**_4.4 Direitos, deveres e garantias das partes_

_126.º a 129.º_

**...5.2.**_4.5 Modalidades do contrato de trabalho_

_CT – 139.º ss, 150.º ss, 157.º ss, 161.º ss, 165.º ss, 172,.º ss._

***...5.2.5 Prestação do trabalho***

**...5.2.**_5.1 Local e tempo do trabalho_

_193.º ss e 197.º ss_

**...5.2.**_5.2 Feriados, férias e faltas_

_234.º ss, 237.º ss, 248.º ss._

***...5.2.6. A retribuição***

_CT – 258.º ss._

***...5.2.7. A cessação do contrato de trabalho***

_CT – 338.º ss._

(...)

O primeiro Código do Trabalho, aprovado pela Lei n.º 99/2003, de 27 de Agosto, foi revogado pelo Código vigente aprovado pela Lei n.º 7/2009, de 12 de Fevereiro (que em 2019.09.04 vai já na 19.ª versão; sendo a Lei n.º 105/2009, de 14 de setembro que o regulamenta) e que assim se estrutura:

LIVRO I – **PARTE GERAL**

TÍTULO I – Fontes e aplicação do direito do trabalho

CAPÍTULO I – Fontes e aplicação

TÍTULO II – Contrato de trabalho

CAPÍTULO I – Disposições gerais

SECÇÃO I – Contrato de trabalho – 11.º

SECÇÃO II – Sujeitos

SUBSECÇÃO I – Capacidade – 13.º

SUBSECÇÃO II – Direitos de personalidade – 14.º

SUBSECÇÃO III – Igualdade e não discriminação – 23.º ao art. 32.º)

DIVISÃO I – Disposições gerais (do art. 23.º ao art. 28.º)

DIVISÃO II – Proibição de assédio – 29.º

DIVISÃO III – Igualdade e não discriminação em função do sexo – 30.º

SUBSECÇÃO IV – Parentalidade – 33.º

SUBSECÇÃO V – Trabalho de menores – 66.º

SUBSECÇÃO VI – Trabalhador com capacidade para o trabalho reduzida – 84.º

SUBSECÇÃO VII – Trabalhador com deficiência ou doença crónica – 85.º

SUBSECÇÃO VIII – Trabalhador-estudante – 89.º

SUBSECÇÃO IX – O empregador e a empresa – 97.º

SECÇÃO III – Formação do contrato

SUBSECÇÃO I – Negociação – 102.º

SUBSECÇÃO II – Promessa de contrato de trabalho – 103.º

SUBSECÇÃO III – Contrato de adesão – 104.º

SUBSECÇÃO IV – Informação s/ aspetos relevantes na prestação de trab – 97.º

SUBSECÇÃO V – Forma de contrato de trabalho – 110.º

SECÇÃO IV – Período experimental – 111.º
SECÇÃO V – Atividade do trabalhador – 115.º
SECÇÃO VI – Invalidade do contrato de trabalho – 114.º
SECÇÃO VII – Direitos, deveres e garantias das partes
SUBSECÇÃO I – Disposições gerais – 126.º
SUBSECÇÃO II – Formação profissional – 130.º
SECÇÃO VIII – Cláusulas acessórias
SUBSECÇÃO I – Condição e termo – 135.º
SECÇÃO IX – Modalidades de contrato de trabalho
SUBSECÇÃO I – Condição a termo resolutivo – 139.º
SUBSECÇÃO II – Trabalho a tempo parcial – 150.º
SUBSECÇÃO III – Trabalho intermitente – 157.º
SUBSECÇÃO IV – Comissão de serviço – 161.º
SUBSECÇÃO V – Teletrabalho – 165.º
SUBSECÇÃO VI – Trabalho temporário – 172.º
CAPÍTULO II – Prestação do trabalho
SECÇÃO I – Local de trabalho – 193.º
SECÇÃO II – Duração e organização do tempo de trabalho
SUBSECÇÃO I – Noções e princípios gerais sobre duração e organização do tempo de trabalho – 197.º
SUBSECÇÃO II – Limites da duração do trabalho – 203.º
SUBSECÇÃO III – Horário de trabalho – 212.º
SUBSECÇÃO IV – Isenção de horário de trabalho – 218.º
SUBSECÇÃO V – Trabalho por turnos – 220.º
SUBSECÇÃO VI – Trabalho noturno – 223.º
Subsecção VII – Trabalho suplementar – 226.º
Subsecção VIII – Descanso semanal – 232.º
Subsecção IX – Feriados – 234.º
Subsecção X – Férias – 237.º
Subsecção XI – Faltas – 248.º
CAPÍTULO III – Retribuição e outras atribuições patrimoniais
SECÇÃO I – Disposições gerais sobre retribuição – 258.º
SECÇÃO II – Determinação do valor da retribuição – 270.º
SECÇÃO III – Retribuição mínima mensal garantida– 273.º
SECÇÃO IV – Cumprimento de obrigação da retribuição – 276.º
CAPÍTULO IV – Prevenção e reparação de acidentes de trabalho

DIVISÃO IV – Despedimento por inadaptação – 373.º
SUBSECÇÃO II – Ilicitude do despedimento – 381.º
SUBSECÇÃO III – Despedimento por iniciativa do empregador em contrato a termo – 396.º
SECÇÃO V – Cessação de contrato de trabalho por iniciativa do trabalhador
SUBSECÇÃO I – Resolução de contrato pelo trabalhador – 394.º
SUBSECÇÃO II – Denúncia de contrato pelo trabalhador – 400.º
TÍTULO III – Direito coletivo
SUBTÍTULO I – Sujeitos
CAPÍTULO I – Estruturas de representações coletiva dos trabalhadores
SECÇÃO I – Disposições gerais – 404.º
SECÇÃO II – Comissões de trabalhadores
SUBSECÇÃO I – Disposições gerais – 415.º
SUBSECÇÃO II –Informação e consulta – 423.º
SUBSECÇÃO III – Controlo de gestão da empresa – 426.º
SUBSECÇÃO IV – Participação em processo de reestruturação da empresa – 429.º
SUBSECÇÃO V – Constituição, estatutos e eleição – 430.º
SECÇÃO III – Associações sindicais e associações de empregadores
SUBSECÇÃO I – Disposições preliminares – 440.º
SUBSECÇÃO II – Organização sindical – 44.º
SUBSECÇÃO III – Quotização sindical – 457.º
SUBSECÇÃO IV – Atividade sindical na empresa – 460.º
SUBSECÇÃO V – Membro de direção de associação sindical – art. 468.º
CAPÍTULO II – Participação na elaboração da legislação de trabalho – 469.º
SUBTÍTULO II – Instrumentos de regulamentação coletiva de trabalho
CAPÍTULO I – Princípios gerais relativos a IRCT
SECÇÃO I – Disposições gerais sobre IRCT– 476.º
SECÇÃO II – Concorrência de IRCT – 481.º
CAPÍTULO II – Convenção coletiva
SECÇÃO I – Contratação coletiva – 485.º
SECÇÃO II – Celebração e conteúdo – 491.º
SECÇÃO III – Depósito de convenção coletiva – 494.º
SECÇÃO IV – Âmbito pessoal de convenção coletiva – 496.º

### ...5.3. *Direito Internacional Privado*

Este complexo normativo é o conjunto de regras de Direito interno[253], reguladoras de relações jurídicas privadas, cuja especificidade deriva de regular casos jurídicos que apresentam elementos de conexão a mais que um Estado. No nosso caso o Direito internacional privado português, é baseado nos artigos 14.° a 65.° do CC e em convenções internacionais com substância e efeitos da mesma natureza destas normas do CC. Rege pois conflitos entre ordenamentos estaduais em sede de relações jurídi-

[253] Cada Estado cria pois soberanamente o seu próprio direito para conflitos interestaduais de normas civis.

cas civis – que são internacionais por qualquer determinado elemento de conexão a mais que um Estado[254].

### ...5.4. *Outros sub-ramos, especialidades ou disciplinas dominantemente privadas*

Não cabe já fazermos mais que referências a disciplinas como o Direito de Autor, o Direito do Transporte Aéreo, o Direito Marítimo, o Direito (Internacional e Administrativo) do Mar, o Direito do Consumo, o Direito do Desporto, o Direito da comunicação digital, e tantas outras especialidades que se vêm revelando de muito significativa relevância e ou carência regulatória.

### ...5.5. *Taxionomia(s) das ciências jurídicas*

O Programa Europeu para a Investigação, Desenvolvimento Tecnológico e Demonstração – *The Sixth Framework Programme* –, sendo o principal instrumento da União Europeia promotor da mobilidade e da cooperação internacionais em I&D visando a realização da Área Europeia da Investigação Científica, apresenta o Direito segundo assente supranacional taxionomia[255].

[254] Cfr. infra 7. Conflitos de leis no espaço.

[255] Que, com contextualização, é como segue:
*01.00.00.00.00.00.00 Health sciences*
*02.00.00.00.00.00.00 Humanities*
*03.00.00.00.00.00.00 Natural sciences*
*04.00.00.00.00.00.00 Physical sciences*
*05.00.00.00.00.00.00 Social sciences*
*05.07.00.00.00.00.00 Educational sciences*
*06.00.00.00.00.00.00 Technological sciences*
***Juridical sciences***
*05.10.01.00.00.00.00 Agrarian law*
*05.10.02.00.00.00.00 Canon law*
*05.10.03.00.00.00.00 Comparative law*
*05.10.04.00.00.00.00 Criminal law*
*05.10.04.01.00.00.00 Anti-fraud*
*05.10.05.00.00.00.00 Environmental law*
*05.10.06.00.00.00.00 European law*
*05.10.07.00.00.00.00 Finance law*

*05.10.08.00.00.00.00 Fiscal law*
*05.10.09.00.00.00.00 Health law*
*05.10.10.00.00.00.00 Informatic law*
*05.10.11.00.00.00.00 International law*
*05.10.11.01.00.00.00 Human rights*
*05.10.11.02.00.00.00 Law of the sea*
*05.10.11.03.00.00.00 Space law*
*05.10.12.00.00.00.00 Judicial law*
*05.10.13.00.00.00.00 Juvenile law*
*05.10.14.00.00.00.00 Labour law*
*05.10.14.01.00.00.00 Union law*
*05.10.15.00.00.00.00 Media law*
*05.10.16.00.00.00.00 Medical law*
*05.10.17.00.00.00.00 Private law*
*05.10.17.01.00.00.00 Civil law*
05.10.17.01.01.00.00 Housing law
05.10.17.01.02.00.00 Notarial law
05.10.17.01.03.00.00 Real estate law
05.10.17.02.00.00.00 Commercial law
05.10.17.02.01.00.00 Business law
05.10.17.02.02.00.00 Copyrights
05.10.17.02.03.00.00 Intellectual property
05.10.17.02.04.00.00 Licensing
05.10.17.02.05.00.00 Patents
05.10.17.03.00.00.00 Consumer law
05.10.17.04.00.00.00 Industrial law
05.10.17.04.01.00.00 Industrial property law
05.10.17.04.02.00.00 Trademarks
05.10.17.05.00.00.00 Insurance law
05.10.18.00.00.00.00 Public law
05.10.18.01.00.00.00 Administrative law
05.10.18.02.00.00.00 Constitutional law
05.10.18.03.00.00.00 Construction law
05.10.18.04.00.00.00 Economic law
05.10.18.04.01.00.00 Banking law
05.10.18.05.00.00.00 Town planning law
05.10.19.00.00.00.00 Roman law
05.10.20.00.00.00.00 Social law
05.10.21.00.00.00.00 Transportation law

# 3. Fontes de Direito

Como para designar os grandes sectores das matérias jurídicas operámos com uma figura metafórica: "ramos do direito", também para designar as formas de criação do direito é tradicionalmente usada esta figura de estilo através da expressão: "fontes de Direito".

Como imagem ou metáfora, esta expressão é passível de diversas interpretações, perdendo portanto em clareza e linearidade mas ganhando em força sugestiva potencialmente capaz de transmitir diversos aspetos de uma realidade multifacetada e complexa.

No direito português, a partir da Constituição de 1976, é esta mesma constituição (e não o CC, como acontecia até 1976), a superior sede jurídica de definição dos modos de criação do direito – tipificando as fontes, as competências subjetivas, objetivas e procedimentais na criação das normas jurídicas.

## 3.1. Sentidos da Expressão

***Sentido filosófico (também dito metafísico)***

Neste sentido, fonte de direito, significa o fundamento último ou razão da existência do Direito. Assim, a fonte mais remota, basilar, é reconhecida como a Justiça, a Segurança, o Poder, o Estado, consoante a corrente filosófico-jurídica.

***Sentido histórico e sociológico***

Aqui, fonte é o antecedente ou causa jurídica (sentido histórico-jurídico estrito) da norma, instituição, ramo ou mesmo sistema jurídico – assim, por exemplo, foram foi mais relevante fonte antiga do Direito português o Direito romano[256], o árabe, o visigótico, e, em maior proximidade temporal, o francês, o alemão e o italiano[257].

Em sentido sociológico (que geralmente acompanha o histórico), fontes de Direito são as circunstâncias causais e condicionantes da produção da norma ou do complexo normativo; são determinantes sociais de diversas subáreas e pesos específicos (*v. g.*: sociais *stricto sensu*, económicos, políticos, culturais, religiosos).

Uma utilíssima disciplina assumindo esta perspetiva, a Sociologia do Direito, vem obtendo crescente relevo científico.

***Sentido orgânico***

Sem uma gramaticalmente segura perspetiva, diz-se frequentemente que, em sentido orgânico, são fontes de direito normativo os órgãos ou entes públicos com competência normativa: parlamento, governo e ainda diversos órgãos da Administração Pública com competência normativa. Neste sentido poderá, em limite semântico, ser entendido como designando todos os entes que criam, problematizam e esclarecem ou vivificam normas jurídicas que são, pois, vigentes e eficazes na comunidade – a qual neste sentido (dito "orgânico") é sua fonte também. Como – por extensão – serão fontes a seu modo, também, os órgãos dos meios de comunicação social e os dos entes sociais que com relevo operam na área jurídica.

***Sentido instrumental***

Segundo este sentido a fonte de Direito é o local, meio ou material físico onde é registado, positivado, o Direito.

São assim os instrumentos onde os preceitos jurídicos se podem encontrar após o desconhecido: desde as pedras, as cerâmicas com normas jurídico-religioso-políticas e militares sumérias, passando pelas XII tábuas, pelo suporte do *Corpus Iuris Civilis* e das primeiras ordenações,

[256] As fontes do Direito Romano podem estudar-se por Sebastião Cruz, *Direito Romano*, cit., pp. 161 e ss; e em especial as do direito privado, por A, Santos Justo, *Direito Privado Romano*, cit., pp. 74 e ss.

[257] Cfr. John Glissen, *Introduction Historique au Droit*, cit., pp. 31 e ss.

pelos livros dos códigos e diplomas avulsos pós-decimónicos, até ao atual suporte digital de dados jurídicos[258].

***Sentido técnico-jurídico (também dito formal)***

No sentido tradicional, fontes de Direito são os modos de formação e revelação do direito normativo[259]. Sentido aqui ultrapassado pois nem todas elas são fontes segundo o recuado normativo positivo português (v. g. no CC, a doutrina e a jurisprudência, e, literalisticamente, os princípios). Por outro lado, as formas de criação do direito compreendem as normativas puras, mas também as regras gerais embora concretas; as estaduais, mas também as não estaduais; as públicas, mas também algumas privadas[260].

[258] Os suportes emergentes na comunicação e armazenamento de informação, do início do século XXI, são já dominantemente digitais e com dispensa de armazenamento (streaming) ou criados diretamente de átomos (v. g., semicondutores, nanocompósitos, biomateriais), após os suportes magnéticos (disquete) e óticos CD, DVD). O papel, que no início do século XXI vai entrando na história (quase paleografia, dado o salto para suportes intangíveis), imperou nas idades moderna e contemporânea como material suporte da escrita, e entrou lentamente na Europa a partir do século X (Xativa, Península Ibérica); mas no século VI a.C. terá sido inventado na China. Antecedeu-o, desde o início da Alta Idade Média, o pergaminho (com auge em códices encadernados). E antes deste e desde a antiguidade clássica (desde 3 500 a.C. no Egipto), foi suporte corrente o papiro (com os seus conhecidos rolos). Sempre foi (e é) suporte material de registo de escrita outro material sólido como a madeira, a cerâmica, o metal, cascas de árvores (p. ex., os maias *tonalamatl*), carapaças e dentes de animais, a pedra; mas aqui os signos são em regra incisos ou gravados (epigrafia). Instrumentos onde sempre esteve presente o Direito, cfr. Glissen, John, *Introduction Historique au Droit*, cit. pp. 19 e ss., e 31 e ss.

[259] Conforme resultou já implícito, estamos a considerar fontes do Direito, e não fontes de direitos; caso ampliássemos para este sentido havia que considerar, tanto os atos administrativos, como uma classe de factos jurídicos de primeiro relevo no comércio jurídico: os negócios jurídicos – que (também) não são normativos, mas logo criam direito para as individualizadas partes do negócio concreto.

[260] Sede disciplinar de debate das fontes é a teoria e metodologia do Direito. O Direito positivo, como é frequente, pode (e deve) apresentar um quadro hierárquico das fontes legais, mas tal não prejudica o relevo indelével que outras possam ter, pelas suas próprias natureza e força jurídicas. Sobretudo, porque toda a jurisprudência e a seu modo também a doutrina, não apenas "revelam" e aplicam o Direito, como o recriam, num "*continuum constituendo*": a criação acontece, quer na produção legislativa da norma, quer nos recorrentes ciclos das suas diversas reelaborações, interpretações e aplicações concretas.

Não é, contudo, neste guia de estudo, que cabe alargar a consideração das fontes de direito segundo estas últimas considerações; pelo que, privilegiaremos uma perspetiva expositiva próxima da tradicional por razões de maior sedimentação desta perspetiva, com evidentes vantagens pedagógicas.

## 3.2. Classificações

Fontes voluntárias (ou intencionais) e fontes não voluntárias, segundo *classificação doutrinal*:

Não voluntárias:
- *Princípios fundamentais;*
- *Usos e costumes.*

Voluntárias:
- *Lei;*
- *Jurisprudência;*
- *Doutrina*[261].

Fontes imediatas e mediatas segundo a *classificação legal*[262]:
Imediatas:
- *Princípios;*
- *Leis.*

Mediatas[263]:
- *Usos;*
- *Equidade.*

E ainda deixamos por considerar os normativos de origem privada, como cláusulas contratuais gerais tão frequentes em relevantes sectores socioeconómicos e especialmente para o direito do consumidor, p. ex., de: águas, gás, eletricidade, recolha de resíduos, seguros, "serviços" bancários, seguros, telefone, televisão por cabo, internet, viagens (*maxime* aéreas) e outros de turismo.

[261] V., em geral sobre as fontes a doutrina de Pizzorusso, A., *Delle Fonti del Diritto*, Bolonha, 1977, *passim*.

[262] Cfr. CPR para os princípios; e CC, arts. 1.°, 3.° e 4.°, para a lei, usos e equidade.

[263] Os assentos não são fonte mediata, o Decreto-Lei n.° 329-A/95, de 12 de Dezembro, revogou o art. 2.° CC. Cfr. Acórdão do TC n.° 743/96.05.28, publicado no DR de

## 3.3. Fontes Técnico-Jurídicas

### 3.3.1. Princípios fundamentais ou gerais do Direito

Os princípios jurídicos fundamentais do Direito (ou de Justiça, tendencialmente universais e intemporais), ainda que positivados pelo legislador constituinte, mantêm a sua natureza específica, diversa das leis enquanto fontes voluntárias.

Os princípios jurídicos fundamentais são revelados pela doutrina e/ou por procedimentos constitucionais; não sendo criados pelo voluntarismo legiferativo ordinário; mas são também distintos das outras fontes instrumentais ainda que estas os clarifiquem, assim os corroborando; por exemplo, a relação intensa com o costume em Direito Internacional não deve diluir a destrinça entre estas formas de revelação/criação.

Afastamo-nos também da tese que não entende os princípios jurídicos como fontes porque o Código Civil não os refere nos seus primeiros artigos relativos às fontes de direito português. Tal tese é inequivocamente errónea, pois a superveniente lei superior (CRP de 1976) faz expressa referência ao complexo dos mais relevantes[264] com um estatuto jurídico-constitucional paramétrico superior[265].

### 3.3.2. Leis

A afirmação da lei como fonte comum e primacial de direito foi impulsionada pelo assumir do liberalismo voluntarista-positivista que sublinhou a

1996.07.18, o qual, com força obrigatória geral, declarou inconstitucional o art. 2.º do CC (apenas) na parte em que atribui competência aos tribunais para fixarem doutrina com força normativa externa, por força da incompatibilidade desse articulado com o então art. 115.º/5 da CRP (hoje 112.º). Neste acórdão, o voto de vencida respiga a compreensão metodológica de Castanheira Neves (*in, O Problema da Constitucionalidade dos Assentos*, cit.).

264 Assim o primeiro complexo normativo da CRP com um estatuto sistemático, estruturante e material específico é epigrafado precisamente por "Princípios Fundamentais", e logo a Parte I designa-se e reúne coerentemente os "Direitos e Deveres Fundamentais".

265 Adveniente da sistemática que reflete a natureza axiológico-jurídica intrínseca e ordenadora estruturante da República e do Direito que a precede: cfr. os arts. 288.º, 18.º e 17.º da CRP para os princípios, para os direitos liberdades e garantias e o art. 17.º, todos da CRP, para os direitos fundamentais de natureza análoga a estes.

força da separação moderna dos três poderes, trazendo ao primeiro plano à função legislativa[266], exercida por órgãos diretamente representantes, e que especificamente manifestam (devem manifestar), a vontade popular, encontrando-se assim investidos de legitimidade para criar ordens não para um ou dois, mas, de uma assentada, para todas as pessoas ou categoria destas.

O significante "lei", tem vários significados, entre os quais:

1) Como sinónimo do Direito ("a lei não permite tal")
2) Em *sentido normativo material*: diploma (normativo: com regra geral, abstrata e emanada de órgão com competência normativa pública). Aqui cabem leis constitucionais, leis ordinárias, diplomas (normativos) administrativos.
3) Em sentido *normativo legislativo amplo*; como lei ordinária (leis da AR, decretos-leis do Governo)[267].
4) Em sentido *normativo legislativo restrito*; como diploma legislativo material, formal e organicamente (lei do órgão legislativo estrito segundo a separação de poderes: Parlamento; *in casu*, AR).

No artigo 1.º do CC, o sentido é o material; assim, são aqui leis:

- As leis constitucionais
- As leis ordinárias (e atos políticos equiparáveis)
- Decretos legislativos regionais (Açores e Madeira)
- Regulamentos (*lato sensu*; mas, especialmente, os atos normativos administrativos do Governo, das regiões autónomas e das autarquias locais)[268].

### 3.3.3. Costume. Os usos

#### ...1. *Costume (e Direito Romano)*

O Costume foi, com o Direito Romano, até meados do séc. XVIII, a principal fonte de Direito, no mundo jurídico ocidental. Razões não ape-

[266] Retomando o geralmente subestimado contributo de J. Locke, um século antes.

[267] No sentido de ato legislativo (art. 112.º/1 CRP) incluirá os decretos legislativos regionais.

[268] Cfr. supra, em sede de ramos do direito, o Direito Administrativo.

nas políticas, mas, antes até, razões determinadas pelo crescente dinamismo do comércio das sociedades em nascente industrialização, conduziram esta fonte ao declínio e perspetivação odiosa porque estamental.

Esta forma de criação do Direito, designada por costume, em rigor integra dois elementos:

- um, objetivo (material, ou *corpus*), que consiste na prática contínua e muito prolongada de uma conduta social consubstanciando uma regra jurídica;
- outro, subjetivo (voluntarista, ou *animus*): a convicção da opinião comum, que aquela conduta obedece a uma norma obrigatória segundo a consciência jurídica da comunidade.

Relativamente ao valor do costume como fonte autónoma de Direito, hoje em Portugal, lembramos apenas as perfunctórias considerações supra, acerca da importância menor da letra da lei nesta sede.

Designadamente, o relevo do costume como fonte de cessação da vigência de normas, é dificilmente recusável – contra o que aponta o art. 7.º/1 CC.

Lembremos ainda o relevo que o costume tem como fonte de Direito Internacional Público, e que a sua positivação não afasta a sua original natureza.

### ...2. *Os usos*

Fonte que cabe no conteúdo do *supra* "Costume" mas deste se pode distinguir é a fonte de Direito designada por "Usos". Cabe na anterior fonte porque os "Usos" consistem no elemento objetivo do "Costume"; ou seja, consistem exclusivamente na conduta social repetida duradouramente – o elemento objetivo do "Costume".

Os usos são acolhidos como fonte de Direito quando a lei expressamente os admita[269], por isso são fonte apenas mediata.

[269] *V.g.* arts.: 1122.º/1 e 1128.º. A consideração do costume com o Direito local e estrangeiro no art. 348.º CC (referindo o Direito histórico geral, pois foi positivado) alterando a regra geral probatória segundo a qual as normas vigentes não carecem de prova, só confirma a opção sobre as fontes do Direito, do legislador civil de 1966: reiterar o afasta-

É assim que determina o art. 3.º/1 CC, acrescentando a esta mediação, o requisito de os mesmos não serem contrários à boa-fé.

### 3.3.4. Jurisprudência

Por jurisprudência entende-se a decisão jurisdicional, e, complexivamente, o conjunto das orientações seguidas pelos tribunais no julgamento dos casos concretos.

A jurisprudência não é fonte legal de normas jurídicas positivas. Mas é fonte constitucional de "legislação negativa" através do acórdão do TC de declaração de inconstitucionalidade ou de ilegalidade com força obrigatória geral[270].

Isto significa que, excluindo esta "legislação negativa" constitucional (e administrativa[271]), o juiz não pode criar, modificar, ou fazer cessar qualquer norma de Direito; em decorrência do princípio da separação de poderes e do da tipicidade dos atos normativos.

Contudo, a validade desta argumentação[272], não toca a postura inicialmente assumida e sempre reiterada de que o Direito tem um momento riquíssimo de criação imediata pelo juiz no caso concreto decidendo[273], e ainda, de que as orientações dos tribunais (superiores, em regra), tendem a ser consideradas nas questões semelhantes posteriores (conforme

mento do costume (e estilos da corte) iniciado com a Lei da Boa Razão de 1769.08.18 que só o admitia desde que fosse conforme à boa razão, não fosse *contra legem* e tivesse mais de cem anos). Nem confusão pode ser feita entre os "bons costumes" (art. 280.º) e normas consuetudinárias, aqueles são regras morais socialmente aceites, ou "moral pública" – ver no CC de 1867.

270 Assim como é neste sentido fonte, agora por força da lei, quando a jurisdição administrativa declara a ilegalidade dos regulamentos. Cfr., infra, as linhas sobre controlo da constitucionalidade a propósito da hierarquia das fontes.

271 Cfr. nota supra: ilegalidade de regulamentos.

272 Queremos apenas referir a necessidade e utilidade para o Estado de Direito ainda hoje sentida, e renovada, apesar da recorrência crítica sobre esta multissecular tese da separação de poderes, de não abrir mão da distinção essencial entre função legislativa e função judicial, e da função estruturante organizatória da tese para o estado de direito democrático.

273 Especialmente inequívoca quando integra lacunas, mas ainda quando realiza interpretação extensiva ou restritiva, ou ainda quando determina cláusulas gerais.

bem atesta a primeira leitura de qualquer acórdão, p. ex. de um tribunal de segunda instância).

### 3.3.5. Doutrina

A doutrina consiste em estudos, pareceres, manuais, monografias, anotações, dos professores e investigadores especialistas em Direito.

A doutrina foi fonte imediata logo no Direito Romano clássico, vinculando não apenas os casos concretos para cuja solução o parecer era solicitado.

Hoje e segundo a letra da lei, a doutrina não é fonte formal de Direito; o que se entende no quadro das fontes estaduais atualmente. É que o papel da doutrina, em virtude do labor científico que a define, vale não apenas como subsídio ao qual a jurisprudência recorre, para a melhor aplicação do Direito constituído, como ainda é a "fonte" por excelência para a melhor legiferação – é portanto a "fonte científica" das fontes voluntárias do direito estadual e do não estadual.

A liberdade só endogenamente condicionada, associada a um trabalho segundo o método científico, é a razão maior da sua direta e decisiva influência na criação das leis e na decisão jurisdicional.

### 3.3.6. Equidade

O legislador civil dispõe que, o julgador "terá que decidir em obediência à lei, ainda que entenda ser injusto ou imoral o conteúdo da norma e terá em consideração todos os casos que mereçam tratamento análogo" visando uma "interpretação e aplicação uniformes do direito".

Esta é uma expressão legislativa muito próxima da *"dura lex sed lex"*, tendo em conta que as normas jurídicas são gerais e abstratas, ou seja, preveem tipos de situações através de abstrações sucessivas dos casos reais, a fim de conseguirem abranger o maior número destes; o legislador acolheu a tese segundo a qual a norma pode ser justa para o tipo ou modelo da previsão, mas ser menos justa ou injusta para um ou outro caso concreto em virtude de particularidades deste; assim, admitiu, com fonte mediata ("quando haja disposição legal que o permita"), a equidade[274].

[274] *V.g.* arts. 4.º, 437.º/1, 812.º/1, todos do CC.

Esta visa precisamente facultar ao juiz a ponderação das especificidades do caso concreto submetido ao seu julgamento, flexibilizando a lei.

Grupo de teses diversas, aponta a superfluidade desta consideração da equidade como fonte autónoma de Direito, porque todo o Direito deve viver e decidir a questão concreta sem que a ideia de Justiça possa ceder alguma vez à força de respeitar abstratamente o comando legal.

### 3.4. Hierarquia (tendencial) das Fontes (diplomas ou regras) Normativas[275]

As fontes (normas, diplomas e instrumentos normativos internacionais), dir-se-ia, quiçá com outro rigor ainda em síntese, cujo debate não cabe aqui, mas que logo excluiria o nosso primeiro nível) estruturam-se, em modelo mais frequente, segundo tendenciais níveis hierárquicos de modo a implementar a regra geral segundo a qual as normas de hierarquia inferior se terão de conformar às normas a elas *supra* ordenadas.

**1.º** Transpositivamente ou não[276], mas acima da Constituição formal, apresentam-se os princípios jurídicos fundamentais tendencialmente universais e intemporais.

Nestes cabe o Direito Internacional imperativo (*jus cogens*), sobretudo manifestado em princípios jurídicos fundamentais do Direito comuns à socialidade mundial da qual participamos (quer estejam ou não positivados na CRP – que num esforço em favor da segurança e do rigor juscientífico os pretendeu integrar, concatenadamente, na melhor elaboração do seu texto).

Se sustentados em um Direito Natural ou na "Ideia de Direito", aqueles princípios podem ter, contudo, que superar, entre outras, a questão do seu controlo (o tribunal constitucional federal alemão, p. ex., já se arrogou esse direito), contudo, nem da problemática das normas constitucionais inconstitucionais é fornecida orientação segura para a proce-

[275] Já abordámos a hierarquia normativa em sede de Ramos do Direito, precisamente em Direito Administrativo e em Direito do Urbanismo, na hierarquia das respetivas normas; pela sua utilidade e para evitar redundância remetemos pois aqui para os locais referidos.

[276] Mas não metajuridicamente, pois neste caso entramos na exojuridicidade.

dência eficaz desta ideia muito atrativa de princípios fundamentantes, situados, mas alheios a vontades situadas.

Não entendemos estes princípios com necessidade de positivação (antes apenas com utilidade), e assim, como suscetíveis de controlo da constitucionalidade, por isto, o argumento da sujeição a controlo não pode valer para os entender a nível infraconstitucional. Tais princípios jamais podem estar sujeitos à aceitação positivista por uma assembleia de vontades contadas.

**2.º** – O vértice da tendencial pirâmide hierárquico-normativa positiva é o normativo de valor constitucional.

*a)* Cabem aqui, desde logo, as leis constitucionais originárias e possíveis textos basilares de valor constitucional.
Se e quando reconhecidos, basilares costumes constitucionais, neste nível devem ser também acolhidos.

*b)* Cabe também neste nível o direito internacional que assim seja reconhecido constitucionalmente.

*c)* Teremos também as leis de revisão constitucional (normas constitucionais derivadas: ditadas pelo poder constituinte derivado sob a forma de leis de revisão constitucional – que a CRP denomina "leis constitucionais"). As normas derivadas têm que respeitar as normas inscritas no art. 284.º a 289.º da CRP (especialmente quanto à substância, as normas de *limites materiais* de revisão expressos no art. 288.º); e estão sujeitas ao controlo de constitucionalidade; contudo, uma vez juridicamente válidas são integradas no texto constitucional, e têm (estas normas "derivadas") o mesmo valor "hierárquico" que as a si cronologicamente anteriores.

**3.º** – Depois da CRP temos o Direito Internacional não compreendido em escalão anterior: 277.º/2 CRP *e* Direito derivado da União Europeia.

**4.º** – No quarto nível temos as leis. As reforçadas, de reserva não reforçadas e as ordinárias (Lei e DL), que têm, em regra, o mesmo valor face aos 5.º e 6.º níveis. Embora haja subordinação dos DL autorizados às respetivas leis autorizantes, e, dos DL que desenvolvam leis de bases a estas mesmas.

Existem procedimentos de formação distintos e/ou com articulações de precedência, assim, algumas leis têm valor reforçado.

– Leis de valor reforçado (art. 112.º/3 CRP: leis orgânicas; leis que carecem de ter aprovação por 2/3 como no art. 286.º/1 a aprovação de revisão constitucional ordinária (e *a fortiori*: 284.º/2; leis pressupostas para a emissão de outras ou que por outras devam ser respeitadas):

*a)* Leis orgânicas (art. 166.º/2 – reserva de competência absoluta da AR e necessidade de aprovação por maioria absoluta dos deputados em efetividade de funções);
*b)* Leis dos Estatutos das Regiões autónomas (art. 161.º);
*c)* Leis de bases (arts. 164.º/*i*; 165.º/*f*, *g*, *t*, *u*, *z*)
*d)* Leis de autorização – reserva relativa (arts. 165.º/1);
*e)* Outras leis de valor reforçado (arts. 168.º/6; 106.º – enquadramento orçamental; 255.º – regiões).

Distinguem-se também:

As leis sobre reserva absoluta da AR (art. 164.º da CRP), versam matérias sobre as quais a AR não pode nunca autorizar o Governo a legislar; As leis sobre reserva relativa da AR (arts. 165.º e 112.º/2 da CRP), versam matérias sobre as quais a AR pode autorizar o Governo a legislar (mediante as referidas leis de autorização – estas têm que fixar o objeto, o sentido, a extensão e a duração, prorrogável, da autorização).

Fora destas matérias de competência exclusiva absoluta e relativa da AR, o Governo tem, através dos DL, competência legislativa concorrente com a mesma AR.

Dever-se-ão reconduzir a este nível, os acórdãos do TC que declarem uma norma inconstitucional com força obrigatória geral.

**5.º** – O quinto nível contém os decretos legislativos regionais. Este tipo legislativo só prevalece sobre os tipos de atos do 6.º nível reportados ao território da respetiva região autónoma.

**6.º** – O sexto nível contém os regulamentos[277].

[277] Ver a hierarquia destes supra, em sede do ramo do Direito Administrativo.

***Relações entre fontes de níveis superiores e inferiores***

No que tange às relações de compatibilidade[278], que devem verificar-se entre fontes de níveis inferiores face a fontes de nível hierárquico superior, cabe aqui apenas realçar sinteticamente como segue[279].

[278] Não poder contrariar, violar, infringir. Não é pois em regra exigida a relação de conformidade, a qual é, pois, mais densamente exigente que a de compatibilidade.

[279] São níveis, ou planos, hierárquicos. Entre ramos de direito, temos hierarquia entre princípios fundamentais e normas imperativas de direito internacional geral e Direito convencional e depois de Direito interno. Dentro do direito interno o Direito constitucional subordina os demais. Entre estes há uma relação de hierarquia moderada entre Direito Constitucional, outros ramos direito público e ramos de direito privado.
No que tange apenas às fontes princípios e leis, desenvolvamos o simples esquema de seis níveis do texto, e acrescentar como segue.
Dentro de cada ramo de direito, existem subníveis relacionais hierárquicos de compatibilidade e conformidade: A – Centrais: A1 – princípios fundamentais; A2 – leis constitucionais; A3 – direito internacional convencional transformado; A4 – leis de valor reforçado (e dentro destas os subníveis referidos: A3.1; ... ; A3.n); A4 – leis "não reforçadas" em competência relativa da AR; A5 – decretos-leis em matéria da reserva governamental; A6 – leis comuns; A7 – decretos-leis em matérias de competência legislativa concorrente; A8 – outras normas da AR e do Governo; A9 – regulamentos (A9.1 – centrais; A92 – regionais; A9.3 – locais; A9.4 – institucionais).
Há, depois, que considerar relações normativas multiangulares entre normas: A – centrais, B – regionais, C – locais, D – institucionais. Em especial, entre A3 a An e as de B e ou C (e bilaterais ou multilaterais) suscitam maior atenção – p. ex., em matérias de interesse regional, (ou até local).
Assim, as relações inter e intra-ramos podem estabelecer relações multimodais. Por isso se categorizam tais relações em, p. ex., parametricidade direta (que corresponde à relação hierárquica comum) e parametricidade interposta, segundo Gomes Canotilho em *Direito Constitucional e Teoria da Constituição,* cit., pp. 819 e sg.; ou relações de vinculação de carácter especial entre atos legislativos, segundo Jorge Miranda em *Manual de Direito Constitucional,* Tomo II, 3.ª ed., cit., p. 326, conforme o primeiro nota e sublinha. E se tal é tendencialmente assim no direito interno, a articulação entre direito internacional e direito interno é ainda de relações múltiplas mas subjetivamente codeterminadas: também de compatibilidade e conformidade, e ainda de "geometria variável" com multilateralidade (e multivetorialidade) porque entre sujeitos de direito internacional de diversos estatutos (ONU – Estado – Estado federado – organização internacional regional ou sectorial interestadual – Nação – organização internacional não governamental – indivíduo). Indiciando uma bimodalidade relacional, v., didaticamente, D. F. Amaral, R. A. Pereira. (colab.), *Manual de Introdução ao Direito,* Vol. I, Coimbra: Almedina, p. 369, que defende apenas a relação hierárquica descendente do Direito Internacional e Direito

*a)* A contrariedade de normas face à CRP gera os vícios de inconstitucionalidade[280] – arts. 277.º a 280.º/1 da CRP
*b)* A contrariedade face a lei de valor reforçado ou a estatuto de região autónoma gera vício de ilegalidade passível de recurso para o tribunal constitucional – 280/2 da CRP
*c)* A contrariedade de regulamentos face à lei ordinária gera o vício de ilegalidade.
*d)* Os regulamentos dos órgãos do Estado prevalecem, regra geral, sobre os regulamentos das diversas pessoas coletivas menores[281].

### 3.5. Da Criação à Entrada em Vigor dos Diplomas Jurídicos (Leis *l. s.*)

O procedimento legislativo tem, em regra, cinco fases; distingamolas dando nota consoante o órgão de soberania exercitante da competência legislativa. Há que notar o artigo 168.º da CRP.

1.ª – *Iniciativa* (apresentação da proposta de ato normativo) – Na AR têm competência para a iniciativa os Deputados, aos grupos parlamentares e ao Governo, e ainda, nos termos e condições estabelecidos na lei, a grupos de cidadãos eleitores, competindo a iniciativa da lei, no respeitante às regiões autónomas, às respetivas Assembleias Legislativas – art. 167.º/1 da CRP. No governo têm a referida competência os gabinetes ministeriais.

2.ª – *Admissão e instrução* (admissão, publicação, registo, numeração e apreciação) – inclui a ponderação da admissibilidade da proposta normativa, depois, se positiva, a sua publicação no *Diário* da Assembleia (no caso de procedimento na AR), seu tratamento administrativo, apreciação de conteúdo; e, instrução (recolha de pareceres e realização de audições).

Comunitário para o Direito Constitucional e, no direito interno, a equiordenação entre todos os ramos, ou quando muito, a relação de "primeiro entre pares" do Direito Constitucional para os demais ramos de direito interno; sendo diversa, conforme supra, a nossa posição constitucionalista.

[280] Abordados supra aquando da sucinta apresentação do Direito Constitucional no capítulo dedicado aos Ramos do Direito. V. ainda Paulo Otero, Legalidade e Administração Pública – O Sentido da Vinculação Administrativa à Juridicidade, (reimp. 2003), Coimbra: Almedina, 2007, pp. 543 e ss.

[281] Conforme referido, v. notação em sede de fontes do Direito Administrativo.

3.ª - *Discussão e aprovação (fase constitutiva)*. Na AR inclui um debate na generalidade e um debate na especialidade, e, depois, uma votação na generalidade, uma votação na especialidade e uma votação final global. Segue-se a subfase da aprovação, na qual pode ser exigida uma maioria simples, uma maioria absoluta ou uma maioria qualificada. No Governo a aprovação dos decretos regulamentares cabe ao Conselho de Ministros.

4.ª - *Controlo* - inclui apreciação política e de mérito pelo PR com eventual remessa para apreciação constitucional preventiva do TC; do que resulta a promulgação do proposto ou o exercício do direito de veto. Neste caso, o diploma será devolvido ao Governo ou à AR para eventual alteração ou segunda deliberação (na AR, se o voto for confirmado ou forem introduzidas alterações, o aludido texto é de novo remetido para promulgação) - arts. 134.ª/ *b)* e *g)*; 135.º/b); 136.º e sg., 278.º e 279.º da CRP. Após a subfase descrita há lugar à referenda pelo 1.º Ministro.

5.ª - *Integração de eficácia* - inclui a publicação, competindo ao PR, após promulgação, mandar publicar o diploma no DR - art. 134.ª/ *b)* da CRP; e inclui a entrada em vigor segundo o regime do diploma ou o legal supletivo.

### *Sobre a entrada em vigor, em especial*

Nos termos do art. 5.º CC, entre a publicação e a entrada em vigor decorre o tempo que a própria lei[282] publicada fixa. Esta é a lei ou norma geral sobre a entrada em vigor dos diplomas ou das normas jurídicas - determina que cada diploma publicado deve indicar ele mesmo quando entra em vigor.

E quando determinado diploma não fixa no seu articulado[283] o respetivo período de *vacatio legis*[284], tal período é o que aponta a "legislação especial" referida sobre a entrada em vigor de qualquer diploma.

[282] Lei aqui entendida em sentido material.

[283] Em regra em secção ou artigo final no final do mesmo diploma, e com epígrafe "Disposições transitórias", "Entrada em vigor" ou semelhante.

[284] Período de vazio da vigência da lei já publicada, pois que decorre entre a publicação e a vinculação dos destinatários, visando permitir o conhecimento prévio da norma pelos seus destinatários e a concernente preparação para aplicação.

Com vigência a partir de 1 de Janeiro de 2008, a "legislação especial"[285] é a Lei n.º 74/98, de 11 de Novembro, alterada e republicada pela Lei n.º 42/2007, de 24 de Agosto de 2007[286].

Nos termos do artigo 2.º desta Lei n.º 74/98:

- Os atos legislativos e os outros atos de conteúdo genérico entram em vigor no dia neles fixado, não podendo, em caso algum, o início da vigência verificar-se no próprio dia da publicação. – aqui começa por transcrever a norma geral do art. 5.º do CC.
- Na falta de tal fixação, os diplomas referidos entram em vigor, em todo o território nacional e no estrangeiro, no 5.º dia após a publicação[287] – aqui é que está a "legislação especial" e que é, portanto, um regime supletivo.
- O prazo de *vacatio legis* conta-se a partir do dia imediato ao da sua disponibilização no sítio público da Internet[288].

A *vacatio legis* para os regulamentos comunitários é de 20 dias, salvo se outro período for estipulado.

O regulamento, deliberação ou decisão com eficácia externa, de órgão autárquico, entra em vigor segundo o que dispuser no DR, quando a lei impuser esta publicação; quando tal não for imposto, entra em vigor conforme determinar a publicitação realizada[289].

[285] Pois a lei ou norma geral é do artigo 5.º do CC.

[286] Para casos sob anteriores períodos note-se que as anteriores alterações deram-se pelas Leis n.os 2/2005, de 24 de Janeiro, e 26/2006, de 30 de Junho.

[287] Agora eletrónica.

[288] Que é oficialmente gerido pela Imprensa Nacional – Casa da Moeda, S. A. Assim, nos termos da lei, a edição eletrónica do Diário da República passa a fazer fé plena e a publicação dos atos através dela realizada vale para todos os efeitos legais. E data do diploma é a da sua publicação, entendendo-se agora como tal a data do dia e hora em que o Diário da República se torna disponível no referido sítio da Internet.

[289] Ou no boletim da autarquia, ou em edital afixado nos lugares de estilo durante 5 dos 10 dias posteriores à data da deliberação ou decisão em publicitação.

### 3.6. Cessação da Vigência das Normas

O art. 7.º CC aponta a caducidade e a revogação como formas de cessação da vigência da lei, contudo são possíveis outras formas, como o desuso ou mesmo o costume contrário.

#### ...1. *Caducidade*

A norma caduca, quando a tal conduzem razões só a ela inerentes (e não por outra norma entretanto editada pelo legislador – aqui estamos face à revogação).

A caducidade pode ser determinada pelo próprio diploma que contém a norma, ao apontar o termo da sua vigência – é a denominada lei temporária.

Ou, pode a caducidade resultar do definitivo desaparecimento da realidade visada, em resultado da implementação da própria norma ou por qualquer outra causa.

#### ...2. *Revogação*

A revogação é a forma voluntária e superveniente da cessação da vigência duma norma; acontece por força duma nova norma que expressa ou implicitamente afasta a norma anterior.

A revogação total diz-se ab-rogação. A revogação parcial diz-se derrogação.

As regras da cessação de vigência são sintetizáveis em, principalmente, quatro:

- A lei posterior revoga a lei anterior hierarquicamente igual ou inferior;
- A lei geral não revoga a lei especial, exceto se for outra a intenção inequívoca do legislador;
- A lei especial revoga a lei geral, mas só no âmbito de aplicação daquela;
- A revogação da lei revogatória não implica a repristinação (renascimento) da lei que esta revogara, exceto se o legislador assim o impuser[290].

[290] Cfr. art. 7.º do CC.

# 4.
# A Interpretação

## 4.1. Introdução

### 4.1.1. Sequência

Resulta do art. 9.º CC, que, interpretar uma norma é esclarecer o seu significado. Segundo o CC, o intérprete fixa afinal o sentido e o alcance da lei.

Após o procedimento legislativo inicia-se o período do seu exercício, finalidade necessária daquela elaboração.

À validade que sustenta o procedimento de criação da lei, deve seguir-se a vigência e a eficácia do seu exercício. O exercício da lei traduz-se na sua aplicação aos casos concretos.

Esta aplicação, situada no tempo e no espaço exige uma leitura do texto da lei, que, desde logo em decorrência das fundamentais ideias de justiça, certeza e segurança, reclama uma intenção metodológica[291], uma preocupação sistemática de eleger o sentido adequado na polissemia do "significante", i. é: interpretar, compreender o texto da lei segundo a metodologia que na aplicação da lei aos casos concretos realize maior justiça com maior eficiência e assegurando a certeza no comércio jurídico[292].

Pretende-se, com a fixação de uma metodologia de interpretação, superar as decorrências de uma criação/aplicação do Direito (que supõe

[291] Cfr. M. Domingues de Andrade, *Ensaio sobre a Teoria da Interpretação das Leis*, 4.ª ed., Coimbra: Arménio Amado, 1987, pp. 9 e ss.; a partir da p. 111 esta edição inclui os capítulos III, IV e V do *Tratato de Diritto Civile Italiano, de* Francesco Ferrara, razão eficiente da Tese de Manuel Domingues de Andrade.

[292] Cfr. Giovanni Tarello, – *L'Interpretazione della Legge*, Milão 1980, pp. 23 ss. V. Ac. STJ Proc. 2662/05.3TBOAZ.91 de 2009.11.03.

antes de mais uma "interpretação" desse Direito pelo próprio legislador) para responder a questões *(inputs)* de ordenação da vida social segundo o critério da Justiça.

Estas respostas (conteúdos normativos) carecem de veículo material de comunicação que será o texto legal (o "significante").

Interpretar um texto é desfazer utilmente esta operacionalmente necessária dicotomia, pois:

- Qualquer conteúdo cultural para se dizer transmitido teve de ser interpretado.
- Esta tarefa de interpretação assume importância acrescida na medida em que aquela dicotomia se manifeste de tal modo que o "significante" (aqui o texto legal) traduza com maior facilidade mais que um "significado".
- E assume maior responsabilidade quando o texto literalmente não traduz mesmo, desde logo em erro, o sentido pretendido pelo legislador mas outro (ou outros).
- Ora a estas decorrências da comunicação (necessária a primeira e eventuais as seguintes) acresce em nossa sede uma outra de natureza material, substancial, que mais obriga a considerar relevantemente o momento da interpretação: o tratar-se no mundo das normas sociais intrinsecamente necessárias (no sistema de normas que pela sua importância social basilar e ineliminável é assegurado coativamente).
- Finalmente, acresce que para a aplicação das leis não se apresenta apenas um intérprete, um tempo e um espaço.

Conforme dito, não são apenas vários os intérpretes, mas várias classes de intérpretes. Tão pouco um momento temporal e espacial para cada norma, mas e por definição, indeterminados momentos.

### 4.1.2. Noções prévias e operativas

...1. Dentre os sentidos possíveis do termo lei, em sede de interpretação ele significa ato normativo (sentido material de lei, cfr., supra) enquanto fonte imediata de direito.

Se bem que conforme intuído, todas as fontes carecem de interpretação e lhes cabem muitas das considerações que fazemos atinentes àquela lei.

...2. Decorrendo da natureza comum do Direito Civil (mas além desta) as normas e institutos do primeiro título do CC são normativo geral (Das leis sua interpretação e aplicação), para toda a ordem jurídica.

Não são aplicáveis a um ramo, sector ou disciplina jurídica aquelas que sejam afastadas em virtude de princípios, como, amplamente, o de que a lei especial revoga a lei geral.

Por exemplo, a interpretação extensiva em matéria penal incriminatória permitida a partir do DL 400/82.09.23, terá que ser especialmente entendida pois nesta matéria deve entender-se que a interpretação que exceda o "sentido possível das palavras" apesar de manter um "mínimo de correspondência verbal" deve entender-se já analogia.

...3. Há proibição de denegação de justiça por obscuridade (ou falta) de lei (art. 8.º CC). O tribunal é em qualquer caso obrigado a julgar[293].

...4. Irrelevância de má interpretação

Nos termos da art. 6.º CC: "A ignorância ou má interpretação da lei não justifica a falta do seu cumprimento nem isenta as pessoas das sanções nela estabelecidas".

Contudo o erro de direito pode segundo os princípios gerais relevar como causa do estado de boa-fé.

...5. Supõe-se que o legislador consagrou as soluções mais acertadas e soube exprimir o seu pensamento em termos adequados (art. 9.º/3 CC).

[293] A referência no n.º 2 deste art. 8.º à não vinculatividade de um preceito "injusto" (ou imoral) nada tem a ver com o valor fundamental justiça – é uma dimensão semântica comum de "injusto". O intérprete, *maxime* o Magistrado judicial, o do Ministério Público e o Advogado (com matizes decorrentes dos respetivos estatutos profissionais, conforme indicia o excelente estudo de Menezes Cordeiro nesta sede, – mas constitucionalmente conformes, sublinhamos nós) devem obediência à lei conforme estabelece o art. 203.º da CRP, mas esta expressão interpreta-se em sentido latíssimo – como sujeitos ao Direito. Ora uma lei "injusta – *stricto sensu* –" é inconstitucional, desde logo; e a interpretação sistemática que os arts. 204.º e 202.º da mesma Constituição exigem, faz integrar aqui tudo a que nos referimos sobre o conceito de Direito, de sistema jurídico, das suas fontes e da respetiva hierarquia.

Não contendo, por princípio, o texto legal, disposições, frases, ou palavras inúteis.

...6. Interpretar, dissemos, é explicitar o significado da lei.

## 4.2. Fatores Hermenêuticos (elementos interpretativos)

Para a determinação do sentido e alcance da lei, o intérprete dispõe, nos termos tradicionais, de duas ordens de elementos de interpretação teoricamente discerníveis: a literal e a lógica, esta subdividida nos elementos: racional ou técnico-argumentativo, ou lógico (ou lógico *stricto sensu*), sistemático, histórico e teleológico.

Esta tradicional distinção fundamentará proximamente um critério classificatório de interpretação pelo resultado (segundo o peso relativo de cada um destes elementos).

### 4.2.1. Elemento literal (também dito gramatical, filológico ou exegético)

...1. Trata-se, como logo intuído, do elemento primeiro e necessário.

Traduz-se no sentido das palavras, sintaticamente ordenadas, que constituem o texto da norma.

...2. Se o texto legal aponta claramente, apenas para um sentido, a função do texto é plena uma vez que é esse sentido a eleger pelo intérprete (por princípio, dado que da sempre necessária verificação dos demais elementos pode resultar eventualmente solução diversa).

Se o texto comporta mais que um sentido, a função do mesmo releva ainda, designadamente apontado para um deles.

...3. O texto legal delimita ainda a fronteira entre a interpretação e a eventual aplicação analógica (integração lacunar). A partir do sentido que não tenha um mínimo de correspondência verbal no texto legal deixa de haver interpretação.

Nos termos do art. 9.º/2 CC "Não pode, porém ser considerado pelo intérprete o pensamento legislativo que não tenha na letra da lei um mínimo de correspondência verbal, ainda que imperfeitamente expresso".

...4. Resulta ainda desta disposição, que a letra da lei é, apesar de necessária, insuficiente: não há interpretação absolutamente literal – é sempre pertinente a consideração dos restantes elementos interpretativos:

- Nos termos do art. 9.º/1, a interpretação não deve cingir-se à letra da lei, mas reconstituir a partir dos textos o pensamento legislativo tendo sobretudo em conta a unidade do sistema jurídico, as circunstâncias em que a lei foi elaborada e as condições específicas do tempo em que é aplicada.

### 4.2.2. Elemento racional (também dito lógico, *stricto sensu*)

...1. Ao elemento literal cabe acrescer por vezes com resultado muito expressivo, uma análise jurídica eminentemente lógica, tecnicamente racional, do suporte gramatical.

As virtualidades deste elemento são várias, mas de todo não podem determinar um resultado interpretativo sem o apoio dos elementos sistemático, histórico e/ou teleológico.

...2. São enumeráveis alguns raciocínios argumentativos tradicionalmente conotados à interpretação jurídica:

- Argumento *"a maiori ad minus"*: a lei que permite o mais, permite o menos.
  Assim, se a lei permite p. ex. alienar (v. g., vender), também permite onerar (v. g., constituir usufruto).
  Se permite dispor (*v.g.* alienar) também permite administrar (*v. g.*, conservar).
- Argumento *"a minori ad maius"*: a lei que proíbe o menos também proíbe o mais.
  As inferências deste são simétricas às do anterior, uma vez que são os dois lados da função de relação entre mais e menos.
- Argumento *"a contrario sensu"*:
  Segundo este argumento, quando a norma é classificada como excecional, deduz-se que o regime geral é o que se opõe ao dessa norma.
  Em consequência: os casos que não se subsumam numa norma excecional (ainda que através de interpretação extensiva, uma vez que a aplicação analógica de normas excecionais é proibida no art. 11.º do CC), seguem um regime diretamente oposto (que será o regime geral).
  Deve ainda verificar-se uma implicação entre hipótese (previsão) e estatuição, ou seja, que aquela estatuição se verifique sempre que se verifique aquela hipótese.

Este argumento é, contudo, frequentemente confundido; p. ex. quando ao caso (da hipótese) é estatuído um regime que ao invés de excecional é precisamente o regime regra, sendo a hipótese eleita pelo seu valor representativo, e tão pouco se pretendendo contrapor qualquer outro regime. Mas outras dificuldades se apresentam a uma aplicação segura deste argumento, por isto, reduzidas vezes é convincente; devendo sempre ser corroborado por outros elementos hermenêuticos.

### 4.2.3. Elemento sistemático

Este elemento assume especial relevância na medida em que a hermenêutica exegético-positivista se vai superando enquanto sistema hierárquico rijo, fechado, acabado.

O fundamento deste fator reside no princípio (postulado, não axioma) da coerência interna do ordenamento jurídico, por referência à basilar ideia de justiça na defesa do valor cimeiro da dignidade essencial do ser humano (da liberdade e da igualdade – autonomia e participação comunitária).

Coerência e unidade de um sistema aberto, mais que suposta ou pré-dada, antes como intenção ubíqua, objetivo omnipresente da reconstituição quotidiana do Direito.

Bem assim, o sistema é um suposto (como o é a sua unidade), mas sobretudo uma tarefa – na qual não deve ser subestimada a fase da interpretação/aplicação da norma.

Este elemento tem subsídios em três momentos com crescente grau de compreensão, e ainda, na consideração dada pelo Direito a conflitos de interesses assemelháveis:

a1 O contexto normativo. Ou seja a consideração das demais normas que com a interpretanda constituem o instituto ou complexo normativo.

a2 O contexto sistemático da norma interpretanda. A norma integrar-se-á num determinado capítulo de um título de um livro ou disciplina, que sucessivamente comportam uma unidade de sentido material. Por exemplo a norma integra-se na secção II do capítulo III do título II do Direito das Obrigações do CC, no âmbito dos contratos em especial: do de sociedade nas relações entre sócios, competência supletiva civil de administração; e não no âmbito especial do regime jurídico especial duma dada sociedade comercial.

a3 A sintonia com a unidade ou os princípios e valores que sustentam a unidade de sentido do sistema jurídico.

b Os lugares paralelos. Estes são ou disposições legais ou institutos reguladores de problemas comparáveis.

### 4.2.4. Elemento histórico

Este elemento comporta a reunião dos subsídios que a história da norma e do seu instituto e a história social coenvolvente fornecem ao intérprete.

**...1. *História legal***

...1.1. A evolução do instituto ou regime jurídico próximo e/ou da própria norma. As normas tendem a surgir como momentos culminantes, como alterações legislativas decorrentes duma evolução dum regime jurídico que em dado momento suscitou aquela normação.

...1.2. As fontes legais e doutrinais da lei. Trata-se aqui de recolher subsídios interpretativos tanto nas obras doutrinais portuguesas como estrangeiras que foram fonte do legislador, como dos textos legais estrangeiros que mais ou menos vastamente foram protótipo ou modelo para a normação em causa[294].

...1.3. Os trabalhos preparatórios. Diferentemente do Direito anglosaxónico original, é corrente e correto na família de Direito da qual participamos, o recurso a este meio, na interpretação. Cabem aqui os anteprojetos, os projetos, as atas das comissões que tiveram a cargo a elaboração dos mesmos, as atas da discussão dos projetos na generalidade e especialidade[295] que incluiu o debate de propostas de emenda admitidas ou rejeitadas.

[294] *V. g.:* para o nosso homónimo código em vigência, ver códigos civis alemão (de 1900) e italiano (de 1942).

[295] Que podem consultar-se no Diário da Assembleia da República.

Além do material instrutório, os relatórios as exposições de motivos e os próprios preâmbulos têm aqui também lugar, na medida em que só por si não tenham força vinculante[296].

...2. ***História e conjunturas sociais determinantes***

São também relevantes a história e as conjunturas económica, política e estritamente social *(occasio legis)*. O esclarecimento sobre as circunstâncias sociais, culturais, económicas, políticas e/ou outras especialmente determinantes para a intervenção legislativa, é em regra ineliminável para compreender as razões da criação da norma, como assim o seu âmbito de aplicação.

#### 4.2.5. Elemento teleológico

O elemento teleológico é a finalidade da norma, a qual geneticamente é função da razão de ser da criação da norma *(ratio legis)*.

Ao conhecimento das circunstâncias sociais coenvolventes deve ligar-se o resultado querido na ponderação dos vários interesses em presença e determinante a seu modo da intervenção do legislador.

A opção após a hierarquização destes interesses revela o fim da norma – a teleologia.

### 4.3. Classes de Interpretação Segundo as Fontes Interpretativas e o Grau de Vinculação

Autêntica. Judicial. Doutrinal. Oficial.

#### 4.3.1. Interpretação autêntica

...1. Conforme já abordámos, nem todas as leis têm por função introduzir alterações, inovações no ordenamento jurídico, há designadamente leis apenas interpretativas.

É que, uma vez publicada oficialmente uma lei e venham a surgir dúvidas relevantes sobre o sentido e alcance da mesma, pode o órgão que o

[296] V. p. ex., a tendencial desconsideração do preâmbulo constitucional em Portugal diversamente do que a doutrina francesa generalizadamente considera para os seus diplomas constitucionais.

emitiu, editar uma segunda lei cuja função é fixar exatamente o sentido e alcance (interpretar) *a anteriori*.

O grau de vinculação externa da lei interpretativa é igual ao da lei interpretada, logo por força dos princípios gerais; se a lei interpretativa materialmente extravasa da interpretação para a inovação, nessa exata medida derroga a lei anterior.

...2. Nos termos do art. 13.º CC, a lei interpretativa integra-se na lei interpretada.

Reside aqui o principal relevo da lei interpretativa, que se traduz, em regra, na retroatividade dos seus efeitos ao momento inicial da vigência da lei interpretada.

### 4.3.2. Interpretação judicial

...1. A interpretação judicial é a realizada pelos tribunais, ou seja, pelos diversos e estruturadamente hierarquizados órgãos que têm precisamente por função interpretar a lei para transpor a sua normatividade para a individualidade e concretude dos casos submetidos ao seu juízo. Interpretando a norma e o sistema e os enriquecendo.

...2. A interpretação judicial tem força vinculativa direta para as partes de cada processo judicial concreto e sobre a questão decidida.

### 4.3.3. Interpretação doutrinal

...1. A interpretação doutrinal é realizada pelos investigadores de direito, em aperfeiçoamento científico da própria metodologia da interpretação.

...2. Não tem força vinculativa externa formal; o que pretende, na razão do seu valor jus-científico é informar não só as mais classes de interpretação como a criação da lei a interpretar e aplicar.

### 4.3.4. Interpretação oficial (ou administrativa)

...1. A interpretação oficial é a que é efetuada por órgão administrativo ou em diploma de nível hierárquico inferior ao da norma que se visa interpretar, em conformidade com esta.

...2. Segundo o art. 112.º/6 da CRP: nenhuma lei pode criar outras categorias de atos legislativos ou conferir a atos de outra natureza o poder de, com eficácia externa, interpretar, integrar, modificar, suspender ou revogar qualquer dos seus preceitos.

Assim, por exemplo, a interpretação que vai além da execução da lei ordinária nos decretos regulamentares de execução, pode apenas valer como interpretação oficial sob pena de ilegalidade.

...3. Esta classe de interpretação não tem força vinculativa geral.

Tem geralmente valor vinculativo interno, orientando a atuação de órgãos e agentes sujeitos a poder hierárquico.

Também, por vezes pelo seu valor intrínseco, extravasa este grau de vinculação inspirando a jurisdição; veja-se por exemplo em matéria fiscal certa normação administrativo-tributária.

### 4.4. Classes de Interpretação Segundo a Objetividade e Historicidade

O art. 9.º/1 do CC investe em esforço doutrinário para cuja melhor compreensão serve também a presente classificação.

Em função do critério da finalidade é corrente distinguir duplamente, entre interpretações subjetivistas e objetivistas e ainda entre históricas e atualistas.

#### 4.4.1. Interpretação subjetivista e interpretação objetivista

...1. Segundo a interpretação subjetivista a procura da vontade real e concreta do legislador deve ter clara preponderância sobre a da sua tradução objetivada no texto.

Esta contraposição, ainda que com gradações e variantes (*v.g.*: subjetivismo histórico da Escola da exegese; subjetivismo atualista, ou tese histórico-evolutiva) tem défices inerentes, como a dificuldade de descortinar vontades, já porque exige recurso a fatores hermenêuticos inequívocos nem sempre em suficiência e disponibilidade; e ainda porque não é geralmente uma vontade singular a conhecer, mas antes, coletiva, e mais ainda tantas vezes heterogénea (*v. g.*, soluções legislativas compromissórias).

...2. Segundo a interpretação objetivista, inversamente, entende-se

que o sentido da norma positiva deve autonomizar-se da vontade que a produziu e prevalecer a esta[297].

[297] Esta contraposição igualmente tem gradações diversas e variantes paralelas, *v. g.*: objetivismo histórico que culmina na petrificação do sentido do texto; e objetivismo atualista, mais razoável e defendido.

### 4.4.2. Interpretação histórica e interpretação atualista

Esta distinção tende a corresponder à anterior, uma vez que a interpretação subjetivista tende a ser histórica e a objetivista a ser atualista.

...1. A interpretação histórica visa, em primeira linha, conhecer o sentido que a lei teve no momento inicial da sua vigência; o que tem importância, mas como subsídio interpretativo e não como finalidade decisiva da hermenêutica.

...2. A interpretação atualista procura o sentido que a lei tem no momento em que é aplicada.

Esta distinção apenas ganha sentido útil quando conjugada com a anterior, conforme perfunctoriamente delineado.

### 4.4.3. O art. 9.º/1 do CC

A lei (CC) não adota uma qualquer corrente doutrinária mas faz apelo a vários elementos.

## 4.5. Classes de Interpretação Segundo o Resultado

Após o exercício da função interpretativa, através dos subsídios apontados, chegar-se-á, predominantemente, a um dos seguintes resultados.

### 4.5.1. Interpretação declarativa

Aqui o intérprete fixa o sentido ou um dos sentidos que a letra da lei definidamente aponta.

Diz-se então que há uma coincidência de sentido entre a letra da lei e o espírito da lei. Ou seja, o sentido literal prevalece após a "audição" dos demais elementos interpretativos.

### 4.5.2. Interpretação extensiva

Há interpretação extensiva e não já declarativa, quando o intérprete verifica que a fórmula linguística da norma diz menos do que o sentido apontado após a análise dos demais elementos interpretativos.

O pensamento do legislador foi atraiçoado, em défice, pelas palavras que o pretenderam traduzir mas que literalmente não traduzem em todo o seu alcance, ou este défice resulta supervenientemente (*v. g.*, por novas realidades permitidas pela ciência e técnica). O intérprete estende então o texto segundo o sentido finalmente determinado.

O elemento lógico e o elemento teleológico são aqueles nos quais o intérprete mais recolhe, quando da sua tarefa resulta uma interpretação extensiva.

### 4.5.3. Interpretação restritiva

A resultado interpretativo inverso ao anterior se chegará, quando, após a análise da norma segundo os demais elementos interpretativos, se conclui que o sentido literal da lei tem que ser restringido.

Pois que: "onde termina a razão de ser da lei, termina o seu alcance". Os elementos concorrentes para esta interpretação são, em simetria, os da anterior classe, especialmente o teleológico pela razão de ser da norma.

### 4.5.4. Interpretação enunciativa

Na interpretação enunciativa o intérprete deduz de uma norma, uma nova norma, um preceito não expressamente contido na primeira.

Dedução pelo simples uso dos argumentos apresentados como constituintes do elemento lógico – inferência lógica de normas implícitas (a norma expressa diz que é permitido vender; a norma nova, logicamente inferida, dirá que é permitido onerar).

As cautelas referidas na utilização do argumento *a contrario sensu* devem aqui ser lembradas.

### 4.5.5. Interpretação revogatória ou ab-rogante

Quando não se verifica insanável descoincidência entre os elementos hermenêuticos, tal conduzirá ao absurdo de uma norma, quando sem conteúdo ou sentido.

Pode também assumir-se que não há norma inteligível, em resultado de outra verificação: a de que há contradição mutuamente exclusiva entre dois preceitos, normas ou artigos de uma ou de diversas leis.

Note-se que:

*a)* Nestas últimas classes (enunciativa e revogatória) estamos ainda em sede interpretativa (com o apoio da teoria alusivista do art. 9.º/2 do CC).

*b)* Segundo o critério que distinguiu a interpretação extensiva da restritiva poderemos, no limite do exercício deste critério, não autonomizar a enunciativa e a revogatória daquelas duas, pois serão suas modalidades.

*c)* Embora seja praticamente irrelevante o número de casos nos quais se termina em enunciativa ou em revogatória, deve notar-se que este resultado pode traduzir-se em interpretação corretiva – se admitida.

### 4.5.6. Interpretação corretiva

Interpretação corretiva é a que altera, corrige, o sentido resultante da exegese da norma com recurso a todos os elementos interpretativos.

A interpretação corretiva parece estar expressamente proibida pela conjugação do art. 9.º/2 com o 8.º/2[298]. do CC.

Será admissível?

A nossa resposta é sim, desde que inequivocamente imposta por princípios que na hierarquia das fontes colocámos acima da Constituição.

[298] Que impõe que o dever de obediência à lei não pode ser afastado sob pretexto de ser "injusta ou imoral". Tal suscita-nos hoje, conforme já considerámos a maior perplexidade ao acolher num texto jurídico, de valor hierárquico sobrenormativo, a expressão justiça com uma semântica manifestamente inadequada e acientífica nas ciências jurídicas.

# 5.
# A Integração

## 5.1. Noção Prévia e Introdução

Em sequência, cabe no momento reportar à matéria do preenchimento das chamadas lacunas da lei; ou seja, dos espaços indevidamente vazios de regulação, que o sistema legal manifeste.

De notar que, entendendo o sistema jurídico como estrutura dinâmica e aberta, portanto e por natureza incompleta, necessário se torna para conceber lacunas (incompletudes nessa estrutura incompleta, dinâmica e aberta porque em permanente desenvolução e evolução), relativizar a noção de incompletude do sistema. Surpreender esse sistema em processo evolutivo permanente em cada momento no qual é solicitado a dizer o que é Direito para o caso concreto.

Ou seja: referir a incompletude do sistema ao seu processo, à sua constante diacronia evolutiva.

E referir a sua vocação de completude, necessária, porque toda a questão jurídica proposta deve receber do sistema uma resposta, ao momento, a cada momento em que é solicitado a dizer o que é Direito para o caso concreto.

Assim, há lacuna, quando dentre as fontes de Direito de um tempo e espaço determinados, falta uma disposição que regule uma questão jurídica suscitada.

As lacunas podem resultar da vontade do legislador por falta de suficiente clareza ou sedimentação da questão; da sua humana falibilidade; das contingências da vontade de um legislador politicamente situado; da, finalmente e por regra, imprevisibilidade da situação no momento legiferativo. Tal facto, tais carências de previsão e estatuição da lei para determinados casos poderiam eventualmente entender-se como sem solução jurídica. Mas não é assim que, em decorrência do princípio fundamental da proibição da denegação de justiça (art. 8.º/1 do CC, supra considerado), os ordenamentos jurídicos que como tais se pretendam assumir, respondem.

O julgador, necessitará então duma metodologia adequada que garanta, no possível, a máxima justiça, igualdade, uniformidade e segurança na integração da lacuna da lei.

### 5.2. Enquadramento do Campo da Integração

Apesar da forma tradicional, separada, como a apresentamos, a integração de lacunas é fase na desenvolução da interpretação da lei que se sucede à interpretação – sem estanquidades, portanto, entre interpretação e integração[299].

#### 5.2.1. Interpretação extensiva e integração

Conforme foi abordado, por referência ao texto da lei e em progressivamente maior grau de compreensão, existem três tipos fundamentais de interpretação da lei:

- No mínimo útil é restritiva;
- Depois, declarativa;
- No máximo de utilidade do texto, a interpretação é extensiva.

A partir desta interpretação extensiva, nos termos tradicionais, deixa de haver interpretação para, quando admissível, poder ser aplicada a norma, já por integração, através da analogia.

Esta linha de fronteira, no critério da lei comum, tem como limite da interpretação extensiva, aquela interpretação da norma que tenha um mínimo de correspondência no seu enunciado linguístico. Nos termos do art. 9.º/2 já notado: mínimo de correspondência verbal ainda que imperfeitamente expresso.

É assim por estes termos consagrada a teoria da alusão, esquecendo o legislador o exagero da corrente subjetivista que entende a interpretação

[299] Conforme K. Larenz, *Metodologia da Ciência do Direito*, 3.ª ed., Lisboa: F. C. G., 1997, pp. 519 e ss.

como aplicação da norma a todos os casos que se verifique estarem compreendidos na vontade do legislador (ou no "espírito" da norma) ainda que não previstos na sua letra.

#### 5.2.2. Completudes normativas - Insusceptibilidade de preenchimento de lacunas

Porque a integração da lei visa completar a norma, o instituto ou o sistema, completude que a interpretação extensiva não logrou, daqui transparece que a segunda linha paramétrica do campo da integração é a da completude da lei, do instituto ou do sistema face a matérias determinadas.

Acontece que, por vezes esta segunda linha está já definida.

Assim sucede quando o ordenamento jurídico faz situar esta tinha até exatamente antes da área da integração, ou seja, quando existem normas ou regimes que não podem ser aplicados analogicamente, os mesmos são apenas passíveis de ser interpretados – a integração não se pode socorrer de tais normas ou regimes:

- A lei desde logo afaste a possibilidade da aplicação analógica (*v.g.* art. 1.º/3 do Código Penal "Não é permitida a analogia para qualificar o facto como crime, definir um estado de perigosidade, ou determinar a pena ou medida de segurança que lhe corresponde");
- A lei aponte expressamente como tendo natureza excecional determinado regime (cfr. art. 11.º do CC);
- A lei especifique as situações admitidas (um número determinado e completo – *numerus clausus*, taxatividade – *v.g.*: os negócios unilaterais admitidos como fonte de obrigações art. 457.º do CC; as situações de responsabilidade objetiva – art. 483.º/2 do CC; os direitos reais admitidos; as formas de sociedade comercial; as modalidades de divórcio; a matéria tributária de competência legislativa reservada).

*A fortiori*, nos tipos de casos acabados de ilustrar, pertencentes a direitos sancionatórios substantivos ou impositivos, como o criminal, o contraordenacional, ou o tributário, não é admitido o recurso técnico-jurídico da criação de norma *ad hoc*, nem a utilização de regimes, institutos ou normas de natureza excecional, como fundamento substantivo para o hipotisar destas normas casuísticas, judiciais.

É que este recurso é a última *ratio* integrativa para preenchimento de lacunas.

### 5.2.3. O campo ajurídico

Quando se proíbe o julgador da denegação de justiça, contém-se que a questão proposta a juízo tenha natureza jurídica, que o caso submetido deva ter uma resposta materialmente jurídica.

Se o campo jurídico frequentemente interpenetra outros (*v.g.* das artes, da técnica, da ciência, da ética), desta interpenetração deve conhecer o jurista.

As surpresas são várias e põem à prova a integração através da analogia *legis*, mas mais ainda, da analogia *ivris*, até que o legislador disponha decisivamente.

Veja-se em domínios que constituíram, já constituem ou podem vir a constituir sérias lacunas exógenas sobretudo em sede de Direito Internacional Público – *v. g.*, a ocupação planetária; a desconsideração da soberania estadual – (onde assumem significado e alcance diversos mas que não podem permanecer sem fontes positivas), mas igualmente no Direito privado: a macrotransformação do ambiente; a manipulação genética, estaminal e a clonagem.

### 5.3. Espécies de lacunas

Em prejuízo de fundamentação em debate teorético[300], mas por economia didática, a doutrina nesta sede é por ora sintetizada como segue.

1 – Existem lacunas por colisão e lacunas por omissão:

*a)* Quando resultam de contradição normativa, são as lacunas por colisão: duas ou mais normas apresentam-se em contradição lógica

[300] Além da literatura referida em sede de interpretação, cfr. Villar Palasi, *La Interpretacion y los Apotegmas Juridico-Logicos*, Madrid, 1975, *passim*; Rumeo Lagunas, *Las Lagunas de la Ley y la Analogia Juridica*, Madrid, 1970, *passim*. Francesco Ferrara, *Interpretação e Aplicação das Leis*, 4.ª ed. Coimbra: Arménio Amado, 1987, pp. 154 e ss.; K. Larenz, *Metodologia da Ciência do Direito*, cit., pp. 524 e ss.

ou teleológica mutuamente exclusiva; anulando-se uma à outra resulta uma lacuna. Caso o preenchimento desta lacuna venha a consagrar a solução ou a razão de uma das normas colidentes, tal não resulta portanto da interpretação mas sim da integração.

*b)* Quando, simplesmente, falta a norma para uma questão jurídica, estamos face a uma lacuna por omissão.

2 – É frequente ainda, a distinção entre lacunas com base numa dupla (ou única: lacunas da lei e lacunas do Direito[301]) secção da ordem jurídica, apontando:

- Da lei – Um primeiro estrato, o literal no qual a lacuna resulta logo da *letra da lei*:
  - ou porque há omissão ou colisão na estatuição, ou na sanção quando a necessidade da existência ou completude de qualquer destas é manifestada diretamente do texto da lei;
  - ou porque falta por omissão ou por colisão, outra disposição ou mesmo todo um diploma infralegislativo (*v.g.* um regulamento de execução).
- Da lei – Um segundo estrato, o lógico ou dos outros fatores hermenêuticos: aqui a lacuna revela-se na inexistência (por omissão ou por colisão) de regulação para determinados casos (uma espécie; ou uma subespécie ou caso singular; segundo a distinção alemã entre lacunas patentes e lacunas latentes, que não cabe aqui dar relevo) mas que a *razão de ser da lei*, a *sua teleologia*, e/ou outros elementos interpretativos (que não apenas o literal) indicam que deverá existir.
- Do direito – Um terceiro estrato, o dos *princípios jurídicos* gerais ou fundamentais:
  - Aqui trata-se de lacunas reveladas *acima das leis* (por isso também chamadas de terceiro estrato, impróprias, ou transcendentes à letra e à teleologia da lei positiva; em contraposição às lacunas imanentes à mesma lei – as dos dois primeiros estratos). Assim,

[301] Para a sua negação lógico-normativista, cfr. Hans Kelsen, *Teoria Pura do Direito*, 4.ª ed., Coimbra: Arménio Amado, 1984, pp. 338 e ss.

traduzem-se pela necessidade de normação que já nem a letra nem o espírito da lei revelam. São sim princípios jurídicos que as surpreendem, ou princípios jurídicos que atestam a necessidade da regulação legislativa do caso ou espécie de casos em questão.

## 5.4. Preenchimento das lacunas

...1. Decorre da formulação da classificação anterior que as lacunas do segundo estrato tendem a ser preenchidas através da aplicação analógica. As demais lacunas manifestam-se mais difíceis de preencher por analogia, tendendo a exigir a criação de norma *ad hoc,* uma vez que a analogia tende a não ser suficiente.

A ordem de recurso aos métodos não está na discricionariedade do julgador/integrador.

Assim, deve em primeiro lugar, o julgador/integrador, recorrer à aplicação analógica; e apenas se esta não apresentar solução para a questão submetida, procurar então tal solução a partir da criação de uma norma que um legislador razoável criaria.

Porquê?

- O princípio da igualdade aponta para que ponderações de interesses semelhantes ou análogos devam ter soluções jurídicas no mesmo sentido.
- O princípio da unidade e coerência do sistema afasta soluções rebeldes ou incoerentes aos seus sentidos, desarmonias potenciadas por julgamentos com base em critérios de equidade emanados para cada caso concreto por juiz concreto.
- O princípio da segurança jurídica, postula a maior previsibilidade, que se coaduna com a generalização e abstração normativas e não com decisões casuísticas despidas de vocação de universalidade.

Nos termos do legislador comum, à integração das lacunas cabe o regime do art. 10.º do CC:

1. Os casos que a lei não preveja são regulados segundo a norma aplicável aos casos análogos.

2. Há analogia sempre que no caso omisso procedem as razões justificativas da regulamentação do caso previsto na lei.
3. Na falta de caso análogo, a situação é resolvida segundo a norma que o próprio interprete criaria, se houvesse de legislar dentro do espírito do sistema.

Assim, aqui temos hierarquizados os dois sentidos metodológicos por via integrativa:

1.º *Analogia* – Aplicação ao caso omisso de norma *(analogia legis)* ou de princípio (v. g.: princípio da autonomia da vontade, princípio da igualdade, princípio da segurança – *analogia juris*) reguladores de caso análogo.
A noção de analogia consubstancia-se, não como "semelhança formal" das situações, mas sim como semelhança dos interesses e sua ponderação que constituem a teleologia ou razão imanente da lei.

2.º *Norma ad hoc* – Aplicação de norma que no momento o julgador hipotisa para o (pois suscitada pelo) caso, assumindo os limites negativos materiais do legislador[302].

...2. Recorde-se que frequentes vezes é a própria lei que aponta para a consideração de casos análogos.

No Código Civil, entre muitos, ver os arts. 13.º/1, 157.º, 274.º/2, 289.º/3, 295.º, 422.º.

...3. Finalmente, repare-se que nem sempre o julgador pode decidir em caso de lacuna, com recurso à integração da lei por analogia ou por referência a uma norma que criaria.

Isto porque não lhe cabe a si, mas ao legislador legislar ou à Administração Pública criar ou implementar um serviço administrativo inexistente.

Contudo, não se pode esperar que mecanismos técnico-jurídicos (inconstitucionalidade por omissão) teoricamente adequados funcionem (até porque na sua descrença se conjugam algumas vozes da doutrina constitucional): o titular do órgão jurisdicional deve assumir até ao

[302] Desenvolvendo para além da lei, siga-se cfr., K. Larenz, *Metodologia da Ciência do Direito*, cit., pp. 588 e ss.

máximo das suas virtualidades, entendemos, as faculdades e prerrogativas que a lei lhe reconhece, não se detendo na analogia *legis*, mas esgotando sempre os recursos da *ivris*, antes de passar à integração por hipotisação de norma *ad hoc*.

Tocamos aqui a difícil questão das lacunas impróprias; difícil não apenas quanto ao critério da sua delimitação face às lacunas próprias, como quanto aos limites da competência jurisdicional nas concretas investigação e criação do Direito.

# 6.
# Conflitos de Leis no Tempo

## 6.0. O Princípio Geral da Aplicação da Lei no Tempo

O princípio geral de direito sobre a aplicação das leis no tempo, encontra-se na parte do CC que tem validade não apenas para o direito civil mas sim para todo o Direito (é uma parte composta por normas sobre normas e por princípios gerais do direito).

Tal princípio está vazado no artigo 12.º do CC:

*a*) A lei dispõe para o futuro.

*b*) Quando, excecionalmente, a lei tenha eficácia retroativa, presume-se que ficam ressalvados os efeitos já produzidos pelos factos que tal lei se destina a regular.

## 6.1. O Problema e a Causa dos Conflitos Temporais

Vimos já que as leis iniciam a sua existência pública no dia da sua publicação, e iniciam a sua vigência no dia por elas determinado ou, na sua falta, após a *vacatio legis* que a lei especial determina.

Vimos também que cessam a sua vigência, nos termos legais, por caducidade ou por revogação – ora as sucessões dos regimes jurídicos no tempo acabam por revelar "conflitos" positivos e negativos entre si a propósito das situações concretas a que se aplicam.

Os exemplos desta problemática são inúmeros e frequentes, vejamos mais alguns:

Entre a prática de um ato punido pela lei X que lhe comina prisão até noventa dias e a audiência de julgamento do seu autor entrou em vigência uma nova lei que alterou tal pena, sendo de multa e não de prisão.

Que punição poderá aplicar o juiz?

O casamento entre A e B deu-se em 1969 e extinguiu-se em 2000. A lei sobre o regime de bens supletivo que era vigente em 1969 foi revogada em 1977 por outra que por sua vez foi substituída mais tarde.

Qual será hoje o regime de bens a ter em conta para efeitos de partilha de bens?

Como se vê, se este tipo de problemas tem ineliminavelmente relação com a interpretação das leis (e negócios) em causa, por outro lado, tem uma especificidade de grande relevo e clara distinção.

Trata-se daquilo que tradicionalmente se designa sob o título de "aplicação das leis no tempo" e que chamamos de conflitos de leis no tempo – porque não são necessários, nem sem eles (a regra) deixa de haver aplicação da lei no tempo.

Estes conflitos de leis têm como causa a descoincidência entre os períodos de "vida" de factos reais com os respetivos efeitos jurídicos ou de situações e relações jurídicas e os períodos de vigência das leis que visam regular aqueles factos ou relações. É portanto uma problemática distinta e contemporânea à interpretação – é necessário começar a ler (interpretar) a lei toda ou as suas disposições relevantes para a respetiva aplicação no tempo, para saber se ela se aplica ou não a um facto concreto e cronologicamente situado. Sublinhamos, é uma problemática que deve ser minimizada pelo legislador, pois a regra é não se verificarem conflitos de leis no tempo – em decorrência do atinente princípio geral de que a lei dispõe para o futuro, articulado com os da previsibilidade e da segurança jurídicas.

## 6.2. Graus de Retroatividade[303]

A sucessão de regimes jurídicos e os problemas a ela associados, tem determinantes de natureza estritamente jurídica mas repousa sobremodo na dinâmica social concernente, ou no exercício da própria função

[303] Estamos de perto com Baptista Machado, após Manuel Domingues de Andrade. Marcelo Rebelo de Sousa aproxima-se de Oliveira Ascensão, que considera 4 graus de retroatividade: extrema (que corresponde à 3.ª), quase extrema (que corresponde ao 2.º grau mas neste compreendendo apenas o caso julgado), agravada (correspondendo aos demais casos que compreendemos no 2.º grau), e, ordinária (correspondente ao que dissemos 1.º grau).

jurídica ao cumprir o seu papel modelador-orientador da vida social de que participa e estrutura, apontado o que "deve ser".

A uma sociedade pluriestratificada e aberta, corresponde hoje um sistema jurídico aberto e dinâmico, permanentemente função e fator da evolução da vida social em todos os seus aspetos, que tem manifestação no "abuso" da tarefa legislativa até às chamadas leis teste ou de ensaio, para além da frequência da emanação de leis transitórias. Enfim, modos diversos de potenciar conflitos de leis no tempo.

À polaridade dialética que assumem no ordenamento jurídico a justiça e a segurança, corresponde a necessidade de numa sociedade dinâmica se sucederem as leis na razão adequada a tal dinamismo (responde a justiça reduzindo no máximo as situações ainda que anteriores, fora do seu mais atualizado critério) e por outro lado a necessidade de manter a estabilidade coerente, a previsibilidade das condutas e respostas dos elementos e instituições sociais.

É nesta vertente que hoje se repete a tese da não retroatividade da lei, como a retroatividade "justa"; a retroatividade como aplicação de uma lei a factos ocorridos ou a situações criadas em momento anterior ao do início da sua vigência.

É exatamente nos sismos sociopolíticos que a retroatividade da lei é imposta no seu máximo grau.

E é na vivência social e democrática num Estado de Direito consolidado, que este grau é afastado com maior naturalidade.

Classifiquemos em três, os graus possíveis da retroatividade:

- **3.º** Retroatividade de 3.º grau é aquela que se caracteriza por aplicar a lei nova anulando as consequências últimas e definitivas da lei antiga, ou seja: todas as situações definitivamente decididas segundo lei antiga deixam de o ser – deixa de haver força de "caso julgado" – uma vez que até os processos transitados em julgado de acordo com a lei antiga, são reabertos e julgados segundo o que estatui a nova lei.
- **2.º** Retroatividade de 2.º grau é aquela que respeita os casos judicialmente decididos com trânsito em julgado e os equiparáveis, como naqueles em que já houve cumprimento da obrigação, ou em

que ocorreu transação, ainda que não homologada. Os que assim não se qualifiquem são re-regulados segundo a lei nova.

- **1.º** Retroatividade de 1.º grau é aquela em que, quando a lei nova regula factos ou situações nascidas antes do seu início de vigência, entende-se que já não ficam sujeitos à nova lei os factos e seus efeitos produzidos antes da entrada em vigor da nova lei, bem como os efeitos não autonomizáveis daqueles factos. Grau que corresponde ao tipo de retroatividade admitida pelo art. 12.º/1 CC[304].

### 6.3. A retroatividade nos termos legais (após a doutrina)

Várias teses pretenderam apontar o limite que a retroatividade deve conhecer.

- A teoria da revisão das *"causae finitae"*, que corresponde à retroatividade de 3.º grau.
- A teoria dos direitos adquiridos, teoria clássica sobretudo por Savigny, segundo a formulação de Demolombe, direito adquirido que é eficaz já perante terceiros. A lei não é injustamente retroativa se respeita os *direitos adquiridos*, podendo não respeitar as *expectativas* (*v.g.* de um contratante resolver o negócio, de um cônjuge requerer divórcio).
- A teoria das *situações jurídicas objetivas e subjetivas*, ou da escola realista francesa de Direito Público.

Aqui a lei nova altera as objetivas porque também com a lei nasceram, mas já não as subjetivas porque resultantes da autonomia privada, caso contrário será retroativa injustamente.

- A teoria do facto passado e dos efeitos não autónomos.

[304] Assim, acontece que na lei que reduza a máxima taxa legal de juros e a declare aplicável a contratos de mútuo celebrados antes da sua entrada em vigor, entende-se que respeita os juros já pagos segundo taxa mais elevada, e obriga o mutuário a pagar apenas à taxa reduzida a partir daquele início de vigência Caso fosse admitida a retroatividade de 2.º grau deveria ser restituído ainda o excesso (segundo a nova e mais baixa taxa) de juros já vencidos.

É a formulação dada por Enneccerus-Nipperdey a mais divulgada. Adaptando os seus termos e em síntese máxima, diremos que: é injustamente retroativa a lei que se aplique a factos passados e seus efeitos necessários. Não havendo injusta retroatividade na aplicação da lei nova aos efeitos autónomos de relações jurídicas nascidas antes da lei nova – é esta a regra da retroatividade justa, normal, ordinária, ou de 1.º grau.

E é esta teoria que está basicamente consagrada no difícil artigo 12.º do CC vigente; vamos, por isto, analisá-lo.

**...1.º *O artigo 18.º da CRP***

Mas antes, deve lembrar-se que a proibição expressa e direta da retroatividade é constitucionalmente consagrada, não apenas para a matéria penal, tradicional e inquestionavelmente (cfr *infra*), mas, a partir da revisão de 1982, para todas as leis restritivas de direitos liberdades e garantias (artigo 18.º da CRP).

**...2.º *O artigo 12.º do CC***

Note-se liminarmente, que no art. 12.º CC o princípio geral da aplicação da lei para o futuro, integra-se na teoria geral da lei, no quadro das normas sobre normas sedeado no CC, e que, a mais disto, é a expressão legal de um princípio geral de Direito com valor hierárquico transpositivo, portanto aplicável às próprias normas constitucionais.

- N.º 1. A lei só dispõe para o futuro; ainda que lhe seja atribuída eficácia retroativa, presume-se que ficam ressalvados os efeitos já produzidos pelos factos que a lei se destina a regular.
- N.º 2. (1.ª Parte) Quando a lei dispõe sobre as condições de validade substancial ou formal de quaisquer factos ou sobre os seus efeitos, entende-se em caso de dúvida que só visa os factos novos;
- N.º 2. (2.ª Parte) – Mas quando dispuser diretamente sobre o conteúdo de certas relações jurídicas, abstraindo dos factos que lhe deram origem, entender-se-á que a lei abrange as próprias relações já constituídas, que subsistam à data da sua entrada em vigor.

No n.º 1 é apresentada a formulação base da teoria do facto passado e efeitos não autónomos.

Assim, se por exemplo, a lei nova vem alterar reduzindo, a taxa de juros de mora de determinadas dívidas, fazendo-se aplicar às obrigações existentes ao momento da sua entrada em vigor. Esta lei não afeta (não obriga a repor a diferença) os juros vencidos até à data do seu início de vigência.

A 1.ª parte do n.º 2 regula a aplicação das leis sobre a *constituição das relações jurídicas*.

Assim, os *factos constitutivos, ou requisitos de validade substancial ou formal e os efeitos desta validade (ou invalidade)* regulam-se pela *lei vigente ao tempo em que ocorreram ("lei velha"):*

Ou seja, as condições de validade de um contrato (forma, capacidade dos contraentes, vícios, etc.) regulam-se pela lei vigente quando da celebração do contrato, bem como os efeitos das respetivas invalidades. A responsabilidade civil extracontratual (por facto ilícito, lícito ou pelo risco) será nos termos da lei vigente no momento da prática do ato gerador da responsabilidade. O conhecer se determinado negócio, deu origem a um direito real de preferência, afere-se pela lei vigente à data da sua celebração. Os efeitos jurídicos de atos de acessão são determinados pela lei vigente no momento em que foram praticados.

A 2.ª parte do n.º 2 regula a aplicação das leis sobre o *conteúdo (ou efeitos autonomizáveis) das relações jurídicas subsistentes no momento da entrada em vigor* da "*lei nova*". Assim, quando se trata de leis que regulem os regimes jurídicos das pessoas e dos bens (*estatuto pessoal e estatuto real* em terminologia de Direito Internacional Privado), estas leis são aplicadas imediatamente, ou seja a lei nova alterará os regimes das relações constituídas na vigência da lei anterior.

Na fixação do conteúdo do direito de propriedade ou de outro direito real passa a valer a lei nova; igualmente assim na fixação do conteúdo de direitos de natureza perpétua ou *tendencialmente perpétua* como os do estado de casado, do regime de administração de bens do casal, do estado de filho, de adotado.

Finalmente, pela 2.ª parte do art. 12.º, vale a "*lei velha*", lei coeva à constituição da relação, para o conteúdo do direito que esteja relevantemente ligado (efeitos *não autonomizáveis*) a tal constituição da relação jurídica. Acontece geralmente quanto às matérias na disponibilidade das partes ou regidas por normas supletivas.

Por exemplo se a lei nova na regulação dos efeitos do casamento tiver em conta a forma civil ou católica que este revestiu, nesta matéria, esta lei só será aplicável aos casamentos celebrados após o início de vigência da mesma.

Outro exemplo de escola: na regulamentação do conteúdo do direito de superfície ou no da servidão predial há os aspetos *decorrentes do contrato* aos quais a lei nova não deve ser aplicada; e os outros, a que se aplica imediatamente[305].

### 6.3.1. Exceções à retroatividade normal (ou de 1.º grau)

**...1. *O artigo 13.º CC (leis interpretativas)***

O artigo 13.º relativo às leis interpretativas foi já brevemente abordado. Cabe aqui apenas sublinhar o grau de retroatividade deste tipo de leis.

Assim, respeita apenas os efeitos consequentes ao cumprimento da obrigação, à sentença transitada em julgado, à transação ainda que não homologada (arts. 1248.º e ss. do CC) ou a atos de natureza análoga. Ou seja, a retroatividade assume *2.º grau*, mas não 3.º.

**...2. *Inconstitucionalidades***

A declaração da inconstitucionalidade de uma norma com força obrigatória geral, constitui uma exceção à regra da retroatividade normal, ao implicar a retroatividade dos seus efeitos ressalvando os casos julgados (art. 282.º/3 CRP) – trata-se assim de uma admissão de retroatividade de 2.º grau.

Mas pode configurar maior alcance (3.º grau, cfr. n.º 3 *in fine,* do cit art. 282.º), ou menor (cfr. n.º 4 do mesmo art.).

**...3. *Matéria penal***

Há dois aspetos fundamentais nesta sede a reter.

[305] Cfr. condições de pagamento – art. 1530.º CC. Notamos que as insuficiências e dificuldades deste artigo (e dos 13.º e 297.º todos do CC) bem como da sua base doutrinal obrigam a precisões, às quais, contudo, não cabe aqui proceder.

- É proibida a retroatividade em três momentos:
  1. Não pode ser qualificado retroativamente nenhum facto (por omissão ou ação) como crime ou como pressuposto de medida de segurança.
  2. Não pode ser aplicada retroativamente pena ou medida de segurança criada após a prática de facto a que seja cominada.
  3. Não pode haver aplicação retroativa dos efeitos das penas.
- Há aplicação retroativa das leis penais mais favoráveis aos arguidos. Assim, este princípio da retroatividade *"in mitius"*, segundo o artigo 2.º do Código Penal, impõe:
  1. Se o facto deixa de ser punido por lei posterior, o arguido já não será condenado e se já o foi por sentença transitada em julgado cessa a execução da pena e seus efeitos (3.º grau).
  2. Quando o regime de leis novas for diferente do regime vigente quando da prática do facto, será sempre aplicado no julgamento o regime concretamente mais favorável ao agente, desde que não tenha sido já condenado por sentença transitada em julgado[306].

Note-se que as exceções à retroatividade normal são passíveis de ser adotadas em outras matérias jurídicas, desde que constitucionalmente admissível. A ideia fundamental é simples: se o novo regime se entende mais justo deve abranger o maior número de situações, até onde a ponderação com a segurança jurídica permita (*v.g.* direitos de terceiros).

[306] Cfr. art. 29.º/5 da CRP: ninguém pode ser julgado mais do que uma vez pela prática do mesmo crime.

# 7. Conflitos de Leis no Espaço

## 7.1. O Problema

As relações jurídicas têm por vezes ligações a vários ordenamentos jurídicos estaduais.

Por exemplo: A, português, contrata em Roma com B, alemão, prevendo o cumprimento em Bordéus[307].

Qual será a lei aplicável à verificação da perfeição da declaração negocial, e ao cumprimento das obrigações?

Ou, por exemplo: morre em Portugal um belga; qual a ordem jurídica que regulará a sucessão? Belga, portuguesa ou a da situação dos bens hereditários[308]?

## 7.2. A Solução

Cada ordenamento jurídico estadual dispõe de um conjunto de normas próprias, internas, que visam esta problemática: as normas de Direito Internacional Privado (*of Conflicts of Laws*). Estas normas apontam, *apenas*, qual é o ordenamento jurídico estadual segundo o qual a questão substancial é tratada. As normas de Direito Internacional Privado são, conforme supra classificámos, normas incompletas ou instrumentais remissivas.

Entre as regulações internas estaduais podem surgir conflitos. Estes conflitos podem ser positivos quando há mais que uma lei estadual apontada para regular a matéria em questão; ou negativos, quando não há

[307] Cfr. arts. 35.º e ss. e 41 e ss. do CC.

[308] Cfr. arts. 31/1 e 62 do CC.

qualquer lei remetida – há uma lacuna a resolver segundo a lei da causa, entre nós o art. 9.º e o 10.º/3 CC.

As normas do Direito Português que regulam, remissivamente, as relações jurídicas que tenham elementos com conexão a diversos ordenamentos jurídicos constam do artigo 14.º e seguintes do CC.

Estes elementos de conexão são, p. ex.: a nacionalidade das partes, o local de celebração negocial, a residência habitual, a lei do foro (estando em França é o ordenamento jurídico civil francês – *lex fori*), a situação do bem (*lex rei sitae*).

### 7.3. O Âmbito Privatístico

Note-se que estamos a referir-nos a Direito (Interno –) Internacional Privado, são, pois, conflitos de leis de direito privado, *maxime* civil. E não, p. ex., de Direito Penal.

# PARTE II

# O Sistema Jurídico

# 1.
# Sistema Jurídico

## 1.1. Introdução

Do conceito de Direito que tomámos no início da primeira parte, destrincemos os seus componentes, como segue.

1. Sistema.
2. Normativo, pluridimensionado sob teleologia intrínseca definitória.
   2.1. Organização social, como ordenação institucional ou orgânica de uma comunidade, local, global e, institucional e estruturadamente, estadual;
   2.2. Reconhecimento, esclarecimento e desenvolvimento de interesses legítimos;
   2.3. Argumentação jurídica;
   2.4. Normativo de conduta social, enquanto hetero e autocomposição de interesses juridicamente relevantes, visando regimes, matrizes de composições e soluções de reordenação relacional por comportamentos socialmente relevantes dos sujeitos jurídicos de uma comunidade.
3. Coativo. No a ual a coação é reconhecida e imposta como instrumento[309] operativo, concreto e decisivo para a eficaz realização do normativo jurídico;

[309] Neste sentido J. Baptista Machado, *Introdução ao Direito e ao Discurso Legitimador*, Coimbra: Almedina, 1983, pp. 36 e ss. Apresentando a fusão, no direito, de diversidade de regras e vinculações, e afastando a necessidade da coercibilidade no conceito de direito, cfr. H. L. A. Hart, *The Concept of Law*, 2.ª ed., Oxford, 1994, – trad. de A.R. Mendes, *O Conceito de Direito*, Lisboa: F. C. G., 1996, pp. 53 e ss.

4. Realizador e otimizador de padrões de justiça. Justiça enquanto primacial fundamento e fim do Direito[310]. Sem a substância fundante e a parametricidade da Justiça, o Direito é sobretudo o tendencialmente mero discurso da prática potencialmente incondicionada, arbitrária, do poder[311].

Assim, temos dois aspetos essenciais na definição de um qualquer sistema normativo:

*a)* Ordem de elementos constituintes[312];
*b)* Unidade de sentido normativo.

**1.2. Características e Conteúdo do Sistema Jurídico**[313]

Entendemos o sistema jurídico em geral, e reduzida todavia especialmente, com três caraterísticas:

*a)* Abertura;
*b)* Heterogeneidade estrutural[314];
*c)* Teleologicidade natural e cultural.

[310] Justiça e Princípio da Justiça como fórmula preenchida de conteúdo material e injuntivo; v. Karl Larenz, *Richtiges Recht, Grundzüge einer Rechtsethik,* Munique: C.H. Beck Verlag, 1979, pp. 37 e ss.

[311] Volte-se a Boaventura de Sousa Santos, *O Discurso e o Poder,* Separata do BFDC, Coimbra, 1979, *passim.*

[312] Em estádio superior de codificação nalguns dos seus sectores. Diversidade de perspetival levará, depois, à consideração do próprio sistema jurídico ou como o singular universo científico da realização social da justiça (cfr. Niklas Luhmann, *Sociologia do Direito,* Rio de Janeiro, Tempo, 1985), ou apenas como um mundo do universo das ciências sociais que se tem como específico na contrapolaridade da dimensão axiológica da Justiça (justo *vs.* injusto); cfr. Lawrence M. Friedman, *Il Sistema Giuridico nella Prospettiva delle Scienze Sociali,* Bolonha, 1978, p. 16 e ss.

[313] J. Oliveira Ascensão, *O Direito, Introdução e Teoria Geral,* 13.ª ed., Coimbra, Almedina, 2005, pp. 24 ss.; A. Castanheira Neves, *Metodologia Jurídica, Problemas fundamentais,* cit., pp. 17 e ss; Joseph Raw, *The Concept of a Legal System, an Introduction to the Theory of Legal System,* Oxford: Clarender Press, 1973, *passim*; Miguel Reale, *Lições Preliminares de Direito,* 10.ªed., Coimbra: Almedina, 1982, pp. 5 e ss.

[314] Mas com mobilidade de raciocínios argumentativos – heterogeneidade estrutural de um sistema móvel. V. a fonte próxima desta estruturação em Claus-Wilhelm Canaris,

Cabe, em subsequência, desenvolver algo estas três caraterísticas do sistema jurídico.

### 1.2.1. Da abertura, em especial[315]

O sistema jurídico foi assumido com uma unidade de sentido.

Mas tal unidade é apriorística evidência característica de um sistema perfeito e, assim, fechado a alterações significativas em consonância com a evolução sócio-jurídica para adequadamente resolver os concretos casos jurídicos?

Ou essa unidade é um objetivo permanente, conseguindo-se paulatinamente por permanente reconstrução do sistema jurídico e, assim, aberto – permitindo-se assim também solucionar as questões com sensibilidade *just in time*?

Entendemos que o sistema jurídico não deve apenas preservar legítimos direitos, estatutos ou situações, mas deve ser caixa aberta a novos *inputs* e orientar, com a sua peculiar prudência (*outputs*) na ponderação de interesses juridicamente relevantes, a permanente evolução sociojurídica[316]. Pois assumimos que esta evolução não pode ter sido prevista por

*Systemdenken und Systembegriff in der Jurisprudenz*, 2.ª ed., Berlim: Duncker und Humblot [1983], pp. 9 e ss., e 35 e ss., com intr. e trad. port. por A. Menezes Cordeiro, Lisboa: F. C. G., 1989, pp. CI, VIII, CXIII e ss.

315 Cfr. Claus-Wilhelm Canaris, *Systemdenken und Systembegriff in der Jurisprudenz*, cit., pp. 103 e ss.

316 Relativamente à dinâmica sistémica, a autopoiese como autodesenvolvimento ou autonomia constitutiva do sistema, e a radical heteronomia do mesmo sistema jurídico pela dialogia com o co-relativo universo extra-sistemático, manifestam, até, afinal, um sistema quer fechado (em exceção sectorial), quer aberto (em regra) – legitimado formalmente no rigor de procedimentos argumentativo-decisórios. Cfr. Niklas Luhmann, *Legitimation durch Verfahren*, [1969], 6.ª ed., Frankfurt, 2001, pp. 35 e ss.; *idem*, *Sistema Juridico y Dogmatica Juridica*, Madrid 1983, pp. 27 e ss.
Mas, dizemos, procedimentos ancorados materialmente na evolucionante teleologia e consideração ubíqua dos pressupostos e das consequências ou efeitos (até à eficiência axiológico-sociológica) da aplicação normativa concreto-difusa. Mas não pode ser propósito deste texto um envolvimento na teoria e na metodologia da ciência do direito, pelo que recorrentemente sintetizamos em função do objetivo primeiro deste livro – que é o de apoio ao estudo das matérias da introdução ao estudo do direito em geral e do direito civil em particular (*rectius*: introdução ao direito, princípios de teoria geral do

um excelente complexo regulativo composto por, apenas, escritos princípios e normas (coativas de conduta social), e dotado de tal perfeição que a respetiva abstração normativa, coerente e taxionomicamente estruturada num determinado tempo com respetivos lugar e circunstância, lhe permitiria resolver todos os concretos casos da vida real através da respetiva subsunção a normas com verdades válidas *hic et nunc*.

Recusamos pois, liminarmente, estas científico-naturalistas, positivistas, legalistas, conceptualistas e perfeccionistas correntes do pensamento jurídico.

Assim, diremos não a um positivista sistema fechado porque axiomático, dedutivo, perfeito[317], pois que o sistema jurídico, se para nós se define com uma ordenação e uma unidade de sentido, também só pode conceber-se como aberto. Ou seja, estaremos face, sim, a um substancialista sistema aberto, pois que se vai (re)construindo na constante internalização normativa da problematicidade jurídica nova, ou seja, da experiência extra-sistemática.

A interatividade do sistema jurídico realimenta-o pela sistémica permeabilidade na bivetorialidade dialógica com o ambiente que o circunda, o interpenetra e o questiona[318].

Esta interação é ponderadamente progressiva na penetração do sistema (*inputs*); ou seja: o sistema reage desde a epiderme (*v. g*: meras

direito civil e elementos do direito das obrigações). Cfr. Gunther Teubner, *O Direito como Sistema Autopoiético* [1989], prefácio e trad. port. de José Engrácia Antunes, Lisboa: F. C. G., 1993, pp. 27 e ss., e 64 e ss.

[317] De resto, os testes críticos a um sistema (exclusivamente) fechado – que por exemplo tenha sido criado no início do século XX – passariam por perguntar a tal sistema como teria categorias normativas válidas para responder a problemáticas posteriores como as questões jurídicas postas pela aviação, pela generalização do uso automóvel com acidentes causadores da perda de vidas humanas sem culpa do sujeito objetivamente gerador do dano, pela (também orientada e massivamente orientadora) comunicação social, pela internet, pela vida em comum juridicamente tipificada mas não qualificada como relação jurídica familiar, pelo comércio de órgãos (e) de seres humanos e seus modos de ser, pelos terrorismos públicos e privados atuais, pela crítica clonagem da vida ou bem essencialmente humano, pelas intolerâncias, pelas globalizações socioeconómicas e culturais, pelas novas autocracias e pela multiplicação das especializações.

[318] Cfr. aqui Jean Carbonnier, *Derecho Flexible. Para una Sociologia no Rigorosa del Derecho*, Madrid, 1974, pp. 12 e ss.

normas de execução) até ao núcleo central (princípios fundamentais de justiça tendencialmente universais e intemporais) em função da profundidade e dimensão problemática da própria nova questão que interroga o Direito. Cada nova interrogação não afeta uniformemente o mundo jurídico, pois um princípio fundamental de direito só será questionável e interativo após a problemática que o interroga ter já interrogado sem adequada solução as camadas mais exteriores do sistema jurídico[319].

E, em sequência, é igualmente progressiva também na reação do sistema (*outputs*) à solicitação feita ao mesmo sistema: na solução a uma questão concreta nem sempre é necessário serem princípios fundamentais a sustentarem primacial e diretamente uma questão; pois que a solução para as questões correntes são aceites ou determinadas, logo e suficientemente, normas administrativas (*v. g.*: meros regulamentos de execução) ou outras sem carga imediata de valores fundamentais.

Contudo, note-se a final, que esta abertura do sistema jurídico não afasta a utilização de raciocínios dedutivos, ou seja, de procedimentos de aplicação do Direito formalmente próximos dos lógico-subsuntivos. Assim, não recuperamos estritamente o decimónico procedimento argumentativo lógico legal-positivista, conforme infra reveremos.

Juntem-se a estas considerações sobre a questão abertura ou não do sistema jurídico as que a seguir tomaremos nas referências aos positivismos e aos jusnaturalismos.

### 1.2.2. Heterogeneidade estrutural – conteúdo do sistema

#### ...1. *Estrutura heterogénea tridimensional*

O sistema jurídico tem uma estrutura[320] heterogénea tridimensional. Assim, deverá integrar harmónica e interpenetradamente, sem estanquidade pois, três ordens de elementos:

[319] P. ex., em que medida criminalizar (a) o *download* não autorizado de jogos; (b) o acesso e a detenção informática de dados pessoais de terceiros, ou (c) a comercialização de células estaminais.

[320] Cfr. Karl Olivecrona, *El Derecho como Hecho-La Estructura del Ordenamiento Juridico*, Barcelona, 1980, pp. 9 e ss.

A – *Princípios jurídicos fundamentais*

Os princípios jurídicos fundamentais do Direito são os superiores[321] *padrões de otimização*[322] da criação/desenvolvimento de princípios apenas gerais ou especiais, de normas[323] jurídicas constitucionais, legislativas e administrativas, bem como dos comportamentos não normativos ou não regulatórios.

B – *Normas jurídicas densificadoras de princípios*

São os comuns[324] padrões de conduta, juridicamente mediadores entre princípios e ações concretas. Não se restringem à visão clássica positivonormativista ou escrituralista das leis do Jornal Oficial[325]

C – *Realidade juridicamente relevante*

É a realidade (que não é, pois, valor e está fora da ordem do dever-ser) concernente ou sensível ao Direito normativo e que por ele pretendemos ver conformada, mas com ele também em crítica dialética enriquecedora. Assim, sendo o Direito havido frequentemente como um sistema composto apenas por normas, entendemos necessário sublinhar que ele não é apenas isso: *a)* ele não prescinde de uma dimensão fundamentante de validade dada pelos seus princípios fundamentais; *b)* ele apresenta-se como dever-ser na dimensão normativa que se manifesta nas regras escritas em normas legislativas (leis, decretos-leis, decretos legislativos regionais) e regulamentares (decretos regulamentares, portarias, resoluções, despachos normativos) – regras concatenadas em códigos ou apre-

[321] Fundamentais e tendencialmente indeléveis; diacronicamente mais sujeitos a reformulações do que a ciclos de criação-maturidade-extinção –, e tendencialmente universais e intemporais.

[322] Leia-se a expressão, simplificando, como modelos normativos superiores, princípios jurídicos ou comandos gerais e abstratos de maior grau de síntese e formadores basilares do sistema jurídico.

[323] Ou ainda de princípios não fundamentais, antes apenas menos gerais ou especiais – de ramos ou especialidades jurídicas.

[324] Que não são então os superiores padrões, pois são sobredeterminados pelos princípios e determinam diretamente as ações individualizadas (concretas ou não normativas).

[325] Cfr. D. F. Amaral, R. A. Pereira, (colab.), *Manual de Introdução ao Direito*, Vol. I, Coimbra: Almedina, 2004, pp. 363 e ss.

sentadas em diplomas avulsos; *c)* e revela-se concretamente na vida social na sua dimensão de vigência ou de facticidade – a realidade social onde o concreto, o individualizado e o que é institucionalizado são modos do acontecer do real jurídico, máxime autonomamente[326].

Entende-se, pois, que o sistema jurídico é estruturalmente constituído pelos três estratos apontados, pelo que assim o dizemos um *sistema normativo*, e não um *sistema composto (apenas) por normas*[327].

Princípios e normas, só têm sentido se se votarem a regular, serem confrontados e evoluírem em função da sua relação dialética com a realidade jurídica que a eles se acrescenta e com eles constitui o total mundo interativo do Direito.

***Síntese propositiva distintiva material entre princípios fundamentais e normas (normas-regras)***

As normas são regras que parametrizam operacionalmente ou determinam diretamente condutas imperativas para a realização da justiça, na paz social e dinâmica intersubjetiva viva e criadora ou quotidianamente operacional. Mas estas normas carecem de axiológicos modelos normativos primeiros, superiores, fundamentantes, jusfilosóficos. Estes são os princípios fundamentais do Direito, os quais formulam sintagmaticamente valores diretores ou padrões materiais, substantivos de otimização axiológica da realidade social, nos quais se fundamentem ou que os

[326] Realidades, eventos jurídicos como: sentenças, atos administrativos, simples factos naturais ou humanos mas juridicamente relevantes, situações ou relações negociais, sujeitos jurídicos.

[327] Segundo Alexandre Santos Justo, Introdução ..., cit. A distinção entre princípio e regras é como segue. Os princípios estabelecem as grandes orientações e os valores que depois se minuciam/transformam em regras. Mais elásticos, mais indeterminados. Menor grau de determinabilidade. As regras são concretizações dos princípios. Os valores dos princípios transformam-se em regras, normas jurídicas. Mais técnicas, mais concretas. Significa que, no fundo, os princípios são a fonte geradoras das regras e as regras são, portanto, o produto dos princípios. Dimensão dos princípios: • Ontológica – função criadora da lei; • Metodológica – função interpretativa das leis; • Axiológica – função integradora das normas jurídicas. Há quem considere que os princípios são fonte do direito, porque a partir destes revelamse e formam-se normas jurídicas.

tenham por modelos evolutivos e parâmetros superiores de justiça e valores interconexos.

Assim, substantivamente: **a)** Os princípios têm natureza e valor de (i) fundamentalidade material tendencialmente intemporal e universal no sistema jurídico-normativo, máxime na hierarquia das fontes, e (ii) primariedade estruturante no sistema jurídico das fontes; **b)** Os princípios têm a maior conexão, identidade ou proximidade à jus-axiologia essencial: Justiça (Dworkin, entre mais) ou "ideia de direito" (Larenz)[328].

Valores universalistamente requridos, sim; muito embora evitando transpor a fronteira entre raciocínio e especulação, jusdizendo nós por Prigogine[329] .

***Síntese propositiva distintiva formal entre princípios e normas-regras***

Distinguindo, sinteticamente, princípios fundamentais de normas[330] jurídicas, pode dizer-se ou pretender-se que, seja qual for a corrente doutrinal de entre as clássicas, existe uma distinção elementar entre princípios e normas: **a)** Os princípios têm maior grau de abstração que as normas; **b)** Os princípios têm maior grau de generalidade que as normas; c) Os princípios têm natureza e força normogenética; d) Os princípios têm menor grau de determinabilidade, de densidade ou precisão que as

[328] *Rebus sic stantibus* com J. J Gomes Canotilho, *Direito Constitucional e Teoria da Constituição, cit.*, pp. 1161.

[329] Cf. Massoni, Neusa Teresinha, *Ilya Prigogine: a contribution for the philosophy of science*, Rev. Bras. Ensino Fís. 30 (2), 2008. https://doi.org/10.1590/S0102-47442008000200009

[330] Ou apenas "regras jurídicas" saindo da tradicional teoria da metodologia jurídica, sistematicidade terminológica e conceptual, cf., entre nós, J. J Gomes Canotilho a partir da sua 7.ª edição de *Direito Constitucional e Teoria da Constituição, pp. 1159 ss.*. Assim também entre nós, Freitas do Amaral, *Manual de Introdução ao Direito*, vol. I, Almedina, Amedina, Coimbra, 2004, p. 501, em sintonia com N. Luhmann, *Rectssociologie* e R. Alexy, *Theorie der Grundrechte* Frankfurt, 1985, pp. 71 ss. Não entendemos que a distinção com base na diferença entre convivências conflituais não reciprocamente excludentes e convivências antinómicas reciprocamente excludentes cf. Dworkin, *Talking Rights Seriously*, London, 1977, pp. 53 ss., seja válida designadamente para princípios não fundamentais como os princípios constitucionalmente conformadores, os princípios constitucionais impositivos e os princípios-garantia – a estes Larenz designa-os mesmo por "princípios em forma de norma jurídica" exigindo ao legislador uma sua aplicação rigorosamente estrita estrita – diremos como a exigida às normas(-regra) precetivas.

normas – especialmente manifestado no momento de aplicação das suas imposições aos casos concretos da vida juridicamente relevantes – o qual se revela na normal aplicabilidade direta das normas (legislativas ou regulamentares) e na frequente insusceptibilidade de tal ser adequadamente possível com os princípios fundamentais, pois estes dizem, expressam, valores, sintetizando ao máximo sintagmático os melhores padrões jurídicos de otimização – o que não contende com a vinculatividade imediata destes a sujeitos jurídicos públicos e privados.

### ...1.1. *Os princípios. Positivismo vs. jusnaturalismo*

Para uma consideração elementar da principologia jurídica, cabe, ainda que simplificando metodologicamente, definir os termos sintagmáticos do objeto considerado. E, assim, questionemos: que princípios são estes dos quais carece, substancial e prioritariamente o Direito?

Para resposta em simplicidade, socorramo-nos, de duas correntes em recorrente debate na história do pensamento jurídico[331] e especialmente na idade contemporânea.

Segundo as correntes do *positivismo* os princípios jurídicos apenas são princípios positivados (fixados pelo legislador – oficialmente escritos), que se distinguem das normas por pertencerem a escalão hierárquico-normativo superior (daqueles) a estas. Ou seja, os princípios (normativos) apenas se distinguem formalmente das normas (regras); isto é, em síntese: carecem destas para que realizem a mediação normativa densificadora para a sua aplicação.

Segundo as correntes do *jusnaturalismo* são princípios fundamentais do Direito porque integram o sistema jurídico *independentemente da sua igual ou diversa positivação* pela vontade de um legislador situado institucionalmente como parlamento ou assembleia representativa de uma comunidade jurídico-política de um tempo e espaço determinados (p. ex.: 1789/91, 1820/22 ou 1974/76), em razão de se ancorarem afinal num nível superior[332] (e fundamental logo, porque fundamentante de uma

[331] Cfr. A. Bráz Teixeira, *História da Filosofia do Direito Portuguesa,* Lisboa: Presença, 2005, obra que não se cinge à diacronia portuguesa.

[332] V. entre nós o incurso relacional de Paulo Ferreira da Cunha, *Constituição, Direito e Utopia,* Stvdia Ivridica, Coimbra: Coimbra Editora, 1996, *passim.*

consciência axiológico-jurídica comunitária) aos conjuntos de normas positivas[333].

**Jusnaturalismo**

O entendimento da ideia jusnaturalista, tem sido matizadamente defendido ao longo da história do pensamento jurídico e da prática jurídica[334], gerando assim diversas orientações jusnaturalistas[335].

Inicialmente na cultura europeia, (diz-se) de Sócrates aos estóicos, defendeu-se a existência dum conjunto de ideias ou princípios com uma validade intemporal e universal metafisicamente sustentados na ordem cosmológica.

Este foi o jusnaturalismo cosmológico.

Com a afirmação da existência duma divindade suprema e única com procuração em Cristo, surge o Direito natural como produto da vontade dum Deus inteligente e personificado. Cabem a este jusnaturalismo cristão a defesa em concreto da igualdade (entre todos os homens perante Deus) e da abolição da escravatura.

A superação do jusnaturalismo cristão, afastando um Direito Natural supra-humano, foi afirmada pela escola clássico-moderna do Direito Natural.

À antropologia pelo divino, esta escola apresenta uma auto-antropologia: o humano/humanidade deixa de ser (apenas) uma obra divina criada à semelhança de Deus, assumindo-se, ao invés, como um elemento

[333] Direito positivo é o Direito posto, expresso sob a forma de princípios ou de leis, ainda que acolhendo normas do Direito Natural, normas originalmente consuetudinárias, jurisprudenciais, ou doutrinais, e quer vigore num determinado momento – e para este espaço temporal é dito "Direito vigente" – quer já não vigore. Podendo portanto "receber" o Direito Natural – perdendo na medida da não receção a sua validade fundamental expressa.

[334] Hans Welzel, *Introducción a la Filosofía Del Derecho – Derecho natural y Justicia material*, Coimbra: Almedina, 2005, pp. 5 e ss.

[335] Sendo postura de compromisso, o rejeitar a existência de princípios não positivos, transcendentes, mas apontar os princípios (quando não expressos) nos sistemas jurídico-positivos evoluídos, como distintos das normas (além daqueles dois primeiros aspetos consensuais), porque são dedutíveis (ou implícitos) do complexo das disposições positivas.

de um mundo natural, um mundo inteligível através da Razão humana, cognoscível através de leis naturais – extrapolando para as disciplinas sociais os vitoriosos métodos das novas ciências da natureza – enfim, também para o Direito, a Razão humana encontrará leis tão imutáveis como as deduções científico-naturalísticas. Partindo de Althussius e Grotius e atingindo maturidade com Hobbes, Espinosa e Pufendorf, o jusnaturalismo racionalista parte de uma primeira fase ainda metafísica e teológica, tributária da escolástica mas sobretudo já de génese do Direito das gentes (ou Direito internacional), determinada pela necessidade de superar a realidade das generalizadas guerras religiosas – por um pragmático sistema de "direito natural", e afirmando leis naturais de qualquer sociedade humana, formando já um sistema fundamental e emancipado das correntes religiosas.

**A abertura para o positivismo moderno**

Posteriormente, em pleno jusracionalismo iluminista (primeira metade do séc. XVIII), Chistian Wolff sistematizará um Direito Natural ("teoria moral das boas e más ações") com a maior proximidade possível ao direito positivo, não já a partir de uma metodologia de "dedução analítica" a partir de normas ou princípios não concatenados, mas a partir de uma "dedução sintética", ou seja, de uma corrente hierárquica de conceitos e princípios: agora a Razão vê o jurídico com uma estrutura lógica – fazendo-se assim simultaneamente gerador da "jurisprudência dos conceitos". O absolutismo iluminado teve a teoria jurídica de C. Wolff dos "deveres recíprocos do príncipe e dos súbditos voltados para a realização da utilidade comum" dos últimos; deveres encontrados "duma dedução contínua a partir da natureza humana".

O positivismo científico retirará a este sistema a sua já pouca fundamentação transpositiva (metafísica e ajurídica, dirão).

A essência individualista do jusracionalismo comungando a crença na potencialidade de qualquer pessoa para trazer à luz uma só justiça intemporal e universal exclusivamente pela busca na sua própria razão, conduziu a que, já antes do dealbar do séc. XIX, o Direito Natural racionalista fosse, ao invés, uma quase caótica coleção de sistemas de Direito Natural, não apenas diversos diacronicamente mas também num mesmo tempo (e espaço sociojurídico) em virtude da diversidade cultural das respetivas nacionalidades, como assim da singular individualidade dos seus autores.

Por outro lado, uma consciência jurídico-política emancipatória burguesa foi colorindo de tonalidade paternalista e autocrática as luzes da razão absolutista, progressivamente mais crispada no seu fenecer.

Lembre-se contudo que o jusracionalismo iluminou com a razão o vazio das superstições antigas; sustentou juscientificamente um novo Direito Penal, p. ex.: a abolição da escravatura e das execuções cruéis; alicerçou o movimento codificador.

A evolução para as teses positivistas, recorrentemente protagonistas na história do pensamento jurídico, deu-se especialmente na primeira metade do séc. XIX com a passagem aberta pela Escola Histórica. Esta corrente vem rejeitar a conceção do Direito (apenas) como um compósito de leis naturais universais e intemporais, eventualmente expostas por um legislador racional.

Vem afirmar a riqueza, irrepetibilidade e criatividade de cada momento histórico-cultural. Cada existência histórico-culturalmente percebida de cada povo ou nação, identifica-se com uma respetiva consciência jurídica (por sinédoque, um Direito) que Savigny[336] disse: uma manifestação do "espírito do povo", e que Beseler disse: "direito popular", (que já na queda do positivismo científico Jhering chamará a "finalidade" do seu direito e O. V. Gierke o "direito social e comunitário"). Existe portanto, ainda, um Direito transpositivamente fundado, só que, agora especialmente numa consciência jurídica geral, comunitária, situada historicamente, diversa na diacronia e sincronia das existências nacionais. Por outro lado, a Escola Histórica praticamente repetiu o formalismo sistemático jusracionalista (axiomas – conceitos gerais – conceitos especiais – "princípios particulares"), mas, foi seu especial contributo o superar e vivificar de conceptologia com o esclarecimento da dialética entre o instituto jurídico ("relação jurídica orgânica") e os seus condicionantes culturais (económicos, políticos, morais, religiosos) na sua evolução; mais ainda: aquela repetição foi, melhor dizendo, uma adaptação/aplicação da conceptologia sistémica jusracionalista na construção do Direito (Privado).

[336] Da Escola Histórica antes de G. Hugo Savigny, e depois Puchta – os romanistas. Dos germanistas lembra-se G. Beseler.

O direito natural pretende ser a essência de valor da dignidade da pessoa humana em relação societária na ideia de Justiça.

A sua presença em normas (jurídicas) e na imbricada realidade (valor, norma, realidade[337]) é condição de existência uma sociedade e na sua dimensão material de respeito pelos diversos mas harmonizandos interesses legítimos dos seus membros, em paz, segurança e liberdade individuais e coletivas.

O direito natural, como tradução e especificação de uma consciência ou consenso social mínimo axiológico-jurídico, tende a ser havido como intemporal e universal. Estas características foram muito redutora e radicalmente propugnadas na história do pensamento jurídico, contudo, hoje, o seu entendimento mais sufragado e menos "depurado" é manifestação de um consenso implícito e condição de parametrização da Justiça sobre a lei injusta e sobre qualquer direito em jornal oficial – apenas expressão positivada ou escritural da vontade situada de um colégio legislativo, já democrático, mas também apenas, representativo e maioritarista.

O direito natural conjuga os princípios fundamentais do Direito, pois entende-os válidos antes de serem escritos em lei, e independentemente das leis – pelo que Justiça (e seus decorrentes princípios) é valor intemporal e universal distinto de Direito positivo de cada Estado[338].

As correntes (neo)jusnaturalistas[339], entendemos, têm como superior o valor da justiça face ao logo conexo, e inquestionavelmente indelével nele mesmo (Justiça) também, valor da segurança – acaso pode conceber-se como justa uma sociedade insegura em si ou na relação entre os membros que a compõem?

[337] Já em expressão de elaboração e manifestação próxima de neojusnaturalismo e pensamento analógico.

[338] Releia-se L. C. Cabral, *Filosofia do Direito e do Estado*, Coimbra: Coimbra Editora, (vol. I + vol. II, reimp. 2006).

[339] Das quais não cabe aqui desenvolvimento; cfr. a propósito N. Bobbio, *Giusnaturalismo e Positivismo Giurídico*, Milão, 1984; *idem*, *Studi per una Teoria General del Diritto*, Turino: Giappichelli, 1970; *idem*, *Dalla Struttura alla Funzione. Nuovo Studi del Diritto*, Milano, 1977, *passim*. M. Bigotte Chorão, *Introdução ao Direito – Vol. I – O Conceito de Direito*, Coimbra, Almedina, 1989, *passim*; A. Menezes Cordeiro, *Ciência do Direito e Metodologia Jurídica nos Finais do Século XX*, ROA, Ano 48, 1988.12, pp. 697 e ss; *idem*, *Introdução a* (e tradução de) *"Systemdenken..."* de C.-W. Canaris, Lisboa: F. C. G., 1989, pp. IX e ss.

**Positivismo**

O(s) positivismo(s) afirma(ram) o direito como uma ciência "autónoma", ou seja, sem qualquer fundamentação transcendente (ou "metafísica") – sendo Direito apenas o conjunto dos diplomas (e das normas) criados por concretos órgãos com competência legislativa/normativa (*maxime:* parlamento); e em pirâmide jurídica de diplomas e normas (Adolf Merkl).

Ou seja, a reação polar ao jusnaturalismo é dada pelo positivismo. O positivismo é uma corrente com diversas formulações também presente no pensamento jurídico desde tempos imemoriais, contudo faremos aqui sucinta referência e apenas à sua matiz mais divulgada e sedimentada nos dois anteriores séculos.

O positivismo novecentista aponta ao jusnaturalismo a confusão que este realiza entre Direito e outras ordens normativas (p. ex.: moral, religião, política); além de com a própria justiça. Um direito positivo vale mesmo que seja injusto, assegurou Kelsen[340].

O positivismo jurídico moderno foi a derivação para o Direito da teoria filosófica de Augusto Comte, nos termos da qual apenas pode existir conhecimento válido quando este for positivável, isto é, em expressão coeva: quando for processo e resultado de comprovação de hipóteses científicas com factos concretos, podendo assim dizer-se científico pelo excluir da metafísica e da especulação.

No que diz respeito ao proceder argumentativo típico do **positivismo legalista**, este caracteriza-se, em traços simplistas, por partir da "**equação" entre Lei e Direito**. Ora entendendo a lei como a pura expressão democrática da vontade dos membros da sociedade, e seguindo linearmente o princípio da repartição (que será até separação e hierarquia) de

[340] Hans Kelsen, *Das Problem der Gerechtigkeit*, 2.ª ed., Viena, 1960 – trad. e nota preambular de J. B. Machado, *A Justiça e o Direito Natural*, Coimbra: Arménio Amado, 1979, p. 90: "Um direito positivo não vale pelo facto de ser justo, isto é, pelo facto da sua prescrição corresponder à norma de justiça – e vale mesmo que seja injusto. A sua validade é independente da validade de uma norma de justiça. É esta a concepção do positivismo jurídico, e tal é a consequência de uma teoria jurídica positivista ou realista, enquanto contraposta à doutrina idealista".

poderes, tal argumentação conclui que o juiz apenas deve pronunciar a lei – resolvendo o caso concreto através do seu característico silogismo.

O **silogismo judiciário** tem, como premissa maior, a regra indicada pela interpretação (a partir da fonte aplicável à questão); como premissa menor os factos (da questão) juridicamente caracterizados (identificados e representados num conceito jurídico – aqui a subsunção); e, como conclusão, a consequência jurídica ou solução da questão ou caso.

Por exemplo:

1 – A capacidade de exercício de direitos atinge-se com a maioridade.
2 – João (tendo nascido em 2002) é maior.
∴ – Conclusão: tem capacidade de exercício.

Este é um exemplo simples, no qual a intervenção criativa do julgador é praticamente nula.

Portanto, a (re)solução do caso concreto assentaria simplesmente, segundo esta também por nós contestada tese, em quatro elementos (fontes, interpretação, factos e aplicação) que se articulariam em quatro fases necessária e distintamente (estanques na pureza cientista da tese) sequenciadas:

- identificação da fonte normativa atinente;
- interpretação da norma;
- consideração da matéria de facto relevante e sua qualificação jurídica (subsunção: o facto da vida real é verificado como preenchendo a factualidade hipotética que a norma prevê);
- aplicação da norma ao caso (solução).

Assim, será conatural ter o Direito pelo *positivismo como sistema jurídico fechado* porque completo, pois poderia abarcar nas suas categorizações normativas, abstratas, todas as possíveis questões concretas da vida real, assim dificilmente apresentado lacunas[341].

[341] Cfr. art. 8.º/1 do CC, *infra* em sede de integração.

O sistema seria também perfeito[342], pois quem melhor que a "vontade geral" rousseauniana consagraria as soluções mais acertadas?

Como nota final, diga-se que os principais pressupostos jurídico-positivistas são essencialmente comuns às principais correntes positivistas clássicas: positivismo científico, positivismo físico-naturalista, positivismo legalista, positivismo normativista[343].

**A nossa opção de raiz jusnaturalista que se completa positivamente**

Recusamos a ideia de um sistema lógico-formal, estratificado e fechado. Afirmamos a opção pela ideia essencial dos *jusnaturalismos como correntes por um sistema jurídico axiológico*[344] dando primazia ao valor Justiça, e afirmando tal sistema como aberto[345].

Assim, aderimos ainda a que o Direito não será um sistema lógico-formal[346], aproximar-se-á sim sempre de um sistema axiológico – "porque

[342] Postulado ou afirmação não provada, mas havida como mais certa e necessária ao sistema jurídico. Cfr. infra em matéria de interpretação da lei o n. 3 do art. 9.º do CC.

[343] V. Hans Kelsen, *Teoria Pura do Direito,* 4.ª ed., Coimbra: Arménio Amado, 1984, pp. 267 ss.

[344] Entre nós, em nova síntese pedagógica, v. M. Rebelo Sousa / S. Galvão, *Introdução ao Estudo do Direito,* Lisboa: Lex, 2000, pp. 345 e ss.

[345] Um sistema aberto que, no plano lógico, recorre ecleticamente à dedução e à indução, coexistindo portanto procedimentos argumentativos de diversa natureza; em tais se incluindo os abdutivos, segundo Kaufmann – aqui, além de dados disponíveis, utilizar-se-iam outros não existentes, "ideias novas".

E, dada a essencialidade para o Direito da sua dimensão prática, esta mesma, na ubíqua diversidade/novidade dos casos concretos, exige, com naturalidade, não uma descida da norma ou princípio até à realidade jurídica, mas sim várias – interpretar/aplicar as fontes num procedimento fundamentante da validade da solução – de realização do sistema; bem assim como várias (tantas quantas as suficientes) "subidas" aquando do recolher duma nova normatividade da problematicidade extra-sistemática – de reconstituição do sistema.

Em suma, um percurso evolutivo de interpretação/aplicação/realização/reconstrução do Direito.

Em suma ainda, uma permanente dinâmica de todo o sistema jurídico (em diversos graus para as diferentes estruturas e sectores normativos) e nunca uma prototípica singular aplicação de uma norma ou instituto para cada problema concreto.

[346] O Direito não se deve pretender um ordenamento de carácter lógico-formal: veja-se a desnecessidade da conclusão no silogismo judiciário; – o verdadeiro labor judiciário (o

mobilizado à realização da justiça". Portanto, não um sistema lógico mas sim um sistema teleológico.

Direito natural é o conjunto dos princípios jurídicos fundamentais inerentes à natureza humana porque assim à ordem natural universal justa, e assim pacífica, segura, sustentável e evolucionante para a humanidade em harmonia ecocosmológica.

Assumimos tais princípios como fundamentação com validade tendencialmente intemporal e universal – como valores radicalmente transcendentes, mas que se expressam renovadamente em função da evolução da "consciência jurídica geral"[347].

A recusa terminante de uma fundamentação (sempre jurídica, ainda que simultaneamente ética) verdadeiramente transpositiva, é hoje naturalmente inaceitável para nós, pois defendemos que é o Direito que cria

labor de aplicação do direito ao caso concreto – da realização efectiva do Direito) reside na obtenção da "primeira premissa" e especialmente na da segunda; e a obtenção destas pouco tem a ver com lógica formal mas sim com qualificações e ponderações, derivadas, em último termo, da fundamental ideia de justiça. Neste contexto, e em precisa apreciação crítica da questão da vinculação à lei através do modelo lógico-subsuntivo v. Karl Larenz, *Metodologia da Ciência do Direito, 3.ª ed., Lisboa: F. C. G., 1997,* pp. 215 e ss.

[347] Entre nós, veja-se segundo o percurso de A. Castanheira Neves em: *Curso de Introdução ao Estudo do Direito,* Coimbra, 1972, (polic.), *passim; idem, A Unidade do Sistema Jurídico: o seu problema e o seu sentido,* Coimbra, 1979, p. 11 e ss.; *idem, O Instituto dos "Assentos" e a Função Jurídica dos Supremos Tribunais,* Coimbra: Coimbra Editora, 1983; *idem, Metodologia Jurídica – Problemas fundamentais,* reimp. Stvdia Ivridica, Coimbra: Coimbra Editora, 1997, *passim.* Não exatamente acompanhando aqui W. Canaris, com, entre nós, F. Pinto Bronze, *A Metodonomologia entre a Semelhança e a Diferença,* Stvdia Ivridica, 3, Coimbra: Coimbra Editora, 1994, p. 506 n. 1160, pois que a radical historicidade do direito não nos parece conduzir necessariamente à "mutabilidade das valorações jurídicas fundamentais", mas sim à evolução da expressão historicamente situada destas e ao (re)conhecimento de novas expressões de valorações fundamentais; como também assim aponta J. Baptista Machado, *Introdução ao Direito e ao Discurso Legitimador,* Coimbra: Almedina, 1983, p. 212. J. C. Vieira Andrade, *Os Direitos Fundamentais na Constituição Portuguesa de 1976,* 3.º ed. reimp., 2006, Coimbra: Almedina, 2006. p. 39., que aqui também cita no mesmo sentido e acolhendo uma conceção duplamente jusnaturalista e universalista dos direitos humanos; mas em desenvolvida sede própria, v. Miranda, Jorge, *Manual de Direito Constitucional,* Tomo IV, 3.ª ed., Coimbra: Coimbra Editora, 2000, pp. 8 e ss.

a condição de efetividade da Ética, que legitima o poder político – a Política –,que regula a coação pública, e, quando admitida, a privada[348].

Máculas indeléveis, recorrentes e cada vez mais próximas de implicarem até o extermínio da humanidade em dimensão ecocosmológica – portanto da própria vida no e o planeta – exigem a eficácia (eficiente e oportuna) da força vinculativa de princípios fundamentais alheia a soberanias de Estados.

Algumas Nurembergas aconteceram[349] para que seja evidente que nenhum poder legalmente instituído, nem qualquer vontade maioritária, nem qualquer manifestação direta e unânime dos membros de qualquer sociedade, possam absolutamente arrogar-se proclamar, por lei votada, um critério de verdade e justiça para um momento – muito menos para a eternidade.

A função judicial, como outras funções públicas ou atividades privadas, terá, no seu exercício, que confrontar-se ativa e positivamente com problemáticas cujas soluções supõem uma postura prática face a esta recorrência do pensamento jurídico; mas as dificuldades e consequências são insubestimáveis – veja-se o exemplo na recusa de aplicação ou na obediência à lei injusta[350].

Da ideia fundamental de justiça e na medida da superação útil da dialéctica entre a normatividade e a histórico-concreta problematicidade, e portanto com diverso grau de mutabilidade temporal e espacial, decorrem princípios:

- Que são tendencialmente intemporais e universais – perdendo estas características (ou suas formulações) na medida em que sejam propugnados pela intenção política dominante numa sociedade concreta, estabelecendo o projeto de realização desta. Portanto mais facilmente evolucionantes, mutáveis e positivados.

[348] Cfr. Karl Larenz, *Derecho Justo. Fundamentos de* Ética *Juridica*, Madrid, 1985 pp. 15 e ss.

[349] E muitas mais deveriam ter acontecido, também por isto acabámos por chegar à criação do Tribunal Penal Internacional.

[350] Pela magistratura obediência, pelo advogado não vinculação; cfr. o estudo de Menezes Cordeiro. Que teleologia de funções forenses e que conceito de "lei injusta" se podem prestar a respostas opostas?

– E que são menos densos e mais abstratos quando se aproximam mais da ideia central da justiça e da paz e dos seus pressupostos jurídico-axiológicos últimos – a igual *autonomia e liberdade* fundamentais no momento da *individualidade*, a igual *co-responsabilidade social* dos homens no momento da *socialidade*.

Tendo, como valor cimeiro, a *dignidade da pessoa humana, ecocosmologicamente entendida*, assumindo, universal, preliminar e axiomaticamente, o *direito à vida*[351].

A partir destes valores e princípios, em descendente, podem apontar-se princípios diretamente ligados à proteção da vida humana, da Natureza, da liberdade, da igualdade, da solidariedade social, até à propriedade e iniciativa económica.

Assim, em multi-sequências, facilmente se encontrarão os direitos humanos fundamentais, especialmente defendidos pelos jusnaturalismos[352].

Princípios aqueles geralmente positivados nos textos constitucionais das nações da chamada civilização ocidental ou em diversos textos legais de valor reforçado.

No direito positivo português, desde logo consagrados sistematicamente a partir do art. 24.º da CRP: os direitos, liberdades e garantias.

Exemplificando: Direitos à vida; à proibição da pena de morte ou da prisão perpétua; à integridade; à não aplicação de tortura, ou pena cruel degradante ou desumana[353]; à identidade pessoal; à capacidade jurídica;

[351] Qualquer Estado – ele e os seus sujeitos jurídicos titulares dos órgãos de soberania decisores – que desencadeie, que inicie facticamente, uma guerra é (deveria sê-lo) *ipso facto* em flagrante delito sujeito à ação da justiça penal internacional, ele e os seus sujeitos jurídicos titulares dos órgãos de soberania decisores. Qualquer guerra ou invasão de um estado é crime carente de imediata ação da comunidade internacional através da organização que tal atribuição detenha – a ONU e o TPI, designadamente, mas hoje, desonrosamente para até a pertinência da razão maior da existência do Direito Internacional Público muito longe desta efetividade.

[352] Que exprimem valores alguns igualmente morais e religiosos decalógicos: não matar, não emitir falso testemunho, não furtar, não maltratar, etc.

[353] Será desumana a pena de prisão (que não o internamento medicinal) com o tempo médio da vida humana. Entre nós o parâmetro máximo é de vinte e cinco anos, mas

ao bom nome; à imagem; à expressão; à reserva da intimidade da vida privada; à segurança.

E, segundo ramos de direito:

Princípios: da divisão e equilíbrio dos principais poderes públicos; da independência do poder judicial; da obrigatoriedade de tutela pública dos direitos; da obrigatoriedade da solução judicial; do caso julgado; – pelo Direito Constitucional.

Princípios: da não retroatividade e legalidade formal da incriminação e da punição; da graduação da pena pela medida da culpa; da aplicação da norma mais favorável ao réu em caso de dúvida – pelo Direito Penal.

Princípios: da autonomia da vontade; da boa-fé na conduta; do regular cumprimento dos negócios celebrados; da proteção da propriedade privada; da transmissibilidade dos bens por morte; da não discriminação entre cônjuges – pelo Direito Civil.

Princípios: da legalidade e recorribilidade dos atos administrativos; da igualdade dos administrados perante a administração – pelo Direito Administrativo.

Princípios: da não retroatividade e da legalidade formal das imposições tributárias; da capacidade contributiva como critério da igualdade – pelo Direito Fiscal.

Em síntese, como se vê, nem hoje os princípios imutáveis são constituintes exclusivos do conceito que subscrevemos de Direito Natural; nem o reconhecimento da necessidade de cláusulas gerais, conceitos indeterminados, recurso à equidade, etc., pelos positivismos mais representati-

vários Estados têm como pena máxima a morte ("assassínio pelo Estado") e muito mais a prisão perpétua. Uma apresentação, sequer, do recorrente debate não cabe aqui; contudo, não podemos deixar de expressar que o erro judiciário é manifestação liminar da irracionalidade punitiva taliónica. Veja-se, p. ex., o caso Jerry Miller (EUA, Chicago, 2007): J. Miller cumpriu pena de prisão durante 25 anos, em Illinois, condenado por três crimes, em 1981, Ora os testes de ADN comprovaram que, afinal, estava inocente; tendo a sua condenação sido revogada pelo tribunal. A revisão do acórdão condenatório de 1981foi, nos EUA, a ducentésima fundamentada em testes de ADN, e promovidos pelo *Innocence Project* – associação de Advogados cujo objeto social é a reapreciação de processos visando ilibar os condenados por erros judiciários.

vos[354] permite a estes a negação de um Direito fundamentante, presente no momento da solução judicial das questões jurídicas concretas e, *a fortiori*, nos momentos de reconstrução doutrinal e legislativa.

Mas sublinhamos que o Direito positivo é necessária dimensão existencial e essencial (pela própria natureza prática) do Direito. Aceitamos pois que os positivismos contribuíram para a compreensão e o desenvolvimento de soluções mais objetivas e menos diversificadas, numa intenção de potenciar a cientificidade do Direito; e os esforços normativistas, designadamente, de indução dos seus "princípios gerais" e construção conceptual a partir das normas positivas, não foram em vão, e não podem ser rejeitadas pois são indeclináveis modos de construção do sistema jurídico. Congeminada por Hans Kelsen, a justiça (e jurisdição por um específico tribunal) constitucional autónoma e concentrada ofereceu ao Direito, precisamente, o insubestimável científico primado da Constituição – após os anteriores primados do parlamento (Inglaterra) e da lei (*maxime* em França).

Jusnaturalismo e positivismo não serão reciprocamente excludentes, poderão ser validade e positividade pragmática enquanto dimensões componentes de cada sistema jurídico. Por isso acentuamos a tridimensionalidade (que não estanque estratificabilidade) do direito segundo princípios, normas e realidade juridicamente relevante.

O debate omnipresente, ou pelo menos recorrente, na história do pensamento jurídico, desenvolvido e posto em termos de recíproca exclusão, é, pois, também por nós contestado. Conforme resulta do sinteticamente exposto, não entendemos o jusnaturalismo com os vícios da que já vai sendo pretérita idade moderna: uma realidade de carácter absoluto, pré-dada ao humano, e, porque transcendente, não evolucionável por incapacidade humana[355].

Se no século XX se entendeu frequentemente que o direito natural sucumbia, tal demonstrava ser mais o retorno da ilusão de Ícaro que logo sucumbia ao confrontar-se com a dura realidade das devastações por

[354] Com maior renitência nos sistemas anglo-saxónicos, por razões específicas, decorrentes, desde logo, da maior necessidade intrínseca de assegurar o valor da certeza jurídica – vetor indeclinável da (ou com o da) própria justiça.

[355] F. Pinto Bronze, *A Metodonomologia entre a Semelhança e a Diferença*, cit., p. 319.

guerras nunca antes universais e com horrores inauditos sobre direitos fundamentais; e hoje o ressuscitar do direito natural é para alguns o reconhecimento de vida nas cinzas[356].

A retoma, em cicloide, pois, da centralidade axiológica, recoloca a constelação dos valores que informam o Direto.

Este proceder é fundamentante, programático, argumentativo e discursivo, para que passível de hermenêutica e aplicação, no mínimo dilucidante de posições, situações e relações jurídicas, e, no máximo da potência sistémica, finalizador do *itenere* processual solucionante dos conflitos de interesses e volições juspertinentes.

**... 1.2.** ***As normas* (remissão)**

Na primeira parte detivemo-nos já nas aceções, caraterísticas e classificações das normas jurídicas.

**... 1.3.** ***A realidade jurídica***

A realidade jurídica é essencialmente distinta dos princípios e das normas pois não comunga da natureza de normatividade destes.

É que o Direito não tem sentido se se esgota no seu plano dimensional do "dever-ser" – na idealidade paramétrica. Este dever-ser, validado nos princípios fundamentais e densificado nas normas, exige a componente realidade, para que se haja como Direito. Tal componente é que é a substância social carente de Direito, o qual nela reside e faz aferir/refletir a vigência, a eficácia e a eficiência do próprio sistema na dimensão normativa, na medida dos valores intrínsecos e ponderados e da conformidade entre "ser" e "dever-ser" – mas entre si dialógicos[357].

A realidade jurídica integra, pois, designadamente, as instituições, as relações sociojurídicas, os factos, coisas, fenómenos e volições ou interesses que realmente existem ou acontecem.

[356] Cfr. M. Rebelo de Sousa/S. Galvão, *Introdução ao Estudo do Direito*, cit. p. 351. Welzel, Hans, *Introducción a la Filosofía Del Derecho – Derecho natural y Justicia material*, cit., pp. 323 e ss.

[357] Não retomamos nós aqui, pois, a remota kantiana conceção binária e antinómica na radicalidade e incomunicabilidade entre ser e dever-ser.

A realidade jurídica pode manifestar-se com diverso grau de permanência ou durabilidade:

- Apresenta-se mais instantaneamente, na aplicação individual e concreta da abstrata normatividade. Aqui, os fenómenos sociais concretos que suscitam uma qualificação ou uma solução jurídica têm as respostas através da "realização" imediata (espontânea – pelos membros da sociedade), ou mediata (através do exercício da função judicial, da administrativa, ou da política) dos estratos anteriores (princípios e normas).
- A realidade jurídica apresenta-se mais duradouramente quando a perspetivamos reparando nas relações jurídicas continuadas e seus objetos, ou reparando nos reconhecidos centros de imputação e gestão de relações jurídicas. Por exemplo: o direito ao uso das coisas próprias e estas coisas; o gozo de direitos de personalidade e estes direitos; as relações contratuais e societárias duradouras, a existência dos diversos sujeitos jurídicos, quer físicos quer puramente jurídicos e quer privados quer públicos; as relações jurídicas subsistentes entre eles e no seu seio.

**...2. *Formulações normativas típicas da estrutura normativa***

A expressão e a aplicação do Direito utiliza normas com formulações típicas e pode seguir diversas combinações ou raciocínios argumentativos. Exemplifiquemos como segue.

- **Conceitos determinados** são expressões ou formulações normativas, em regra especificamente técnico-jurídicas, com os sentidos jurídicos mais claros e invariáveis, quer no tempo, quer perante a diversidade dos casos; constituindo assim os elementos chave para a certeza e segurança do sistema jurídico[358].
- **Conceitos indeterminados** (abertos ou imprecisos) são formulações ou expressões normativas que deixam ao intérprete ou aplicador do direito a tarefa de preencher o significado da expressão

[358] P. ex.: capacidade de exercício; obrigação – art. 397.º do CC; hipoteca – art. 686.º do CC; lugar da prestação – arts. 772.º e ss. do CC.

do legislador, tarefa a realizar fazendo evoluir o normativo jurídico atendendo precisamente ao tempo (momento) da aplicação e/ou ao caso concreto[359].

- **Cláusulas gerais** são regras que ou apenas contêm princípios ou valores jurídico-normativos[360]; ou que além de contarem com conceitos indeterminados, se caracterizam por apresentarem uma previsão aberta, não taxativa (quer apontando categorias, quer apontando tipos de casos) deixando em aberto o seu campo de aplicação ou concrescibilidade – exemplo de escola: O comportamento culposo do trabalhador que, pela sua gravidade e consequências, torne imediata e praticamente impossível a subsistência da relação de trabalho, constitui justa causa de despedimento[361].
- **Presunções** são modos de obtenção de factos desconhecidos a partir de conhecidos[362].
- **Provas** são demonstrações jurídicas da verdade ou realidade de factos invocados[363].

A construção, interpretação e aplicação do Direito socorre-se de combinações argumentativas. Estas articulam argumentos de diversa natureza por um lado, e, por outro, de diverso peso específico para cada questão jurídica; e ainda com variável margem de intervenção constitutiva do juiz ou aplicador. Em síntese maior, podemos apontar três tipos: Assim, no exemplo supra[364], a dedução é praticamente suficiente e linear, e a margem de intervenção criativa é quase inexistente (quase, porque o interprete terá ainda que averiguar se existem circunstâncias que não permitam a aquisição normal da capacidade de exercício ou que tenham

[359] P. ex.: usos da praça; ordem pública; bons costumes – art. 271.º do CC, art. 404.º do C.Com.; dever de justiça – art. 402.º do CC; interesse digno de proteção legal – art. 398.º do CC.

[360] Remetendo ao interprete ou aplicador a "atualização" e revelação destes no caso concreto) – p. ex. o princípio da boa-fé (art. 3.º/1, 334.º; e quanto às vicissitudes da relação negocial, arts. 227.º, 239.º e 762.º), e o dos bons costumes (moralidade comum, art. 334.º.

[361] Art. 396.º/1 do CT.

[362] Arts. 349.º a 351.º do CC.

[363] Arts. 341.º a 348.º do CC.

[364] Silogismo judiciário, exemplificado por caso sobre capacidade de exercício de direitos.

já permitido aquela aquisição[365]). Aqui há uma combinação argumentativa simples e tipificada.

Já, diversamente, a proposta normativa pode, a par de uma sua enumeração dos fatores a ter em conta, integrar, em alguns destes, margem para autónoma qualificação e/ou ponderação dos factos pelo aplicador. Exemplos encontráveis no preceituado dos artigos 335.º a 339.º do CC, onde são expressos os critérios admitidos mas com recurso a conceitos indeterminados e ponderações do aplicador. Aqui temos diversas combinações argumentativas complexas mas tipificadas.

Finalmente, pode o aplicador estar face a contradições entre princípios, a lacunas carentes de integração, à possibilidade do recurso à equidade, a proposições normativas exclusivamente constituídas por cláusulas gerais e conceitos indeterminados (ver, p. ex., o art. 334.º CC) ou a normas manifestamente injustas. Aqui, as combinações argumentativas serão "livres" (não positivamente tipificadas) e a intervenção constituinte do aplicador-juiz pode ser excecionalmente determinante quando assim seja admissível.

### 1.2.3. Teleologicidade natural e cultural - ordenamento social de Justiça

O sistema jurídico é *composto* superiormente por um complexo específico de valores indeléveis e universais, porque conaturais à pessoa e sociedade humanas.

Justiça como valor que assume a *igualdade* de estatuto das pessoas e o direito à realização em sociedade da condição evolutiva da dignidade humana. *Quid specificum* e aglutinador da ordem social de natureza jurídica.

Valor imperativo em sociedade; e intimamente com ele, depois, também em imperatividade: ordem contra o caos; paz e inclusão sociais contra o conflito a exclusão contra-gregárias; segurança, contra a incerteza nas eleição, enunciação e realização da senda superadora ("transcendental") da condição humana.

365 Cfr. arts. 127.º, 131.º e 257.º do CC.

Estes valores, radicalmente naturais e culturais, exigem pois estruturas de organização social (instituições, formas e procedimentos) também imprescindíveis, imperativas[366], a per de outras mais voláteis, alteráveis, não estruturais mas conjunturais em função de opções jurídicas, mas sobretudo políticas e culturais em dinâmicas não apenas axiológicas mas também operacionais, de eficácia e eficiência técnicas e não apenas científicas.

Retoma-se, com a ideia, e intercosmos, da justiça, a força e a matéria da teleologicidade do sistema jurídico.

Tomaremos pois, no subcapítulo seguinte, a ideia de justiça em comparação com outras , ordens e valores sociais em interação organizacional, ainda que com problematização sintética e remissões.

## 2. Da Justiça, Estado e Ética

### 2.1. Justiça

Sobre a justiça, rememoramos aqui para as considerações que se acabaram de verter na apresentação dos três primeiros elementos definidores do Direito, e, especialmente, nas notas sobre o recorrente debate doutrinal jurídico e político entre jusnaturalismo(s) e positivismo(s) e a linha do nosso entendimento.

Deixemos aqui agora a nota de que o que em qualquer fenomenologia tem radical natureza jurídica é o que pertence à essência do mundo jurídico, ou seja, ao último elemento da definição que prévia e provisoriamente apontámos: a mobilização pela e para a Justiça.

366 Com K. Hesse, o direito é, simultaneamente, medida material e forma de vida coletiva. Ou meio de ordenação social indissociável da justiça, cfr. J. J. Gomes Canotilho, *Direito Constitucional e Teoria da Constituição,* 7.ª ed., Coimbra, Almedina, 2003, p. 244. Dizemos entretanto que não aceitamos um contexto finalista estadual e constitucionalmente exacerbado, pois tal positiva o princípio do Direito no princípio do Estado de direito, e entende o direito como instrumento, como "*meio* de ordenação racional e vinculativa de uma comunidade" organiza(n)da. Nós entendemos o direito essencialmente mais como valor do que como medida de valor. Aqui também relevante, mas segundo outro contexto e outra perspetiva da teoria e da metodologia jurídicas, consideramos que as teses analogistas, metodonomológicas, sublinhando e redescobrindo o mimetismo e o seu contrário no direito e no discurso da juridicidade; inovam, mas são dominantemente neoformalistas.

Tomando a justiça como valor essencial do Direito, ideia e princípio multiplamente perspetivável[367], mas cuja ideia nuclear, tendencialmente universal e intemporal porque radicada na natureza humana, será a da vida humana intangível e a dignidade individual e social da pessoa humana ecocosmologicamente situada[368]. Ideia esta que, vista como princípio jurídico fundamental, é acompanhada dos princípios fundamentais da igualdade[369] e da paz[370]. E que, no estádio atual do desenvolvimento das estruturas organizatórias político-jurídicas, se preenche, harmoniza e tutela na arquitetura formal e materialmente estruturante do princípio da constitucionalidade[371].

A justiça será um valor:

*a)* Que tem a esfera da dimensão individual pela afirmação e desenvolvimento da dignidade da pessoa humana e dos seus direitos fundamentais:

   *i)* Em modo individual ou dimensão antropológica radical do estado de direito – a pessoa humana em senda de liberdade e singularidade, mas situada no complexo alargado de direitos e deveres fundamentais[372];

[367] Ou suas esferas, cfr. J. J. Gomes Canotilho, *Direito Constitucional e Teoria da Constituição,* 7.ª ed., Coimbra: Almedina, 2003, p. 245.

[368] Não exatamente assim, mas porque das suas aulas lhe ouvimos e registámos indelevelmente o fundo sentido axiológico, cfr. Castanheira Neves, *Digesta – Escritos acerca do Direito, do Pensamento Jurídico, da sua Metodologia e outros,* Vol. 1.º, Coimbra: Coimbra Editora, 1995, pp. 241 e ss.

[369] À qual é reduzida e acompanhada de relativização, v. H. L. A. Hart, *The Concept of Law*, 2.ª ed., Oxford, 1994, – trad. de A.R. Mendes, *O Conceito de Direito*, Lisboa: F. C. G., 1996, pp. 180 e ss.

[370] A ideia e o princípio da paz traduzem-se no princípio fundamental da solução pacífica dos conflitos que reputamos conatural à ideia de direito.

[371] Tradicionalmente, o princípio da supremacia da Constituição não é formulado no nível dos anteriores; mas para a compreensão do Direito é inescusável basilarmente dado que: traduz o essencial primado do direito numa organização social justa, revela e hierarquiza os valores que qualquer constituição (ainda que apenas material) deve acolher, e afirma o ordenamento jurídico-constitucional como subsistema fundamental, fundamentante e coativamente preeminente face ao demais normativo social.

[372] Portanto, longe do reducionismo liberalista aos direitos à liberdade individual civil e à propriedade privada.

*ii)* Em contexto social – a pessoa como membro de uma comunidade em igualdade comutativa e distributiva de condição social como cidadão, operador económico e como administrado – *maxime* na "distribuição de direitos e deveres fundamentais e na divisão dos benefícios[373] da cooperação em sociedade[374]";

*iii)* E em concerto ecocosmológico[375] – o ser humano como parte de um cosmos (e não de um caos que pretende, ubiquamente, rejeitar[376]), ou em humanidade ecológica[377];

*b)* Que tem a esfera da dimensão socio-organizacional, enquanto exige uma comunidade racionalmente organizada segundo princípios formais e materiais que um estado de direito assegura fundando-se no basilar princípio da constitucionalidade.

[373] E encargos, acrescentamos.

[374] Por J. Rawls, (V., *Uma Teoria da Justiça,* Brasília, 1981) *apud* J. J. Gomes Canotilho, *Direito Constitucional e Teoria da Constituição, cit.*, pp. 243 e 248 e ss. Este autor sublinha ainda a diversidade de esferas de justiça perspetiváveis e a diferença entre mero estado de direito e estado de justiça (estado de direito justo) e estado social de justiça, por Marx. De Radbruch, (veja-se do autor, especialmente, *Filosofia do Direito,* 6.ª ed., Coimbra: Arménio Amado, 1979), Canotilho acolhe a pertença da justiça à própria ideia de direito, e depois aponta para a compreensão de que a justiça reúne a materialidade jurídica superior ilustrando com, precisamente, os princípios fundamentais da proibição do excesso, proteção da confiança, da indemnização dos danos, da igualdade, e do respeito pela dignidade da pessoa humana; e no início do tratamento do princípio do estado de direito – juridicidade.

[375] Superconceito que vai além da apenas inicialmente radical contrapolaridade de cosmos a caos. Ou seja, de um cosmos que é pretendido evolutivamente mais harmónico, diverso e rico – no qual a humanidade é uma espécie de vida que se reconhece, aceita e promove entre imensas espécies e entre outras dimensões de existências por ela percebidas (e não percebidas), reconhecidas, aceites e promovidas.

[376] Não o assim disse Tolstoi; mas diremos que guerra e paz são a recorrência existencial do dissídio grupal nas gregariedades humanas. Na diacronia da dialética entre ambas, a recorrência é condição do vencimento progressivo de melhores/maiores estados de paz e de não guerra – contudo sem humana ou transcendental garantia de vitória irregressiva. Reconhece-se uma involução no belicismo em favor da paz mais plurimatizada e em sociedades mais densa e complexamente organizadas e mais multiconflituais, suscitantes e resultantes, significativamente, do apuro concomitantemente crescente das ciências jurídicas.

[377] *Lato sensu,* pois queremos significar a relação de uma espécie (da humana) com a totalidade que existe com e, quiçá, independentemente dela.

*c)* Que, para se cumprir nos estruturais e máximos valores do direito, tem coenvolvida uma justificação da disponibilização social dos meios adequados às sua tutela eficiente – o realizar-se sempre que necessário através da justa penalização dos membros da sociedade que a coloquem em crise[378]. Penalização esta já generalizadamente excluindo a pena de morte, mas aplicável até ao máximo uso admissível da força ou coação absoluta. Justiça humana, mas carente de tarefa imparcial e chispa superior – de deuses[379].

## 2.2. Estado (Socialidade, Estado e Pluralismo Jurídico)

### ...1. *Sociedade e Cosmos*

A socialidade é dimensão essencial da natureza humana e a sociedade é manifestação existencial da exigência natural de sobrevivência e subsis-

[378] F. P. Bronze, *Lições de Introdução ao Direito*, 2.ª ed., Coimbra: Coimbra Editora, 2006, 27 e ss.; G. Marques da Silva, *Introdução ao estudo do Direito*, UCE, Lisboa, 2007, pp. 25 e ss..

[379] De Dice e Témis, segundo a mitologia grega, e de Iustitia, segundo a romana, se tem preenchido o reconhecimento da natureza transcendente de julgar o outro: A segunda mulher de Zeus, filha de Urano (céu) e de Gaia (Terra) foi Témis. Témis é a deusa (deusa titã – porque uma dos doze filhos dos primeiros senhores do Universo) guardiã dos juramentos dos homens e das leis. "*Divindade da segunda geração, foi criada, com Nêmesis – a deusa da* ética *– pelas moiras. Têmis empunha a balança, com que equilibra a razão com o julgamento, e/ou uma cornucópia; mas não é representada segurando uma espada. Tinha três filhas: Eumónia – a Disciplina, Diké – a Justiça, e Eiriné – a Paz. Foi ela que fez da sua filha Diké (ou Astraea), que viveu junto aos homens na Idade do Ouro, Deusa da Justiça. Diké (ou Dice) filha de Zeus com Têmis, é a deusa grega dos julgamentos e da justiça (a deusa correspondente, na mitologia romana,* é a *Iustitia), vingadora das violações da lei.*

*Era uma das Horas. Com a mão direita sustentava uma espada (simbolizando a força, elemento tido por inseparável do direito) e na mão esquerda sustentava uma balança de pratos (representando a igualdade buscada pelo direito), sem que o fiel esteja no meio, equilibrado. O fiel só irá para o meio após a realização da justiça, do ato tido por justo, pronunciando o direito no momento de "ison" (equilíbrio da balança). Note-se que, nesta aceção, para os gregos, o justo (Direito) era identificado com o igual (Igualdade).*

*É representada descalça e com os olhos bem abertos, para valer-se no julgamento não só da audição, como também da visão.*

Ressalta-se também que a Iustitia romana não era representada com os olhos abertos, mas vendados". Cfr. http://pt.wikipedia.org/wiki/Dik%C3%A9 – acesso em 26.09.2007 – *apud Pierre Grimal; Justiça, in Dicionário da Mitologia Grega e Romana; 3.ª ed., Algés: Difel,*

tência da humanidade, percebida crescentemente em atualista concerto agostiniano, diríamos.

Por outro lado, contra o que já foi pretendido na história do pensamento jurídico, o direito não é sector da ordem fenomenológica tratada pelas ciências "exatas", pois é dimensão (e garantia) da ordem humana e social. Concerne à vida humana em sociedade (*ubi ius ibi societas*).

Não obstante, queremos nós pugnar ainda por um entendimento latíssimo de socialidade: cada ser humano coexiste com *socii* humanos e não humanos, no sentido em que o direito exige à humanidade uma *intra* (co)ordenação (a humanidade organizada em si), mas concomitantemente deve exigir(-se) uma intercompreensão – permitindo e promovendo a coexistência e o equi-respeito face aos demais entes e realidades (as imensas além do ser humano) que coexistem e se carecem múltipla e reciprocamente compondo o cosmos que percebemos e no qual interagimos.

### ...2. *Estado*

*Estado de Direito*

O Estado é sem dúvida a forma organizatória da sociedade política contemporânea mais comum e mais eficaz, e com uma multimilenar história[380]. Mas outras modalidades de organização política existem para além do Estado – *v. g.*: as tribos, as comunidades até aceites ou designadas como nações ou estados mas que não se organizam e realizam internamente segundo divisão e balanço de poderes soberanos euro-ocidentais, as organizações internacionais, as entidades supraestaduais, a comunidade internacional – às quais se reconhecem sistemas jurídicos diversos, consolidados, autónomos e independentes da form(ul)a política estadual.

Não reconhecemos pois, também, pertinência às teses da história do pensamento jurídico que elaboraram identidades perenes e avassaladoras entre Direito e Estado. Mas reconhecemos a forma estadual como a contemporaneamente mais eficaz – porque com tutela com coercibili-

*1999; e E. Alexandre Silvae, Uma história, dos primórdios aos nossos dias, da Justiça de Paz em questão, in Jus Navigandi – acesso a 03.09.2006.*

[380] Cfr. Jorge Miranda, *Manual de Direito Constitucional, Tomo I, Preliminares, O Estado e os Sistemas Constitucionais*, 7.ª ed., Coimbra: Coimbra Editora, 2003, pp. 43 e ss.

dade – da promoção da dignidade humana, da integração e do progresso sociais.

É conatural à humanidade que a ordem prefira ao caos, que a cooperação prefira à competição, que a paz prefira à guerra, que a inclusão social prefira à exclusão. Estes são valores também morais e até religiosos, contudo, conforme sublinhámos, é na respetiva semântica jurídica que se assumem no texto e no sistema jurídicos[381]. No âmago deste centrámos a dignidade ecocosmológica da pessoa humana. Tal axiologia jurídica, tem que valer e ser vigente, eficaz; pelo que a coercibilidade é instrumento da realização e promoção da humanidade e da dignidade da pessoa humana situada (pessoa *stricto sensu*, cidadão, operador económico, administrado).

*Estado e pluralismo jurídico*

Mas há que lembrar que nem todo o Direito procede do Estado[382], nem todo o Direito carece de ser reconhecido pelo Estado, e nem todo o Direito é garantido por órgãos estaduais de coação.

A forma estadual (ou o ente Estado, sujeito público organizatório composto por população, território e soberania) é hoje dominante e a mais garantista da realização da justiça numa comunidade. Contudo, o Estado não se identifica, não explica, não compreende, não justifica e, sobretudo e *a fortiori*, não funda o Direito. Ao invés, é o Direito que define o estatuto do político, que o valida e que o subordina. A tradução destas asserções é em regra clara nas constituições mais elaboradas; veja-se na portuguesa

[381] O fundamento e essência do direito na ideia de justiça (multimatizável, é certo, mas sem prejuizo da discernibilidade) e esta na dignidade da pessoa humana eco-situada valem decisivamente para o Direito; e quer para o direito interno quer para o internacional. Repare-se que os valores do texto estão sedimentados na Constituição – diploma que é o estatuto jurídico da ordem política: o artigo 7.º da CRP pontua "direitos humanos", "igualdade", "paz", cooperação", "liberdade", "justiça (...) que promova o respeito pelos direitos da pessoa humana".

[382] Entre nós, v., O. Ascensão, *O Direito. Introdução e Teoria Geral*, 13.ª ed., Coimbra: Almedina, 2005, pp. 23 e 56 e ss.; Machado; J. B., *Introdução ao Direito e ao Discurso Legitimador*, cit., pp. 50 e ss.; Telles. I. Galvão, *Introdução ao estudo do Direito*, I, 11.ª ed., Coimbra: Coimbra Editora, 2000, pp. 23 e 32 e ss.

os artigos 2.º e seguintes, *maxime* o n.º 2 do artigo 3.º: "O Estado subordina-se à Constituição e funda-se na legalidade democrática"[383].

Pluralismo jurídico é a expressão designatória de que outros conjuntos normativos paralelos ao do Estado existem, manifestando uma diversidade coexistente.

O pluralismo jurídico[384] não se cinge à verificação dos Direitos supra-estaduais, mas também à de que as normas da competência exclusiva de muitos entes jurídicos autónomos têm autónoma fundamentação, legitimidade, validade e eficácia; pois pretende lembrar o direito consuetudinário que tem fundamento diverso do estadual, bem como conglomerados jurídico-normativos mais ou menos reconhecidos ou segregados, paralelos, gerados e prevalecentes em comunidades, ordens, grupos ideológicos, económicos, ou, latamente, culturais.

Em terminologia mais próxima: usos (e de usos *contra-legem*); costumes; praxes públicas; regras e acordos corporativos; códigos internos de fábrica[385], regras de etnias, grupos ou células sociais; contratos; deliberações, decisões e comandos de natureza diversa (*v. g.*, religiosa ou política) mas com consequências no plano jurídico[386].

O Estado (e em constitucionalismo) não é, pois, suficiente para se assumir como forma genética e fundamentante de todo o direito; apesar de (poder) erigir, positiva e mais conseguidamente, a arquitetura dos princípios e instrumentos fundamentantes e garantidores da sociedade em crescente estado de direito de justiça.

## 2.3. Ética

### 2.3.1. Em geral

Parte-se do suposto segundo o qual justiça e ética se encontram – desde logo são dois universos intersetantes na Axiologia. Esta entendida no

[383] Cfr. Jorge Miranda, *Manual de Direito Constitucional, Tomo I, Preliminares, O Estado e os Sistemas Constitucionais*, 7.ª ed., Coimbra: Coimbra Editora, 2003, p. 12.

[384] Que ouvimos e lemos mais cedo em Boaventura de Sousa Santos.

[385] Cfr. Manuel de Sousa Domingues N. P., "*Código de Fábrica – Um caso de Pluralismo Jurídico*", Revista Crítica de Ciências Sociais, 21, 1986, pp. 173-174.

[386] Cfr. D. F. Amaral, R. A. Pereira (colab.), *Manual de Introdução ao Direito*, Vol. I, Coimbra: Almedina, 2004, pp. 518, 547, 557 e ss.

quadro de uma conceção da tese substancialista e pluralista da Axiologia – Ética e Direito como dois universos integrados, na essência, por valores: a felicidade e o prazer do be(o)m e do justo, respetivamente.

Depois, pretende-se que num Estado vigore apenas um sistema jurídico; diversamente, num Estado não pode reconhecer-se apenas uma moral(idade) ou uma ética.[387]

A(s) ética(s) integra(m) substancialmente a justiça também; mas sublinhamos que o sistema jurídico, quando acolhe valores éticos, os integra não enquanto tais mas sim enquanto valores de justiça.

A distinção tradicional entre o Direito e a Moral apresenta-se quer sob um prisma substancial, quer sob a perspetiva tutelar (perspetiva segundo as formas de prevenir e sancionar as violações das respetivas regras).

Material ou substancialmente (mas *grosso modo*) distingue-se da Moral, porque o Direito só acolhe aquelas regras morais cuja vigência seja necessária e suficiente (o tradicionalmente designado "mínimo ético") para que na vida social prevaleça a justiça – ou seja: que cada ser humano seja livre, viva em paz, tenha garantido o gozo e disposição daquilo que é seu no concerto ecocosmológico; sendo a bondade, o respeito e a simpatia, a caridade e a fé divina, valores cimeiros sim, mas já da moral, do trato social e da religião.

Sob a perspetiva das formas de tutela da vigência dos respetivos valores: enquanto a Moral atribui a cada pessoa a competência para verificar e corrigir os seus erros morais (autotutela)[388], já o Direito, tem para sal-

[387] P. ex., a ética republicana ou a judaico-cristã, cfr. o art. 25.°/1 e ss. da CRP. A Constituição da República Portuguesa não elege, nem pode proteger esta; nem consagra aquela – apesar de ser um estado republicano, cfr. o seu art. 1.° e sg. Muito menos protege, excludentemente, uma religião – pois é um Estado não confessional, conforme tutela o art. 41.°. E, por todos, o art. 13.° da mesma CRP. Mas também não é o direito o panteão da moral, o antro do niilismo ético ou o campo da rejeição religiosa. O *re-ligare*, por exemplo, tem em Portugal um património cultural, assistencial e institucional inquestionável com o cristianismo – em concordância constitucional e legal, vigora institucionalmente uma convenção internacional (a Concordata) que manifesta a historicidade e a atualidade de uma ligação religiosa privilegiada, cfr. a Concordata entre a Santa Sé e a República Portuguesa, de 8 de Maio de 2004, que substituiu a Concordata de 7 de Maio de 1940.

[388] Ou moral autónoma (consciência crítica do bem e mal pelo sujeito ativo); mas também a moral heterónoma (consciência comunitária de bem e mal aferidora de comportamentos individuais). Não ultrapassamos aqui a remota – e para alguns já imprestável,

vaguardar a imperatividade das suas regras, essencialmente, formas de heterotutela.

Mas face às "moralidades heterónomas", a diferenciação aponta para que apenas no direito a heterotutela se pode assumir, e em regra, como coerção.

Estas distinções são relevantes em dupla dimensão:

- Distinguem o comportamento lícito (e ilícito) do moral (e imoral) e do religioso (e pecaminoso).
- São condição de liberdade responsável, ao afirmarem a tolerância das maiorias pelas minorias com valores políticos, morais, religiosos e outros que sejam admissíveis segundo o direito por não porem em causa as condições de vida em sociedade de justiça, segurança e solidariedade.

Um comportamento devido ou um reprovável, segundo um maioritário critério moral, não podem impor-se a uma minoria (ou a até a um só sujeito jurídico) se tais comportamentos não forem juridicamente havidos e impostos.

Mas deve notar-se que o que se acaba de dizer admite que a interioridade não esgota a dimensão moral, uma vez que esta exige também o atuar segundo critérios socialmente generalizados de bom, bem, bem-fazer, honestidade, boas práticas. Assim como se deve ter presente que o Direito não deixa de, a seu específico modo, conhecer das intenções dos sujeitos nos factos jurídicos. Ou seja, o direito, apesar de regular comportamentos de interação social, é sensível às causas interiores, subjetivas, ou mais endógenas do sujeito de um comportamento. Pode haver uma apreciação do grau de valor, desvalor[389], ou de ausência valorativa[390], na génese subjetiva de um comportamento com implicação intersubjetiva.

mas para nós aqui pedagogicamente útil – distinção kantiana entre direito e moral ("filosofia prática"), e entre ser (antropologia) e dever-ser (moral).

[389] Veja-se a relevância de diversas modalidades de dolo, e de negligência ou mera-culpa, e ainda graduáveis não apenas em sede de direito penal, mas também em ramos do direito com categorias ou espécies nem sempre homólogas às daquele.

[390] No erro vício, no erro-obstáculo, na falta de consciência do ato (sócio-)juridicamente relevante.

### 2.3.2. Dos códigos de ética organizacional

Desde Cícero, mas indiciária e fragilmente, a ética pôde ser discernida da moral como sendo a ciência da moral[391], ou, menos ousadamente, pela utilização da expressão como designação erudita da mesma ordem normativa social; hoje, cremos, a fenda na sinonímia entre moral e ética tem um outro distinto e recente campo, ao revelar, partindo da área da "moral social", a emergência de "códigos de conduta empresarial" (económica, ou apenas corporacional), os quais claramente se pretendem com estatuto e objetivos distintos.

Designadamente não chegando a integrar nem revestir a exterioridade e a heterotutela coativa por públicas penas de prisão, medidas preventivas, multas, coimas ou penas acessórias características do direito.

Característica esta que por vezes adia a respetiva consideração pelo sistema jurídico em prejuízo do desenvolvimento e eficácia de sectores como os do direito administrativo, do direito comercial, do direito fiscal, do direito do ambiente ou do direito do consumidor, e em prejuízo de interesses de sujeitos jurídicos com baixo poder negocial ou forte submissão corporativa.

Mas característica de apenas quase-juridicidade que noutros contextos se manifesta útil e necessária. Veja-se os códigos de conduta empresarial, cartas de conduta, de ética profissional ou como códigos deontológicos que, por vezes, respondem a carências sectoriais ou corporacionais de vinculações normativas auto-regulatórias apenas quase jurídicas.

E, ainda de sentido útil, em desregulamentação e mesmo afastamento da judicialidade, também existe sensível movimento de crescimento nor-

[391] Ou pela figuração heideggeriana como modo-de-ser. Desde a modernidade, evolui-se para a identidade de significado dos dois significantes (moral e ética), a qual se volve tendencialmente como domínio disciplinar tendo por objeto o valor do bem-fazer em geral, e como concreto critério e fundamento comportamental num quotidiano existencial votado à satisfação, à simpatia, ou ao não prejuízo do interesse alheio. Mas, depois de um pequeno conjunto de ideias-força gerais como este, abre-se, crítica da dogmática pré-moderna da moral única e inquestionável, um conspecto já aparentemente *eternaly under contruction, and making war on one another*, manifestando um aumento progressivo de (sistemas ou partes) morais especiais plúrimas e contrastantes, como também indicia entre nós Pinto Bronze, *A Metodonomologia entre a Semelhança e a Diferença, cit.*, p. 123 ss.; com Robert Alexy, *Teorie der juristischen Argumentation, Frankfurt, 1978*, p. 216 e sg.

mativo na penumbra do jurídico, quer para superar défices ou subfinanciamentos do sistema judicial, quer para agilizar e tornar célere a função judicial, quer, agora com justa razão, para tratar matérias de relevância jurídica decrescente sem o rigor processual e ou vinculação a *dura lex*, mas apenas com o reduzido imperativo estatuto de *soft law*.

## 3. Da Teoria do Pensamento Jurídico segundo a Teoria dos Valores Jurídicos

### Da definição de direito à teoria do direito

Se perspetivarmos os três planos ou níveis nos quais se constroem as ciências jurídicas, as disciplinas sobre as práticas sociais jurídicas, ou mais sintático-sinteticamente, a teoria geral do direito, temos:

- A teoria do pensamento jurídico;
- A teoria do direito;
- A teoria da ciência do direito.

Sobre a teoria do pensamento jurídico, os trabalhos têm evoluído segundo linhas nas quais por vezes encontramos ecos, por vezes não muito mais que tal, de vislumbres de teses muito antes indiciadas. Reiteramos a nossa posição de fundo axiológico[392] e neojusnaturalista, imbricada com uma base científica ecocosmológica. Base matemática, física, biológica e neuronal e psíquica estudada pelas ciências exatas e naturais, da cultura e do comportamento nas humanidades.

A este propósito, numa senda de fundamentação causal nas ciências experimentais naturais e da vida, encontramos uma busca exposta em tese de Rúben Ramião; resumindo o conteúdo da sua tese[393] o citamos

[392] Cfr. Afonso, Elza Maria Miranda. «O direito e os valores (reflexões inspiradas em Franz Bentrano, Max Scheler e Hans Kelsen)». Revista do CAAP (2): 15–62. 1999.

[393] Daqui parte a súmula da tese de Rúben Miguel Pereira Ramião, *Teoria do Pensamento Jurídico*, FDUL, Lisboa, 2018. Na senda também do positivismo de Bobbio, Norberto Teoria da Norma Jurídica. Bauru: EDIPRO. 2001, passim; todavia bem temperada nos seus escritos finais como seja "A Era dos Direitos" de 1990, aqui Norberto Bobbio identifica os direitos fundamentais que permitem o desenvolvimento de uma democracia real e de

defendendo que "o homem, na sua relação com o mundo, procura compreendê-lo à sua medida. A medida da compreensão humana do mundo consiste numa aproximação subjetiva à verdade. A propriedade natural mais relevante do homem é a sua mente, capaz das maiores proezas intelectuais, das maiores descobertas científicas, mas também a fonte dos maiores erros e incertezas sobre o mundo. A mente humana é, assim, o ponto de partida para a compreensão epistemológica da própria ciência. Ela encerra os mistérios da compreensão humana e da possibilidade dos objetos da própria ciência. Sendo o direito o objeto da ciência jurídica, ao analisar-se a mente, descobre-se que este encerra um segredo inquietante: é que o direito, verdadeiramente, não existe. Não existe como realidade objetiva, fora de certos estados mentais. O direito constitui um puro ato de criação da mente, cujo conteúdo material resulta de uma prática social geralmente aceite. A ideia de que essa prática social constitui o próprio direito mais não é do que a expressão de uma pré-compreensão. Ao vivermos em sociedade, adquirimos certas pré-compreensões, das quais muito dificilmente abdicamos. Uma delas é a de que o direito existe e que a sua validade deve ser procurada cientificamente. A teoria do pensamento jurídico procura assim um novo olhar sobre o direito, refletindo, numa evolução necessária, os dois axiomas fundamentais do positivismo jurídico: (i) que o direito é um ato dos homens, (ii) e que a representação de uma norma jurídica não depende de considerações morais. Porém, o seu principal axioma é o de que a ciência jurídica, por si só, é incapaz de procurar uma resposta adequada para o problema do conceito de direito. Para atingir esse objetivo, é necessário que a ciência jurídica trabalhe com o auxílio das ciências da mente". Enfim, uma visão neopositivista e científico naturalista que a todo o custo procura desvinculação das humanidades e da axiologia como itenere culturalmente evolutivo da expressão de valores inelutavelmente presentes no cosmos jurídico. Não obstante a base física, química, bioquímica e neurológica que entendemos existir para o Direito, basilaridade somática pois, todavia sempre também

uma paz justa e duradoura. Uma participação coletiva e não coercitiva nas decisões da comunidade, uma negociação das partes, a expansão do modelo democrático para todo o mundo.

cultural, do comportamento e da socialidade exigente de normatividade axiológica, humanística, dos humanos.

É António Pinto Monteiro, quem em 2018, a propósito de homenagem da maior academia carioca sumula concisamente na sua comunicação os fatores de superação do positivismo jurídico no ensino do Professor Castanheira Neves, apontando: 1.Factores culturais e filosóficos gerais; 2. Fatores ideológico-políticos; 3.Factores imediatamente jurídicos; num quadro de Juridicidade social e materialmente fundada no Princípio da igualdade, através de cláusulas gerais e princípios normativo-jurídicos, para uma nova orientação metodológica do pensamento jurídico.

Neste mesmo evento foi também notada a contribuição juscientífica de Aneliese Becker, intitulada "Notas sobre a importância da compreensão jurisprudencialista do Direito" , na qual defendeu que "A concepção jurisprudencialista da juridicidade encontra expressão completa e exemplar na obra de Castanheira Neves. Pressuposta a condição ética como essencial à constituição do direito como tal, como seu critério e fundamento, assoma o direito como limite à voluntas do poder e, assim, como a resposta humana à crise engendrada pelas outras ordens que, alternativas ao direito, enunciam também elas respostas para um problema necessário e universal (a partilha de um mundo único pela pluralidade humana que nele convive), para o qual o direito é apenas uma das respostas possíveis. O jurisprudencialismo como terceira via à superação do normativismo positivista- legalista pelos diversos funcionalismos que, assimilando os projetos daquelas ordens alternativas ao direito, competem entre si, tomando o direito como se fora um regulatório qualquer, desprovido de sentido próprio. Terceira via assentada na autonomia do direito que, somente assim compreendido, à luz de uma racionalidade e intencionalidade próprias, iluminadoras de um desenvolvimento metodológico com ela coerente, pode assumir um sentido fundamentante, por isso capaz de vencer o decisionismo e, assim, exercer uma crítica de sentido axiológico ao poder, limitando-o e, com isso, oferecer uma resposta axiologicamente fundada à doutra forma invencível (salvo por meio da força) equivalência de interesses positivados pelos diversos funcionalismos. O direito, em sua compreensão jurisprudencialista, como a alternativa humana entre as respostas possíveis àquele problema necessário.

Bem assim Saulo Monteiro Martinho de Matos, a propósito da temática, teceu as suas considerações sobre a *normatividade axiológica na teoria do direito: comentários à tese de Castanheira Neves sobre o "juízo autónomo da juridicidade sobre o caso concreto", referindo que no seu estudo* refletiu acerca da tese da autonomia da prática jurídica como elemento fundante da teoria do direito de António Castanheira Neves, exposta em diversos de seus escritos, tais como, "Metodologia jurídica: problemas fundamentais", "O actual problema metodológico da interpretação I" e "Questãode-facto – Questão-de-direito ou o problema metodológico da juridicidade". Por prática jurídica ou do direito, compreende-se a prática de identificar proposições jurídicas válidas para a solução de conflitos sociais particulares por meio de autoridade judicial. A teoria do direito visa oferecer modelos para a determinação de tais proposições jurídicas válidas. A hipótese levantada é de que a teria do direito de Castanheira Neves é composta por três teses centrais: (T1: tese da intencionalidade prática do direito): o direito implica, necessariamente, uma intencionalidade prática, a dizer, a prática de identificar proposições jurídicas para solução de um caso concreto por meio da autoridade judicial é sempre uma instância da racionalidade direcionada para justificar a execução ou não de uma ação particular; (T2: tese da intencionalidade axiológica do direito) a melhor compreensão da prática jurídica pressupõe que a determinação de proposições jurídica válidas sempre apela para uma dimensão axiológica ou de valor (como, e.g., a justiça); e (T3: tese da autonomia do direito) a prática jurídica é melhor compreendida como uma atividade autônoma, a dizer, a identificação de proposições jurídicas válidas não depende de uma dimensão para fora do próprio direito. Como conclusão, o estudo aponta para a dificuldade em combinar a tese da intencionalidade axiológica do direito (T2) com a tese da autonomia do direito (T3), uma vez que Castanheira Neves sustenta que justificação de proposições jurídicas válidas não pode ser pensada *a posteriori.*

Dissemos e reiterámos *supra* que concebemos o Direito como sistema no qual a coação e a coercibilidade são instrumentais a uma teoria eco-cosmológica do direito.

Defendemos a tese do Direito como sistema científico social autónomo, afastando a conceção de um subsistema mediador, instrumental para outras humanidades ou ciências sociais.

Afirmámos o Direito como sistema finalístico, teleológico, contrapondo-o a um conceito de um sistema meramente técnico, axiológica, ética e filosoficamente neutro ou materialmente niilista.

Assumimos a ideia de Direito, a Justiça, como "O" valor do Direito, na pluralidade de valores na disciplina da Axiologia[394], no quadro de uma concepção substancialista e pluralista na teoria desta axiologia, a par do valor do prazer (mas recusando o monismo da tese hedonista), do bom, do conhecimento, da liberdade do ser humano digno e dos povos, (esta todavia intimamente ligada e integrada na "ideia de direito", na Justiça como específica e autónoma filosofia ética, como satisfação social de dignidade pessoal, felicidade, harmonia social, prazer relacional comunitário, não obstante sem voltar a Savigny, antes sim nos antípodas deste, uma vez que a globalização dos princípios jurídicos fundamentais emerge de de uma tese universalista destes direitos, do Direito, da democracia como sistema político menos desconcentrador da univocidade do iter para a exigência de realização de uma verdadeira ordem[395] axiológico-jurídica planetária que liberte definitivamente os humanos da sua condição conflitual genética superando-se e realizando-se como sociedade irretrocessualmente afirmante da dignidade da pessoa humana em concerto ecocosmológico, passível de comunicação e sinergese ecocosmológica, abrindo fronteiras entre sistemas e famílias de direitos, de seres que se venham a seduzir por comunicar com humanos livres, artísticos e pacíficos[396] por direito natural e culturalmente vivo do planeta Terra. E por aqui deixamos a teoria pura do pensamento jurídico (neopositivista) para

[394] Zimmerman, Michael J.; Bradley, Ben «Intrinsic vs. Extrinsic Value». The Stanford Encyclopedia of Philosophy. Metaphysics Research Lab, Stanford University. 2019. Daqui parte a súmula da tese de Rúben Miguel Pereira Ramião, *Teoria do Pensamento Jurídico*, FDUL, Lisboa, 2018, p. 5..

[395] Cfr. *v.g.* Shapiro, Martin «The Globalization of Law». Indiana Journal of Global Legal Studies. 1993. 1 (1).

[396] Raponi, Sandra. «Is Coercion Necessary for Law? The Role of Coercion in International and Domestic Law». Washington University Jurisprudence Review. 2015. 8 (1): 35–58.

acolhermos a teoria constitucional portuguesa – todavia universalista – da vinculação direta dos princípios-valores, inequivocamente acolhida e expressa no artigo 18.° da CRP, para valer conformemente nos artigos 1.° ss e, especial em sede de direitos, liberdades e garantias. Esta metodologia é jurídica, não é dicotómica da metodologia "para se conseguir o acesso à ideia de Direito e ao Direito natural" – como puristicamente defende Karl Engisch na última página da sua *Einfürung in das Juristische Denken*, 3. Auflage. cit.

# BIBLIOGRAFIA


Abreu, J. M. Coutinho, Coord., *Código das Sociedades Comerciais em Comentário*, 7 vol. Coimbra: Almedina, 2019

— *Curso de Direito Comercial*, 2 Vol.Coimbra, Coimbra: Almedina, 2019

Alexy, Robert, *Teorie der Juristischen Argumentation*, Frankfurt a. M., 1978

- *Theorie der Grundrechte*, Suhrkamp Verlag, Frankfurt a. M., 1985

Almeida, C. Ferreira, Carvalho, J. M. *Introdução ao Direito Comparado*, 3.ª ed., Coimbra: Almedina, 2015.

Amaral, D. F., *Curso de Direito Administrativo*, vol. I, 4.ª ed., Coimbra: Almedina, 2018.

Amaral, D. F., *Manual de Introdução ao Direito*, vol. I, Coimbra: Almedina, 2014.

Andrade, J. C. Vieira, *A Justiça Administrativa*, 13.ª ed., Coimbra: Almedina, 2014.

— *Os Direitos Fundamentais na Constituição Portuguesa de 1976*, 5.° ed., Coimbra: Almedina, 2012.

Andrade, M. Domingues., *Ensaio sobre a Teoria da Interpretação das Leis*, 4.ª ed., Coimbra: Arménio Amado, 1987.

— *Teoria Geral da Relação Jurídica* [1960], 1.° vol., Coimbra: Almedina, 1997.

— *Teoria Geral da Relação Jurídica* [1960], 2.° vol., Coimbra: Almedina, 1992.

Aragão, M. A. S., *O Princípio do Nível Elevado de Protecção e a Renovação Ecológica do Direito do Ambiente e dos Resíduos*, Coimbra: Almedina, 2006.

Ascensão, J. Oliveira, O Direito, Introdução e Teoria Geral, 14.ª ed., Coimbra: Almedina, 2013.

— *Direito Civil – Teoria Geral*, vol. I, Coimbra: Coimbra Editora, 2000.

Betti, Emilio, *Teoria Geral do Negócio Jurídico*, 3 vols., Coimbra: Coimbra Editora, 1960.

Blackburn, Simon, *Error theory of ethics*. Macmillan Encyclopedia of Philosophy, 2nd Edition. [S.l.]: Macmillan, 2006.

Bobbio, N., *Giusnaturalismo e Positivismo Giuridico*, Milão, 1984.

— *Studi per una Teoria General del Diritto*, Turim: Giappichelli, 1970.

— *Dalla Struttura alla Funzione. Nuovo Studi del Diritto*, Milão, 1977.

Bráz Teixeira, A., *História da Filosofia do Direito Portuguesa*, Lisboa: Presença, 2005.

Brierly, J. L., *The Law of Nations*, 6.ª ed.,Oxford: Clarendon Press [1963], trad. de Almeida, M. C., *Direito Internacional*, 4.ª ed., Lisboa: F. C. G., 1979..

Bronze, F. J. Pinto, *A Metodonomologia entre a Semelhança e a Diferença*, Stvdia Ivridica, 3, Coimbra Editora, 1994.

— *Lições de Introdução ao Direito*, Coimbra, Coimbra Editora, 2.ª ed.. 2010

— *Lições de Direito da Personalidade*, 2.ª ed. , separata do BFDC, vol. XVI, 1990.

Campos, J. M., Porto, M. L., Fernandes, J. A., *et al.*, *Organizações Internacionais*

— *Teoria geral. Estudo monográfico das organizações internacionais de que Portugal faz parte*, Lisboa: F. C. G., 1999.

Canaris, C-Wilhelm, *Systemdenken und Systembegriff in der Jurisprudenz*, 2.ª ed., Berlim: Duncker und Humblot, 1983.

Canotilho, J. J. Gomes, *Direito Constitucional e Teoria da Constituição*, 7.ª ed., Coimbra: Almedina, 2005.

Carbonnier, Jean, *Droit Civil – Les Obligations*, 11.ª ed., 1982.

— *Derecho Flexible. Para una Sociologia no Rigorosa del Derecho*, Madrid, 1974.

Cardoso da Costa, J. M., *A Jurisdição Constitucional em Portugal*, Coimbra: Almedina, 2007.

Cartou, Louis, *et al.*, *L'Union Européenne*, 6.ª ed., Paris: Dalloz, 2006.

Caupers, J., *Introdução ao Direito Administrativo*, 11.ª ed., Lisboa: Âncora Editora, 2013.

Devenney, J.,Stone, R., *Modern Law of contract*, Taylor and Francis , 2015.

Chorão, M. Bigotte, – *Introdução ao Direito – Vol. I – O Conceito de Direito*, Coimbra: Almedina, 1989.

Communier, J.-M., *Droit Fiscal Communautaire*, Bruxelas: Bruylant, 2001. Cordeiro, A. Menezes, *Ciência do Direito e Metodologia Jurídica nos Finais do Século XX*, ROA, Ano 48, 1988.12, pp. 697 e ss.

— *Introdução* (e tradução de) *"Systemdenken..."* de C.-W. Canaris, Lisboa: F. C. G., 1989.

— *A Boa-Fé no Direito Civil*, 2 vols., Coimbra: Almedina, 1997.

— *Tratado de Direito Civil – I Parte Geral*, tomo I, Coimbra: Almedina, 2007.

Correia, A. Ferrer, *Erro e Interpretação na Teoria do Negócio Jurídico*, 2.ª ed., Coimbra: Almedina, 1985.

Correia, F. Alves, Manual de Direito do Urbanismo, 3 Vols., Coimbra: Almedina, 2010 e 2014.

— O Plano Urbanístico e o Princípio da Igualdade, reimp., Coimbra: Almedina, 2001.

— *As Grandes Linhas da Recente Reforma do Direito do Urbanismo Português,* reimp., Coimbra: Almedina, 2000.

— *Manual de Direito do Urbanismo,* 3 vols., 4.ªed., Coimbra: Almedina, 2012.

— *As Garantias do Particular na Expropriação por Utilidade Pública,* Separata do Vol. XXIII do Suplemento ao BFDC, Coimbra 1982.

Cruz, Sebastião, *Direito Romano,* 4.ª ed., Coimbra: ed. do Autor, 1984.

Cunha, J. M. Silva, *Direito Internacional Público,* Tomo I, 2.ª ed., Coimbra: Coimbra Editora, 1967/Almedina, 1993.

Cunha, Paulo Ferreira, *Constituição, Direito e* Utopia, Stvdia Ivridica, Coimbra: Coimbra Editora, 1996.

— *Lições Preliminares de Filosofia do Direito,* 2.ª Edição, Coimbra Almedina, 2002

Campos, J. L. M., Campos, J. M., *Manual de Direito Europeu O sistema institucional, a ordem jurídica e o ordenamento económico da União,* Coimbra: Coimbra Editora, 2014.

Cura, António A. Vieira., *Compra e venda e transferência da propriedade no direito romano clássico e justinianeu (A raiz do* «sistema *do título e do modo*»), *in* Volume Comemorativo do 75.° Tomo do BFDUC, 2003.

— *Organização Judiciária Portuguesa,* Coimbra, Almedina, 2018.

— Direito Romano e História do Direito Português (Casos Práticos Resolvidos e Textos), Coimbra, Almedina, 2013.

Diez Picazo, L., *Experiencias Juridicas y Teoria del Derecho,* Barcelona, 1973.

Dinh, N. Q., Daillier, P., Pellet, A., *Droit International Public,* 7.ª ed., Paris: Librairie Générale de Droit et Jurisprudence, 2002

Engisch, Karl, *Einfürung in das Juristische Denken,* 3.ª ed., Estugarda [1964], trad. e pref. de Baptista Machado: *Introdução ao Pensamento Jurídico,* 5.ª ed., Lisboa: F. C. G., 1979.

Ennecerus-Nipperdey, *Allgemeiner Teil des Bürgerlichen Rechts,* 15.ª ed., Tubingen: Mohr, 1958.

Ferrara, Francesco, *Interpretação e Aplicação das Leis,* 4.ª ed., Coimbra: Arménio Amado, 1987.

Fontaine, Pascal, *A Construção Europeia – de 1945 aos Nossos Dias,* rev. e act. por Moura, J. Barros, com pref. de Mário Soares, Lisboa: Gradiva, 1998.

Friedman, Lawrence M., *Il Sistema Giuridico nella Prospettiva delle Scienze Sociali*, Bolonha, 1978.

Gazzoni, Francesco, *Manuale di Diritto Privato*, 3.ª ed., Nápoles, 1992.

Glissen, John, *Introduction Historique au Droit*, Bruxelas: Bruyant [1979], trad. Hespanha, A., Malheiros, *Introdução Histórica ao Direito*, M. M., 2.ª ed., Lisboa: FCG, 1986.

Gonçalves, P. Costa, *Entidades Privadas com Poderes Públicos*, Coimbra: Almedina, 2005.

Gouveia, J. B. *Manual de Direito Internacional Público*, 2.ª ed., Coimbra: Almedina, 2005.

Hart, H. L. A., *The Concept of Law*, 2.ª ed., Oxford [1994], trad. de Mendes, A. R., *O Conceito de Direito*, Lisboa: F. C. G., 1996.

Justo, Alexandre Santos *Introdução ao Estudo do Direito*, 10.ª ed., Coimbra, Coimbra Editora, 2019.

Justo, António Santos, *Direito Privado Romano I – Parte geral, 2.ª ed.*, Stvdia Ivridica 50, Coimbra: Coimbra Editora, 2003.

— *Direito Privado Romano, II, Direito das Obrigações*, Studia Iuridica 76, Coimbra: Coimbra Editora, 2003.

— *Direito Privado Romano, III, Direitos Reais*, Stvdia Ivridica 26, Coimbra: Coimbra Editora, 1997.

Kelsen, Hans, *Teoria Pura do Direito*, 4.ª ed., Coimbra: Arménio Amado, 1984.

— Das Problem der Gerechtigkeit, 2.ª ed., Viena [1960], trad. Machado, J. B., *A Justiça e o Direito Natural*, Coimbra: Arménio Amado, 1979.

Knut, Ipsen, *Völkerrecht*, 5.ª ed., Munique: Beck, 2005.

Larenz, Karl, *Richtiges Recht, Grundzüge einer Rechtsethik*, Munique: Beck Verlag, 1979

— *Lehrbuch des Schuldrechsts*, 14.ª ed., 1987.

— *Metodologia da Ciência do Direito*, 3.ª ed., Lisboa: F. C. G., 1997.

— *Derecho Justo. Fundamentos de Etica Juridica*, Madrid, 1985.

Lopes, Dulce Margarida J., Eficácia, Reconhecimento e Execução de Actos Administrativos Estrangeiros, Coimbra: Almedina, 2018.

Luhmann, Niklas, *Legitimation durch Verfahren*, 6.ª ed., Frankfurt am Main: Suhrkamp Verlag, 2001

— *Sociologia do Direito*, Rio de Janeiro: Tempo, 1985.

— *Sistema Juridico y Dogmatica Juridica*, Madrid, 1983.

Machado, J. Baptista, *Introdução ao Direito e ao Discurso Legitimador*, Coimbra: Almedina, 1983.

Machado, Virgílio M., *Direito e Turismo como Instrumentos de Poder*, Editorial Novembro, 2010.

Marques, J. Remédio, *Biotecnologia(s) e Propriedade Intelectual, Volume I – Direito de Autor. Direito de Patente e Modelo de Utilidade. Desenhos ou Modelos*, Coimbra: Almedina, 2007.

Martinez, P. R. e Ponte, P. F., Garantias de Cumprimento, 5.ª ed., Coimbra: Almedina, 2006.

Massoni, Neusa Teresinha, Ilya Prigogine: a contribution for the philosophy of science, Rev. Bras. Ensino Fís. 30 (2), 2008. https://doi.org/10.1590/S0102-47442008000200009

Mendes, J. Castro, *Teoria Geral do Direito Civil*, 1.° vol., reimp., Lisboa, 1997; 2.° vol., reimp., Lisboa, 1995.

Miaille, Michel, *Une Introduction Critique au Droit*, Paris: Maspero, 1977.

Miranda, Jorge, *Manual de Direito Constitucional*, Vol. I, Coimbra: Coimbra Editora, 2014.

Modugno, Franco, *Appunti per una Teoria Generale del Diritto-La Teoria del Diritto Oggetivo*, Turim, 1988.

Moncada, L. Cabral, *Filosofia do Direito e do Estado*, vol.s I e II, reimp., Coimbra: Coimbra Editora, 2006.

Moreira, Vital / Canotilho, J. J. Gomes, *Constituição da República Portuguesa anotada*, 4.ª ed., Coimbra: Coimbra Editora, 1998.

Nabais, Casalta, *Direito Fiscal*, 9.ª ed., Coimbra: Almedina, 2019.

Neves, A. Castanheira, *Curso de Introdução ao Estudo do Direito*, policopiado, Coimbra, 1971/2.

— *A Unidade do Sistema Jurídico: o seu problema e o seu sentido*, Coimbra, Almedina, 1979.

— *O Instituto dos "Assentos" e a Função Jurídica dos Supremos Tribunais*, Coimbra: Coimbra Editora, 1983.

— *Metodologia Jurídica, Problemas fundamentais*, reimp. Stvdia Ivridica, Coimbra: Coimbra Editora, 1997.

Oliveira, Fernanda Paula, *A Discricionariedade de Planeamento Urbanístico Municipal na Dogmática Geral da Discricionariedade Administrativa*, Coimbra: Almedina, 2011.

– Novas Tendências do Direito do Urbanismo – De um Urbanismo de Expansão e de Segregação a um Urbanismo de Contenção, de Reabilitação Urbana e de Coesão Social, 2.ª Edição, Coimbra: Almedina, 2013.

Olivecrona, Karl, *El Derecho como Hecho-La Estructura del Ordenamiento Juridico*, Barcelona, 1980.

Oppermann, T., *Europarecht – Ein Studienbuch*, 3.ª ed., Munique: Beck Verlag, 2005 Otero, Paulo, *Legalidade e Administração Pública – O Sentido da Vinculação Administrativa à Juridicidade*, [2003], reimp., Coimbra: Almedina, 2007.

Pereira, M. S. D. Neves, *Código de Fábrica – Um caso de Pluralismo Jurídico*, Revista Crítica de Ciências Sociais, 21, 1986.

— *Tributação Local – Uma Síntese de Fundamentos*. Faro: ESGHT – IPF, 1990.

— *Vinculação Urbanística da Propriedade Privada*, policopiado, Tese de Mestrado, Coimbra: Faculdade de Direito da Universidade de Coimbra, 1991.

— "Aspectos Jurídicos do Franchising", *in Public and Private Sector Partnerships: Working for Change*, ed. Montanheiro, L; Rebelo, E.; Owen, G.; Rebelo E., Reino Unido: Sheffield Hallam University, 1996.

— *Intervenções Urbanísticas no Litoral Turístico, in* Urbanism, Territorial Order and Environment Studies Center Law Review – Revista Internacional do CEDOUA, Ano II – 2.99, 1999.

— *Da Maceira-Liz ao Facho Litoral, Valore Mais – 15%, Comentário ao Acórdão n.° 1/99 (1.ª Secção. Recurso n.° 970/98) do Supremo Tribunal de Justiça*, in Urbanism, Territorial Order and Environment Studies Center Law Review – Revista Internacional do CEDOUA, Ano II – 2.99, 1999.

— *Os PDM Algarvios. O Contexto: da lei ao PROTAL*, in Urbanism, Territorial Order and Environment Studies Center Law Review – Revista Internacional do CEDOUA, Ano III – 2. 00, 2000.

— "Litoral: Incrementar Solo Público de Gestão Privada?", in *Os Caminhos da privatização da administração Pública – IV Colóquio Luso-Espanhol de Direito Administrativo da Universidade de Coimbra*, Stvdia Ivridica n.° 60, Colloquia – 7, (e em Separata), Coimbra (Portugal), Coimbra Editora, 2001.

— *Os Planos Directores Municipais do Algarve*, in Urbanism, Territorial Order and Environment Studies Center Law Review – Revista Internacional do CEDOUA, Ano IV – 2. 01, 2001.

— *Lições de Direito do Litoral e do Mar*, policop. Faro: UAlg, 2019.

— *Tributação do Urbanismo*, in Scientific Meetings Review – Revista Encontros Científicos, 1, 2005.

— *Impostos e Ambiente*, in Scientific Meetings Review – Revista Encontros Científicos, 2, 2006.

— *Revogação de Títulos de Utilização Privativa de Recursos Dominiais Litorais*, in Revista de Gestão Costeira Integrada, 7, (1), disponível em www.aprh.pt/rgci, 2007.

Piédelièvre, A., *Introduction à l'Étude du Droit*, Paris: Masson 1981.

Pinto, C. A. Mota, *Teoria Geral do Direito Civil*, 4.ª ed., Coimbra: Coimbra Editora, 2005.

Pizzorusso, A., *Delle Fonti del Diritto*, Bolonha, 1977.

Quadros, Fausto, *Direito da União Europeia*, Coimbra: Almedina, 2015.

Queiró, A. R., *Lições de Direito Administrativo*, policopiado, vol. I, Coimbra, 1976.

Radbruch, Gustav, *Filosofia do Direito*, 6.ª ed., Coimbra: Arménio Amado, 1979.

Ramião, Rúben M. Pereira, *Teoria do Pensamento Jurídico*, FDUL, Lisboa, 2018,

Raponi, Sandra. «Is Coercion Necessary for Law? The Role of Coercion in International and Domestic Law». Washington University Jurisprudence Review. 2015.

Rawls, John, *Uma Teoria da Justiça*, Brasília, 1981.

Raw, Joseph, *The Concept of a Legal System, an Introduction to the Theory of Legal System*, Oxford: Clarender Press, 1973.

Reale, Miguel, *Lições Preliminares de Direito*, 10.ª ed., Coimbra: Almedina, 1982.

Rumeo Lagunas, M. J., *Las Lagunas de la Ley y la Analogia Juridica*, Madrid, 1970.

Santi Romano, *L'Ordinamento Giuridico*, Bolonha: Sansoni, 1977.

Santos, Boaventura de Sousa, *O Discurso e o Poder*, separata do BFDC, Coimbra, 1979.

Scannicchio, N., *Il diritto privato europeo nel sistema delle fonti, in* Lipari, N. (coord.), *Diritto Privato Europeo*, Vol. I, Pádua: CEDAM, 1997.

Shapiro, Martin «The Globalization of Law». Indiana Journal of Global Legal Studies. 1993.

Schroeder, Mark, «Value Theory». The Stanford Encyclopedia of Philosophy. Metaphysics Research Lab, Stanford University, 2016.

Silva, J. Calvão, *Sinal e contrato Promessa*, 13.ª ed., Coimbra: Almedina, 2010.

Silva, M. Moura., *Direito da União Europeia – Jurisprudência essencial*, Lisboa: AAFDL, 2007.

Soares, A. Azevedo, *Lições de Direito Internacional Público*, 4.ª ed., Coimbra: Coimbra Editora, 1988.

Sousa, M. Rebelo, Galvão, S., *Introdução ao Estudo do Direito*, Lisboa: Lex, 2000.

Tarello, Giovanni, *L'Interpretazione della Legge*, Milão 1980.

— *Dottrine Storiche del Diritto Privato-Materiali per una Storia della Cultura Giuridica*, vol. IV, Bolonha, 1976.

Telles. I. Galvão, *Introdução ao estudo do Direito*, I, 11.ª ed., Coimbra: Coimbra Editora, 2010.

Teubner, Gunther, *Recht als Autopietisches System* [1989], trad. e pref. de J. E. Antunes, *O Direito como Sistema Autopoiético*, Lisboa: F.C:G, 1993

Varela, J. M. A. e Lima, F. P. – *Código Civil Anotado*, 4 vols., Coimbra: Coimbra Editora, 1998

Vecchio, Giorgio del, *Lições de Filosofia do Direito*, 5.ª ed., Coimbra: Arménio A., 1979.

Vicenzi, C., Fairhurst, J. (org.), *Law of the European Union*, Londres: Longman, 2004.

Villar Palasi, J. L, *La Interpretacion y los Apotegmas Juridico-Logicos*, Madrid, 1975.

Welzel, Hans, *Introducción a la Filosofía Del Derecho – Derecho natural y Justicia material*, Coimbra: Almedina, 2005.

Wieacker, Franz, *História do Direito Privado Moderno*, Lisboa: F. C. G., 1980.

Wilburg, Walter, *Entwicklung eines beweghichen Systems im burgerlichen Recht*, Graz, 1950.

Wollf, H.J., Bachof, O., Stober, R., *Verwaltungsrecht*, vol. I, 15.ª ed., Munique: Beck Verlag, 2003.

Zippelius, Reinhold, *Einführung in die Juristische Methodenlehre*, 2.ª ed., Munique: Beck, 1974.

Zimmerman, Michael J.; Bradley, Ben «Intrinsic vs. Extrinsic Value». The Stanford Encyclopedia of Philosophy. Metaphysics Research Lab, Stanford University. 2019.

# CARTA DOS DIREITOS FUNDAMENTAIS DA UNIÃO EUROPEIA

(JOUE 2016/C 202/02)

**Sumário**



## CARTA DOS DIREITOS FUNDAMENTAIS DA UNIÃO EUROPEIA

O Parlamento Europeu, o Conselho e a Comissão proclamam solenemente como Carta dos Direitos Fundamentais da União Europeia o texto a seguir reproduzido.

CARTA DOS DIREITOS FUNDAMENTAIS DA UNIÃO EUROPEIA

Os povos da Europa, estabelecendo entre si uma união cada vez mais estreita, decidiram partilhar um futuro de paz, assente em valores comuns.

Consciente do seu património espiritual e moral, a União baseia-se nos valores indivisíveis e universais da dignidade do ser humano, da liberdade, da igualdade e da solidariedade; assenta nos princípios da democracia e do Estado de direito. Ao instituir a cidadania da União e ao criar um espaço de liberdade, segurança e justiça, coloca o ser humano no cerne da sua ação.

A União contribui para a preservação e o desenvolvimento destes valores comuns, no respeito pela diversidade das culturas e tradições dos povos da Europa, bem como da identidade nacional dos Estados-Membros e da organização dos seus poderes públicos aos níveis nacional, regional e local; procura promover um desenvolvimento equilibrado e duradouro e assegura a livre circulação das pessoas, dos serviços, dos bens e dos capitais, bem como a liberdade de estabelecimento.

Para o efeito, é necessário, conferindo-lhes maior visibilidade por meio de uma Carta, reforçar a proteção dos direitos fundamentais, à luz da evolução da sociedade, do progresso social e da evolução científica e tecnológica.

A presente Carta reafirma, no respeito pelas atribuições e competências da União e na observância do princípio da subsidiariedade, os direitos que decorrem, nomeadamente, das tradições constitucionais e das obrigações internacionais comuns aos Estados-Membros, da Convenção Europeia para a Proteção dos Direitos do Homem e das Liberdades Fundamentais, das Cartas Sociais aprovadas pela União e pelo Conselho da Europa, bem como da jurisprudência do Tribunal de Justiça da União Europeia e do Tribunal Europeu dos Direitos do Homem. Neste contexto, a Carta será interpretada pelos órgãos jurisdicionais da União e dos Estados-Membros tendo na devida conta as anotações elaboradas sob a autoridade do Praesidium da Convenção que redigiu a Carta e atualizadas sob a responsabilidade do Praesidium da Convenção Europeia.

O gozo destes direitos implica responsabilidades e deveres, tanto para com as outras pessoas individualmente consideradas, como para com a comunidade humana e as gerações futuras.

Assim sendo, a União reconhece os direitos, liberdades e princípios a seguir enunciados.

## TÍTULO I
## DIGNIDADE

### *Artigo 1.º*
### Dignidade do ser humano

A dignidade do ser humano é inviolável. Deve ser respeitada e protegida.

### *Artigo 2.º*
### Direito à vida

1. Todas as pessoas têm direito à vida.
2. Ninguém pode ser condenado à pena de morte, nem executado.

### *Artigo 3.º*
### Direito à integridade do ser humano

1. Todas as pessoas têm direito ao respeito pela sua integridade física e mental.

2. No domínio da medicina e da biologia, devem ser respeitados, designadamente:

a) O consentimento livre e esclarecido da pessoa, nos termos da lei;

b) A proibição das práticas eugénicas, nomeadamente das que têm por finalidade a seleção das pessoas;

c) A proibição de transformar o corpo humano ou as suas partes, enquanto tais, numa fonte de lucro;

d) A proibição da clonagem reprodutiva dos seres humanos.

*Artigo 4.º*

**Proibição da tortura e dos tratos ou penas desumanos ou degradantes**

Ninguém pode ser submetido a tortura, nem a tratos ou penas desumanos ou degradantes.

*Artigo 5.º*

**Proibição da escravidão e do trabalho forçado**

1. Ninguém pode ser sujeito a escravidão nem a servidão.
2. Ninguém pode ser constrangido a realizar trabalho forçado ou obrigatório.
3. É proibido o tráfico de seres humanos.

## TÍTULO II
## LIBERDADES

*Artigo 6.º*

**Direito à liberdade e à segurança**

Toda a pessoa tem direito à liberdade e segurança.

*Artigo 7.º*

**Respeito pela vida privada e familiar**

Todas as pessoas têm direito ao respeito pela sua vida privada e familiar, pelo seu domicílio e pelas suas comunicações.

*Artigo 8.º*

**Proteção de dados pessoais**

1. Todas as pessoas têm direito à proteção dos dados de caráter pessoal que lhes digam respeito.

2. Esses dados devem ser objeto de um tratamento leal, para fins específicos e com o consentimento da pessoa interessada ou com outro fundamento legítimo previsto por lei. Todas as pessoas têm o direito de aceder aos dados coligidos que lhes digam respeito e de obter a respetiva retificação.

3. O cumprimento destas regras fica sujeito a fiscalização por parte de uma autoridade independente.

*Artigo 9.º*
**Direito de contrair casamento e de constituir família**

O direito de contrair casamento e o direito de constituir família são garantidos pelas legislações nacionais que regem o respetivo exercício.

*Artigo 10.º*
**Liberdade de pensamento, de consciência e de religião**

1. Todas as pessoas têm direito à liberdade de pensamento, de consciência e de religião. Este direito implica a liberdade de mudar de religião ou de convicção, bem como a liberdade de manifestar a sua religião ou a sua convicção, individual ou coletivamente, em público ou em privado, através do culto, do ensino, de práticas e da celebração de ritos.

2. O direito à objeção de consciência é reconhecido pelas legislações nacionais que regem o respetivo exercício.

*Artigo 11.º*
**Liberdade de expressão e de informação**

1. Qualquer pessoa tem direito à liberdade de expressão. Este direito compreende a liberdade de opinião e a liberdade de receber e de transmitir informações ou ideias, sem que possa haver ingerência de quaisquer poderes públicos e sem consideração de fronteiras.

2. São respeitados a liberdade e o pluralismo dos meios de comunicação social.

*Artigo 12.º*
**Liberdade de reunião e de associação**

1. Todas as pessoas têm direito à liberdade de reunião pacífica e à liberdade de associação a todos os níveis, nomeadamente nos domínios político, sindical e

cívico, o que implica o direito de, com outrem, fundarem sindicatos e de neles se filiarem para a defesa dos seus interesses.

2. Os partidos políticos ao nível da União contribuem para a expressão da vontade política dos cidadãos da União.

### *Artigo 13.º*
### *Liberdade das artes e das ciências*

As artes e a investigação científica são livres. É respeitada a liberdade académica.

### *Artigo 14.º*
### **Direito à educação**

1. Todas as pessoas têm direito à educação, bem como ao acesso à formação profissional e contínua.

2. Este direito inclui a possibilidade de frequentar gratuitamente o ensino obrigatório.

3. São respeitados, segundo as legislações nacionais que regem o respetivo exercício, a liberdade de criação de estabelecimentos de ensino, no respeito pelos princípios democráticos, e o direito dos pais de assegurarem a educação e o ensino dos filhos de acordo com as suas convicções religiosas, filosóficas e pedagógicas.

### *Artigo 15.º*
### **Liberdade profissional e direito de trabalhar**

1. Todas as pessoas têm o direito de trabalhar e de exercer uma profissão livremente escolhida ou aceite.

2. Todos os cidadãos da União têm a liberdade de procurar emprego, de trabalhar, de se estabelecer ou de prestar serviços em qualquer Estado-Membro.

3. Os nacionais de países terceiros que sejam autorizados a trabalhar no território dos Estados-Membros têm direito a condições de trabalho equivalentes àquelas de que beneficiam os cidadãos da União.

### *Artigo 16.º*
### **Liberdade de empresa**

É reconhecida a liberdade de empresa, de acordo com o direito da União e as legislações e práticas nacionais.

*Artigo 17.º*
**Direito de propriedade**

1. Todas as pessoas têm o direito de fruir da propriedade dos seus bens legalmente adquiridos, de os utilizar, de dispor deles e de os transmitir em vida ou por morte. Ninguém pode ser privado da sua propriedade, exceto por razões de utilidade pública, nos casos e condições previstos por lei e mediante justa indemnização pela respetiva perda, em tempo útil. A utilização dos bens pode ser regulamentada por lei na medida do necessário ao interesse geral.
2. É protegida a propriedade intelectual.

*Artigo 18.º*
**Direito de asilo**

É garantido o direito de asilo, no quadro da Convenção de Genebra de 28 de julho de 1951 e do Protocolo de 31 de janeiro de 1967, relativos ao Estatuto dos Refugiados, e nos termos do Tratado da União Europeia e do Tratado sobre o Funcionamento da União Europeia (a seguir designados "Tratados").

*Artigo 19.º*
**Proteção em caso de afastamento, expulsão ou extradição**

1. São proibidas as expulsões coletivas.
2. Ninguém pode ser afastado, expulso ou extraditado para um Estado onde corra sério risco de ser sujeito a pena de morte, a tortura ou a outros tratos ou penas desumanos ou degradantes.

## TÍTULO III
## IGUALDADE

*Artigo 20.º*
**Igualdade perante a lei**

Todas as pessoas são iguais perante a lei.

*Artigo 21.º*
**Não discriminação**

1. É proibida a discriminação em razão, designadamente, do sexo, raça, cor ou origem étnica ou social, características genéticas, língua, religião ou convic-

ções, opiniões políticas ou outras, pertença a uma minoria nacional, riqueza, nascimento, deficiência, idade ou orientação sexual.

2. No âmbito de aplicação dos Tratados e sem prejuízo das suas disposições específicas, é proibida toda a discriminação em razão da nacionalidade.

*Artigo 22.º*
**Diversidade cultural, religiosa e linguística**

A União respeita a diversidade cultural, religiosa e linguística.

*Artigo 23.º*
**Igualdade entre homens e mulheres**

Deve ser garantida a igualdade entre homens e mulheres em todos os domínios, incluindo em matéria de emprego, trabalho e remuneração.

O princípio da igualdade não obsta a que se mantenham ou adotem medidas que prevejam regalias específicas a favor do sexo sub-representado.

*Artigo 24.º*
**Direitos das crianças**

1. As crianças têm direito à proteção e aos cuidados necessários ao seu bem-estar. Podem exprimir livremente a sua opinião, que será tomada em consideração nos assuntos que lhes digam respeito, em função da sua idade e maturidade.

2. Todos os atos relativos às crianças, quer praticados por entidades públicas, quer por instituições privadas, terão primacialmente em conta o interesse superior da criança.

3. Todas as crianças têm o direito de manter regularmente relações pessoais e contactos diretos com ambos os progenitores, exceto se isso for contrário aos seus interesses.

*Artigo 25.º*
**Direitos das pessoas idosas**

A União reconhece e respeita o direito das pessoas idosas a uma existência condigna e independente e à sua participação na vida social e cultural.

*Artigo 26.º*
**Integração das pessoas com deficiência**

A União reconhece e respeita o direito das pessoas com deficiência a beneficiarem de medidas destinadas a assegurar a sua autonomia, a sua integração social e profissional e a sua participação na vida da comunidade.

## TÍTULO IV
## SOLIDARIEDADE

*Artigo 27.º*
**Direito à informação e à consulta dos trabalhadores na empresa**

Deve ser garantida aos níveis apropriados, aos trabalhadores ou aos seus representantes, a informação e consulta, em tempo útil, nos casos e nas condições previstos pelo direito da União e pelas legislações e práticas nacionais.

*Artigo 28.º*
**Direito de negociação e de ação coletiva**

Os trabalhadores e as entidades patronais, ou as respetivas organizações, têm, de acordo com o direito da União e as legislações e práticas nacionais, o direito de negociar e de celebrar convenções coletivas aos níveis apropriados, bem como de recorrer, em caso de conflito de interesses, a ações coletivas para a defesa dos seus interesses, incluindo a greve.

*Artigo 29.º*
**Direito de acesso aos serviços de emprego**

Todas as pessoas têm direito de acesso gratuito a um serviço de emprego.

*Artigo 30.º*
*Proteção em caso de despedimento sem justa causa*

Todos os trabalhadores têm direito a proteção contra os despedimentos sem justa causa, de acordo com o direito da União e com as legislações e práticas nacionais.

*Artigo 31.º*
**Condições de trabalho justas e equitativas**

1. Todos os trabalhadores têm direito a condições de trabalho saudáveis, seguras e dignas.
2. Todos os trabalhadores têm direito a uma limitação da duração máxima do trabalho e a períodos de descanso diário e semanal, bem como a um período anual de férias pagas.

*Artigo 32.º*
**Proibição do trabalho infantil e proteção dos jovens no trabalho**

É proibido o trabalho infantil. A idade mínima de admissão ao trabalho não pode ser inferior à idade em que cessa a escolaridade obrigatória, sem prejuízo de disposições mais favoráveis aos jovens e salvo derrogações bem delimitadas.

Os jovens admitidos ao trabalho devem beneficiar de condições de trabalho adaptadas à sua idade e de proteção contra a exploração económica e contra todas as atividades suscetíveis de prejudicar a sua segurança, saúde ou desenvolvimento físico, mental, moral ou social, ou ainda de pôr em causa a sua educação.

*Artigo 33.º*
**Vida familiar e vida profissional**

1. É assegurada a proteção da família nos planos jurídico, económico e social.
2. A fim de poderem conciliar a vida familiar e a vida profissional, todas as pessoas têm direito a proteção contra o despedimento por motivos ligados à maternidade, bem como a uma licença por maternidade paga e a uma licença parental pelo nascimento ou adoção de um filho.

*Artigo 34.º*
**Segurança social e assistência social**

1. A União reconhece e respeita o direito de acesso às prestações de segurança social e aos serviços sociais que concedem proteção em casos como a maternidade, doença, acidentes de trabalho, dependência ou velhice, bem como em caso de perda de emprego, de acordo com o direito da União e com as legislações e práticas nacionais.
2. Todas as pessoas que residam e se desloquem legalmente no interior da União têm direito às prestações de segurança social e às regalias sociais nos termos do direito da União e das legislações e práticas nacionais.

3. A fim de lutar contra a exclusão social e a pobreza, a União reconhece e respeita o direito a uma assistência social e a uma ajuda à habitação destinadas a assegurar uma existência condigna a todos aqueles que não disponham de recursos suficientes, de acordo com o direito da União e com as legislações e práticas nacionais.

*Artigo 35.º*
**Proteção da saúde**

Todas as pessoas têm o direito de aceder à prevenção em matéria de saúde e de beneficiar de cuidados médicos, de acordo com as legislações e práticas nacionais. Na definição e execução de todas as políticas e ações da União é assegurado um elevado nível de proteção da saúde humana.

*Artigo 36.º*
**Acesso a serviços de interesse económico geral**

A União reconhece e respeita o acesso a serviços de interesse económico geral tal como previsto nas legislações e práticas nacionais, de acordo com os Tratados, a fim de promover a coesão social e territorial da União.

*Artigo 37.º*
**Proteção do ambiente**

Todas as políticas da União devem integrar um elevado nível de proteção do ambiente e a melhoria da sua qualidade, e assegurá-los de acordo com o princípio do desenvolvimento sustentável.

*Artigo 38.º*
**Defesa dos consumidores**

As políticas da União devem assegurar um elevado nível de defesa dos consumidores.

## TÍTULO V
## CIDADANIA

*Artigo 39.º*
**Direito de eleger e de ser eleito nas eleições para o Parlamento Europeu**

1. Todos os cidadãos da União gozam do direito de eleger e de serem eleitos

para o Parlamento Europeu no Estado-Membro de residência, nas mesmas condições que os nacionais desse Estado.

2. Os membros do Parlamento Europeu são eleitos por sufrágio universal direto, livre e secreto.

*Artigo 40.º*
**Direito de eleger e de ser eleito nas eleições municipais**

Todos os cidadãos da União gozam do direito de eleger e de serem eleitos nas eleições municipais do Estado-Membro de residência, nas mesmas condições que os nacionais desse Estado.

*Artigo 41.º*
**Direito a uma boa administração**

1. Todas as pessoas têm direito a que os seus assuntos sejam tratados pelas instituições, órgãos e organismos da União de forma imparcial, equitativa e num prazo razoável.

2. Este direito compreende, nomeadamente:

a) O direito de qualquer pessoa a ser ouvida antes de a seu respeito ser tomada qualquer medida individual que a afete desfavoravelmente;

b) O direito de qualquer pessoa a ter acesso aos processos que se lhe refiram, no respeito pelos legítimos interesses da confidencialidade e do segredo profissional e comercial;

c) A obrigação, por parte da administração, de fundamentar as suas decisões.

3. Todas as pessoas têm direito à reparação, por parte da União, dos danos causados pelas suas instituições ou pelos seus agentes no exercício das respetivas funções, de acordo com os princípios gerais comuns às legislações dos Estados-Membros.

4. Todas as pessoas têm a possibilidade de se dirigir às instituições da União numa das línguas dos Tratados, devendo obter uma resposta na mesma língua.

*Artigo 42.º*
**Direito de acesso aos documentos**

Qualquer cidadão da União, bem como qualquer pessoa singular ou coletiva com residência ou sede social num Estado-Membro, tem direito de acesso aos documentos das instituições, órgãos e organismos da União, seja qual for o suporte desses documentos.

*Artigo 43.º*
*Provedor de Justiça Europeu*

Qualquer cidadão da União, bem como qualquer pessoa singular ou coletiva com residência ou sede social num Estado-Membro, tem o direito de apresentar petições ao Provedor de Justiça Europeu, respeitantes a casos de má administração na atuação das instituições, órgãos ou organismos da União, com exceção do Tribunal de Justiça da União Europeia no exercício das respetivas funções jurisdicionais.

*Artigo 44.º*
**Direito de petição**

Qualquer cidadão da União, bem como qualquer pessoa singular ou coletiva com residência ou sede social num Estado-Membro, goza do direito de petição ao Parlamento Europeu.

*Artigo 45.º*
**Liberdade de circulação e de permanência**

1. Qualquer cidadão da União goza do direito de circular e permanecer livremente no território dos Estados-Membros.
2. Pode ser concedida liberdade de circulação e de permanência, de acordo com os Tratados, aos nacionais de países terceiros que residam legalmente no território de um Estado-Membro.

*Artigo 46.º*
**Proteção diplomática e consular**

Todos os cidadãos da União beneficiam, no território de países terceiros em que o Estado-Membro de que são nacionais não se encontre representado, de proteção por parte das autoridades diplomáticas e consulares de qualquer Estado-Membro, nas mesmas condições que os nacionais desse Estado.

## TÍTULO VI
## JUSTIÇA

*Artigo 47.º*
**Direito à ação e a um tribunal imparcial**

Toda a pessoa cujos direitos e liberdades garantidos pelo direito da União tenham sido violados tem direito a uma ação perante um tribunal nos termos previstos no presente artigo.

Toda a pessoa tem direito a que a sua causa seja julgada de forma equitativa, publicamente e num prazo razoável, por um tribunal independente e imparcial, previamente estabelecido por lei. Toda a pessoa tem a possibilidade de se fazer aconselhar, defender e representar em juízo.

É concedida assistência judiciária a quem não disponha de recursos suficientes, na medida em que essa assistência seja necessária para garantir a efetividade do acesso à justiça.

## *Artigo 48.º*
## Presunção de inocência e direitos de defesa

1. Todo o arguido se presume inocente enquanto não tiver sido legalmente provada a sua culpa.

2. É garantido a todo o arguido o respeito dos direitos de defesa.

## *Artigo 49.º*
## Princípios da legalidade e da proporcionalidade dos delitos e das penas

1. Ninguém pode ser condenado por uma ação ou por uma omissão que, no momento da sua prática, não constituía infração perante o direito nacional ou o direito internacional. Igualmente não pode ser imposta uma pena mais grave do que a aplicável no momento em que a infração foi cometida. Se, posteriormente à infração, a lei previr uma pena mais leve, deve ser essa a pena aplicada.

2. O presente artigo não prejudica a sentença ou a pena a que uma pessoa tenha sido condenada por uma ação ou por uma omissão que, no momento da sua prática, constituía crime segundo os princípios gerais reconhecidos por todas as nações.

3. As penas não devem ser desproporcionadas em relação à infração.

## *Artigo 50.º*
## Direito a não ser julgado ou punido penalment e mais do que uma vez pelo mesmo delito

Ninguém pode ser julgado ou punido penalmente por um delito do qual já tenha sido absolvido ou pelo qual já tenha sido condenado na União por sentença transitada em julgado, nos termos da lei.

## TÍTULO VII DISPOSIÇÕES GERAIS QUE REGEM A INTERPRETAÇÃO E A APLICAÇÃO DA CARTA

*Artigo 51.º*
### Âmbito de aplicação

1. As disposições da presente Carta têm por destinatários as instituições, órgãos e organismos da União, na observância do princípio da subsidiariedade, bem como os Estados-Membros, apenas quando apliquem o direito da União. Assim sendo, devem respeitar os direitos, observar os princípios e promover a sua aplicação, de acordo com as respetivas competências e observando os limites das competências conferidas à União pelos Tratados.

2. A presente Carta não torna o âmbito de aplicação do direito da União extensivo a competências que não sejam as da União, não cria quaisquer novas atribuições ou competências para a União, nem modifica as atribuições e competências definidas pelos Tratados.

*Artigo 52.º*
### Âmbito e interpretação dos direitos e dos princípios

1. Qualquer restrição ao exercício dos direitos e liberdades reconhecidos pela presente Carta deve ser prevista por lei e respeitar o conteúdo essencial desses direitos e liberdades. Na observância do princípio da proporcionalidade, essas restrições só podem ser introduzidas se forem necessárias e corresponderem efetivamente a objetivos de interesse geral reconhecidos pela União, ou à necessidade de proteção dos direitos e liberdades de terceiros.

2. Os direitos reconhecidos pela presente Carta que se regem por disposições constantes dos Tratados são exercidos de acordo com as condições e limites por eles definidos.

3. Na medida em que a presente Carta contenha direitos correspondentes aos direitos garantidos pela Convenção Europeia para a Proteção dos Direitos do Homem e das Liberdades Fundamentais, o sentido e o âmbito desses direitos são iguais aos conferidos por essa Convenção. Esta disposição não obsta a que o direito da União confira uma proteção mais ampla.

4. Na medida em que a presente Carta reconheça direitos fundamentais decorrentes das tradições constitucionais comuns aos Estados-Membros, tais direitos devem ser interpretados de harmonia com essas tradições.

5. As disposições da presente Carta que contenham princípios podem ser aplicadas através de atos legislativos e executivos tomados pelas instituições, órgãos e organismos da União e por atos dos Estados-Membros quando estes apliquem o direito da União, no exercício das respetivas competências. Só serão invocadas perante o juiz tendo em vista a interpretação desses atos e a fiscalização da sua legalidade.

6. As legislações e práticas nacionais devem ser plenamente tidas em conta tal como precisado na presente Carta.

7. Os órgãos jurisdicionais da União e dos Estados-Membros têm em devida conta as anotações destinadas a orientar a interpretação da presente Carta.

*Artigo 53.º*

**Nível de proteção**

Nenhuma disposição da presente Carta deve ser interpretada no sentido de restringir ou lesar os direitos do Homem e as liberdades fundamentais reconhecidos, nos respetivos âmbitos de aplicação, pelo direito da União, o direito internacional e as Convenções internacionais em que são Partes a União ou todos os Estados-Membros, nomeadamente a Convenção Europeia para a Proteção dos Direitos do Homem e das Liberdades Fundamentais, bem como pelas Constituições dos Estados-Membros.

*Artigo 54.º*

**Proibição do abuso de direito**

Nenhuma disposição da presente Carta deve ser interpretada no sentido de implicar qualquer direito de exercer atividades ou praticar atos que visem a destruição dos direitos ou liberdades por ela reconhecidos ou restrições desses direitos e liberdades maiores do que as previstas na presente Carta.

*

* *

O texto que precede retoma, adaptando-a, a Carta proclamada em 7 de dezembro de 2000 e substitui-a a partir da data de entrada em vigor do Tratado de Lisboa.

## CONSTITUIÇÃO DA REPÚBLICA PORTUGUESA

Texto do Diário da República, segundo a 7.ª revisão, realizada pela Lei Constitucional n.º 1/2005-08-12. Anteriores revisões: LC 1/2004-07-24 (6.ª); LC 1/2001-12-12 (5.ª); LC 1/97-09-20 (4.ª); LC 1/92-11-25 (DR distribuído em 1992-12-04); LC 1/89-07-08; e LC 1/82-09-30. O texto originário, aprovado pela Assembleia Constituinte em 2de Abril de 1976, entrou em vigor em 25 de Abril de 1976.

**Preâmbulo**

**Princípios Fundamentais** (1.º a 11.º) » **1.º**;5.º; **6.º**; 7.º/6 cláusula da UE; **8.º**/3,4

**Parte I – Direitos e deveres fundamentais** (12.º a 79.º)

**Título I - Princípios gerais** (12.º a 23.º) » **13.º; 16.º; 17.º; 18.º**

**Título II - Direitos, liberdades e garantias** (24.º a 57.º)

*Capítulo I* Direitos, liberdades e garantias pessoais (24.º a 47.º) » **24.º**; 25.ºss; **29.º; 30.º/1**; 31.ºss; **43.º; 47.º**

*Capítulo II* Direitos, liberdades e garantias de participação política (48.º a 52.º) » 48.º; 49.º; **52.º**

*Capítulo II* Direitos, liberdades e garantias dos trabalhadores (53.º a 57.º) » #

**Título III - Direitos e deveres económicos, sociais e culturais** (58.º a 79.º)

*Capítulo I* Direitos e deveres económicos (58.º a 62.º) » #

*Capítulo II* Direitos e deveres sociais (63.º a 72.º) » 63.º; **64.º; 65.º; 66.º**; 71.º; 72.º

*Capítulo II* Direitos e deveres culturais (73.º a 79.º) » #

**Parte II – Organização económica** (80.º a 107.º)

**Título I - Princípios gerais** (80.º a 89.º) » 80.º, 81.º; **82.º; 84.º** domínio. público; **86.º; 87.º**; 89.º

**Título II – Planos** (90.º a 92.º) » **92.º**

**Título III – Políticas agrícola, comercial e industrial** (93.° a 100.°) » **99.°**
**Título IV – Sistema financeiro e fiscal** (101.° a 107.°) » **103.°; 104.°**

**Parte III - Organização do poder político** (108.° a 276.°)
**Título I - Princípios gerais (**108.° a 119.°) » **110.°; 112.°; 119.°**
**Título II - Presidente da República** (120.° a 146.°)
*Capítulo I* Estatuto e eleição (120.° a 132.°) » 120.°; 122.°; 128.°;
*Capítulo II* Competência (133.° a 140.°) » **133.°; 134; 135; 136.°; 137.°; 140.°**
*Capítulo IV* Conselho de Estado (141.° a 146.°) » 142; 145.°
Título III - Assembleia da República **(147.° a 181.°)**
*Capítulo I* Estatuto e eleição (147.° a 160.°) » 148.°; 149.°; 156.°
*Capítulo II* Competência (161.° a170.°) » pol/leg. 161.°; reserva absoluta **164.°**; relativa **165.**°; forma dos actos **166.**°
*Capítulo III* Organização e funcionamento (171.°a 181.°) » 171.°; 174.°; 180.°
**Título IV - Governo** (182.° a 201.°)
*Capítulo I* Função e estrutura (182.° a 186.°) » #
*Capítulo II* Formação e responsabilidade (187.° a 196.°) » #
*Capítulo III* Competência (197.° a 201.°) » # (política: 197.°; legislativa: **198.°**; administrativa: **199.°**)
**Título V - Tribunais** (202.° a 220.°)
*Capítulo I* Princípios gerais (202.° a 208.°) » #
*Capítulo II* Organização dos tribunais (209.° a 214.°) » TC; judiciais de 1.ª instância, da Relação e STJ; administrativos
e fiscais (círculo e tributários, TCA e STA); T. de Contas; T. militares; T. marítimos; T. Arbitrais; Julgados de paz
*Capítulo III* Estatuto dos juízes (215.° a 218.°) » 216.°
*Capítulo IV* Ministério Público (219.° e 220.°) » seu órgão superior: Procuradoria-Geral da República
Título VI - Tribunal Constitucional **(221.° a 224.°)**
**Título VII - Regiões autónomas** (225.° a 234.°)
**Título VIII - Poder local** (235.° a 265.°)
*Capítulo I* Princípios gerais (235.° a 243.°) » #
*Capítulo II* Freguesia (244.° a 248.°) » #
*Capítulo III* Município (249.° a 254.°) » #
*Capítulo IV* Região administrativa (255.° a 262.°) » 256.°
*Capítulo V* Organizações de moradores (263.° a 265.° » 263.°
Título IX - Administração Pública **(266.° a 272.°) » princípios:** 266.°**; estrutura da AP.:** 267.°**;direitos dos administrados:**268.°
**Título X - Defesa nacional** (273.° a 276.°)

Parte IV - Garantia e revisão da Constituição **(277.º a 289.º)**

**Título I - Fiscalização da constitucionalidade** (277.º a 283.º) » (Por acção: preventiva, sucessiva – concreta, abstracta; por omissão)

**Título II - Revisão constitucional** (284.º a 289.º) » (Competência e tempo: 284.º; Limites materiais: 288.º).

**Disposições finais e transitórias (290.º a 295.º)**

## Preâmbulo

*A 25 de Abril de 1974, o Movimento das Forças Armadas, coroando a longa resistência do povo português e interpretando os seus sentimentos profundos, derrubou o regime fascista.*

*Libertar Portugal da ditadura, da opressão e do colonialismo representou uma transformação revolucionária e o início de uma viragem histórica da sociedade portuguesa.*

*A Revolução restituiu aos Portugueses os direitos e liberdades fundamentais. No exercício destes direitos e liberdades, os legítimos representantes do povo reúnem-se para elaborar uma Constituição que corresponde às aspirações do país.*

*A Assembleia Constituinte afirma a decisão do povo português de defender a independência nacional, de garantir os direitos fundamentais dos cidadãos, de estabelecer os princípios basilares da democracia, de assegurar o primado do Estado de Direito democrático e de abrir caminho para uma sociedade socialista, no respeito da vontade do povo português, tendo em vista a construção de um país mais livre, mais justo e mais fraterno.*

*A Assembleia Constituinte, reunida na sessão plenária de 2 de Abril de 1976, aprova e decreta a seguinte Constituição da República Portuguesa:*

## Princípios fundamentais

### Artigo 1.º
### (República Portuguesa)

Portugal é uma República soberana, baseada na dignidade da pessoa humana e na vontade popular e empenhada na construção de uma sociedade livre, justa e solidária.

### Artigo 2.º
### (Estado de direito democrático)

A República Portuguesa é um Estado de direito democrático, baseado na soberania popular, no pluralismo de expressão e organização política democráticas, no respeito e na garantia de efectivação dos direitos e liberdades fundamentais e na separação e interdependência de poderes, visando a realização da democracia económica, social e cultural e o aprofundamento da democracia participativa.

**Artigo 3.º**
**(Soberania e legalidade)**

1. A soberania, una e indivisível, reside no povo, que a exerce segundo as formas previstas na Constituição.
2. O Estado subordina-se à Constituição e funda-se na legalidade democrática.
3. A validade das leis e dos demais actos do Estado, das regiões autónomas, do poder local e de quaisquer outras entidades públicas depende da sua conformidade com a Constituição.

**Artigo 4.º**
**(Cidadania portuguesa)**

São cidadãos portugueses todos aqueles que como tal sejam considerados pela lei ou por convenção internacional.

**Artigo 5.º**
**(Território)**

1. Portugal abrange o território historicamente definido no continente europeu e os arquipélagos dos Açores e da Madeira.
2. A lei define a extensão e o limite das águas territoriais, a zona económica exclusiva e os direitos de Portugal aos fundos marinhos contíguos.
3. O Estado não aliena qualquer parte do território português ou dos direitos de soberania que sobre ele exerce, sem prejuízo da rectificação de fronteiras.

**Artigo 6.º**
**(Estado unitário)**

1. O Estado é unitário e respeita na sua organização e funcionamento o regime autonómico insular e os princípios da subsidiariedade, da autonomia das autarquias locais e da descentralização democrática da administração pública.
2. Os arquipélagos dos Açores e da Madeira constituem regiões autónomas dotadas de estatutos político-administrativos e de órgãos de governo próprio.

## Artigo 7.º
## (Relações internacionais)

1. Portugal rege-se nas relações internacionais pelos princípios da independência nacional, do respeito dos direitos do homem, dos direitos dos povos, da igualdade entre os Estados, da solução pacífica dos conflitos internacionais, da não ingerência nos assuntos internos dos outros Estados e da cooperação com todos os outros povos para a emancipação e o progresso da humanidade.

2. Portugal preconiza a abolição do imperialismo, do colonialismo e de quaisquer outras formas de agressão, domínio e exploração nas relações entre os povos, bem como o desarmamento geral, simultâneo e controlado, a dissolução dos blocos político-militares e o estabelecimento de um sistema de segurança colectiva, com vista à criação de uma ordem internacional capaz de assegurar a paz e a justiça nas relações entre os povos.

3. Portugal reconhece o direito dos povos à autodeterminação e independência e ao desenvolvimento, bem como o direito à insurreição contra todas as formas de opressão.

4. Portugal mantém laços privilegiados de amizade e cooperação com os países de língua portuguesa.

5. Portugal empenha-se no reforço da identidade europeia e no fortalecimento da acção dos Estados europeus a favor da democracia, da paz, do progresso económico e da justiça nas relações entre os povos.

6. Portugal pode, em condições de reciprocidade, com respeito pelos princípios fundamentais do Estado de direito democrático e pelo princípio da subsidiariedade e tendo em vista a realização da coesão económica, social e territorial, de um espaço de liberdade, segurança e justiça e a definição e execução de uma política externa, de segurança e de defesa comuns, convencionar o exercício, em comum, em cooperação ou pelas instituições da União, dos poderes necessários à construção e aprofundamento da união europeia.

7. Portugal pode, tendo em vista a realização de uma justiça internacional que promova o respeito pelos direitos da pessoa humana e dos povos, aceitar a jurisdição do Tribunal Penal Internacional, nas condições de complementaridade e demais termos estabelecidos no Estatuto de Roma.

## Artigo 8.º
## (Direito internacional)

1. As normas e os princípios de direito internacional geral ou comum fazem parte integrante do direito português.

2. As normas constantes de convenções internacionais regularmente ratificadas ou aprovadas vigoram na ordem interna após a sua publicação oficial e enquanto vincularem internacionalmente o Estado Português.

3. As normas emanadas dos órgãos competentes das organizações internacionais de que Portugal seja parte vigoram directamente na ordem interna, desde que tal se encontre estabelecido nos respectivos tratados constitutivos.

4. As disposições dos tratados que regem a União Europeia e as normas emanadas das suas instituições, no exercício das respectivas competências, são aplicáveis na ordem interna, nos termos definidos pelo direito da União, com respeito pelos princípios fundamentais do Estado de direito democrático.

### Artigo 9.º
### (Tarefas fundamentais do Estado)

São tarefas fundamentais do Estado:

a) Garantir a independência nacional e criar as condições políticas, económicas, sociais e culturais que a promovam;

b) Garantir os direitos e liberdades fundamentais e o respeito pelos princípios do Estado de direito democrático;

c) Defender a democracia política, assegurar e incentivar a participação democrática dos cidadãos na resolução dos problemas nacionais;

d) Promover o bem-estar e a qualidade de vida do povo e a igualdade real entre os portugueses, bem como a efectivação dos direitos económicos, sociais, culturais e ambientais, mediante a transformação e modernização das estruturas económicas e sociais;

e) Proteger e valorizar o património cultural do povo português, defender a natureza e o ambiente, preservar os recursos naturais e assegurar um correcto ordenamento do território;

f) Assegurar o ensino e a valorização permanente, defender o uso e promover a difusão internacional da língua portuguesa;

g) Promover o desenvolvimento harmonioso de todo o território nacional, tendo em conta, designadamente, o carácter ultraperiférico dos arquipélagos dos Açores e da Madeira;

h) Promover a igualdade entre homens e mulheres.

### Artigo 10.º
### (Sufrágio universal e partidos políticos)

1. O povo exerce o poder político através do sufrágio universal, igual, directo, secreto e periódico, do referendo e das demais formas previstas na Constituição.

2. Os partidos políticos concorrem para a organização e para a expressão da vontade popular, no respeito pelos princípios da independência nacional, da unidade do Estado e da democracia política.

### Artigo 11.º
### (Símbolos nacionais e língua oficial)

1. A Bandeira Nacional, símbolo da soberania da República, da independência, unidade e integridade de Portugal, é a adoptada pela República instaurada pela Revolução de 5 de Outubro de 1910.
2. O Hino Nacional é A Portuguesa.
3. A língua oficial é o Português.

# PARTE I
# Direitos e deveres fundamentais

## TÍTULO I
## Princípios gerais

### Artigo 12.º
### (Princípio da universalidade)

1. Todos os cidadãos gozam dos direitos e estão sujeitos aos deveres consignados na Constituição.
2. As pessoas colectivas gozam dos direitos e estão sujeitas aos deveres compatíveis com a sua natureza.

### Artigo 13.º
### (Princípio da igualdade)

1. Todos os cidadãos têm a mesma dignidade social e são iguais perante a lei.
2. Ninguém pode ser privilegiado, beneficiado, prejudicado, privado de qualquer direito ou isento de qualquer dever em razão de ascendência, sexo, raça, língua, território de origem, religião, convicções políticas ou ideológicas, instrução, situação económica, condição social ou orientação sexual.

### Artigo 14.º
### (Portugueses no estrangeiro)

Os cidadãos portugueses que se encontrem ou residam no estrangeiro gozam da protecção do Estado para o exercício dos direitos e estão sujeitos aos deveres que não sejam incompatíveis com a ausência do país.

## Artigo 15.º
## (Estrangeiros, apátridas, cidadãos europeus)

1. Os estrangeiros e os apátridas que se encontrem ou residam em Portugal gozam dos direitos e estão sujeitos aos deveres do cidadão português.

2. Exceptuam-se do disposto no número anterior os direitos políticos, o exercício das funções públicas que não tenham carácter predominantemente técnico e os direitos e deveres reservados pela Constituição e pela lei exclusivamente aos cidadãos portugueses.

3. Aos cidadãos dos Estados de língua portuguesa com residência permanente em Portugal são reconhecidos, nos termos da lei e em condições de reciprocidade, direitos não conferidos a estrangeiros, salvo o acesso aos cargos de Presidente da República, Presidente da Assembleia da República, Primeiro-Ministro, Presidentes dos tribunais supremos e o serviço nas Forças Armadas e na carreira diplomática.

4. A lei pode atribuir a estrangeiros residentes no território nacional, em condições de reciprocidade, capacidade eleitoral activa e passiva para a eleição dos titulares de órgãos de autarquias locais.

5. A lei pode ainda atribuir, em condições de reciprocidade, aos cidadãos dos Estados membros da União Europeia residentes em Portugal o direito de elegerem e serem eleitos Deputados ao Parlamento Europeu.

## Artigo 16.º
## (Âmbito e sentido dos direitos fundamentais)

1. Os direitos fundamentais consagrados na Constituição não excluem quaisquer outros constantes das leis e das regras aplicáveis de direito internacional.

2. Os preceitos constitucionais e legais relativos aos direitos fundamentais devem ser interpretados e integrados de harmonia com a Declaração Universal dos Direitos do Homem.

## Artigo 17.º
## (Regime dos direitos, liberdades e garantias)

O regime dos direitos, liberdades e garantias aplica-se aos enunciados no título II e aos direitos fundamentais de natureza análoga.

## Artigo 18.º
## (Força jurídica)

1. Os preceitos constitucionais respeitantes aos direitos, liberdades e garantias são directamente aplicáveis e vinculam as entidades públicas e privadas.

2. A lei só pode restringir os direitos, liberdades e garantias nos casos expressamente previstos na Constituição, devendo as restrições limitar-se ao necessário para salvaguardar outros direitos ou interesses constitucionalmente protegidos.

3. As leis restritivas de direitos, liberdades e garantias têm de revestir carácter geral e abstracto e não podem ter efeito retroactivo nem diminuir a extensão e o alcance do conteúdo essencial dos preceitos constitucionais.

### Artigo 19.º
### (Suspensão do exercício de direitos)

1. Os órgãos de soberania não podem, conjunta ou separadamente, suspender o exercício dos direitos, liberdades e garantias, salvo em caso de estado de sítio ou de estado de emergência, declarados na forma prevista na Constituição.

2. O estado de sítio ou o estado de emergência só podem ser declarados, no todo ou em parte do território nacional, nos casos de agressão efectiva ou iminente por forças estrangeiras, de grave ameaça ou perturbação da ordem constitucional democrática ou de calamidade pública.

3. O estado de emergência é declarado quando os pressupostos referidos no número anterior se revistam de menor gravidade e apenas pode determinar a suspensão de alguns dos direitos, liberdades e garantias susceptíveis de serem suspensos.

4. A opção pelo estado de sítio ou pelo estado de emergência, bem como as respectivas declaração e execução, devem respeitar o princípio da proporcionalidade e limitar-se, nomeadamente quanto às suas extensão e duração e aos meios utilizados, ao estritamente necessário ao pronto restabelecimento da normalidade constitucional.

5. A declaração do estado de sítio ou do estado de emergência é adequadamente fundamentada e contém a especificação dos direitos, liberdades e garantias cujo exercício fica suspenso, não podendo o estado declarado ter duração superior a quinze dias, ou à duração fixada por lei quando em consequência de declaração de guerra, sem prejuízo de eventuais renovações, com salvaguarda dos mesmos limites.

6. A declaração do estado de sítio ou do estado de emergência em nenhum caso pode afectar os direitos à vida, à integridade pessoal, à identidade pessoal, à capacidade civil e à cidadania, a não retroactividade da lei criminal, o direito de defesa dos arguidos e a liberdade de consciência e de religião.

7. A declaração do estado de sítio ou do estado de emergência só pode alterar a normalidade constitucional nos termos previstos na Constituição e na lei, não podendo nomeadamente afectar a aplicação das regras constitucionais relativas

à competência e ao funcionamento dos órgãos de soberania e de governo próprio das regiões autónomas ou os direitos e imunidades dos respectivos titulares.

8. A declaração do estado de sítio ou do estado de emergência confere às autoridades competência para tomarem as providências necessárias e adequadas ao pronto restabelecimento da normalidade constitucional.

**Artigo 20.º**
**(Acesso ao direito e tutela jurisdicional efectiva)**

1. A todos é assegurado o acesso ao direito e aos tribunais para defesa dos seus direitos e interesses legalmente protegidos, não podendo a justiça ser denegada por insuficiência de meios económicos.

2. Todos têm direito, nos termos da lei, à informação e consulta jurídicas, ao patrocínio judiciário e a fazer-se acompanhar por advogado perante qualquer autoridade.

3. A lei define e assegura a adequada protecção do segredo de justiça.

4. Todos têm direito a que uma causa em que intervenham seja objecto de decisão em prazo razoável e mediante processo equitativo.

5. Para defesa dos direitos, liberdades e garantias pessoais, a lei assegura aos cidadãos procedimentos judiciais caracterizados pela celeridade e prioridade, de modo a obter tutela efectiva e em tempo útil contra ameaças ou violações desses direitos.

**Artigo 21.º**
**(Direito de resistência)**

Todos têm o direito de resistir a qualquer ordem que ofenda os seus direitos, liberdades e garantias e de repelir pela força qualquer agressão, quando não seja possível recorrer à autoridade pública.

**Artigo 22.º**
**(Responsabilidade das entidades públicas)**

O Estado e as demais entidades públicas são civilmente responsáveis, em forma solidária com os titulares dos seus órgãos, funcionários ou agentes, por acções ou omissões praticadas no exercício das suas funções e por causa desse exercício, de que resulte violação dos direitos, liberdades e garantias ou prejuízo para outrem.

### Artigo 23.º
### (Provedor de Justiça)

1. Os cidadãos podem apresentar queixas por acções ou omissões dos poderes públicos ao Provedor de Justiça, que as apreciará sem poder decisório, dirigindo aos órgãos competentes as recomendações necessárias para prevenir e reparar injustiças.

2. A actividade do Provedor de Justiça é independente dos meios graciosos e contenciosos previstos na Constituição e nas leis.

3. O Provedor de Justiça é um órgão independente, sendo o seu titular designado pela Assembleia da República pelo tempo que a lei determinar.

4. Os órgãos e agentes da Administração Pública cooperam com o Provedor de Justiça na realização da sua missão.

# TÍTULO II
# Direitos, liberdades e garantias

## CAPÍTULO I
## Direitos, liberdades e garantias pessoais

### Artigo 24.º
### (Direito à vida)

1. A vida humana é inviolável.

2. Em caso algum haverá pena de morte.

### Artigo 25.º
### (Direito à integridade pessoal)

1. A integridade moral e física das pessoas é inviolável.

2. Ninguém pode ser submetido a tortura, nem a tratos ou penas cruéis, degradantes ou desumanos.

### Artigo 26.º
### (Outros direitos pessoais)

1. A todos são reconhecidos os direitos à identidade pessoal, ao desenvolvimento da personalidade, à capacidade civil, à cidadania, ao bom nome e reputação, à imagem, à palavra, à reserva da intimidade da vida privada e familiar e à protecção legal contra quaisquer formas de discriminação.

2. A lei estabelecerá garantias efectivas contra a obtenção e utilização abusivas, ou contrárias à dignidade humana, de informações relativas às pessoas e famílias.

3. A lei garantirá a dignidade pessoal e a identidade genética do ser humano, nomeadamente na criação, desenvolvimento e utilização das tecnologias e na experimentação científica.

4. A privação da cidadania e as restrições à capacidade civil só podem efectuar-se nos casos e termos previstos na lei, não podendo ter como fundamento motivos políticos.

### Artigo 27.º
### (Direito à liberdade e à segurança)

1. Todos têm direito à liberdade e à segurança.

2. Ninguém pode ser total ou parcialmente privado da liberdade, a não ser em consequência de sentença judicial condenatória pela prática de acto punido por lei com pena de prisão ou de aplicação judicial de medida de segurança.

3. Exceptua-se deste princípio a privação da liberdade, pelo tempo e nas condições que a lei determinar, nos casos seguintes:

a) Detenção em flagrante delito;

b) Detenção ou prisão preventiva por fortes indícios de prática de crime doloso a que corresponda pena de prisão cujo limite máximo seja superior a três anos;

c) Prisão, detenção ou outra medida coactiva sujeita a controlo judicial, de pessoa que tenha penetrado ou permaneça irregularmente no território nacional ou contra a qual esteja em curso processo de extradição ou de expulsão;

d) Prisão disciplinar imposta a militares, com garantia de recurso para o tribunal competente;

e) Sujeição de um menor a medidas de protecção, assistência ou educação em estabelecimento adequado, decretadas pelo tribunal judicial competente;

f) Detenção por decisão judicial em virtude de desobediência a decisão tomada por um tribunal ou para assegurar a comparência perante autoridade judiciária competente;

g) Detenção de suspeitos, para efeitos de identificação, nos casos e pelo tempo estritamente necessários;

h) Internamento de portador de anomalia psíquica em estabelecimento terapêutico adequado, decretado ou confirmado por autoridade judicial competente.

4. Toda a pessoa privada da liberdade deve ser informada imediatamente e de forma compreensível das razões da sua prisão ou detenção e dos seus direitos.

5. A privação da liberdade contra o disposto na Constituição e na lei constitui o Estado no dever de indemnizar o lesado nos termos que a lei estabelecer.

## Artigo 28.º
## (Prisão preventiva)

1. A detenção será submetida, no prazo máximo de quarenta e oito horas, a apreciação judicial, para restituição à liberdade ou imposição de medida de coacção adequada, devendo o juiz conhecer das causas que a determinaram e comunicá-las ao detido, interrogá-lo e dar-lhe oportunidade de defesa.

2. A prisão preventiva tem natureza excepcional, não sendo decretada nem mantida sempre que possa ser aplicada caução ou outra medida mais favorável prevista na lei.

3. A decisão judicial que ordene ou mantenha uma medida de privação da liberdade deve ser logo comunicada a parente ou pessoa da confiança do detido, por este indicados.

4. A prisão preventiva está sujeita aos prazos estabelecidos na lei.

## Artigo 29.º
## (Aplicação da lei criminal)

1. Ninguém pode ser sentenciado criminalmente senão em virtude de lei anterior que declare punível a acção ou a omissão, nem sofrer medida de segurança cujos pressupostos não estejam fixados em lei anterior.

2. O disposto no número anterior não impede a punição, nos limites da lei interna, por acção ou omissão que no momento da sua prática seja considerada criminosa segundo os princípios gerais de direito internacional comummente reconhecidos.

3. Não podem ser aplicadas penas ou medidas de segurança que não estejam expressamente cominadas em lei anterior.

4. Ninguém pode sofrer pena ou medida de segurança mais graves do que as previstas no momento da correspondente conduta ou da verificação dos respectivos pressupostos, aplicando-se retroactivamente as leis penais de conteúdo mais favorável ao arguido.

5. Ninguém pode ser julgado mais do que uma vez pela prática do mesmo crime.

6. Os cidadãos injustamente condenados têm direito, nas condições que a lei prescrever, à revisão da sentença e à indemnização pelos danos sofridos.

**Artigo 30.º**
**(Limites das penas e das medidas de segurança)**

1. Não pode haver penas nem medidas de segurança privativas ou restritivas da liberdade com carácter perpétuo ou de duração ilimitada ou indefinida.

2. Em caso de perigosidade baseada em grave anomalia psíquica, e na impossibilidade de terapêutica em meio aberto, poderão as medidas de segurança privativas ou restritivas da liberdade ser prorrogadas sucessivamente enquanto tal estado se mantiver, mas sempre mediante decisão judicial.

3. A responsabilidade penal é insusceptível de transmissão.

4. Nenhuma pena envolve como efeito necessário a perda de quaisquer direitos civis, profissionais ou políticos.

5. Os condenados a quem sejam aplicadas pena ou medida de segurança privativas da liberdade mantêm a titularidade dos direitos fundamentais, salvas as limitações inerentes ao sentido da condenação e às exigências próprias da respectiva execução.

**Artigo 31.º**
**(*Habeas corpus*)**

1. Haverá *habeas corpus* contra o abuso de poder, por virtude de prisão ou detenção ilegal, a requerer perante o tribunal competente.

2. A providência de *habeas corpus* pode ser requerida pelo próprio ou por qualquer cidadão no gozo dos seus direitos políticos.

3. O juiz decidirá no prazo de oito dias o pedido de *habeas corpus* em audiência contraditória.

**Artigo 32.º**
**(Garantias de processo criminal)**

1. O processo criminal assegura todas as garantias de defesa, incluindo o recurso.

2. Todo o arguido se presume inocente até ao trânsito em julgado da sentença de condenação, devendo ser julgado no mais curto prazo compatível com as garantias de defesa.

3. O arguido tem direito a escolher defensor e a ser por ele assistido em todos os actos do processo, especificando a lei os casos e as fases em que a assistência por advogado é obrigatória.

4. Toda a instrução é da competência de um juiz, o qual pode, nos termos da lei, delegar noutras entidades a prática dos actos instrutórios que se não prendam directamente com os direitos fundamentais.

5. O processo criminal tem estrutura acusatória, estando a audiência de julgamento e os actos instrutórios que a lei determinar subordinados ao princípio do contraditório.

6. A lei define os casos em que, assegurados os direitos de defesa, pode ser dispensada a presença do arguido ou acusado em actos processuais, incluindo a audiência de julgamento.

7. O ofendido tem o direito de intervir no processo, nos termos da lei.

8. São nulas todas as provas obtidas mediante tortura, coacção, ofensa da integridade física ou moral da pessoa, abusiva intromissão na vida privada, no domicílio, na correspondência ou nas telecomunicações.

9. Nenhuma causa pode ser subtraída ao tribunal cuja competência esteja fixada em lei anterior.

10. Nos processos de contra-ordenação, bem como em quaisquer processos sancionatórios, são assegurados ao arguido os direitos de audiência e defesa.

## Artigo 33.º
## (Expulsão, extradição e direito de asilo)

1. Não é admitida a expulsão de cidadãos portugueses do território nacional.

2. A expulsão de quem tenha entrado ou permaneça regularmente no território nacional, de quem tenha obtido autorização de residência ou de quem tenha apresentado pedido de asilo não recusado só pode ser determinada por autoridade judicial, assegurando a lei formas expeditas de decisão.

3. A extradição de cidadãos portugueses do território nacional só é admitida, em condições de reciprocidade estabelecidas em convenção internacional, nos casos de terrorismo e de criminalidade internacional organizada, e desde que a ordem jurídica do Estado requisitante consagre garantias de um processo justo e equitativo.

4. Só é admitida a extradição por crimes a que corresponda, segundo o direito do Estado requisitante, pena ou medida de segurança privativa ou restritiva da liberdade com carácter perpétuo ou de duração indefinida, se, nesse domínio, o Estado requisitante for parte

de convenção internacional a que Portugal esteja vinculado e oferecer garantias de que tal pena ou medida de segurança não será aplicada ou executada.

5. O disposto nos números anteriores não prejudica a aplicação das normas de cooperação judiciária penal estabelecidas no âmbito da União Europeia

6. Não é admitida a extradição, nem a entrega a qualquer título, por motivos políticos ou por crimes a que corresponda, segundo o direito do Estado requisitante, pena de morte ou outra de que resulte lesão irreversível da integridade física.

7. A extradição só pode ser determinada por autoridade judicial.

8. É garantido o direito de asilo aos estrangeiros e aos apátridas perseguidos ou gravemente ameaçados de perseguição, em consequência da sua actividade em favor da democracia, da libertação social e nacional, da paz entre os povos, da liberdade e dos direitos da pessoa humana.

9. A lei define o estatuto do refugiado político.

### Artigo 34.º
### (Inviolabilidade do domicílio e da correspondência)

1. O domicílio e o sigilo da correspondência e dos outros meios de comunicação privada são invioláveis.

2. A entrada no domicílio dos cidadãos contra a sua vontade só pode ser ordenada pela autoridade judicial competente, nos casos e segundo as formas previstos na lei.

3. Ninguém pode entrar durante a noite no domicílio de qualquer pessoa sem o seu consentimento, salvo em situação de flagrante delito ou mediante autorização judicial em casos de criminalidade especialmente violenta ou altamente organizada, incluindo o terrorismo e o tráfico de pessoas, de armas e de estupefacientes, nos termos previstos na lei.

4. É proibida toda a ingerência das autoridades públicas na correspondência, nas telecomunicações e nos demais meios de comunicação, salvos os casos previstos na lei em matéria de processo criminal.

### Artigo 35.º
### (Utilização da informática)

1. Todos os cidadãos têm o direito de acesso aos dados informatizados que lhes digam respeito, podendo exigir a sua rectificação e actualização, e o direito de conhecer a finalidade a que se destinam, nos termos da lei.

2. A lei define o conceito de dados pessoais, bem como as condições aplicáveis ao seu tratamento automatizado, conexão, transmissão e utilização, e garante a sua protecção, designadamente através de entidade administrativa independente.

3. A informática não pode ser utilizada para tratamento de dados referentes a convicções filosóficas ou políticas, filiação partidária ou sindical, fé religiosa, vida privada e origem étnica, salvo mediante consentimento expresso do titular, autorização prevista por lei com garantias de não discriminação ou para processamento de dados estatísticos não individualmente identificáveis.

4. É proibido o acesso a dados pessoais de terceiros, salvo em casos excepcionais previstos na lei.

5. É proibida a atribuição de um número nacional único aos cidadãos.

6. A todos é garantido livre acesso às redes informáticas de uso público, definindo a lei o regime aplicável aos fluxos de dados transfronteiras e as formas adequadas de protecção de dados pessoais e de outros cuja salvaguarda se justifique por razões de interesse nacional.

7. Os dados pessoais constantes de ficheiros manuais gozam de protecção idêntica à prevista nos números anteriores, nos termos da lei.

## Artigo 36.º
## (Família, casamento e filiação)

1. Todos têm o direito de constituir família e de contrair casamento em condições de plena igualdade.

2. A lei regula os requisitos e os efeitos do casamento e da sua dissolução, por morte ou divórcio, independentemente da forma de celebração.

3. Os cônjuges têm iguais direitos e deveres quanto à capacidade civil e política e à manutenção e educação dos filhos.

4. Os filhos nascidos fora do casamento não podem, por esse motivo, ser objecto de qualquer discriminação e a lei ou as repartições oficiais não podem usar designações discriminatórias relativas à filiação.

5. Os pais têm o direito e o dever de educação e manutenção dos filhos.

6. Os filhos não podem ser separados dos pais, salvo quando estes não cumpram os seus deveres fundamentais para com eles e sempre mediante decisão judicial.

7. A adopção é regulada e protegida nos termos da lei, a qual deve estabelecer formas céleres para a respectiva tramitação.

## Artigo 37.º
## (Liberdade de expressão e informação)

1. Todos têm o direito de exprimir e divulgar livremente o seu pensamento pela palavra, pela imagem ou por qualquer outro meio, bem como o direito de informar, de se informar e de ser informados, sem impedimentos nem discriminações.

2. O exercício destes direitos não pode ser impedido ou limitado por qualquer tipo ou forma de censura.

3. As infracções cometidas no exercício destes direitos ficam submetidas aos princípios gerais de direito criminal ou do ilícito de mera ordenação social, sendo a sua apreciação respectivamente da competência dos tribunais judiciais ou de entidade administrativa independente, nos termos da lei.

4. A todas as pessoas, singulares ou colectivas, é assegurado, em condições de igualdade e eficácia, o direito de resposta e de rectificação, bem como o direito a indemnização pelos danos sofridos.

## Artigo 38.º
## (Liberdade de imprensa e meios de comunicação social)

1. É garantida a liberdade de imprensa.

2. A liberdade de imprensa implica:

a) A liberdade de expressão e criação dos jornalistas e colaboradores, bem como a intervenção dos primeiros na orientação editorial dos respectivos órgãos de comunicação social, salvo quando tiverem natureza doutrinária ou confessional;

b) O direito dos jornalistas, nos termos da lei, ao acesso às fontes de informação e à protecção da independência e do sigilo profissionais, bem como o direito de elegerem conselhos de redacção;

c) O direito de fundação de jornais e de quaisquer outras publicações, independentemente de autorização administrativa, caução ou habilitação prévias.

3. A lei assegura, com carácter genérico, a divulgação da titularidade e dos meios de financiamento dos órgãos de comunicação social.

4. O Estado assegura a liberdade e a independência dos órgãos de comunicação social perante o poder político e o poder económico, impondo o princípio da especialidade das empresas titulares de órgãos de informação geral, tratando-as e apoiando-as de forma não discriminatória e impedindo a sua concentração, designadamente através de participações múltiplas ou cruzadas.

5. O Estado assegura a existência e o funcionamento de um serviço público de rádio e de televisão.

6. A estrutura e o funcionamento dos meios de comunicação social do sector público devem salvaguardar a sua independência perante o Governo, a Administração e os demais poderes públicos, bem como assegurar a possibilidade de expressão e confronto das diversas correntes de opinião.

7. As estações emissoras de radiodifusão e de radiotelevisão só podem funcionar mediante licença, a conferir por concurso público, nos termos da lei.

## Artigo 39.º
## (Regulação da Comunicação Social)

1. Cabe a uma entidade administrativa independente assegurar nos meios de comunicação social:

*a*) O direito à informação e a liberdade de imprensa;

*b*) A não concentração da titularidade dos meios de comunicação social;

*c*) A independência perante o poder político e o poder económico;

*d*) O respeito pelos direitos, liberdades e garantias pessoais;

*e*) O respeito pelas normas reguladoras das actividades de comunicação social;

*f*) A possibilidade de expressão e confronto das diversas correntes de opinião;

*g*) O exercício dos direitos de antena, de resposta e de réplica política.

2. A lei define a composição, as competências, a organização e o funcionamento da entidade referida no número anterior, bem como o estatuto dos respectivos membros, designados pela Assembleia da República e por cooptação destes.

## Artigo 40.º
## (Direitos de antena, de resposta e de réplica política)

1. Os partidos políticos e as organizações sindicais, profissionais e representativas das actividades económicas, bem como outras organizações sociais de âmbito nacional, têm direito, de acordo com a sua relevância e representatividade e segundo critérios objectivos a definir por lei, a tempos de antena no serviço público de rádio e de televisão.

2. Os partidos políticos representados na Assembleia da República, e que não façam parte do Governo, têm direito, nos termos da lei, a tempos de antena no serviço público de rádio e televisão, a ratear de acordo com a sua representatividade, bem como o direito de resposta ou de réplica política às declarações

políticas do Governo, de duração e relevo iguais aos dos tempos de antena e das declarações do Governo, de iguais direitos gozando, no âmbito da respectiva região, os partidos representados nas Assembleias Legislativas das regiões autónomas.

3. Nos períodos eleitorais os concorrentes têm direito a tempos de antena, regulares e equitativos, nas estações emissoras de rádio e de televisão de âmbito nacional e regional, nos termos da lei.

**Artigo 41.º**
**(Liberdade de consciência, de religião e de culto)**

1. A liberdade de consciência, de religião e de culto é inviolável.
2. Ninguém pode ser perseguido, privado de direitos ou isento de obrigações ou deveres cívicos por causa das suas convicções ou prática religiosa.
3. Ninguém pode ser perguntado por qualquer autoridade acerca das suas convicções ou prática religiosa, salvo para recolha de dados estatísticos não individualmente identificáveis, nem ser prejudicado por se recusar a responder.
4. As igrejas e outras comunidades religiosas estão separadas do Estado e são livres na sua organização e no exercício das suas funções e do culto.
5. É garantida a liberdade de ensino de qualquer religião praticado no âmbito da respectiva confissão, bem como a utilização de meios de comunicação social próprios para o prosseguimento das suas actividades.
6. É garantido o direito à objecção de consciência, nos termos da lei.

**Artigo 42.º**
**(Liberdade de criação cultural)**

1. É livre a criação intelectual, artística e científica.
2. Esta liberdade compreende o direito à invenção, produção e divulgação da obra científica, literária ou artística, incluindo a protecção legal dos direitos de autor.

**Artigo 43.º**
**(Liberdade de aprender e ensinar)**

1. É garantida a liberdade de aprender e ensinar.
2. O Estado não pode programar a educação e a cultura segundo quaisquer directrizes filosóficas, estéticas, políticas, ideológicas ou religiosas.
3. O ensino público não será confessional.

4. É garantido o direito de criação de escolas particulares e cooperativas.

### Artigo 44.º
### (Direito de deslocação e de emigração)

1. A todos os cidadãos é garantido o direito de se deslocarem e fixarem livremente em qualquer parte do território nacional.
2. A todos é garantido o direito de emigrar ou de sair do território nacional e o direito de regressar.

### Artigo 45.º
### (Direito de reunião e de manifestação)

1. Os cidadãos têm o direito de se reunir, pacificamente e sem armas, mesmo em lugares abertos ao público, sem necessidade de qualquer autorização.
2. A todos os cidadãos é reconhecido o direito de manifestação.

### Artigo 46.º
### (Liberdade de associação)

1. Os cidadãos têm o direito de, livremente e sem dependência de qualquer autorização, constituir associações, desde que estas não se destinem a promover a violência e os respectivos fins não sejam contrários à lei penal.
2. As associações prosseguem livremente os seus fins sem interferência das autoridades públicas e não podem ser dissolvidas pelo Estado ou suspensas as suas actividades senão nos casos previstos na lei e mediante decisão judicial.
3. Ninguém pode ser obrigado a fazer parte de uma associação nem coagido por qualquer meio a permanecer nela.
4. Não são consentidas associações armadas nem de tipo militar, militarizadas ou paramilitares, nem organizações racistas ou que perfilhem a ideologia fascista.

### Artigo 47.º
### (Liberdade de escolha de profissão e acesso à função pública)

1. Todos têm o direito de escolher livremente a profissão ou o género de trabalho, salvas as restrições legais impostas pelo interesse colectivo ou inerentes à sua própria capacidade.

2. Todos os cidadãos têm o direito de acesso à função pública, em condições de igualdade e liberdade, em regra por via de concurso.

## CAPÍTULO II
## Direitos, liberdades e garantias de participação política

### Artigo 48.º
### (Participação na vida pública)

1. Todos os cidadãos têm o direito de tomar parte na vida política e na direcção dos assuntos públicos do país, directamente ou por intermédio de representantes livremente eleitos.

2. Todos os cidadãos têm o direito de ser esclarecidos objectivamente sobre actos do Estado e demais entidades públicas e de ser informados pelo Governo e outras autoridades acerca da gestão dos assuntos públicos.

### Artigo 49.º
### (Direito de sufrágio)

1. Têm direito de sufrágio todos os cidadãos maiores de dezoito anos, ressalvadas as incapacidades previstas na lei geral.

2. O exercício do direito de sufrágio é pessoal e constitui um dever cívico.

### Artigo 50.º
### (Direito de acesso a cargos públicos)

1. Todos os cidadãos têm o direito de acesso, em condições de igualdade e liberdade, aos cargos públicos.

2. Ninguém pode ser prejudicado na sua colocação, no seu emprego, na sua carreira profissional ou nos benefícios sociais a que tenha direito, em virtude do exercício de direitos políticos ou do desempenho de cargos públicos.

3. No acesso a cargos electivos a lei só pode estabelecer as inelegibilidades necessárias para garantir a liberdade de escolha dos eleitores e a isenção e independência do exercício dos respectivos cargos.

### Artigo 51.º
### (Associações e partidos políticos)

1. A liberdade de associação compreende o direito de constituir ou participar em associações e partidos políticos e de através deles concorrer democraticamente para a formação da vontade popular e a organização do poder político.

2. Ninguém pode estar inscrito simultaneamente em mais de um partido político nem ser privado do exercício de qualquer direito por estar ou deixar de estar inscrito em algum partido legalmente constituído.

3. Os partidos políticos não podem, sem prejuízo da filosofia ou ideologia inspiradora do seu programa, usar denominação que contenha expressões directamente relacionadas com quaisquer religiões ou igrejas, bem como emblemas confundíveis com símbolos nacionais ou religiosos.

4. Não podem constituir-se partidos que, pela sua designação ou pelos seus objectivos programáticos, tenham índole ou âmbito regional.

5. Os partidos políticos devem reger-se pelos princípios da transparência, da organização e da gestão democráticas e da participação de todos os seus membros.

6. A lei estabelece as regras de financiamento dos partidos políticos, nomeadamente quanto aos requisitos e limites do financiamento público, bem como às exigências de publicidade do seu património e das suas contas.

## Artigo 52.º
## (Direito de petição e direito de acção popular)

1. Todos os cidadãos têm o direito de apresentar, individual ou colectivamente, aos órgãos de soberania, aos órgãos de governo próprio das regiões autónomas ou a quaisquer autoridades petições, representações, reclamações ou queixas para defesa dos seus direitos, da Constituição, das leis ou do interesse geral e, bem assim, o direito de serem informados, em prazo razoável, sobre o resultado da respectiva apreciação.

2. A lei fixa as condições em que as petições apresentadas colectivamente à Assembleia da República e às Assembleias Legislativas das regiões autónomas são apreciadas em reunião plenária.

3. É conferido a todos, pessoalmente ou através de associações de defesa dos interesses em causa, o direito de acção popular nos casos e termos previstos na lei, incluindo o direito de requerer para o lesado ou lesados a correspondente indemnização, nomeadamente para:

a) Promover a prevenção, a cessação ou a perseguição judicial das infracções contra a saúde pública, os direitos dos consumidores, a qualidade de vida e a preservação do ambiente e do património cultural;

b) Assegurar a defesa dos bens do Estado, das regiões autónomas e das autarquias locais.

## CAPÍTULO III
## Direitos, liberdades e garantias dos trabalhadores

### Artigo 53.º
### (Segurança no emprego)

É garantida aos trabalhadores a segurança no emprego, sendo proibidos os despedimentos sem justa causa ou por motivos políticos ou ideológicos.

### Artigo 54.º
### (Comissões de trabalhadores)

1. É direito dos trabalhadores criarem comissões de trabalhadores para defesa dos seus interesses e intervenção democrática na vida da empresa.

2. Os trabalhadores deliberam a constituição, aprovam os estatutos e elegem, por voto directo e secreto, os membros das comissões de trabalhadores.

3. Podem ser criadas comissões coordenadoras para melhor intervenção na reestruturação económica e por forma a garantir os interesses dos trabalhadores.

4. Os membros das comissões gozam da protecção legal reconhecida aos delegados sindicais.

5. Constituem direitos das comissões de trabalhadores:

a) Receber todas as informações necessárias ao exercício da sua actividade;

b) Exercer o controlo de gestão nas empresas;

c) Participar nos processos de reestruturação da empresa, especialmente no tocante a acções de formação ou quando ocorra alteração das condições de trabalho;

d) Participar na elaboração da legislação do trabalho e dos planos económico-sociais que contemplem o respectivo sector;

e) Gerir ou participar na gestão das obras sociais da empresa;

f) Promover a eleição de representantes dos trabalhadores para os órgãos sociais de empresas pertencentes ao Estado ou a outras entidades públicas, nos term

### Artigo 55.º
### (Liberdade sindical)

1. É reconhecida aos trabalhadores a liberdade sindical, condição e garantia da construção da sua unidade para defesa dos seus direitos e interesses.

2. No exercício da liberdade sindical é garantido aos trabalhadores, sem qualquer discriminação, designadamente:

a) A liberdade de constituição de associações sindicais a todos os níveis;

b) A liberdade de inscrição, não podendo nenhum trabalhador ser obrigado a pagar quotizações para sindicato em que não esteja inscrito;

c) A liberdade de organização e regulamentação interna das associações sindicais;

d) O direito de exercício de actividade sindical na empresa;

e) O direito de tendência, nas formas que os respectivos estatutos determinarem.

3. As associações sindicais devem reger-se pelos princípios da organização e da gestão democráticas, baseados na eleição periódica e por escrutínio secreto dos órgãos dirigentes, sem sujeição a qualquer autorização ou homologação, e assentes na participação activa dos trabalhadores em todos os aspectos da actividade sindical.

4. As associações sindicais são independentes do patronato, do Estado, das confissões religiosas, dos partidos e outras associações políticas, devendo a lei estabelecer as garantias adequadas dessa independência, fundamento da unidade das classes trabalhadoras.

5. As associações sindicais têm o direito de estabelecer relações ou filiar-se em organizações sindicais internacionais.

6. Os representantes eleitos dos trabalhadores gozam do direito à informação e consulta, bem como à protecção legal adequada contra quaisquer formas de condicionamento, constrangimento ou limitação do exercício legítimo das suas funções.

## Artigo 56.º
## (Direitos das associações sindicais e contratação colectiva)

1. Compete às associações sindicais defender e promover a defesa dos direitos e interesses dos trabalhadores que representem.

2. Constituem direitos das associações sindicais:

a) Participar na elaboração da legislação do trabalho;

b) Participar na gestão das instituições de segurança social e outras organizações que visem satisfazer os interesses dos trabalhadores;

c) Pronunciar-se sobre os planos económico-sociais e acompanhar a sua execução;

d) Fazer-se representar nos organismos de concertação social, nos termos da lei;

e) Participar nos processos de reestruturação da empresa, especialmente no tocante a acções de formação ou quando ocorra alteração das condições de trabalho.

3. Compete às associações sindicais exercer o direito de contratação colectiva, o qual é garantido nos termos da lei.

4. A lei estabelece as regras respeitantes à legitimidade para a celebração das convenções colectivas de trabalho, bem como à eficácia das respectivas normas.

**Artigo 57.º**
**(Direito à greve e proibição do *lock-out*)**

1. É garantido o direito à greve.

2. Compete aos trabalhadores definir o âmbito de interesses a defender através da greve, não podendo a lei limitar esse âmbito.

3. A lei define as condições de prestação, durante a greve, de serviços necessários à segurança e manutenção de equipamentos e instalações, bem como de serviços mínimos indispensáveis para ocorrer à satisfação de necessidades sociais impreteríveis.

4. É proibido o *lock-out*.

## TÍTULO III
## Direitos e deveres económicos, sociais e culturais

### CAPÍTULO I
### Direitos e deveres económicos

**Artigo 58.º**
**(Direito ao trabalho)**

1. Todos têm direito ao trabalho.

2. Para assegurar o direito ao trabalho, incumbe ao Estado promover:

a) A execução de políticas de pleno emprego;

b) A igualdade de oportunidades na escolha da profissão ou género de trabalho e condições para que não seja vedado ou limitado, em função do sexo, o acesso a quaisquer cargos, trabalho ou categorias profissionais;

c) A formação cultural e técnica e a valorização profissional dos trabalhadores.

**Artigo 59.º**
**(Direitos dos trabalhadores)**

1. Todos os trabalhadores, sem distinção de idade, sexo, raça, cidadania, território de origem, religião, convicções políticas ou ideológicas, têm direito:

a) À retribuição do trabalho, segundo a quantidade, natureza e qualidade, observando-se o princípio de que para trabalho igual salário igual, de forma a garantir uma existência condigna;

b) A organização do trabalho em condições socialmente dignificantes, de forma a facultar a realização pessoal e a permitir a conciliação da actividade profissional com a vida familiar;

c) A prestação do trabalho em condições de higiene, segurança e saúde;

d) Ao repouso e aos lazeres, a um limite máximo da jornada de trabalho, ao descanso semanal e a férias periódicas pagas;

e) À assistência material, quando involuntariamente se encontrem em situação de desemprego;

f) A assistência e justa reparação, quando vítimas de acidente de trabalho ou de doença profissional.

2. Incumbe ao Estado assegurar as condições de trabalho, retribuição e repouso a que os trabalhadores têm direito, nomeadamente:

a) O estabelecimento e a actualização do salário mínimo nacional, tendo em conta, entre outros factores, as necessidades dos trabalhadores, o aumento do custo de vida, o nível de desenvolvimento das forças produtivas, as exigências da estabilidade económica e financeira e a acumulação para o desenvolvimento;

b) A fixação, a nível nacional, dos limites da duração do trabalho;

c) A especial protecção do trabalho das mulheres durante a gravidez e após o parto, bem como do trabalho dos menores, dos diminuídos e dos que desempenhem actividades particularmente violentas ou em condições insalubres, tóxicas ou perigosas;

d) O desenvolvimento sistemático de uma rede de centros de repouso e de férias, em cooperação com organizações sociais;

e) A protecção das condições de trabalho e a garantia dos benefícios sociais dos trabalhadores emigrantes;

f) A protecção das condições de trabalho dos trabalhadores-estudantes.

3. Os salários gozam de garantias especiais, nos termos da lei.

## Artigo 60.º
## (Direitos dos consumidores)

1. Os consumidores têm direito à qualidade dos bens e serviços consumidos, à formação e à informação, à protecção da saúde, da segurança e dos seus interesses económicos, bem como à reparação de danos.

2. A publicidade é disciplinada por lei, sendo proibidas todas as formas de publicidade oculta, indirecta ou dolosa.

3. As associações de consumidores e as cooperativas de consumo têm direito, nos termos da lei, ao apoio do Estado e a ser ouvidas sobre as questões que digam respeito à defesa dos consumidores, sendo-lhes reconhecida legitimidade processual para defesa dos seus associados ou de interesses colectivos ou difusos.

### Artigo 61.º
### (Iniciativa privada, cooperativa e autogestionária)

1. A iniciativa económica privada exerce-se livremente nos quadros definidos pela Constituição e pela lei e tendo em conta o interesse geral.
2. A todos é reconhecido o direito à livre constituição de cooperativas, desde que observados os princípios cooperativos.
3. As cooperativas desenvolvem livremente as suas actividades no quadro da lei e podem agrupar-se em uniões, federações e confederações e em outras formas de organização legalmente previstas.
4. A lei estabelece as especificidades organizativas das cooperativas com participação pública.
5. É reconhecido o direito de autogestão, nos termos da lei.

### Artigo 62.º
### (Direito de propriedade privada)

1. A todos é garantido o direito à propriedade privada e à sua transmissão em vida ou por morte, nos termos da Constituição.
2. A requisição e a expropriação por utilidade pública só podem ser efectuadas com base na lei e mediante o pagamento de justa indemnização.

## CAPÍTULO II
## Direitos e deveres sociais

### Artigo 63.º
### (Segurança social e solidariedade)

1. Todos têm direito à segurança social.
2. Incumbe ao Estado organizar, coordenar e subsidiar um sistema de segurança social unificado e descentralizado, com a participação das associações sindicais, de outras organizações representativas dos trabalhadores e de associações representativas dos demais beneficiários.

3. O sistema de segurança social protege os cidadãos na doença, velhice, invalidez, viuvez e orfandade, bem como no desemprego e em todas as outras situações de falta ou diminuição de meios de subsistência ou de capacidade para o trabalho.

4. Todo o tempo de trabalho contribui, nos termos da lei, para o cálculo das pensões de velhice e invalidez, independentemente do sector de actividade em que tiver sido prestado.

5. O Estado apoia e fiscaliza, nos termos da lei, a actividade e o funcionamento das instituições particulares de solidariedade social e de outras de reconhecido interesse público sem carácter lucrativo, com vista à prossecução de objectivos de solidariedade social consignados, nomeadamente, neste artigo, na alínea b) do n.º 2 do artigo 67.º, no artigo 69.º, na alínea e) do n.º 1 do artigo 70.º e nos artigos 71.º e 72.º

### Artigo 64.º
### (Saúde)

1. Todos têm direito à protecção da saúde e o dever de a defender e promover.

2. O direito à protecção da saúde é realizado:

a) Através de um serviço nacional de saúde universal e geral e, tendo em conta as condições económicas e sociais dos cidadãos, tendencialmente gratuito;

b) Pela criação de condições económicas, sociais, culturais e ambientais que garantam, designadamente, a protecção da infância, da juventude e da velhice, e pela melhoria sistemática das condições de vida e de trabalho, bem como pela promoção da cultura física e desportiva, escolar e popular, e ainda pelo desenvolvimento da educação sanitária do povo e de práticas de vida saudável.

3. Para assegurar o direito à protecção da saúde, incumbe prioritariamente ao Estado:

a) Garantir o acesso de todos os cidadãos, independentemente da sua condição económica, aos cuidados da medicina preventiva, curativa e de reabilitação;

b) Garantir uma racional e eficiente cobertura de todo o país em recursos humanos e unidades de saúde;

c) Orientar a sua acção para a socialização dos custos dos cuidados médicos e medicamentosos;

d) Disciplinar e fiscalizar as formas empresariais e privadas da medicina, articulando-as com o serviço nacional de saúde, por forma a assegurar, nas instituições de saúde públicas e privadas, adequados padrões de eficiência e de qualidade;

e) Disciplinar e controlar a produção, a distribuição, a comercialização e o uso dos produtos químicos, biológicos e farmacêuticos e outros meios de tratamento e diagnóstico;

f) Estabelecer políticas de prevenção e tratamento da toxicodependência.

4. O serviço nacional de saúde tem gestão descentralizada e participada.

### Artigo 65.º
### (Habitação e urbanismo)

1. Todos têm direito, para si e para a sua família, a uma habitação de dimensão adequada, em condições de higiene e conforto e que preserve a intimidade pessoal e a privacidade familiar.

2. Para assegurar o direito à habitação, incumbe ao Estado:

a) Programar e executar uma política de habitação inserida em planos de ordenamento geral do território e apoiada em planos de urbanização que garantam a existência de uma rede adequada de transportes e de equipamento social;

b) Promover, em colaboração com as regiões autónomas e com as autarquias locais, a construção de habitações económicas e sociais;

c) Estimular a construção privada, com subordinação ao interesse geral, e o acesso à habitação própria ou arrendada;

d) Incentivar e apoiar as iniciativas das comunidades locais e das populações, tendentes a resolver os respectivos problemas habitacionais e a fomentar a criação de cooperativas de habitação e a autoconstrução.

3. O Estado adoptará uma política tendente a estabelecer um sistema de renda compatível com o rendimento familiar e de acesso à habitação própria.

4. O Estado, as regiões autónomas e as autarquias locais definem as regras de ocupação, uso e transformação dos solos urbanos, designadamente através de instrumentos de planeamento, no quadro das leis respeitantes ao ordenamento do território e ao urbanismo, e procedem às expropriações dos solos que se revelem necessárias à satisfação de fins de utilidade pública urbanística.

5. É garantida a participação dos interessados na elaboração dos instrumentos de planeamento urbanístico e de quaisquer outros instrumentos de planeamento físico do território.

### Artigo 66.º
### (Ambiente e qualidade de vida)

1. Todos têm direito a um ambiente de vida humano, sadio e ecologicamente equilibrado e o dever de o defender.

2. Para assegurar o direito ao ambiente, no quadro de um desenvolvimento sustentável, incumbe ao Estado, por meio de organismos próprios e com o envolvimento e a participação dos cidadãos:

a) Prevenir e controlar a poluição e os seus efeitos e as formas prejudiciais de erosão;

b) Ordenar e promover o ordenamento do território, tendo em vista uma correcta localização das actividades, um equilibrado desenvolvimento sócio-económico e a valorização da paisagem;

c) Criar e desenvolver reservas e parques naturais e de recreio, bem como classificar e proteger paisagens e sítios, de modo a garantir a conservação da natureza e a preservação de valores culturais de interesse histórico ou artístico;

d) Promover o aproveitamento racional dos recursos naturais, salvaguardando a sua capacidade de renovação e a estabilidade ecológica, com respeito pelo princípio da solidariedade entre gerações;

e) Promover, em colaboração com as autarquias locais, a qualidade ambiental das povoações e da vida urbana, designadamente no plano arquitectónico e da protecção das zonas históricas;

f) Promover a integração de objectivos ambientais nas várias políticas de âmbito sectorial;

g) Promover a educação ambiental e o respeito pelos valores do ambiente;

h) Assegurar que a política fiscal compatibilize desenvolvimento com protecção do ambiente e qualidade de vida.

## Artigo 67.º
## (Família)

1. A família, como elemento fundamental da sociedade, tem direito à protecção da sociedade e do Estado e à efectivação de todas as condições que permitam a realização pessoal dos seus membros.

2. Incumbe, designadamente, ao Estado para protecção da família:

a) Promover a independência social e económica dos agregados familiares;

b) Promover a criação e garantir o acesso a uma rede nacional de creches e de outros equipamentos sociais de apoio à família, bem como uma política de terceira idade;

c) Cooperar com os pais na educação dos filhos;

d) Garantir, no respeito da liberdade individual, o direito ao planeamento familiar, promovendo a informação e o acesso aos métodos e aos meios que o assegurem, e organizar as estruturas jurídicas e técnicas que permitam o exercício de uma maternidade e paternidade conscientes;

e) Regulamentar a procriação assistida, em termos que salvaguardem a dignidade da pessoa humana;

f) Regular os impostos e os benefícios sociais, de harmonia com os encargos familiares;

g) Definir, ouvidas as associações representativas das famílias, e executar uma política de família com carácter global e integrado.

h) Promover, através da concertação das várias políticas sectoriais, a conciliação da actividade profissional com a vida familiar.

**Artigo 68.º**
**(Paternidade e maternidade)**

1. Os pais e as mães têm direito à protecção da sociedade e do Estado na realização da sua insubstituível acção em relação aos filhos, nomeadamente quanto à sua educação, com garantia de realização profissional e de participação na vida cívica do país.
2. A maternidade e a paternidade constituem valores sociais eminentes.
3. As mulheres têm direito a especial protecção durante a gravidez e após o parto, tendo as mulheres trabalhadoras ainda direito a dispensa do trabalho por período adequado, sem perda da retribuição ou de quaisquer regalias.
4. A lei regula a atribuição às mães e aos pais de direitos de dispensa de trabalho por período adequado, de acordo com os interesses da criança e as necessidades do agregado familiar.

**Artigo 69.º**
**(Infância)**

1. As crianças têm direito à protecção da sociedade e do Estado, com vista ao seu desenvolvimento integral, especialmente contra todas as formas de abandono, de discriminação e de opressão e contra o exercício abusivo da autoridade na família e nas demais instituições.
2. O Estado assegura especial protecção às crianças órfãs, abandonadas ou por qualquer forma privadas de um ambiente familiar normal.
3. É proibido, nos termos da lei, o trabalho de menores em idade escolar.

**Artigo 70.º**
**(Juventude)**

1. Os jovens gozam de protecção especial para efectivação dos seus direitos económicos, sociais e culturais, nomeadamente:

a) No ensino, na formação profissional e na cultura;
b) No acesso ao primeiro emprego, no trabalho e na segurança social;
c) No acesso à habitação;
d) Na educação física e no desporto;
e) No aproveitamento dos tempos livres.

2. A política de juventude deverá ter como objectivos prioritários o desenvolvimento da personalidade dos jovens, a criação de condições para a sua efectiva integração na vida activa, o gosto pela criação livre e o sentido de serviço à comunidade.

3. O Estado, em colaboração com as famílias, as escolas, as empresas, as organizações de moradores, as associações e fundações de fins culturais e as colectividades de cultura e recreio, fomenta e apoia as organizações juvenis na prossecução daqueles objectivos, bem como o intercâmbio internacional da juventude.

## Artigo 71.º
## (Cidadãos portadores de deficiência)

1. Os cidadãos portadores de deficiência física ou mental gozam plenamente dos direitos e estão sujeitos aos deveres consignados na Constituição, com ressalva do exercício ou do cumprimento daqueles para os quais se encontrem incapacitados.

2. O Estado obriga-se a realizar uma política nacional de prevenção e de tratamento, reabilitação e integração dos cidadãos portadores de deficiência e de apoio às suas famílias, a desenvolver uma pedagogia que sensibilize a sociedade quanto aos deveres de respeito e solidariedade para com eles e a assumir o encargo da efectiva realização dos seus direitos, sem prejuízo dos direitos e deveres dos pais ou tutores.

3. O Estado apoia as organizações de cidadãos portadores de deficiência.

## Artigo 72.º
## (Terceira idade)

1. As pessoas idosas têm direito à segurança económica e a condições de habitação e convívio familiar e comunitário que respeitem a sua autonomia pessoal e evitem e superem o isolamento ou a marginalização social.

2. A política de terceira idade engloba medidas de carácter económico, social e cultural tendentes a proporcionar às pessoas idosas oportunidades de realização pessoal, através de uma participação activa na vida da comunidade.

## CAPÍTULO III
## Direitos e deveres culturais

### Artigo 73.º
### (Educação, cultura e ciência)

1. Todos têm direito à educação e à cultura.

2. O Estado promove a democratização da educação e as demais condições para que a educação, realizada através da escola e de outros meios formativos, contribua para a igualdade de oportunidades, a superação das desigualdades económicas, sociais e culturais, o desenvolvimento da personalidade e do espírito de tolerância, de compreensão mútua, de solidariedade e de responsabilidade, para o progresso social e para a participação democrática na vida colectiva.

3. O Estado promove a democratização da cultura, incentivando e assegurando o acesso de todos os cidadãos à fruição e criação cultural, em colaboração com os órgãos de comunicação social, as associações e fundações de fins culturais, as colectividades de cultura e recreio, as associações de defesa do património cultural, as organizações de moradores e outros agentes culturais.

4. A criação e a investigação científicas, bem como a inovação tecnológica, são incentivadas e apoiadas pelo Estado, por forma a assegurar a respectiva liberdade e autonomia, o reforço da competitividade e a articulação entre as instituições científicas e as empresas.

### Artigo 74.º
### (Ensino)

1. Todos têm direito ao ensino com garantia do direito à igualdade de oportunidades de acesso e êxito escolar.

2. Na realização da política de ensino incumbe ao Estado:

a) Assegurar o ensino básico universal, obrigatório e gratuito;

b) Criar um sistema público e desenvolver o sistema geral de educação pré-escolar;

c) Garantir a educação permanente e eliminar o analfabetismo;

d) Garantir a todos os cidadãos, segundo as suas capacidades, o acesso aos graus mais elevados do ensino, da investigação científica e da criação artística;

e) Estabelecer progressivamente a gratuitidade de todos os graus de ensino;

f) Inserir as escolas nas comunidades que servem e estabelecer a interligação do ensino e das actividades económicas, sociais e culturais;

g) Promover e apoiar o acesso dos cidadãos portadores de deficiência ao ensino e apoiar o ensino especial, quando necessário;

h) Proteger e valorizar a língua gestual portuguesa, enquanto expressão cultural e instrumento de acesso à educação e da igualdade de oportunidades;

i) Assegurar aos filhos dos emigrantes o ensino da língua portuguesa e o acesso à cultura portuguesa;

j) Assegurar aos filhos dos imigrantes apoio adequado para efectivação do direito ao ensino.

## Artigo 75.º
## (Ensino público, particular e cooperativo)

1. O Estado criará uma rede de estabelecimentos públicos de ensino que cubra as necessidades de toda a população.

2. O Estado reconhece e fiscaliza o ensino particular e cooperativo, nos termos da lei.

## Artigo 76.º
## (Universidade e acesso ao ensino superior)

1. O regime de acesso à Universidade e às demais instituições do ensino superior garante a igualdade de oportunidades e a democratização do sistema de ensino, devendo ter em conta as necessidades em quadros qualificados e a elevação do nível educativo, cultural e científico do país.

2. As universidades gozam, nos termos da lei, de autonomia estatutária, científica, pedagógica, administrativa e financeira, sem prejuízo de adequada avaliação da qualidade do ensino.

## Artigo 77.º
## (Participação democrática no ensino)

1. Os professores e alunos têm o direito de participar na gestão democrática das escolas, nos termos da lei.

2. A lei regula as formas de participação das associações de professores, de alunos, de pais, das comunidades e das instituições de carácter científico na definição da política de ensino.

## Artigo 78.º
## (Fruição e criação cultural)

1. Todos têm direito à fruição e criação cultural, bem como o dever de preservar, defender e valorizar o património cultural.

2. Incumbe ao Estado, em colaboração com todos os agentes culturais:

a) Incentivar e assegurar o acesso de todos os cidadãos aos meios e instrumentos de acção cultural, bem como corrigir as assimetrias existentes no país em tal domínio;

b) Apoiar as iniciativas que estimulem a criação individual e colectiva, nas suas múltiplas formas e expressões, e uma maior circulação das obras e dos bens culturais de qualidade;

c) Promover a salvaguarda e a valorização do património cultural, tornando-o elemento vivificador da identidade cultural comum;

d) Desenvolver as relações culturais com todos os povos, especialmente os de língua portuguesa, e assegurar a defesa e a promoção da cultura portuguesa no estrangeiro;

e) Articular a política cultural e as demais políticas sectoriais.

**Artigo 79.º**
**(Cultura física e desporto)**

1. Todos têm direito à cultura física e ao desporto.

2. Incumbe ao Estado, em colaboração com as escolas e as associações e colectividades desportivas, promover, estimular, orientar e apoiar a prática e a difusão da cultura física e do desporto, bem como prevenir a violência no desporto.

## PARTE II
## Organização económica

### TÍTULO I
### Princípios gerais

**Artigo 80.º**
**(Princípios fundamentais)**

A organização económico-social assenta nos seguintes princípios:

a) Subordinação do poder económico ao poder político democrático;

b) Coexistência do sector público, do sector privado e do sector cooperativo e social de propriedade dos meios de produção;

c) Liberdade de iniciativa e de organização empresarial no âmbito de uma economia mista;

d) Propriedade pública dos recursos naturais e de meios de produção, de acordo com o interesse colectivo;

e) Planeamento democrático do desenvolvimento económico e social;

f) Protecção do sector cooperativo e social de propriedade dos meios de produção;

g) Participação das organizações representativas dos trabalhadores e das organizações representativas das actividades económicas na definição das principais medidas económicas e sociais.

**Artigo 81.º**
**(Incumbências prioritárias do Estado)**

Incumbe prioritariamente ao Estado no âmbito económico e social:

a) Promover o aumento do bem-estar social e económico e da qualidade de vida das pessoas, em especial das mais desfavorecidas, no quadro de uma estratégia de desenvolvimento sustentável;

b) Promover a justiça social, assegurar a igualdade de oportunidades e operar as necessárias correcções das desigualdades na distribuição da riqueza e do rendimento, nomeadamente através da política fiscal;

c) Assegurar a plena utilização das forças produtivas, designadamente zelando pela eficiência do sector público;

d) Promover a coesão económica e social de todo o território nacional, orientando o desenvolvimento no sentido de um crescimento equilibrado de todos os sectores e regiões e eliminando progressivamente as diferenças económicas e sociais entre a cidade e o campo e entre o litoral e o interior;

*e*) Promover a correcção das desigualdades derivadas da insularidade das regiões autónomas e incentivar a sua progressiva integração em espaços económicos mais vastos, no âmbito nacional ou internacional;

f) Assegurar o funcionamento eficiente dos mercados, de modo a garantir a equilibrada concorrência entre as empresas, a contrariar as formas de organização monopolistas e a reprimir os abusos de posição dominante e outras práticas lesivas do interesse geral;

g) Desenvolver as relações económicas com todos os povos, salvaguardando sempre a independência nacional e os interesses dos portugueses e da economia do país;

h) Eliminar os latifúndios e reordenar o minifúndio;

i) Garantir a defesa dos interesses e os direitos dos consumidores;

j) Criar os instrumentos jurídicos e técnicos necessários ao planeamento democrático do desenvolvimento económico e social;

l) Assegurar uma política científica e tecnológica favorável ao desenvolvimento do país;

m) Adoptar uma política nacional de energia, com preservação dos recursos naturais e do equilíbrio ecológico, promovendo, neste domínio, a cooperação internacional;

n) Adoptar uma política nacional da água, com aproveitamento, planeamento e gestão racional dos recursos hídricos.

**Artigo 82.º**
**(Sectores de propriedade dos meios de produção)**

1. É garantida a coexistência de três sectores de propriedade dos meios de produção.

2. O sector público é constituído pelos meios de produção cujas propriedade e gestão pertencem ao Estado ou a outras entidades públicas.

3. O sector privado é constituído pelos meios de produção cuja propriedade ou gestão pertence a pessoas singulares ou colectivas privadas, sem prejuízo do disposto no número seguinte.

4. O sector cooperativo e social compreende especificamente:

a) Os meios de produção possuídos e geridos por cooperativas, em obediência aos princípios cooperativos, sem prejuízo das especificidades estabelecidas na lei para as cooperativas com participação pública, justificadas pela sua especial natureza;

b) Os meios de produção comunitários, possuídos e geridos por comunidades locais;

c) Os meios de produção objecto de exploração colectiva por trabalhadores;

d) Os meios de produção possuídos e geridos por pessoas colectivas, sem carácter lucrativo, que tenham como principal objectivo a solidariedade social, designadamente entidades de natureza mutualista.

**Artigo 83.º**
**(Requisitos de apropriação pública)**

A lei determina os meios e as formas de intervenção e de apropriação pública dos meios de produção, bem como os critérios de fixação da correspondente indemnização.

**Artigo 84.º**
**(Domínio público)**

1. Pertencem ao domínio público:

a) As águas territoriais com os seus leitos e os fundos marinhos contíguos, bem como os lagos, lagoas e cursos de água navegáveis ou flutuáveis, com os respectivos leitos;

b) As camadas aéreas superiores ao território acima do limite reconhecido ao proprietário ou superficiário;

c) Os jazigos minerais, as nascentes de águas mineromedicinais, as cavidades naturais subterrâneas existentes no subsolo, com excepção das rochas, terras comuns e outros materiais habitualmente usados na construção;

d) As estradas;

e) As linhas férreas nacionais;

f) Outros bens como tal classificados por lei.

2. A lei define quais os bens que integram o domínio público do Estado, o domínio público das regiões autónomas e o domínio público das autarquias locais, bem como o seu regime, condições de utilização e limites.

## Artigo 85.º
## (Cooperativas e experiências de autogestão)

1. O Estado estimula e apoia a criação e a actividade de cooperativas.

2. A lei definirá os benefícios fiscais e financeiros das cooperativas, bem como condições mais favoráveis à obtenção de crédito e auxílio técnico.

3. São apoiadas pelo Estado as experiências viáveis de autogestão.

## Artigo 86.º
## (Empresas privadas)

1. O Estado incentiva a actividade empresarial, em particular das pequenas e médias empresas, e fiscaliza o cumprimento das respectivas obrigações legais, em especial por parte das empresas que prossigam actividades de interesse económico geral.

2. O Estado só pode intervir na gestão de empresas privadas a título transitório, nos casos expressamente previstos na lei e, em regra, mediante prévia decisão judicial.

3. A lei pode definir sectores básicos nos quais seja vedada a actividade às empresas privadas e a outras entidades da mesma natureza.

## Artigo 87.º
## (Actividade económica e investimentos estrangeiros)

A lei disciplinará a actividade económica e os investimentos por parte de pessoas singulares ou colectivas estrangeiras, a fim de garantir a sua contribuição para o desenvolvimento do país e defender a independência nacional e os interesses dos trabalhadores.

**Artigo 88.º**
**(Meios de produção em abandono)**

1. Os meios de produção em abandono podem ser expropriados em condições a fixar pela lei, que terá em devida conta a situação específica da propriedade dos trabalhadores emigrantes.

2. Os meios de produção em abandono injustificado podem ainda ser objecto de arrendamento ou de concessão de exploração compulsivos, em condições a fixar por lei.

**Artigo 89.º**
**(Participação dos trabalhadores na gestão)**

Nas unidades de produção do sector público é assegurada uma participação efectiva dos trabalhadores na respectiva gestão.

**TÍTULO II**
**Planos**

**Artigo 90.º**
**(Objectivos dos planos)**

Os planos de desenvolvimento económico e social têm por objectivo promover o crescimento económico, o desenvolvimento harmonioso e integrado de sectores e regiões, a justa repartição individual e regional do produto nacional, a coordenação da política económica com as políticas social, educativa e cultural, a defesa do mundo rural, a preservação do equilíbrio ecológico, a defesa do ambiente e a qualidade de vida do povo português.

**Artigo 91.º**
**(Elaboração e execução dos planos)**

1. Os planos nacionais são elaborados de harmonia com as respectivas leis das grandes opções, podendo integrar programas específicos de âmbito territorial e de natureza sectorial.

2. As propostas de lei das grandes opções são acompanhadas de relatórios que as fundamentem.

3. A execução dos planos nacionais é descentralizada, regional e sectorialmente.

### Artigo 92.º
### (Conselho Económico e Social)

1. O Conselho Económico e Social é o órgão de consulta e concertação no domínio das políticas económica e social, participa na elaboração das propostas das grandes opções e dos planos de desenvolvimento económico e social e exerce as demais funções que lhe sejam atribuídas por lei.

2. A lei define a composição do Conselho Económico e Social, do qual farão parte, designadamente, representantes do Governo, das organizações representativas dos trabalhadores, das actividades económicas e das famílias, das regiões autónomas e das autarquias locais.

3. A lei define ainda a organização e o funcionamento do Conselho Económico e Social, bem como o estatuto dos seus membros.

## TÍTULO III
## Políticas agrícola, comercial e industrial

### Artigo 93.º
### (Objectivos da política agrícola)

1. São objectivos da política agrícola:

a) Aumentar a produção e a produtividade da agricultura, dotando-a das infra-estruturas e dos meios humanos, técnicos e financeiros adequados, tendentes ao reforço da competitividade e a assegurar a qualidade dos produtos, a sua eficaz comercialização, o melhor abastecimento do país e o incremento da exportação;

b) Promover a melhoria da situação económica, social e cultural dos trabalhadores rurais e dos agricultores, o desenvolvimento do mundo rural, a racionalização das estruturas fundiárias, a modernização do tecido empresarial e o acesso à propriedade ou à posse da terra e demais meios de produção directamente utilizados na sua exploração por parte daqueles que a trabalham;

c) Criar as condições necessárias para atingir a igualdade efectiva dos que trabalham na agricultura com os demais trabalhadores e evitar que o sector agrícola seja desfavorecido nas relações de troca com os outros sectores;

d) Assegurar o uso e a gestão racionais dos solos e dos restantes recursos naturais, bem como a manutenção da sua capacidade de regeneração;

e) Incentivar o associativismo dos agricultores e a exploração directa da terra.

2. O Estado promoverá uma política de ordenamento e reconversão agrária e de desenvolvimento florestal, de acordo com os condicionalismos ecológicos e sociais do país.

### Artigo 94.º
### (Eliminação dos latifúndios)

1. O redimensionamento das unidades de exploração agrícola que tenham dimensão excessiva do ponto de vista dos objectivos da política agrícola será regulado por lei, que deverá prever, em caso de expropriação, o direito do proprietário à correspondente indemnização e à reserva de área suficiente para a viabilidade e a racionalidade da sua própria exploração.

2. As terras expropriadas serão entregues a título de propriedade ou de posse, nos termos da lei, a pequenos agricultores, de preferência integrados em unidades de exploração familiar, a cooperativas de trabalhadores rurais ou de pequenos agricultores ou a outras formas de exploração por trabalhadores, sem prejuízo da estipulação de um período probatório da efectividade e da racionalidade da respectiva exploração antes da outorga da propriedade plena.

### Artigo 95.º
### (Redimensionamento do minifúndio)

Sem prejuízo do direito de propriedade, o Estado promoverá, nos termos da lei, o redimensionamento das unidades de exploração agrícola com dimensão inferior à adequada do ponto de vista dos objectivos da política agrícola, nomeadamente através de incentivos jurídicos, fiscais e creditícios à sua integração estrutural ou meramente económica, designadamente cooperativa, ou por recurso a medidas de emparcelamento.

### Artigo 96.º
### (Formas de exploração de terra alheia)

1. Os regimes de arrendamento e de outras formas de exploração de terra alheia serão regulados por lei de modo a garantir a estabilidade e os legítimos interesses do cultivador.

2. São proibidos os regimes de aforamento e colónia e serão criadas condições aos cultivadores para a efectiva abolição do regime de parceria agrícola.

### Artigo 97.º
### (Auxílio do Estado)

1. Na prossecução dos objectivos da política agrícola o Estado apoiará preferencialmente os pequenos e médios agricultores, nomeadamente quando integrados em unidades de exploração familiar, individualmente ou associados em cooperativas, bem como as cooperativas de trabalhadores agrícolas e outras formas de exploração por trabalhadores.

2. O apoio do Estado compreende, designadamente:

a) Concessão de assistência técnica;

b) Criação de formas de apoio à comercialização a montante e a jusante da produção;

c) Apoio à cobertura de riscos resultantes dos acidentes climatéricos e fitopatológicos imprevisíveis ou incontroláveis;

d) Estímulos ao associativismo dos trabalhadores rurais e dos agricultores, nomeadamente à constituição por eles de cooperativas de produção, de compra, de venda, de transformação e de serviços e ainda de outras formas de exploração por trabalhadores.

### Artigo 98.º
### (Participação na definição da política agrícola)

Na definição da política agrícola é assegurada a participação dos trabalhadores rurais e dos agricultores através das suas organizações representativas.

### Artigo 99.º
### (Objectivos da política comercial)

São objectivos da política comercial:

a) A concorrência salutar dos agentes mercantis;

b) A racionalização dos circuitos de distribuição;

c) O combate às actividades especulativas e às práticas comerciais restritivas;

d) O desenvolvimento e a diversificação das relações económicas externas;

e) A protecção dos consumidores.

**Artigo 100.º**
**(Objectivos da política industrial)**

São objectivos da política industrial:

a) O aumento da produção industrial num quadro de modernização e ajustamento de interesses sociais e económicos e de integração internacional da economia portuguesa;

b) O reforço da inovação industrial e tecnológica;

c) O aumento da competitividade e da produtividade das empresas industriais;

d) O apoio às pequenas e médias empresas e, em geral, às iniciativas e empresas geradoras de emprego e fomentadoras de exportação ou de substituição de importações;

e) O apoio à projecção internacional das empresas portuguesas.

## TÍTULO IV
## Sistema financeiro e fiscal

**Artigo 101.º**
**(Sistema financeiro)**

O sistema financeiro é estruturado por lei, de modo a garantir a formação, a captação e a segurança das poupanças, bem como a aplicação dos meios financeiros necessários ao desenvolvimento económico e social.

**Artigo 102.º**
**(Banco de Portugal)**

O Banco de Portugal é o banco central nacional e exerce as suas funções nos termos da lei e das normas internacionais a que o Estado Português se vincule.

**Artigo 103.º**
**(Sistema fiscal)**

1. O sistema fiscal visa a satisfação das necessidades financeiras do Estado e outras entidades públicas e uma repartição justa dos rendimentos e da riqueza.

2. Os impostos são criados por lei, que determina a incidência, a taxa, os benefícios fiscais e as garantias dos contribuintes.

3. Ninguém pode ser obrigado a pagar impostos que não hajam sido criados nos termos da Constituição, que tenham natureza retroactiva ou cuja liquidação e cobrança se não façam nos termos da lei.

## Artigo 104.º
## (Impostos)

1. O imposto sobre o rendimento pessoal visa a diminuição das desigualdades e será único e progressivo, tendo em conta as necessidades e os rendimentos do agregado familiar.
2. A tributação das empresas incide fundamentalmente sobre o seu rendimento real.
3. A tributação do património deve contribuir para a igualdade entre os cidadãos.
4. A tributação do consumo visa adaptar a estrutura do consumo à evolução das necessidades do desenvolvimento económico e da justiça social, devendo onerar os consumos de luxo.

## Artigo 105.º
## (Orçamento)

1. O Orçamento do Estado contém:
a) A discriminação das receitas e despesas do Estado, incluindo as dos fundos e serviços autónomos;
b) O orçamento da segurança social.
2. O Orçamento é elaborado de harmonia com as grandes opções em matéria de planeamento e tendo em conta as obrigações decorrentes de lei ou de contrato.
3. O Orçamento é unitário e especifica as despesas segundo a respectiva classificação orgânica e funcional, de modo a impedir a existência de dotações e fundos secretos, podendo ainda ser estruturado por programas.
4. O Orçamento prevê as receitas necessárias para cobrir as despesas, definindo a lei as regras da sua execução, as condições a que deverá obedecer o recurso ao crédito público e os critérios que deverão presidir às alterações que, durante a execução, poderão ser introduzidas pelo Governo nas rubricas de classificação orgânica no âmbito de cada programa orçamental aprovado pela Assembleia da República, tendo em vista a sua plena realização.

### Artigo 106.º
### (Elaboração do Orçamento)

1. A lei do Orçamento é elaborada, organizada, votada e executada, anualmente, de acordo com a respectiva lei de enquadramento, que incluirá o regime atinente à elaboração e execução dos orçamentos dos fundos e serviços autónomos.

2. A proposta de Orçamento é apresentada e votada nos prazos fixados na lei, a qual prevê os procedimentos a adoptar quando aqueles não puderem ser cumpridos.

3. A proposta de Orçamento é acompanhada de relatórios sobre:

a) A previsão da evolução dos principais agregados macroeconómicos com influência no Orçamento, bem como da evolução da massa monetária e suas contrapartidas;

b) A justificação das variações de previsões das receitas e despesas relativamente ao Orçamento anterior;

c) A dívida pública, as operações de tesouraria e as contas do Tesouro;

d) A situação dos fundos e serviços autónomos;

e) As transferências de verbas para as regiões autónomas e as autarquias locais;

f) As transferências financeiras entre Portugal e o exterior com incidência na proposta do Orçamento;

g) Os benefícios fiscais e a estimativa da receita cessante.

### Artigo 107.º
### (Fiscalização)

A execução do Orçamento será fiscalizada pelo Tribunal de Contas e pela Assembleia da República, que, precedendo parecer daquele tribunal, apreciará e aprovará a Conta Geral do Estado, incluindo a da segurança social.

# PARTE III
# Organização do poder político

## TÍTULO I
## Princípios gerais

### Artigo 108.º
### (Titularidade e exercício do poder)

O poder político pertence ao povo e é exercido nos termos da Constituição.

### Artigo 109.º
### (Participação política dos cidadãos)

A participação directa e activa de homens e mulheres na vida política constitui condição e instrumento fundamental de consolidação do sistema democrático, devendo a lei promover a igualdade no exercício dos direitos cívicos e políticos e a não discriminação em função do sexo no acesso a cargos políticos.

### Artigo 110.º
### (Órgãos de soberania)

1. São órgãos de soberania o Presidente da República, a Assembleia da República, o Governo e os Tribunais.

2. A formação, a composição, a competência e o funcionamento dos órgãos de soberania são os definidos na Constituição.

### Artigo 111.º
### (Separação e interdependência)

1. Os órgãos de soberania devem observar a separação e a interdependência estabelecidas na Constituição.

2. Nenhum órgão de soberania, de região autónoma ou de poder local pode delegar os seus poderes noutros órgãos, a não ser nos casos e nos termos expressamente previstos na Constituição e na lei.

### Artigo 112.º
### (Actos normativos)

1. São actos legislativos as leis, os decretos-leis e os decretos legislativos regionais.

2. As leis e os decretos-leis têm igual valor, sem prejuízo da subordinação às correspondentes leis dos decretos-leis publicados no uso de autorização legislativa e dos que desenvolvam as bases gerais dos regimes jurídicos.

3. Têm valor reforçado, além das leis orgânicas, as leis que carecem de aprovação por maioria de dois terços, bem como aquelas que, por força da Constituição, sejam pressuposto normativo necessário de outras leis ou que por outras devam ser respeitadas.

4. Os decretos legislativos têm âmbito regional e versam sobre matérias enunciadas no estatuto político-administrativo da respectiva região autónoma

que não estejam reservadas aos órgãos de soberania, sem prejuízo do disposto nas alíneas *b*) e *c*) do n.º 1 do artigo 227.º

5. Nenhuma lei pode criar outras categorias de actos legislativos ou conferir a actos de outra natureza o poder de, com eficácia externa, interpretar, integrar, modificar, suspender ou revogar qualquer dos seus preceitos.

6. Os regulamentos do Governo revestem a forma de decreto regulamentar quando tal seja determinado pela lei que regulamentam, bem como no caso de regulamentos independentes.

7. Os regulamentos devem indicar expressamente as leis que visam regulamentar ou que definem a competência subjectiva e objectiva para a sua emissão;

9. A transposição de actos jurídicos da União Europeia para a ordem jurídica interna assume a forma de lei, decreto-lei ou, nos termos do disposto no n.º 4, decreto legislativo regional.

**Artigo 113.º**
**(Princípios gerais de direito eleitoral)**

1. O sufrágio directo, secreto e periódico constitui a regra geral de designação dos titulares dos órgãos electivos da soberania, das regiões autónomas e do poder local.

2. O recenseamento eleitoral é oficioso, obrigatório, permanente e único para todas as eleições por sufrágio directo e universal, sem prejuízo do disposto nos n.os 4 e 5 do artigo 15.º e no n.º 2 do artigo 121.º

3. As campanhas eleitorais regem-se pelos seguintes princípios:

a) Liberdade de propaganda;

b) Igualdade de oportunidades e de tratamento das diversas candidaturas;

c) Imparcialidade das entidades públicas perante as candidaturas;

d) Transparência e fiscalização das contas eleitorais.

4. Os cidadãos têm o dever de colaborar com a administração eleitoral, nas formas previstas na lei.

5. A conversão dos votos em mandatos far-se-á de harmonia com o princípio da representação proporcional.

6. No acto de dissolução de órgãos colegiais baseados no sufrágio directo tem de ser marcada a data das novas eleições, que se realizarão nos sessenta dias seguintes e pela lei eleitoral vigente ao tempo da dissolução, sob pena de inexistência jurídica daquele acto.

7. O julgamento da regularidade e da validade dos actos de processo eleitoral compete aos tribunais.

## Artigo 114.º
## (Partidos políticos e direito de oposição)

1. Os partidos políticos participam nos órgãos baseados no sufrágio universal e directo, de acordo com a sua representatividade eleitoral.

2. É reconhecido às minorias o direito de oposição democrática, nos termos da Constituição e da lei.

3. Os partidos políticos representados na Assembleia da República e que não façam parte do Governo gozam, designadamente, do direito de serem informados regular e directamente pelo Governo sobre o andamento dos principais assuntos de interesse público, de igual direito gozando os partidos políticos representados nas Assembleias Legislativas das regiões autónomas e em quaisquer

outras assembleias designadas por eleição directa relativamente aos correspondentes executivos de que não façam parte.

## Artigo 115.º
## (Referendo)

1. Os cidadãos eleitores recenseados no território nacional podem ser chamados a pronunciar-se directamente, a título vinculativo, através de referendo, por decisão do Presidente da República, mediante proposta da Assembleia da República ou do Governo, em matérias das respectivas competências, nos casos e nos termos previstos na Constituição e na lei.

2. O referendo pode ainda resultar da iniciativa de cidadãos dirigida à Assembleia da República, que será apresentada e apreciada nos termos e nos prazos fixados por lei.

3. O referendo só pode ter por objecto questões de relevante interesse nacional que devam ser decididas pela Assembleia da República ou pelo Governo através da aprovação de convenção internacional ou de acto legislativo.

4. São excluídas do âmbito do referendo:

a) As alterações à Constituição;

b) As questões e os actos de conteúdo orçamental, tributário ou financeiro;

c) As matérias previstas no artigo 161.º da Constituição, sem prejuízo do disposto no número seguinte;

d) As matérias previstas no artigo 164.º da Constituição, com excepção do disposto na alínea i).

5. O disposto no número anterior não prejudica a submissão a referendo das questões de relevante interesse nacional que devam ser objecto de convenção

internacional, nos termos da alínea i) do artigo 161.º da Constituição, excepto quando relativas à paz e à rectificação de fronteiras.

6. Cada referendo recairá sobre uma só matéria, devendo as questões ser formuladas com objectividade, clareza e precisão e para respostas de sim ou não, num número máximo de perguntas a fixar por lei, a qual determinará igualmente as demais condições de formulação e efectivação de referendos.

7. São excluídas a convocação e a efectivação de referendos entre a data da convocação e a da realização de eleições gerais para os órgãos de soberania, de governo próprio das regiões autónomas e do poder local, bem como de Deputados ao Parlamento Europeu.

8. O Presidente da República submete a fiscalização preventiva obrigatória da constitucionalidade e da legalidade as propostas de referendo que lhe tenham sido remetidas pela Assembleia da República ou pelo Governo.

9. São aplicáveis ao referendo, com as necessárias adaptações, as normas constantes dos n.os 1, 2, 3, 4 e 7 do artigo 113.º

10. As propostas de referendo recusadas pelo Presidente da República ou objecto de resposta negativa do eleitorado não podem ser renovadas na mesma sessão legislativa, salvo nova eleição da Assembleia da República, ou até à demissão do Governo.

11. O referendo só tem efeito vinculativo quando o número de votantes for superior a metade dos eleitores inscritos no recenseamento.

12. Nos referendos são chamados a participar cidadãos residentes no estrangeiro, regularmente recenseados ao abrigo do disposto no n.º 2 do artigo 121.º, quando recaiam sobre matéria que lhes diga também especificamente respeito.

13. Os referendos podem ter âmbito regional, nos termos previstos no n.º 2 do artigo 232.º.

## Artigo 116.º
## (Órgãos colegiais)

1. As reuniões das assembleias que funcionem como órgãos de soberania, das regiões autónomas ou do poder local são públicas, excepto nos casos previstos na lei.

2. As deliberações dos órgãos colegiais são tomadas com a presença da maioria do número legal dos seus membros.

3. Salvo nos casos previstos na Constituição, na lei e nos respectivos regimentos, as deliberações dos órgãos colegiais são tomadas à pluralidade de votos, não contando as abstenções para o apuramento da maioria.

## Artigo 117.º
## (Estatuto dos titulares de cargos políticos)

1. Os titulares de cargos políticos respondem política, civil e criminalmente pelas acções e omissões que pratiquem no exercício das suas funções.

2. A lei dispõe sobre os deveres, responsabilidades e incompatibilidades dos titulares de cargos políticos, as consequências do respectivo incumprimento, bem como sobre os respectivos direitos, regalias e imunidades.

3. A lei determina os crimes de responsabilidade dos titulares de cargos políticos, bem como as sanções aplicáveis e os respectivos efeitos, que podem incluir a destituição do cargo ou a perda do mandato.

## Artigo 118.º
## (Princípio da renovação)

1.Ninguém pode exercer a título vitalício qualquer cargo político de âmbito nacional, regional ou local.

2. A lei pode determinar limites à renovação sucessiva de mandatos dos titulares de cargos políticos executivos.

## Artigo 119.º
## (Publicidade dos actos)

1. São publicados no jornal oficial, Diário da República:

a) As leis constitucionais;

b) As convenções internacionais e os respectivos avisos de ratificação, bem como os restantes avisos a elas respeitantes;

c) As leis, os decretos-leis e os decretos legislativos regionais;

d) Os decretos do Presidente da República;

e) As resoluções da Assembleia da República e das Assembleias Legislativas das regiões autónomas;

f) Os regimentos da Assembleia da República, do Conselho de Estado e das Assembleias Legislativas das regiões autónomas;

g) As decisões do Tribunal Constitucional, bem como as dos outros tribunais a que a lei confira força obrigatória geral;

h) Os decretos regulamentares e os demais decretos e regulamentos do Governo, bem como os decretos dos Representantes da República para as regiões autónomas e os decretos regulamentares regionais;

i) Os resultados de eleições para os órgãos de soberania, das regiões autónomas e do poder local, bem como para o Parlamento Europeu e ainda os resultados de referendos de âmbito nacional e regional.

2. A falta de publicidade dos actos previstos nas alíneas a) a h) do número anterior e de qualquer acto de conteúdo genérico dos órgãos de soberania, das regiões autónomas e do poder local implica a sua ineficácia jurídica.

3. A lei determina as formas de publicidade dos demais actos e as consequências da sua falta.

## TÍTULO II
## Presidente da República

### CAPÍTULO I
### Estatuto e eleição

#### Artigo 120.º
#### (Definição)

O Presidente da República representa a República Portuguesa, garante a independência nacional, a unidade do Estado e o regular funcionamento das instituições democráticas e é, por inerência, Comandante Supremo das Forças Armadas.

#### Artigo 121.º
#### (Eleição)

1. O Presidente da República é eleito por sufrágio universal, directo e secreto dos cidadãos portugueses eleitores recenseados no território nacional, bem como dos cidadãos portugueses residentes no estrangeiro nos termos do número seguinte.

2. A lei regula o exercício do direito de voto dos cidadãos portugueses residentes no estrangeiro, devendo ter em conta a existência de laços de efectiva ligação à comunidade nacional.

3. O direito de voto no território nacional é exercido presencialmente.

#### Artigo 122.º
#### (Elegibilidade)

São elegíveis os cidadãos eleitores, portugueses de origem, maiores de 35 anos.

## Artigo 123.º
## (Reelegibilidade)

1. Não é admitida a reeleição para um terceiro mandato consecutivo, nem durante o quinquénio imediatamente subsequente ao termo do segundo mandato consecutivo.

2. Se o Presidente da República renunciar ao cargo, não poderá candidatar-se nas eleições imediatas nem nas que se realizem no quinquénio imediatamente subsequente à renúncia.

## Artigo 124.º
## (Candidaturas)

1. As candidaturas para Presidente da República são propostas por um mínimo de 7500 e um máximo de 15000 cidadãos eleitores.

2. As candidaturas devem ser apresentadas até trinta dias antes da data marcada para a eleição, perante o Tribunal Constitucional.

3. Em caso de morte de qualquer candidato ou de qualquer outro facto que o incapacite para o exercício da função presidencial, será reaberto o processo eleitoral, nos termos a definir por lei.

## Artigo 125.º
## (Data da eleição)

1. O Presidente da República será eleito nos sessenta dias anteriores ao termo do mandato do seu antecessor ou nos sessenta dias posteriores à vagatura do cargo.

2. A eleição não poderá efectuar-se nos noventa dias anteriores ou posteriores à data de eleições para a Assembleia da República.

3. No caso previsto no número anterior, a eleição efectuar-se-á nos dez dias posteriores ao final do período aí estabelecido, sendo o mandato do Presidente cessante automaticamente prolongado pelo período necessário.

## Artigo 126.º
## (Sistema eleitoral)

1. Será eleito Presidente da República o candidato que obtiver mais de metade dos votos validamente expressos, não se considerando como tal os votos em branco.

2. Se nenhum dos candidatos obtiver esse número de votos, proceder-se-á a segundo sufrágio até ao vigésimo primeiro dia subsequente à primeira votação.

3. A este sufrágio concorrerão apenas os dois candidatos mais votados que não tenham retirado a candidatura.

**Artigo 127.º**
**(Posse e juramento)**

1. O Presidente eleito toma posse perante a Assembleia da República.

2. A posse efectua-se no último dia do mandato do Presidente cessante ou, no caso de eleição por vagatura, no oitavo dia subsequente ao dia da publicação dos resultados eleitorais.

3. No acto de posse o Presidente da República eleito prestará a seguinte declaração de compromisso: Juro por minha honra desempenhar fielmente as funções em que fico investido e defender, cumprir e fazer cumprir a Constituição da República Portuguesa.

**Artigo 128.º**
**(Mandato)**

1. O mandato do Presidente da República tem a duração de cinco anos e termina com a posse do novo Presidente eleito.

2. Em caso de vagatura, o Presidente da República a eleger inicia um novo mandato.

**Artigo 129.º**
**(Ausência do território nacional)**

1. O Presidente da República não pode ausentar-se do território nacional sem o assentimento da Assembleia da República ou da sua Comissão Permanente, se aquela não estiver em funcionamento.

2. O assentimento é dispensado nos casos de passagem em trânsito ou de viagem sem carácter oficial de duração não superior a cinco dias, devendo, porém, o Presidente da República dar prévio conhecimento delas à Assembleia da República.

3. A inobservância do disposto no n.º 1 envolve, de pleno direito, a perda do cargo.

## Artigo 130.º
## (Responsabilidade criminal)

1. Por crimes praticados no exercício das suas funções, o Presidente da República responde perante o Supremo Tribunal de Justiça.

2. A iniciativa do processo cabe à Assembleia da República, mediante proposta de um quinto e deliberação aprovada por maioria de dois terços dos Deputados em efectividade de funções.

3. A condenação implica a destituição do cargo e a impossibilidade de reeleição.

4. Por crimes estranhos ao exercício das suas funções o Presidente da República responde depois de findo o mandato perante os tribunais comuns.

## Artigo 131.º
## (Renúncia ao mandato)

1. O Presidente da República pode renunciar ao mandato em mensagem dirigida à Assembleia da República.

2. A renúncia torna-se efectiva com o conhecimento da mensagem pela Assembleia da República, sem prejuízo da sua ulterior publicação no Diário da República.

## Artigo 132.º
## (Substituição interina)

1. Durante o impedimento temporário do Presidente da República, bem como durante a vagatura do cargo até tomar posse o novo Presidente eleito, assumirá as funções o Presidente da Assembleia da República ou, no impedimento deste, o seu substituto.

2. Enquanto exercer interinamente as funções de Presidente da República, o mandato de Deputado do Presidente da Assembleia da República ou do seu substituto suspende-se automaticamente.

3. O Presidente da República, durante o impedimento temporário, mantém os direitos e regalias inerentes à sua função.

4. O Presidente da República interino goza de todas as honras e prerrogativas da função, mas os direitos que lhe assistem são os do cargo para que foi eleito.

## CAPÍTULO II
## Competência

### Artigo 133.º
### (Competência quanto a outros órgãos)

Compete ao Presidente da República, relativamente a outros órgãos:

a) Presidir ao Conselho de Estado;

b) Marcar, de harmonia com a lei eleitoral, o dia das eleições do Presidente da República, dos Deputados à Assembleia da República, dos Deputados ao Parlamento Europeu e dos deputados às Assembleias Legislativas das regiões autónomas;

c) Convocar extraordinariamente a Assembleia da República;

d) Dirigir mensagens à Assembleia da República e às Assembleias Legislativas das regiões autónomas;

e) Dissolver a Assembleia da República, observado o disposto no artigo 172.º, ouvidos os partidos nela representados e o Conselho
de Estado;

f) Nomear o Primeiro-Ministro, nos termos do n.º 1 do artigo 187.º;

g) Demitir o Governo, nos termos do n.º 2 do artigo 195.º, e exonerar o Primeiro-Ministro, nos termos do n.º 4 do artigo 186.º;

h) Nomear e exonerar os membros do Governo, sob proposta do Primeiro-Ministro;

i) Presidir ao Conselho de Ministros, quando o Primeiro-Ministro lho solicitar;

j) Dissolver os órgãos de governo próprio das regiões autónomas, por sua iniciativa ou sob proposta do Governo, ouvidos a Assembleia da República e o Conselho de Estado;

l) Nomear e exonerar, ouvido o Governo, os Representantes da República para as regiões autónomas;

m) Nomear e exonerar, sob proposta do Governo, o presidente do Tribunal de Contas e o Procurador-Geral da República;

n) Nomear cinco membros do Conselho de Estado e dois vogais do Conselho Superior da Magistratura;

o) Presidir ao Conselho Superior de Defesa Nacional;

p) Nomear e exonerar, sob proposta do Governo, o Chefe do Estado-Maior-General das Forças Armadas, o Vice-Chefe do Estado-Maior-General das Forças Armadas, quando exista, e os Chefes de Estado-Maior dos três ramos das

Forças Armadas, ouvido, nestes dois últimos casos, o Chefe do Estado-Maior--General das Forças Armadas.

## Artigo 134.º
## (Competência para prática de actos próprios)

Compete ao Presidente da República, na prática de actos próprios:

a) Exercer as funções de Comandante Supremo das Forças Armadas;

b) Promulgar e mandar publicar as leis, os decretos-leis e os decretos regulamentares, assinar as resoluções da Assembleia da República que aprovem acordos internacionais e os restantes decretos do Governo;

c) Submeter a referendo questões de relevante interesse nacional, nos termos do artigo 115.º, e as referidas no n.º 2 do artigo 232.º e no n.º 3 do artigo 256.º;

d) Declarar o estado de sítio ou o estado de emergência, observado o disposto nos artigos 19.º e 138.º;

e) Pronunciar-se sobre todas as emergências graves para a vida da República;

f) Indultar e comutar penas, ouvido o Governo;

g) Requerer ao Tribunal Constitucional a apreciação preventiva da constitucionalidade de normas constantes de leis, decretos-leis e convenções internacionais;

h) Requerer ao Tribunal Constitucional a declaração de inconstitucionalidade de normas jurídicas, bem como a verificação de inconstitucionalidade por omissão;

i) Conferir condecorações, nos termos da lei, e exercer a função de grão--mestre das ordens honoríficas portuguesas.

## Artigo 135.º
## (Competência nas relações internacionais)

Compete ao Presidente da República, nas relações internacionais:

a) Nomear os embaixadores e os enviados extraordinários, sob proposta do Governo, e acreditar os representantes diplomáticos
estrangeiros;

b) Ratificar os tratados internacionais, depois de devidamente aprovados;

c) Declarar a guerra em caso de agressão efectiva ou iminente e fazer a paz, sob proposta do Governo, ouvido o Conselho de Estado e mediante autorização da Assembleia da República, ou, quando esta não estiver reunida nem for possível a sua reunião imediata, da sua Comissão Permanente.

**Artigo 136.º**
**(Promulgação e veto)**

1. No prazo de vinte dias contados da recepção de qualquer decreto da Assembleia da República para ser promulgado como lei, ou da publicação da decisão do Tribunal Constitucional que não se pronuncie pela inconstitucionalidade de norma dele constante, deve o

Presidente da República promulgá-lo ou exercer o direito de veto, solicitando nova apreciação do diploma em mensagem fundamentada.

2. Se a Assembleia da República confirmar o voto por maioria absoluta dos Deputados em efectividade de funções, o Presidente da República deverá promulgar o diploma no prazo de oito dias a contar da sua recepção.

3. Será, porém, exigida a maioria de dois terços dos Deputados presentes, desde que superior à maioria absoluta dos Deputados

em efectividade de funções, para a confirmação dos decretos que revistam a forma de lei orgânica, bem como dos que respeitem às seguintes matérias:

a) Relações externas;

b) Limites entre o sector público, o sector privado e o sector cooperativo e social de propriedade dos meios de produção;

c) Regulamentação dos actos eleitorais previstos na Constituição, que não revista a forma de lei orgânica.

4. No prazo de quarenta dias contados da recepção de qualquer decreto do Governo para ser promulgado, ou da publicação da decisão do Tribunal Constitucional que não se pronuncie pela inconstitucionalidade de norma dele constante, deve o Presidente da República promulgá-lo ou exercer o direito de veto, comunicando por escrito ao Governo o sentido do veto.

5. O Presidente da República exerce ainda o direito de veto nos termos dos artigos 278.º e 279.º

**Artigo 137.º**
**(Falta de promulgação ou de assinatura)**

A falta de promulgação ou de assinatura pelo Presidente da República de qualquer dos actos previstos na alínea b) do artigo 134.º implica a sua inexistência jurídica.

**Artigo 138.º**
**(Declaração do estado de sítio ou do estado de emergência)**

1. A declaração do estado de sítio ou do estado de emergência depende de audição do Governo e de autorização da Assembleia da República ou, quando

esta não estiver reunida nem for possível a sua reunião imediata, da respectiva Comissão Permanente.

2. A declaração do estado de sítio ou do estado de emergência, quando autorizada pela Comissão Permanente da Assembleia da República, terá de ser confirmada pelo Plenário logo que seja possível reuni-lo.

### Artigo 139.º
### (Actos do Presidente da República interino)

1. O Presidente da República interino não pode praticar qualquer dos actos previstos nas alíneas e) e n) do artigo 133.º e na alínea c) do artigo 134.º

2. O Presidente da República interino só pode praticar qualquer dos actos previstos nas alíneas b), c), f), m) e p) do artigo 133.º, na alínea a) do artigo 134.º e na alínea a) do artigo 135.º, após audição do Conselho de Estado.

### Artigo 140.º
### (Referenda ministerial)

1. Carecem de referenda do Governo os actos do Presidente da República praticados ao abrigo das alíneas h), j), l), m) e p) do artigo 133.º, das alíneas b), d) e f) do artigo 134.º e das alíneas a), b) e c) do artigo 135.º

2. A falta de referenda determina a inexistência jurídica do acto.

## CAPÍTULO III
## Conselho de Estado

### Artigo 141.º
### (Definição)

O Conselho de Estado é o órgão político de consulta do Presidente da República.

### Artigo 142.º
### (Composição)

O Conselho de Estado é presidido pelo Presidente da República e composto pelos seguintes membros:

a) O Presidente da Assembleia da República;

b) O Primeiro-Ministro;

c) O Presidente do Tribunal Constitucional;

d) O Provedor de Justiça;

e) Os presidentes dos governos regionais;

f) Os antigos presidentes da República eleitos na vigência da Constituição que não hajam sido destituídos do cargo;

g) Cinco cidadãos designados pelo Presidente da República pelo período correspondente à duração do seu mandato;

h) Cinco cidadãos eleitos pela Assembleia da República, de harmonia com o princípio da representação proporcional, pelo período correspondente à duração da legislatura.

**Artigo 143.º**
**(Posse e mandato)**

1. Os membros do Conselho de Estado são empossados pelo Presidente da República.

2. Os membros do Conselho de Estado previstos nas alíneas a) a e) do artigo 142.º mantêm-se em funções enquanto exercerem os respectivos cargos.

3. Os membros do Conselho de Estado previstos nas alíneas g) e h) do artigo 142.º mantêm-se em funções até à posse dos que os substituírem no exercício dos respectivos cargos.

**Artigo 144.º**
**(Organização e funcionamento)**

1. Compete ao Conselho de Estado elaborar o seu regimento.

2. As reuniões do Conselho de Estado não são públicas.

**Artigo 145.º**
**(Competência)**

Compete ao Conselho de Estado:

a) Pronunciar-se sobre a dissolução da Assembleia da República e das Assembleias Legislativas das regiões autónomas;

b) Pronunciar-se sobre a demissão do Governo, no caso previsto no n.º 2 do artigo 195.º;

c) Pronunciar-se sobre a declaração da guerra e a feitura da paz;

d) Pronunciar-se sobre os actos do Presidente da República interino referidos no artigo 139.º;

e) Pronunciar-se nos demais casos previstos na Constituição e, em geral, aconselhar o Presidente da República no exercício das suas funções, quando este lho solicitar.

### Artigo 146.º
### (Emissão dos pareceres)

Os pareceres do Conselho de Estado previstos nas alíneas a) a e) do artigo 145.º são emitidos na reunião que para o efeito for convocada pelo Presidente da República e tornados públicos quando da prática do acto a que se referem.

# TÍTULO III
# Assembleia da República

## CAPÍTULO I
## Estatuto e eleição

### Artigo 147.º
### (Definição)

A Assembleia da República é a assembleia representativa de todos os cidadãos portugueses.

### Artigo 148.º
### (Composição)

A Assembleia da República tem o mínimo de cento e oitenta e o máximo de duzentos e trinta Deputados, nos termos da lei eleitoral.

### Artigo 149.º
### (Círculos eleitorais)

1. Os Deputados são eleitos por círculos eleitorais geograficamente definidos na lei, a qual pode determinar a existência de círculos plurinominais e uninominais, bem como a respectiva natureza e complementaridade, por forma a assegurar o sistema de representação proporcional e o método da média mais alta de Hondt na conversão dos votos em número de mandatos.

2. O número de Deputados por cada círculo plurinominal do território nacional, exceptuando o círculo nacional, quando exista, é proporcional ao número de cidadãos eleitores nele inscritos.

### Artigo 150.º
### (Condições de elegibilidade)

São elegíveis os cidadãos portugueses eleitores, salvas as restrições que a lei eleitoral estabelecer por virtude de incompatibilidades locais ou de exercício de certos cargos.

### Artigo 151.º
### (Candidaturas)

1. As candidaturas são apresentadas, nos termos da lei, pelos partidos políticos, isoladamente ou em coligação, podendo as listas integrar cidadãos não inscritos nos respectivos partidos.

2. Ninguém pode ser candidato por mais de um círculo eleitoral da mesma natureza, exceptuando o círculo nacional quando exista, ou figurar em mais de uma lista.

### Artigo 152.º
### (Representação política)

1. A lei não pode estabelecer limites à conversão dos votos em mandatos por exigência de uma percentagem de votos nacional mínima.

2. Os Deputados representam todo o país e não os círculos por que são eleitos.

### Artigo 153.º
### (Início e termo do mandato)

1. O mandato dos Deputados inicia-se com a primeira reunião da Assembleia da República após eleições e cessa com a primeira reunião após as eleições subsequentes, sem prejuízo da suspensão ou da cessação individual do mandato.

2. O preenchimento das vagas que ocorrerem na Assembleia, bem como a substituição temporária de Deputados por motivo relevante, são regulados pela lei eleitoral.

## Artigo 154.º
## (Incompatibilidades e impedimentos)

1. Os Deputados que forem nomeados membros do Governo não podem exercer o mandato até à cessação destas funções, sendo substituídos nos termos do artigo anterior.

2. A lei determina as demais incompatibilidades.

3. A lei regula os casos e as condições em que os Deputados carecem de autorização da Assembleia da República para serem jurados, árbitros, peritos ou testemunhas.

## Artigo 155.º
## (Exercício da função de Deputado)

1. Os Deputados exercem livremente o seu mandato, sendo-lhes garantidas condições adequadas ao eficaz exercício das suas funções, designadamente ao indispensável contacto com os cidadãos eleitores e à sua informação regular.

2. A lei regula as condições em que a falta dos Deputados, por causa de reuniões ou missões da Assembleia, a actos ou diligências oficiais a ela estranhos constitui motivo justificado de adiamento destes.

3. As entidades públicas têm, nos termos da lei, o dever de cooperar com os Deputados no exercício das suas funções.

## Artigo 156.º
## (Poderes dos Deputados)

Constituem poderes dos Deputados:

a) Apresentar projectos de revisão constitucional;

b) Apresentar projectos de lei, de Regimento ou de resolução, designadamente de referendo, e propostas de deliberação e requerer o respectivo agendamento;

c) Participar e intervir nos debates parlamentares, nos termos do Regimento;

d) Fazer perguntas ao Governo sobre quaisquer actos deste ou da Administração Pública e obter resposta em prazo razoável, salvo o disposto na lei em matéria de segredo de Estado;

e) Requerer e obter do Governo ou dos órgãos de qualquer entidade pública os elementos, informações e publicações oficiais que considerem úteis para o exercício do seu mandato;

f) Requerer a constituição de comissões parlamentares de inquérito;

g) Os consignados no Regimento.

**Artigo 157.º**
**(Imunidades)**

1. Os Deputados não respondem civil, criminal ou disciplinarmente pelos votos e opiniões que emitirem no exercício das suas funções.

2. Os Deputados não podem ser ouvidos como declarantes nem como arguidos sem autorização da Assembleia, sendo obrigatória a decisão de autorização, no segundo caso, quando houver fortes indícios de prática de crime doloso a que corresponda pena de prisão cujo limite máximo seja superior a três anos.

3. Nenhum Deputado pode ser detido ou preso sem autorização da Assembleia, salvo por crime doloso a que corresponda a pena de prisão referida no número anterior e em flagrante delito.

4. Movido procedimento criminal contra algum Deputado, e acusado este definitivamente, a Assembleia decidirá se o Deputado deve ou não ser suspenso para efeito de seguimento do processo, sendo obrigatória a decisão de suspensão quando se trate de crime do tipo referido nos números anteriores.

**Artigo 158.º**
**(Direitos e regalias)**

Os Deputados gozam dos seguintes direitos e regalias:

a) Adiamento do serviço militar, do serviço cívico ou da mobilização civil;

b) Livre trânsito e direito a passaporte especial nas suas deslocações oficiais ao estrangeiro;

c) Cartão especial de identificação;

d) Subsídios que a lei prescrever.

**Artigo 159.º**
**(Deveres)**

Constituem deveres dos Deputados:

a) Comparecer às reuniões do Plenário e às das comissões a que pertençam;

b) Desempenhar os cargos na Assembleia e as funções para que sejam designados, sob proposta dos respectivos grupos parlamentares;

c) Participar nas votações.

### Artigo 160.º
### (Perda e renúncia do mandato)

1. Perdem o mandato os Deputados que:

a) Venham a ser feridos por alguma das incapacidades ou incompatibilidades previstas na lei;

b) Não tomem assento na Assembleia ou excedam o número de faltas estabelecido no Regimento;

c) Se inscrevam em partido diverso daquele pelo qual foram apresentados a sufrágio;

d) Sejam judicialmente condenados por crime de responsabilidade no exercício da sua função em tal pena ou por participação em organizações racistas ou que perfilhem a ideologia fascista.

2. Os Deputados podem renunciar ao mandato, mediante declaração escrita.

## CAPÍTULO II
## Competência

### Artigo 161.º
### (Competência política e legislativa)

Compete à Assembleia da República:

a) Aprovar alterações à Constituição, nos termos dos artigos 284.º a 289.º;

b) Aprovar os estatutos político-administrativos e as leis relativas à eleição dos deputados às Assembleias Legislativas das regiões autónomas;

c) Fazer leis sobre todas as matérias, salvo as reservadas pela Constituição ao Governo;

d) Conferir ao Governo autorizações legislativas;

e) Conferir às Assembleias Legislativas das regiões autónomas as autorizações previstas na alínea *b*) do n.º 1 do artigo 227.º da Constituição;

f) Conceder amnistias e perdões genéricos;

g) Aprovar as leis das grandes opções dos planos nacionais e o Orçamento do Estado, sob proposta do Governo;

h) Autorizar o Governo a contrair e a conceder empréstimos e a realizar outras operações de crédito que não sejam de dívida flutuante, definindo as respectivas condições gerais, e estabelecer o limite máximo dos avales a conceder em cada ano pelo Governo;

i) Aprovar os tratados, designadamente os tratados de participação de Portugal em organizações internacionais, os tratados de amizade, de paz, de defesa, de rectificação de fronteiras e os respeitantes a assuntos militares, bem como os acordos internacionais que versem matérias da sua competência reservada ou que o Governo entenda submeter à sua apreciação;

j) Propor ao Presidente da República a sujeição a referendo de questões de relevante interesse nacional;

l) Autorizar e confirmar a declaração do estado de sítio e do estado de emergência;

m) Autorizar o Presidente da República a declarar a guerra e a fazer a paz;

n) Pronunciar-se, nos termos da lei, sobre as matérias pendentes de decisão em órgãos no âmbito da União Europeia que incidam na esfera da sua competência legislativa reservada;

o) Desempenhar as demais funções que lhe sejam atribuídas pela Constituição e pela lei.

### Artigo 162.º
### (Competência de fiscalização)

Compete à Assembleia da República, no exercício de funções de fiscalização:

a) Vigiar pelo cumprimento da Constituição e das leis e apreciar os actos do Governo e da Administração;

b) Apreciar a aplicação da declaração do estado de sítio ou do estado de emergência;

c) Apreciar, para efeito de cessação de vigência ou de alteração, os decretos-leis, salvo os feitos no exercício da competência legislativa exclusiva do Governo, e os decretos legislativos regionais previstos na alínea b) do n.º 1 do artigo 227.º;

d) Tomar as contas do Estado e das demais entidades públicas que a lei determinar, as quais serão apresentadas até 31 de Dezembro do ano subsequente, com o parecer do Tribunal de Contas e os demais elementos necessários à sua apreciação;

e) Apreciar os relatórios de execução dos planos nacionais.

### Artigo 163.º
### (Competência quanto a outros órgãos)

Compete à Assembleia da República, relativamente a outros órgãos:

a) Testemunhar a tomada de posse do Presidente da República;

b) Dar assentimento à ausência do Presidente da República do território nacional;

c) Promover o processo de acusação contra o Presidente da República por crimes praticados no exercício das suas funções e decidir sobre a suspensão de membros do Governo, no caso previsto no artigo 196.º;

d) Apreciar o programa do Governo;

e) Votar moções de confiança e de censura ao Governo;

f) Acompanhar e apreciar, nos termos da lei, a participação de Portugal no processo de construção da união europeia;

g) Eleger, segundo o sistema de representação proporcional, cinco membros do Conselho de Estado e os membros do Conselho Superior do Ministério Público que lhe competir designar;

h) Eleger, por maioria de dois terços dos Deputados presentes, desde que superior à maioria absoluta dos Deputados em efectividade de funções, dez juízes do Tribunal Constitucional, o Provedor de Justiça, o Presidente do Conselho Económico e Social, sete vogais do Conselho Superior da Magistratura, os membros da entidade de regulação da comunicação social, e de outros órgãos constitucionais cuja designação, nos termos da lei, seja cometida à Assembleia da República;

i) Acompanhar, nos termos da lei, o envolvimento de contingentes militares e de forças de segurança no estrangeiro.

## Artigo 164.º
## (Reserva absoluta de competência legislativa)

É da exclusiva competência da Assembleia da República legislar sobre as seguintes matérias:

a) Eleições dos titulares dos órgãos de soberania;

b) Regimes dos referendos;

c) Organização, funcionamento e processo do Tribunal Constitucional;

d) Organização da defesa nacional, definição dos deveres dela decorrentes e bases gerais da organização, do funcionamento, do reequipamento e da disciplina das Forças Armadas;

e) Regimes do estado de sítio e do estado de emergência;

f) Aquisição, perda e reaquisição da cidadania portuguesa;

g) Definição dos limites das águas territoriais, da zona económica exclusiva e dos direitos de Portugal aos fundos marinhos contíguos;

h) Associações e partidos políticos;

i) Bases do sistema de ensino;

j) Eleições dos deputados às Assembleias Legislativas das regiões autónomas;

l) Eleições dos titulares dos órgãos do poder local ou outras realizadas por sufrágio directo e universal, bem como dos restantes órgãos constitucionais;

m) Estatuto dos titulares dos órgãos de soberania e do poder local, bem como dos restantes órgãos constitucionais ou eleitos por sufrágio directo e universal;

n) Criação, extinção e modificação de autarquias locais e respectivo regime, sem prejuízo dos poderes das regiões autónomas;

o) Restrições ao exercício de direitos por militares e agentes militarizados dos quadros permanentes em serviço efectivo, bem como por agentes dos serviços e forças de segurança;

p) Regime de designação dos membros de órgãos da União Europeia, com excepção da Comissão;

q) Regime do sistema de informações da República e do segredo de Estado;

r) Regime geral de elaboração e organização dos orçamentos do Estado, das regiões autónomas e das autarquias locais;

s) Regime dos símbolos nacionais;

t) Regime de finanças das regiões autónomas;

u) Regime das forças de segurança;

v) Regime da autonomia organizativa, administrativa e financeira dos serviços de apoio do Presidente da República.

## Artigo 165.º
## (Reserva relativa de competência legislativa)

1. É da exclusiva competência da Assembleia da República legislar sobre as seguintes matérias, salvo autorização ao Governo:

a) Estado e capacidade das pessoas;

b) Direitos, liberdades e garantias;

c) Definição dos crimes, penas, medidas de segurança e respectivos pressupostos, bem como processo criminal;

d) Regime geral de punição das infracções disciplinares, bem como dos actos ilícitos de mera ordenação social e do respectivo processo;

e) Regime geral da requisição e da expropriação por utilidade pública;

f) Bases do sistema de segurança social e do serviço nacional de saúde;

g) Bases do sistema de protecção da natureza, do equilíbrio ecológico e do património cultural;

h) Regime geral do arrendamento rural e urbano;

i) Criação de impostos e sistema fiscal e regime geral das taxas e demais contribuições financeiras a favor das entidades públicas;

j) Definição dos sectores de propriedade dos meios de produção, incluindo a dos sectores básicos nos quais seja vedada a actividade às empresas privadas e a outras entidades da mesma natureza;

l) Meios e formas de intervenção, expropriação, nacionalização e privatização dos meios de produção e solos por motivo de interesse público, bem como critérios de fixação, naqueles casos, de indemnizações;

m) Regime dos planos de desenvolvimento económico e social e composição do Conselho Económico e Social;

n) Bases da política agrícola, incluindo a fixação dos limites máximos e mínimos das unidades de exploração agrícola;

o) Sistema monetário e padrão de pesos e medidas;

p) Organização e competência dos tribunais e do Ministério Público e estatuto dos respectivos magistrados, bem como das entidades não jurisdicionais de composição de conflitos;

q) Estatuto das autarquias locais, incluindo o regime das finanças locais;

r) Participação das organizações de moradores no exercício do poder local;

s) Associações públicas, garantias dos administrados e responsabilidade civil da Administração;

t) Bases do regime e âmbito da função pública;

u) Bases gerais do estatuto das empresas públicas e das fundações públicas;

v) Definição e regime dos bens do domínio público;

x) Regime dos meios de produção integrados no sector cooperativo e social de propriedade;

z) Bases do ordenamento do território e do urbanismo;

aa) Regime e forma de criação das polícias municipais.

2. As leis de autorização legislativa devem definir o objecto, o sentido, a extensão e a duração da autorização, a qual pode ser prorrogada.

3. As autorizações legislativas não podem ser utilizadas mais de uma vez, sem prejuízo da sua execução parcelada.

4. As autorizações caducam com a demissão do Governo a que tiverem sido concedidas, com o termo da legislatura ou com a dissolução da Assembleia da República.

5. As autorizações concedidas ao Governo na lei do Orçamento observam o disposto no presente artigo e, quando incidam sobre matéria fiscal, só caducam no termo do ano económico a que respeitam.

### Artigo 166.º
### (Forma dos actos)

1. Revestem a forma de lei constitucional os actos previstos na alínea a) do artigo 161.º

2. Revestem a forma de lei orgânica os actos previstos nas alíneas a) a f), h), j), primeira parte da alínea l), q) e t) do artigo 164.º e no artigo 255.º

3. Revestem a forma de lei os actos previstos nas alíneas b) a h) do artigo 161.º

4. Revestem a forma de moção os actos previstos nas alíneas d) e e) do artigo 163.º

5. Revestem a forma de resolução os demais actos da Assembleia da República, bem como os actos da Comissão Permanente previstos nas alíneas e) e f) do n.º 3 do artigo 179.º

6. As resoluções são publicadas independentemente de promulgação.

### Artigo 167.º
### (Iniciativa da lei e do referendo)

1. A iniciativa da lei e do referendo compete aos Deputados, aos grupos parlamentares e ao Governo, e ainda, nos termos e condições estabelecidos na lei, a grupos de cidadãos eleitores, competindo a iniciativa da lei, no respeitante às regiões autónomas, às respectivas Assembleias Legislativas.

2. Os Deputados, os grupos parlamentares, as Assembleias Legislativas das regiões autónomas e os grupos de cidadãos eleitores não podem apresentar projectos de lei, propostas de lei ou propostas de alteração que envolvam, no ano económico em curso, aumento das despesas ou diminuição das receitas do Estado previstas no Orçamento.

3. Os Deputados, os grupos parlamentares e os grupos de cidadãos eleitores não podem apresentar projectos de referendo que envolvam, no ano económico em curso, aumento das despesas ou diminuição das receitas do Estado previstas no Orçamento.

4. Os projectos e as propostas de lei e de referendo definitivamente rejeitados não podem ser renovados na mesma sessão legislativa, salvo nova eleição da Assembleia da República.

5. Os projectos de lei, as propostas de lei do Governo e os projectos e propostas de referendo não votados na sessão legislativa em que tiverem sido apresentados não carecem de ser renovados na sessão legislativa seguinte, salvo termo da legislatura.

6. As propostas de lei e de referendo caducam com a demissão do Governo.

7. As propostas de lei da iniciativa das Assembleias Legislativas das regiões autónomas caducam com o termo da respectiva legislatura, caducando apenas com o termo da legislatura da Assembleia da República as que já tenham sido objecto de aprovação na generalidade.

8. As comissões parlamentares podem apresentar textos de substituição, sem prejuízo dos projectos e das propostas de lei e de referendo a que se referem, quando não retirados.

## Artigo 168.º
## (Discussão e votação)

1. A discussão dos projectos e propostas de lei compreende um debate na generalidade e outro na especialidade.

2. A votação compreende uma votação na generalidade, uma votação na especialidade e uma votação final global.

3. Se a Assembleia assim o deliberar, os textos aprovados na generalidade serão votados na especialidade pelas comissões, sem prejuízo do poder de avocação pela Assembleia e do voto final desta para aprovação global.

4. São obrigatoriamente votadas na especialidade pelo Plenário as leis sobre as matérias previstas nas alíneas a) a f), h), n) e o) do artigo 164.º, bem como na alínea q) do n.º 1 do artigo 165.º

5. As leis orgânicas carecem de aprovação, na votação final global, por maioria absoluta dos Deputados em efectividade de funções, devendo as disposições relativas à delimitação territorial das regiões, previstas no artigo 255.º, ser aprovadas, na especialidade, em Plenário, por idêntica maioria.

6. Carecem de aprovação por maioria de dois terços dos Deputados presentes, desde que superior à maioria absoluta dos Deputados em efectividade de funções:

a) A lei respeitante à entidade de regulação da comunicação social;

b) As normas que disciplinam o disposto no n.º 2 do artigo 118.º;

c) A lei que regula o exercício do direito previsto no n.º 2 do artigo 121.º;

d) As disposições das leis que regulam as matérias referidas nos artigos 148.º e 149.º, e as relativas ao sistema e método de eleição dos órgãos previstos no n.º 3 do artigo 239.º;

e) As disposições que regulam a matéria da alínea *o*) do artigo 164.º;

f) As disposições dos estatutos político-administrativos das regiões autónomas que enunciem as matérias que integram o respectivo poder legislativo.

**Artigo 169.º**
**(Apreciação parlamentar de actos legislativos)**

1. Os decretos-leis, salvo os aprovados no exercício da competência legislativa exclusiva do Governo, podem ser submetidos a apreciação da Assembleia da República, para efeitos de cessação de vigência ou de alteração, a requerimento de dez Deputados, nos trinta dias subsequentes à publicação, descontados os períodos de suspensão do funcionamento da Assembleia da República.

2. Requerida a apreciação de um decreto-lei elaborado no uso de autorização legislativa, e no caso de serem apresentadas propostas de alteração, a Assembleia poderá suspender, no todo ou em parte, a vigência do decreto-lei até à publicação da lei que o vier a alterar ou até à rejeição de todas aquelas propostas.

3. A suspensão caduca decorridas dez reuniões plenárias sem que a Assembleia se tenha pronunciado a final.

4. Se for aprovada a cessação da sua vigência, o diploma deixará de vigorar desde o dia em que a resolução for publicada no Diário da República e não poderá voltar a ser publicado no decurso da mesma sessão legislativa.

5. Se, requerida a apreciação, a Assembleia não se tiver sobre ela pronunciado ou, havendo deliberado introduzir emendas, não tiver votado a respectiva lei até ao termo da sessão legislativa em curso, desde que decorridas quinze reuniões plenárias, considerar-se-á caduco o processo.

6. Os processos de apreciação parlamentar de decretos-leis gozam de prioridade, nos termos do Regimento.

**Artigo 170.º**
**(Processo de urgência)**

1. A Assembleia da República pode, por iniciativa de qualquer Deputado ou grupo parlamentar, ou do Governo, declarar a urgência do processamento de qualquer projecto ou proposta de lei ou de resolução.

2. A Assembleia pode ainda, por iniciativa das Assembleias Legislativas das regiões autónomas, declarar a urgência do processamento de qualquer proposta de lei por estas apresentada.

## CAPÍTULO III
## Organização e funcionamento

**Artigo 171.º**
**(Legislatura)**

1. A legislatura tem a duração de quatro sessões legislativas.

2. No caso de dissolução, a Assembleia então eleita inicia nova legislatura cuja duração será inicialmente acrescida do tempo necessário para se completar o período correspondente à sessão legislativa em curso à data da eleição.

### Artigo 172.º
### (Dissolução)

1. A Assembleia da República não pode ser dissolvida nos seis meses posteriores à sua eleição, no último semestre do mandato do Presidente da República ou durante a vigência do estado de sítio ou do estado de emergência.
2. A inobservância do disposto no número anterior determina a inexistência jurídica do decreto de dissolução.
3. A dissolução da Assembleia não prejudica a subsistência do mandato dos Deputados, nem da competência da Comissão Permanente, até à primeira reunião da Assembleia após as subsequentes eleições.

### Artigo 173.º
### (Reunião após eleições)

1. A Assembleia da República reúne por direito próprio no terceiro dia posterior ao apuramento dos resultados gerais das eleições ou, tratando-se de eleições por termo de legislatura, se aquele dia recair antes do termo desta, no primeiro dia da legislatura subsequente.
2. Recaindo aquela data fora do período de funcionamento efectivo da Assembleia, esta reunir-se-á para efeito do disposto no artigo 175.º

### Artigo 174.º
### (Sessão legislativa, período de funcionamento e convocação)

1. A sessão legislativa tem a duração de um ano e inicia-se a 15 de Setembro.
2. O período normal de funcionamento da Assembleia da República decorre de 15 de Setembro a 15 de Junho, sem prejuízo das suspensões que a Assembleia deliberar por maioria de dois terços dos Deputados presentes.
3. Fora do período indicado no número anterior, a Assembleia da República pode funcionar por deliberação do Plenário, prorrogando o período normal de funcionamento, por iniciativa da Comissão Permanente ou, na impossibilidade desta e em caso de grave emergência, por iniciativa de mais de metade dos Deputados.

4. A Assembleia pode ainda ser convocada extraordinariamente pelo Presidente da República para se ocupar de assuntos específicos.

5. As comissões podem funcionar independentemente do funcionamento do Plenário da Assembleia, mediante deliberação desta, nos termos do n.º 2.

### Artigo 175.º
### (Competência interna da Assembleia)

Compete à Assembleia da República:

a) Elaborar e aprovar o seu Regimento, nos termos da Constituição;

b) Eleger por maioria absoluta dos Deputados em efectividade de funções o seu Presidente e os demais membros da Mesa, sendo os quatro Vice-Presidentes eleitos sob proposta dos quatro maiores grupos parlamentares;

c) Constituir a Comissão Permanente e as restantes comissões.

### Artigo 176.º
### (Ordem do dia das reuniões plenárias)

1. A ordem do dia é fixada pelo Presidente da Assembleia da República, segundo a prioridade das matérias definidas no Regimento, e sem prejuízo do direito de recurso para o Plenário da Assembleia e da competência do Presidente da República prevista no n.º 4 do artigo 174.º

2. O Governo e os grupos parlamentares podem solicitar prioridade para assuntos de interesse nacional de resolução urgente.

3. Todos os grupos parlamentares têm direito à determinação da ordem do dia de um certo número de reuniões, segundo critério a estabelecer no Regimento, ressalvando-se sempre a posição dos partidos minoritários ou não representados no Governo.

4. As Assembleias Legislativas das regiões autónomas podem solicitar prioridade para assuntos de interesse regional de resolução urgente.

### Artigo 177.º
### (Participação dos membros do Governo)

1. Os Ministros têm o direito de comparecer às reuniões plenárias da Assembleia da República, podendo ser coadjuvados ou substituídos pelos Secretários de Estado, e uns e outros usar da palavra, nos termos do Regimento.

2. Serão marcadas reuniões em que os membros do Governo estarão presentes para responder a perguntas e pedidos de esclarecimento dos Deputados, as

quais se realizarão com a periodicidade mínima fixada no Regimento e em datas a estabelecer por acordo com o Governo.

3. Os membros do Governo podem solicitar a sua participação nos trabalhos das comissões e devem comparecer perante as mesmas quando tal seja requerido.

## Artigo 178.º
## (Comissões)

1. A Assembleia da República tem as comissões previstas no Regimento e pode constituir comissões eventuais de inquérito ou para qualquer outro fim determinado.

2. A composição das comissões corresponde à representatividade dos partidos na Assembleia da República.

3. As petições dirigidas à Assembleia são apreciadas pelas comissões ou por comissão especialmente constituída para o efeito, que poderá ouvir as demais comissões competentes em razão da matéria, em todos os casos podendo ser solicitado o depoimento de quaisquer cidadãos.

4. Sem prejuízo da sua constituição nos termos gerais, as comissões parlamentares de inquérito são obrigatoriamente constituídas sempre que tal seja requerido por um quinto dos Deputados em efectividade de funções, até ao limite de uma por Deputado e por sessão legislativa.

5. As comissões parlamentares de inquérito gozam de poderes de investigação próprios das autoridades judiciais.

6. As presidências das comissões são no conjunto repartidas pelos grupos parlamentares em proporção com o número dos seus Deputados.

7. Nas reuniões das comissões em que se discutam propostas legislativas regionais, podem participar representantes da Assembleia Legislativa da região autónoma proponente, nos termos do Regimento.

## Artigo 179.º
## (Comissão Permanente)

1. Fora do período de funcionamento efectivo da Assembleia da República, durante o período em que ela se encontrar dissolvida, e nos restantes casos previstos na Constituição, funciona a Comissão Permanente da Assembleia da República.

2. A Comissão Permanente é presidida pelo Presidente da Assembleia da República e composta pelos Vice-Presidentes e por Deputados indicados por todos os partidos, de acordo com a respectiva representatividade na Assembleia.

3. Compete à Comissão Permanente:

a) Vigiar pelo cumprimento da Constituição e das leis e acompanhar a actividade do Governo e da Administração;

b) Exercer os poderes da Assembleia relativamente ao mandato dos Deputados;

c) Promover a convocação da Assembleia sempre que tal seja necessário;

d) Preparar a abertura da sessão legislativa;

e) Dar assentimento à ausência do Presidente da República do território nacional;

f) Autorizar o Presidente da República a declarar o estado de sítio ou o estado de emergência, a declarar a guerra e a fazer a paz.

4. No caso da alínea f) do número anterior, a Comissão Permanente promoverá a convocação da Assembleia no prazo mais curto possível.

## Artigo 180.º
## (Grupos parlamentares)

1. Os Deputados eleitos por cada partido ou coligação de partidos podem constituir-se em grupo parlamentar.

2. Constituem direitos de cada grupo parlamentar:

a) Participar nas comissões da Assembleia em função do número dos seus membros, indicando os seus representantes nelas;

b) Ser ouvido na fixação da ordem do dia e interpor recurso para o Plenário da ordem do dia fixada;

c) Provocar, com a presença do Governo, o debate de questões de interesse público actual e urgente;

d) Provocar, por meio de interpelação ao Governo, a abertura de dois debates em cada sessão legislativa sobre assunto de política geral ou sectorial;

e) Solicitar à Comissão Permanente que promova a convocação da Assembleia;

f) Requerer a constituição de comissões parlamentares de inquérito;

g) Exercer iniciativa legislativa;

h) Apresentar moções de rejeição do programa do Governo;

i) Apresentar moções de censura ao Governo;

j) Ser informado, regular e directamente, pelo Governo, sobre o andamento dos principais assuntos de interesse público.

3. Cada grupo parlamentar tem direito a dispor de locais de trabalho na sede da Assembleia, bem como de pessoal técnico e administrativo da sua confiança, nos termos que a lei determinar.

4. Aos Deputados não integrados em grupos parlamentares são assegurados direitos e garantias mínimos, nos termos do Regimento.

### Artigo 181.º
### (Funcionários e especialistas ao serviço da Assembleia)

Os trabalhos da Assembleia e os das comissões serão coadjuvados por um corpo permanente de funcionários técnicos e administrativos e por especialistas requisitados ou temporariamente contratados, no número que o Presidente considerar necessário.

# TÍTULO IV
# Governo

## CAPÍTULO I
## Função e estrutura

### Artigo 182.º
### (Definição)

O Governo é o órgão de condução da política geral do país e o órgão superior da administração pública.

### Artigo 183.º
### (Composição)

1. O Governo é constituído pelo Primeiro-Ministro, pelos Ministros e pelos Secretários e Subsecretários de Estado.

2. O Governo pode incluir um ou mais Vice-Primeiros-Ministros.

3. O número, a designação e as atribuições dos ministérios e secretarias de Estado, bem como as formas de coordenação entre eles, serão determinados, consoante os casos, pelos decretos de nomeação dos respectivos titulares ou por decreto-lei.

### Artigo 184.º
### (Conselho de Ministros)

1. O Conselho de Ministros é constituído pelo Primeiro-Ministro, pelos Vice-Primeiros-Ministros, se os houver, e pelos Ministros.

2. A lei pode criar Conselhos de Ministros especializados em razão da matéria.

3. Podem ser convocados para participar nas reuniões do Conselho de Ministros os Secretários e Subsecretários de Estado.

### Artigo 185.º
### (Substituição de membros do Governo)

1. Não havendo Vice-Primeiro-Ministro, o Primeiro-Ministro é substituído na sua ausência ou no seu impedimento pelo Ministro que indicar ao Presidente da República ou, na falta de tal indicação, pelo Ministro que for designado pelo Presidente da República.

2. Cada Ministro será substituído na sua ausência ou impedimento pelo Secretário de Estado que indicar ao Primeiro-Ministro ou, na falta de tal indicação, pelo membro do Governo que o Primeiro-Ministro designar.

### Artigo 186.º
### (Início e cessação de funções)

1. As funções do Primeiro-Ministro iniciam-se com a sua posse e cessam com a sua exoneração pelo Presidente da República.

2. As funções dos restantes membros do Governo iniciam-se com a sua posse e cessam com a sua exoneração ou com a exoneração do Primeiro-Ministro.

3. As funções dos Secretários e Subsecretários de Estado cessam ainda com a exoneração do respectivo Ministro.

4. Em caso de demissão do Governo, o Primeiro-Ministro do Governo cessante é exonerado na data da nomeação e posse do novo Primeiro-Ministro.

5. Antes da apreciação do seu programa pela Assembleia da República, ou após a sua demissão, o Governo limitar-se-á à prática dos actos estritamente necessários para assegurar a gestão dos negócios públicos.

## CAPÍTULO II
## Formação e responsabilidade

### Artigo 187.º
### (Formação)

1. O Primeiro-Ministro é nomeado pelo Presidente da República, ouvidos os partidos representados na Assembleia da República e tendo em conta os resultados eleitorais.

2. Os restantes membros do Governo são nomeados pelo Presidente da República, sob proposta do Primeiro-Ministro.

### Artigo 188.º
### (Programa do Governo)

Do programa do Governo constarão as principais orientações políticas e medidas a adoptar ou a propor nos diversos domínios da actividade governamental.

### Artigo 189.º
### (Solidariedade governamental)

Os membros do Governo estão vinculados ao programa do Governo e às deliberações tomadas em Conselho de Ministros.

### Artigo 190.º
### (Responsabilidade do Governo)

O Governo é responsável perante o Presidente da República e a Assembleia da República.

### Artigo 191.º
### (Responsabilidade dos membros do Governo)

1. O Primeiro-Ministro é responsável perante o Presidente da República e, no âmbito da responsabilidade política do Governo, perante a Assembleia da República.

2. Os Vice-Primeiros-Ministros e os Ministros são responsáveis perante o Primeiro-Ministro e, no âmbito da responsabilidade política do Governo, perante a Assembleia da República.

3. Os Secretários e Subsecretários de Estado são responsáveis perante o Primeiro-Ministro e o respectivo Ministro.

**Artigo 192.º**
**(Apreciação do programa do Governo)**

1. O programa do Governo é submetido à apreciação da Assembleia da República, através de uma declaração do Primeiro-Ministro, no prazo máximo de dez dias após a sua nomeação.
2. Se a Assembleia da República não se encontrar em funcionamento efectivo, será obrigatoriamente convocada para o efeito pelo seu Presidente.
3. O debate não pode exceder três dias e até ao seu encerramento pode qualquer grupo parlamentar propor a rejeição do programa ou o Governo solicitar a aprovação de um voto de confiança.
4. A rejeição do programa do Governo exige maioria absoluta dos Deputados em efectividade de funções.

**Artigo 193.º**
**(Solicitação de voto de confiança)**

O Governo pode solicitar à Assembleia da República a aprovação de um voto de confiança sobre uma declaração de política geral ou sobre qualquer assunto relevante de interesse nacional.

**Artigo 194.º**
**(Moções de censura)**

1. A Assembleia da República pode votar moções de censura ao Governo sobre a execução do seu programa ou assunto relevante de interesse nacional, por iniciativa de um quarto dos Deputados em efectividade de funções ou de qualquer grupo parlamentar.
2. As moções de censura só podem ser apreciadas quarenta e oito horas após a sua apresentação, em debate de duração não superior a três dias.
3. Se a moção de censura não for aprovada, os seus signatários não podem apresentar outra durante a mesma sessão legislativa.

**Artigo 195.º**
**(Demissão do Governo)**

1. Implicam a demissão do Governo:

a) O início de nova legislatura;

b) A aceitação pelo Presidente da República do pedido de demissão apresentado pelo Primeiro-Ministro;

c) A morte ou a impossibilidade física duradoura do Primeiro-Ministro;

d) A rejeição do programa do Governo;

e) A não aprovação de uma moção de confiança;

f) A aprovação de uma moção de censura por maioria absoluta dos Deputados em efectividade de funções.

2. O Presidente da República só pode demitir o Governo quando tal se torne necessário para assegurar o regular funcionamento das instituições democráticas, ouvido o Conselho de Estado.

### Artigo 196.º
### (Efectivação da responsabilidade criminal dos membros do Governo)

1. Nenhum membro do Governo pode ser detido ou preso sem autorização da Assembleia da República, salvo por crime doloso a que corresponda pena de prisão cujo limite máximo seja superior a três anos e em flagrante delito.

2. Movido procedimento criminal contra algum membro do Governo, e acusado este definitivamente, a Assembleia da República decidirá se o membro do Governo deve ou não ser suspenso para efeito do seguimento do processo, sendo obrigatória a decisão de suspensão quando se trate de crime do tipo referido no número anterior.

## CAPÍTULO III
## Competência

### Artigo 197.º
### (Competência política)

1. Compete ao Governo, no exercício de funções políticas:

a) Referendar os actos do Presidente da República, nos termos do artigo 140.º;

b) Negociar e ajustar convenções internacionais;

c) Aprovar os acordos internacionais cuja aprovação não seja da competência da Assembleia da República ou que a esta não tenham sido submetidos;

d) Apresentar propostas de lei e de resolução à Assembleia da República;

e) Propor ao Presidente da República a sujeição a referendo de questões de relevante interesse nacional, nos termos do artigo 115.º;

f) Pronunciar-se sobre a declaração do estado de sítio ou do estado de emergência;

g) Propor ao Presidente da República a declaração da guerra ou a feitura da paz;

h) Apresentar à Assembleia da República, nos termos da alínea d) do artigo 162.°, as contas do Estado e das demais entidades públicas que a lei determinar;

i) Apresentar, em tempo útil, à Assembleia da República, para efeitos do disposto na alínea n) do artigo 161.° e na alínea f) do artigo 163.°, informação referente ao processo de construção da união europeia;

j) Praticar os demais actos que lhe sejam cometidos pela Constituição ou pela lei.

2. A aprovação pelo Governo de acordos internacionais reveste a forma de decreto.

### Artigo 198.°
### (Competência legislativa)

1. Compete ao Governo, no exercício de funções legislativas:

a) Fazer decretos-leis em matérias não reservadas à Assembleia da República;

b) Fazer decretos-leis em matérias de reserva relativa da Assembleia da República, mediante autorização desta;

c) Fazer decretos-leis de desenvolvimento dos princípios ou das bases gerais dos regimes jurídicos contidos em leis que a eles se circunscrevam.

2. É da exclusiva competência legislativa do Governo a matéria respeitante à sua própria organização e funcionamento.

3. Os decretos-leis previstos nas alíneas b) e c) do n.° 1 devem invocar expressamente a lei de autorização legislativa ou a lei de bases ao abrigo da qual são aprovados.

### Artigo 199.°
### (Competência administrativa)

Compete ao Governo, no exercício de funções administrativas:

a) Elaborar os planos, com base nas leis das respectivas grandes opções, e fazê-los executar;

b) Fazer executar o Orçamento do Estado;

c) Fazer os regulamentos necessários à boa execução das leis;

d) Dirigir os serviços e a actividade da administração directa do Estado, civil e militar, superintender na administração indirecta e exercer a tutela sobre esta e sobre a administração autónoma;

e) Praticar todos os actos exigidos pela lei respeitantes aos funcionários e agentes do Estado e de outras pessoas colectivas públicas;

f) Defender a legalidade democrática;

g) Praticar todos os actos e tomar todas as providências necessárias à promoção do desenvolvimento económico-social e à satisfação das necessidades colectivas.

### Artigo 200.º
### (Competência do Conselho de Ministros)

1. Compete ao Conselho de Ministros:

a) Definir as linhas gerais da política governamental, bem como as da sua execução;

b) Deliberar sobre o pedido de confiança à Assembleia da República;

c) Aprovar as propostas de lei e de resolução;

d) Aprovar os decretos-leis, bem como os acordos internacionais não submetidos à Assembleia da República;

e) Aprovar os planos;

f) Aprovar os actos do Governo que envolvam aumento ou diminuição das receitas ou despesas públicas;

g) Deliberar sobre outros assuntos da competência do Governo que lhe sejam atribuídos por lei ou apresentados pelo Primeiro-Ministro ou por qualquer Ministro.

2. Os Conselhos de Ministros especializados exercem a competência que lhes for atribuída por lei ou delegada pelo Conselho de Ministros.

### Artigo 201.º
### (Competência dos membros do Governo)

1. Compete ao Primeiro-Ministro:

a) Dirigir a política geral do Governo, coordenando e orientando a acção de todos os Ministros;

b) Dirigir o funcionamento do Governo e as suas relações de carácter geral com os demais órgãos do Estado;

c) Informar o Presidente da República acerca dos assuntos respeitantes à condução da política interna e externa do país;

d) Exercer as demais funções que lhe sejam atribuídas pela Constituição e pela lei.

2. Compete aos Ministros:

a) Executar a política definida para os seus Ministérios;

b) Assegurar as relações de carácter geral entre o Governo e os demais órgãos do Estado, no âmbito dos respectivos Ministérios.

3. Os decretos-leis e os demais decretos do Governo são assinados pelo Primeiro-Ministro e pelos Ministros competentes em razão da matéria.

## TÍTULO V
## Tribunais

### CAPÍTULO I
### Princípios gerais

#### Artigo 202.º
#### (Função jurisdicional)

1. Os tribunais são os órgãos de soberania com competência para administrar a justiça em nome do povo.

2. Na administração da justiça incumbe aos tribunais assegurar a defesa dos direitos e interesses legalmente protegidos dos cidadãos, reprimir a violação da legalidade democrática e dirimir os conflitos de interesses públicos e privados.

3. No exercício das suas funções os tribunais têm direito à coadjuvação das outras autoridades.

4. A lei poderá institucionalizar instrumentos e formas de composição não jurisdicional de conflitos.

#### Artigo 203.º
#### (Independência)

Os tribunais são independentes e apenas estão sujeitos à lei.

#### Artigo 204.º
#### (Apreciação da inconstitucionalidade)

Nos feitos submetidos a julgamento não podem os tribunais aplicar normas que infrinjam o disposto na Constituição ou os princípios nela consignados.

### Artigo 205.º
### (Decisões dos tribunais)

1. As decisões dos tribunais que não sejam de mero expediente são fundamentadas na forma prevista na lei.
2. As decisões dos tribunais são obrigatórias para todas as entidades públicas e privadas e prevalecem sobre as de quaisquer outras autoridades.
3. A lei regula os termos da execução das decisões dos tribunais relativamente a qualquer autoridade e determina as sanções a aplicar aos responsáveis pela sua inexecução.

### Artigo 206.º
### (Audiências dos tribunais)

As audiências dos tribunais são públicas, salvo quando o próprio tribunal decidir o contrário, em despacho fundamentado, para salvaguarda da dignidade das pessoas e da moral pública ou para garantir o seu normal funcionamento.

### Artigo 207.º
### (Júri, participação popular e assessoria técnica)

1. O júri, nos casos e com a composição que a lei fixar, intervém no julgamento dos crimes graves, salvo os de terrorismo e os de criminalidade altamente organizada, designadamente quando a acusação ou a defesa o requeiram.
2. A lei poderá estabelecer a intervenção de juízes sociais no julgamento de questões de trabalho, de infracções contra a saúde pública, de pequenos delitos, de execução de penas ou outras em que se justifique uma especial ponderação dos valores sociais ofendidos.
3. A lei poderá estabelecer ainda a participação de assessores tecnicamente qualificados para o julgamento de determinadas matérias.

### Artigo 208.º
### (Patrocínio forense)

A lei assegura aos advogados as imunidades necessárias ao exercício do mandato e regula o patrocínio forense como elemento essencial à administração da justiça.

## CAPÍTULO II
## Organização dos tribunais

### Artigo 209.º
### (Categorias de tribunais)

1. Além do Tribunal Constitucional, existem as seguintes categorias de tribunais:

a) O Supremo Tribunal de Justiça e os tribunais judiciais de primeira e de segunda instância;

b) O Supremo Tribunal Administrativo e os demais tribunais administrativos e fiscais;

c) O Tribunal de Contas.

2. Podem existir tribunais marítimos, tribunais arbitrais e julgados de paz.

3. A lei determina os casos e as formas em que os tribunais previstos nos números anteriores se podem constituir, separada ou conjuntamente, em tribunais de conflitos.

4. Sem prejuízo do disposto quanto aos tribunais militares, é proibida a existência de tribunais com competência exclusiva para o julgamento de certas categorias de crimes.

### Artigo 210.º
### (Supremo Tribunal de Justiça e instâncias)

1. O Supremo Tribunal de Justiça é o órgão superior da hierarquia dos tribunais judiciais, sem prejuízo da competência própria do Tribunal Constitucional.

2. O Presidente do Supremo Tribunal de Justiça é eleito pelos respectivos juízes.

3. Os tribunais de primeira instância são, em regra, os tribunais de comarca, aos quais se equiparam os referidos no n.º 2 do artigo seguinte.

4. Os tribunais de segunda instância são, em regra, os tribunais da Relação.

5. O Supremo Tribunal de Justiça funcionará como tribunal de instância nos casos que a lei determinar.

### Artigo 211.º
### (Competência e especialização dos tribunais judiciais)

1. Os tribunais judiciais são os tribunais comuns em matéria cível e criminal e exercem jurisdição em todas as áreas não atribuídas a outras ordens judiciais.

2. Na primeira instância pode haver tribunais com competência específica e tribunais especializados para o julgamento de matérias determinadas.

3. Da composição dos tribunais de qualquer instância que julguem crimes de natureza estritamente militar fazem parte um ou mais juízes militares, nos termos da lei.

4. Os tribunais da Relação e o Supremo Tribunal de Justiça podem funcionar em secções especializadas.

### Artigo 212.º
### (Tribunais administrativos e fiscais)

1. O Supremo Tribunal Administrativo é o órgão superior da hierarquia dos tribunais administrativos e fiscais, sem prejuízo da competência própria do Tribunal Constitucional.

2. O Presidente do Supremo Tribunal Administrativo é eleito de entre e pelos respectivos juízes.

3. Compete aos tribunais administrativos e fiscais o julgamento das acções e recursos contenciosos que tenham por objecto dirimir os litígios emergentes das relações jurídicas administrativas e fiscais.

### Artigo 213.º
### (Tribunais militares)

Durante a vigência do estado de guerra serão constituídos tribunais militares com competência para o julgamento de crimes de natureza estritamente militar.

### Artigo 214.º
### (Tribunal de Contas)

1. O Tribunal de Contas é o órgão supremo de fiscalização da legalidade das despesas públicas e de julgamento das contas que a lei mandar submeter-lhe, competindo-lhe, nomeadamente:

a) Dar parecer sobre a Conta Geral do Estado, incluindo a da segurança social;

b) Dar parecer sobre as contas das Regiões Autónomas dos Açores e da Madeira;

c) Efectivar a responsabilidade por infracções financeiras, nos termos da lei;

d) Exercer as demais competências que lhe forem atribuídas por lei.

2. O mandato do Presidente do Tribunal de Contas tem a duração de quatro anos, sem prejuízo do disposto na alínea m) do artigo 133.º

3. O Tribunal de Contas pode funcionar descentralizadamente, por secções regionais, nos termos da lei.

4. Nas Regiões Autónomas dos Açores e da Madeira há secções do Tribunal de Contas com competência plena em razão da matéria na respectiva região, nos termos da lei.

## CAPÍTULO III
## Estatuto dos juízes

### Artigo 215.º
### (Magistratura dos tribunais judiciais)

1. Os juízes dos tribunais judiciais formam um corpo único e regem-se por um só estatuto.

2. A lei determina os requisitos e as regras de recrutamento dos juízes dos tribunais judiciais de primeira instância.

3. O recrutamento dos juízes dos tribunais judiciais de segunda instância faz-se com prevalência do critério do mérito, por concurso curricular entre juízes da primeira instância.

4. O acesso ao Supremo Tribunal de Justiça faz-se por concurso curricular aberto aos magistrados judiciais e do Ministério Público e a outros juristas de mérito, nos termos que a lei determinar.

### Artigo 216.º
### (Garantias e incompatibilidades)

1. Os juízes são inamovíveis, não podendo ser transferidos, suspensos, aposentados ou demitidos senão nos casos previstos na lei.

2. Os juízes não podem ser responsabilizados pelas suas decisões, salvas as excepções consignadas na lei.

3. Os juízes em exercício não podem desempenhar qualquer outra função pública ou privada, salvo as funções docentes ou de investigação científica de natureza jurídica, não remuneradas, nos termos da lei.

4. Os juízes em exercício não podem ser nomeados para comissões de serviço estranhas à actividade dos tribunais sem autorização do conselho superior competente.

5. A lei pode estabelecer outras incompatibilidades com o exercício da função de juiz.

### Artigo 217.º
### (Nomeação, colocação, transferência e promoção de juízes)

1. A nomeação, a colocação, a transferência e a promoção dos juízes dos tribunais judiciais e o exercício da acção disciplinar competem ao Conselho Superior da Magistratura, nos termos da lei.
2. A nomeação, a colocação, a transferência e a promoção dos juízes dos tribunais administrativos e fiscais, bem como o exercício da acção disciplinar, competem ao respectivo conselho superior, nos termos da lei.
3. A lei define as regras e determina a competência para a colocação, transferência e promoção, bem como para o exercício da acção disciplinar em relação aos juízes dos restantes tribunais, com salvaguarda das garantias previstas na Constituição.

### Artigo 218.º
### (Conselho Superior da Magistratura)

1. O Conselho Superior da Magistratura é presidido pelo Presidente do Supremo Tribunal de Justiça e composto pelos seguintes vogais:
a) Dois designados pelo Presidente da República;
b) Sete eleitos pela Assembleia da República;
c) Sete juízes eleitos pelos seus pares, de harmonia com o princípio da representação proporcional.
2. As regras sobre garantias dos juízes são aplicáveis a todos os vogais do Conselho Superior da Magistratura.
3. A lei poderá prever que do Conselho Superior da Magistratura façam parte funcionários de justiça, eleitos pelos seus pares, com intervenção restrita à discussão e votação das matérias relativas à apreciação do mérito profissional e ao exercício da função disciplinar sobre os funcionários de justiça.

## CAPÍTULO IV
## Ministério Público

### Artigo 219.º
### (Funções e estatuto)

1. Ao Ministério Público compete representar o Estado e defender os interesses que a lei determinar, bem como, com observância do disposto no número

seguinte e nos termos da lei, participar na execução da política criminal definida pelos órgãos de soberania, exercer a acção penal orientada pelo princípio da legalidade e defender a legalidade democrática.

2. O Ministério Público goza de estatuto próprio e de autonomia, nos termos da lei.

3. A lei estabelece formas especiais de assessoria junto do Ministério Público nos casos dos crimes estritamente militares.

4. Os agentes do Ministério Público são magistrados responsáveis, hierarquicamente subordinados, e não podem ser transferidos, suspensos, aposentados ou demitidos senão nos casos previstos na lei.

5. A nomeação, colocação, transferência e promoção dos agentes do Ministério Público e o exercício da acção disciplinar competem à Procuradoria-Geral da República.

**Artigo 220.º**
**(Procuradoria-Geral da República)**

1. A Procuradoria-Geral da República é o órgão superior do Ministério Público, com a composição e a competência definidas na lei.

2. A Procuradoria-Geral da República é presidida pelo Procurador-Geral da República e compreende o Conselho Superior do Ministério Público, que inclui membros eleitos pela Assembleia da República e membros de entre si eleitos pelos magistrados do Ministério Público.

3. O mandato do Procurador-Geral da República tem a duração de seis anos, sem prejuízo do disposto na alínea m) do artigo 133.º

## TÍTULO VI
## Tribunal Constitucional

**Artigo 221.º**
**(Definição)**

O Tribunal Constitucional é o tribunal ao qual compete especificamente administrar a justiça em matérias de natureza jurídico-constitucional.

**Artigo 222.º**
**(Composição e estatuto dos juízes)**

1. O Tribunal Constitucional é composto por treze juízes, sendo dez designados pela Assembleia da República e três cooptados por estes.

2. Seis de entre os juízes designados pela Assembleia da República ou cooptados são obrigatoriamente escolhidos de entre juízes dos restantes tribunais e os demais de entre juristas.

3. O mandato dos juízes do Tribunal Constitucional tem a duração de nove anos e não é renovável.

4. O Presidente do Tribunal Constitucional é eleito pelos respectivos juízes.

5. Os juízes do Tribunal Constitucional gozam das garantias de independência, inamovibilidade, imparcialidade e irresponsabilidade e estão sujeitos às incompatibilidades dos juízes dos restantes tribunais.

6. A lei estabelece as imunidades e as demais regras relativas ao estatuto dos juízes do Tribunal Constitucional.

## Artigo 223.º
## (Competência)

1. Compete ao Tribunal Constitucional apreciar a inconstitucionalidade e a ilegalidade, nos termos dos artigos 277.º e seguintes.

2. Compete também ao Tribunal Constitucional:

a) Verificar a morte e declarar a impossibilidade física permanente do Presidente da República, bem como verificar os impedimentos temporários do exercício das suas funções;

b) Verificar a perda do cargo de Presidente da República, nos casos previstos no n.º 3 do artigo 129.º e no n.º 3 do artigo 130.º;

c) Julgar em última instância a regularidade e a validade dos actos de processo eleitoral, nos termos da lei;

d) Verificar a morte e declarar a incapacidade para o exercício da função presidencial de qualquer candidato a Presidente da República, para efeitos do disposto no n.º 3 do artigo 124.º;

e) Verificar a legalidade da constituição de partidos políticos e suas coligações, bem como apreciar a legalidade das suas denominações, siglas e símbolos, e ordenar a respectiva extinção, nos termos da Constituição e da lei;

f) Verificar previamente a constitucionalidade e a legalidade dos referendos nacionais, regionais e locais, incluindo a apreciação dos requisitos relativos ao respectivo universo eleitoral;

g) Julgar a requerimento dos Deputados, nos termos da lei, os recursos relativos à perda do mandato e às eleições realizadas na Assembleia da República e nas Assembleias Legislativas das regiões autónomas;

h) Julgar as acções de impugnação de eleições e deliberações de órgãos de partidos políticos que, nos termos da lei, sejam recorríveis.

3. Compete ainda ao Tribunal Constitucional exercer as demais funções que lhe sejam atribuídas pela Constituição e pela lei.

### Artigo 224.º
### (Organização e funcionamento)

1. A lei estabelece as regras relativas à sede, à organização e ao funcionamento do Tribunal Constitucional.
2. A lei pode determinar o funcionamento do Tribunal Constitucional por secções, salvo para efeito da fiscalização abstracta da constitucionalidade e da legalidade.
3. A lei regula o recurso para o pleno do Tribunal Constitucional das decisões contraditórias das secções no domínio de aplicação da mesma norma.

## TÍTULO VII
## Regiões Autónomas

### Artigo 225.º
### (Regime político-administrativo dos Açores e da Madeira)

1. O regime político-administrativo próprio dos arquipélagos dos Açores e da Madeira fundamenta-se nas suas características geográficas, económicas, sociais e culturais e nas históricas aspirações autonomistas das populações insulares.
2. A autonomia das regiões visa a participação democrática dos cidadãos, o desenvolvimento económico-social e a promoção e defesa dos interesses regionais, bem como o reforço da unidade nacional e dos laços de solidariedade entre todos os portugueses.
3. A autonomia político-administrativa regional não afecta a integridade da soberania do Estado e exerce-se no quadro da Constituição.

### Artigo 226.º
### (Estatutos e leis eleitorais)

1. Os projectos de estatutos político-administrativos e de leis relativas à eleição dos deputados às Assembleias Legislativas das regiões autónomas são elaborados por estas e enviados para discussão e aprovação à Assembleia da República.
2. Se a Assembleia da República rejeitar o projecto ou lhe introduzir alterações, remetê-lo-á à respectiva Assembleia Legislativa
para apreciação e emissão de parecer.

3. Elaborado o parecer, a Assembleia da República procede à discussão e deliberação final.

4. O regime previsto nos números anteriores é aplicável às alterações dos estatutos político-administrativos e das leis relativas à eleição dos deputados às Assembleias Legislativas das regiões autónomas.

## Artigo 227.º
## (Poderes das regiões autónomas)

1. As regiões autónomas são pessoas colectivas territoriais e têm os seguintes poderes, a definir nos respectivos estatutos:

a) Legislar no âmbito regional em matérias enunciadas no respectivo estatuto político-administrativo e que não estejam reservadas aos órgãos de soberania;

b) Legislar em matérias de reserva relativa da Assembleia da República, mediante autorização desta, com excepção das previstas nas alíneas *a*) a *c*), na primeira parte da alínea *d*), nas alíneas *f*) e *i*), na segunda parte da alínea *m*) e nas alíneas *o*), *p*), *q*), *s*), *t*), *v*), *x*) e *aa*) do n.º 1 do artigo 165.º;

Legislar, sob autorização da Assembleia da República, em matérias de interesse específico para as regiões que não estejam reservadas à competência própria dos órgãos de soberania;

c) Desenvolver para o âmbito regional os princípios ou as bases gerais dos regimes jurídicos contidos em lei que a eles se circunscrevam;

d) Regulamentar a legislação regional e as leis emanadas dos órgãos de soberania que não reservem para estes o respectivo poder regulamentar;

e) Exercer a iniciativa estatutária, bem como a iniciativa legislativa em matéria relativa à eleição dos deputados às respectivas Assembleias Legislativas, nos termos do artigo 226.º;

f) Exercer a iniciativa legislativa, nos termos do n.º 1 do artigo 167.º, mediante a apresentação à Assembleia da República de propostas de lei e respectivas propostas de alteração;

g) Exercer poder executivo próprio;

h) Administrar e dispor do seu património e celebrar os actos e contratos em que tenham interesse;

i) Exercer poder tributário próprio, nos termos da lei, bem como adaptar o sistema fiscal nacional às especificidades regionais, nos termos de lei-quadro da Assembleia da República;

j) Dispor, nos termos dos estatutos e da lei de finanças das regiões autónomas, das receitas fiscais nelas cobradas ou geradas, bem como de uma participação nas receitas tributárias do Estado, estabelecida de acordo com um princípio que assegure a efectiva solidariedade nacional, e de outras receitas que lhes sejam atribuídas e afectá-las às suas despesas;

l) Criar e extinguir autarquias locais, bem como modificar a respectiva área, nos termos da lei;

m) Exercer poder de tutela sobre as autarquias locais;

n) Elevar povoações à categoria de vilas ou cidades;

o) Superintender nos serviços, institutos públicos e empresas públicas e nacionalizadas que exerçam a sua actividade exclusiva ou predominantemente na região, e noutros casos em que o interesse regional o justifique;

p) Aprovar o plano de desenvolvimento económico e social, o orçamento regional e as contas da região e participar na elaboração dos planos nacionais;

q) Definir actos ilícitos de mera ordenação social e respectivas sanções, sem prejuízo do disposto na alínea d) do n.º 1 do artigo 165.º;

r) Participar na definição e execução das políticas fiscal, monetária, financeira e cambial, de modo a assegurar o controlo regional dos meios de pagamento em circulação e o financiamento dos investimentos necessários ao seu desenvolvimento económico-social;

s) Participar na definição das políticas respeitantes às águas territoriais, à zona económica exclusiva e aos fundos marinhos contíguos;

t) Participar nas negociações de tratados e acordos internacionais que directamente lhes digam respeito, bem como nos benefícios deles decorrentes;

u) Estabelecer cooperação com outras entidades regionais estrangeiras e participar em organizações que tenham por objecto fomentar o diálogo e a cooperação inter-regional, de acordo com as orientações definidas pelos órgãos de soberania com competência em matéria de política externa;

v) Pronunciar-se, por sua iniciativa ou sob consulta dos órgãos de soberania, sobre as questões da competência destes que lhes digam respeito, bem como, em matérias do seu interesse específico, na definição das posições do Estado Português no âmbito do processo de construção europeia;

x) Participar no processo de construção europeia, mediante representação nas respectivas instituições regionais e nas delegações envolvidas em processos de decisão da União Europeia, quando estejam em causa matérias que lhes digam respeito, bem como transpor actos jurídicos da União, nos termos do artigo 112.º.

2. As propostas de lei de autorização devem ser acompanhadas do anteprojecto do decreto legislativo regional a autorizar, aplicando-se às correspondentes leis de autorização o disposto nos n.ºs 2 e 3 do artigo 165.º

3. As autorizações referidas no número anterior caducam com o termo da legislatura ou a dissolução, quer da Assembleia da República, quer da Assembleia Legislativa a que tiverem sido concedidas.

4. Os decretos legislativos regionais previstos nas alíneas b) e c) do n.º 1 devem invocar expressamente as respectivas leis de autorização ou leis de bases, sendo aplicável aos primeiros o disposto no artigo 169.º, com as necessárias adaptações.

## Artigo 228.º
## (Autonomia legislativa)

1. A autonomia legislativa das regiões autónomas incide sobre as matérias enunciadas no respectivo estatuto político-administrativo que não estejam reservadas aos órgãos de soberania.

2. Na falta de legislação regional própria sobre matéria não reservada à competência dos órgãos de soberania, aplicam-se nas regiões autónomas as normas legais em vigor.

## Artigo 229.º
## (Cooperação dos órgãos de soberania e dos órgãos regionais)

1. Os órgãos de soberania asseguram, em cooperação com os órgãos de governo próprio, o desenvolvimento económico e social das regiões autónomas, visando, em especial, a correcção das desigualdades derivadas da insularidade.

2. Os órgãos de soberania ouvirão sempre, relativamente às questões da sua competência respeitantes às regiões autónomas, os órgãos de governo regional.

3. As relações financeiras entre a República e as regiões autónomas são reguladas através da lei prevista na alínea t) do artigo 164.º

4. O Governo da República e os Governos Regionais podem acordar outras formas de cooperação envolvendo, nomeadamente, actos de delegação de competências, estabelecendo-se em cada caso a correspondente transferência de meios financeiros e os mecanismos de fiscalização aplicáveis.

## Artigo 230.º
## (Representante da República)

1. Para cada uma das regiões autónomas há um Representante da República, nomeado e exonerado pelo Presidente da República ouvido o Governo.

2. Salvo o caso de exoneração, o mandato do Representante da República tem a duração do mandato do Presidente da República e termina com a posse do novo Representante da República.

3. Em caso de vagatura do cargo, bem como nas suas ausências e impedimentos, o Representante da República é substituído pelo presidente da Assembleia Legislativa.

### Artigo 231.º
### (Órgãos de governo próprio das regiões autónomas)

1. São órgãos de governo próprio de cada região autónoma a Assembleia Legislativa e o Governo Regional.

2. A Assembleia Legislativa é eleita por sufrágio universal, directo e secreto, de harmonia com o princípio da representação proporcional.

3. O Governo Regional é politicamente responsável perante a Assembleia Legislativa da região autónoma e o seu presidente é nomeado pelo Representante da República, tendo em conta os resultados eleitorais.

4. O Representante da República nomeia e exonera os restantes membros do Governo Regional, sob proposta do respectivo presidente.

5. O Governo Regional toma posse perante a Assembleia Legislativa da região autónoma.

6. É da exclusiva competência do Governo Regional a matéria respeitante à sua própria organização e funcionamento.

7. O estatuto dos titulares dos órgãos de governo próprio das regiões autónomas é definido nos respectivos estatutos político-administrativos.

### Artigo 232.º
### (Competência da Assembleia Legislativa da região autónoma)

1. É da exclusiva competência da Assembleia Legislativa da região autónoma o exercício das atribuições referidas nas alíneas a), b) e c), na segunda parte da alínea d), na alínea f), na primeira parte da alínea i) e nas alíneas l), n) e q) do n.º 1 do artigo 227.º, bem como a aprovação do orçamento regional, do plano de desenvolvimento económico e social e das contas da região e ainda a adaptação do sistema fiscal nacional às especificidades da região.

2. Compete à Assembleia Legislativa da região autónoma apresentar propostas de referendo regional, através do qual os cidadãos eleitores recenseados no respectivo território possam, por decisão do Presidente da República, ser chamados a pronunciar-se directamente, a título vinculativo, acerca de questões de

relevante interesse específico regional, aplicando-se, com as necessárias adaptações, o disposto no artigo 115.°

3. Compete à Assembleia Legislativa da região autónoma elaborar e aprovar o seu regimento, nos termos da Constituição e do respectivo estatuto político--administrativo.

4. Aplica-se à Assembleia Legislativa da região autónoma e respectivos grupos parlamentares, com as necessárias adaptações, o disposto na alínea *c*) do artigo 175.°, nos n.$^{os}$ 1 a 6 do artigo 178.° e no artigo 179.°, com excepção do disposto nas alíneas *e*) e *f*) do n.° 3 e no n.° 4, bem como no artigo 180.°.

### Artigo 233.°
### (Assinatura e veto do Representante da República)

1. Compete ao Representante da República assinar e mandar publicar os decretos legislativos regionais e os decretos regulamentares regionais.

2. No prazo de quinze dias, contados da recepção de qualquer decreto da Assembleia Legislativa da região autónoma que lhe haja sido enviado para assinatura, ou da publicação da decisão do Tribunal Constitucional que não se pronuncie pela inconstitucionalidade de norma dele constante, deve o Representante da República assiná-lo ou exercer o direito de veto, solicitando nova apreciação do diploma em mensagem fundamentada.

3. Se a Assembleia Legislativa da região autónoma confirmar o voto por maioria absoluta dos seus membros em efectividade de funções, o Representante da República deverá assinar o diploma no prazo de oito dias a contar da sua recepção.

4. No prazo de vinte dias, contados da recepção de qualquer decreto do Governo Regional que lhe tenha sido enviado para assinatura, deve o Representante da República assiná-lo ou recusar a assinatura, comunicando por escrito o sentido dessa recusa ao Governo Regional, o qual poderá converter o decreto em proposta a apresentar à Assembleia Legislativa da região autónoma.

5. O Representante da República exerce ainda o direito de veto, nos termos dos artigos 278.° e 279.°

### Artigo 234.°
### (Dissolução e demissão dos órgãos de governo próprio)

1. As Assembleias Legislativas das regiões autónomas podem ser dissolvidas pelo Presidente da República, ouvidos o Conselho de Estado e os partidos nelas representados.

2. A dissolução da Assembleia Legislativa da região autónoma acarreta a demissão do Governo Regional, que fica limitado à prática dos actos estritamente necessários para assegurar a gestão dos negócios públicos, até à tomada de posse do novo governo após a realização de eleições.

3. A dissolução da Assembleia Legislativa da região autónoma não prejudica a subsistência do mandato dos deputados, nem da competência da Comissão Permanente, até à primeira reunião da Assembleia após as subsequentes eleições.

## TÍTULO VIII
## Poder Local

### CAPÍTULO I
### Princípios gerais

#### Artigo 235.º
#### (Autarquias locais)

1. A organização democrática do Estado compreende a existência de autarquias locais.

2. As autarquias locais são pessoas colectivas territoriais dotadas de órgãos representativos, que visam a prossecução de interesses próprios das populações respectivas.

#### Artigo 236.º
#### (Categorias de autarquias locais e divisão administrativa)

1. No continente as autarquias locais são as freguesias, os municípios e as regiões administrativas.

2. As regiões autónomas dos Açores e da Madeira compreendem freguesias e municípios.

3. Nas grandes áreas urbanas e nas ilhas, a lei poderá estabelecer, de acordo com as suas condições específicas, outras formas de organização territorial autárquica.

4. A divisão administrativa do território será estabelecida por lei.

#### Artigo 237.º
#### (Descentralização administrativa)

1. As atribuições e a organização das autarquias locais, bem como a competência dos seus órgãos, serão reguladas por lei, de harmonia com o princípio da descentralização administrativa.

2. Compete à assembleia da autarquia local o exercício dos poderes atribuídos pela lei, incluindo aprovar as opções do plano e o orçamento.

3. As polícias municipais cooperam na manutenção da tranquilidade pública e na protecção das comunidades locais.

## Artigo 238.º
## (Património e finanças locais)

1. As autarquias locais têm património e finanças próprios.

2. O regime das finanças locais será estabelecido por lei e visará a justa repartição dos recursos públicos pelo Estado e pelas autarquias e a necessária correcção de desigualdades entre autarquias do mesmo grau.

3. As receitas próprias das autarquias locais incluem obrigatoriamente as provenientes da gestão do seu património e as cobradas pela utilização dos seus serviços.

4. As autarquias locais podem dispor de poderes tributários, nos casos e nos termos previstos na lei.

## Artigo 239.º
## (Órgãos deliberativos e executivos)

1. A organização das autarquias locais compreende uma assembleia eleita dotada de poderes deliberativos e um órgão executivo colegial perante ela responsável.

2. A assembleia é eleita por sufrágio universal, directo e secreto dos cidadãos recenseados na área da respectiva autarquia, segundo o sistema da representação proporcional.

3. O órgão executivo colegial é constituído por um número adequado de membros, sendo designado presidente o primeiro candidato da lista mais votada para a assembleia ou para o executivo, de acordo com a solução adoptada na lei, a qual regulará também o processo eleitoral, os requisitos da sua constituição e destituição e o seu funcionamento.

4. As candidaturas para as eleições dos órgãos das autarquias locais podem ser apresentadas por partidos políticos, isoladamente ou em coligação, ou por grupos de cidadãos eleitores, nos termos da lei.

## Artigo 240.º
## (Referendo local)

1. As autarquias locais podem submeter a referendo dos respectivos cidadãos eleitores matérias incluídas nas competências dos seus órgãos, nos casos, nos termos e com a eficácia que a lei estabelecer.

2. A lei pode atribuir a cidadãos eleitores o direito de iniciativa de referendo.

## Artigo 241.º
## (Poder regulamentar)

As autarquias locais dispõem de poder regulamentar próprio nos limites da Constituição, das leis e dos regulamentos emanados das autarquias de grau superior ou das autoridades com poder tutelar.

## Artigo 242.º
## (Tutela administrativa)

1. A tutela administrativa sobre as autarquias locais consiste na verificação do cumprimento da lei por parte dos órgãos autárquicos e é exercida nos casos e segundo as formas previstas na lei.

2. As medidas tutelares restritivas da autonomia local são precedidas de parecer de um órgão autárquico, nos termos a definir por lei.

3. A dissolução de órgãos autárquicos só pode ter por causa acções ou omissões ilegais graves.

## Artigo 243.º
## (Pessoal das autarquias locais)

1. As autarquias locais possuem quadros de pessoal próprio, nos termos da lei.

2. É aplicável aos funcionários e agentes da administração local o regime dos funcionários e agentes do Estado, com as adaptações necessárias, nos termos da lei.

3. A lei define as formas de apoio técnico e em meios humanos do Estado às autarquias locais, sem prejuízo da sua autonomia.

## CAPÍTULO II
## Freguesia

### Artigo 244.º
### (Órgãos da freguesia)

Os órgãos representativos da freguesia são a assembleia de freguesia e a junta de freguesia.

### Artigo 245.º
### (Assembleia de freguesia)

1. A assembleia de freguesia é o órgão deliberativo da freguesia.
2. A lei pode determinar que nas freguesias de população diminuta a assembleia de freguesia seja substituída pelo plenário dos cidadãos eleitores.

### Artigo 246.º
### (Junta de freguesia)

A junta de freguesia é o órgão executivo colegial da freguesia.

### Artigo 247.º
### (Associação)

As freguesias podem constituir, nos termos da lei, associações para administração de interesses comuns.

### Artigo 248.º
### (Delegação de tarefas)

A assembleia de freguesia pode delegar nas organizações de moradores tarefas administrativas que não envolvam o exercício de poderes de autoridade.

## CAPÍTULO III
## Município

### Artigo 249.º
### (Modificação dos municípios)

A criação ou a extinção de municípios, bem como a alteração da respectiva área, é efectuada por lei, precedendo consulta dos órgãos das autarquias abrangidas.

**Artigo 250.º**
**(Órgãos do município)**

Os órgãos representativos do município são a assembleia municipal e a câmara municipal.

**Artigo 251.º**
**(Assembleia municipal)**

A assembleia municipal é o órgão deliberativo do município e é constituída por membros eleitos directamente em número superior ao dos presidentes de junta de freguesia, que a integram.

**Artigo 252.º**
**(Câmara municipal)**

A câmara municipal é o órgão executivo colegial do município.

**Artigo 253.º**
**(Associação e federação)**

Os municípios podem constituir associações e federações para a administração de interesses comuns, às quais a lei pode conferir atribuições e competências próprias.

**Artigo 254.º**
**(Participação nas receitas dos impostos directos)**

1. Os municípios participam, por direito próprio e nos termos definidos pela lei, nas receitas provenientes dos impostos directos.
2. Os municípios dispõem de receitas tributárias próprias, nos termos da lei.

## CAPÍTULO IV
## Região administrativa

**Artigo 255.º**
**(Criação legal)**

As regiões administrativas são criadas simultaneamente, por lei, a qual define os respectivos poderes, a composição, a competência e o funcionamento dos seus órgãos, podendo estabelecer diferenciações quanto ao regime aplicável a cada uma.

### Artigo 256.º
### (Instituição em concreto)

1. A instituição em concreto das regiões administrativas, com aprovação da lei de instituição de cada uma delas, depende da lei prevista no artigo anterior e do voto favorável expresso pela maioria dos cidadãos eleitores que se tenham pronunciado em consulta directa, de alcance nacional e relativa a cada área regional.

2. Quando a maioria dos cidadãos eleitores participantes não se pronunciar favoravelmente em relação a pergunta de alcance nacional sobre a instituição em concreto das regiões administrativas, as respostas a perguntas que tenham tido lugar relativas a cada região criada na lei não produzirão efeitos.

3. As consultas aos cidadãos eleitores previstas nos números anteriores terão lugar nas condições e nos termos estabelecidos em lei orgânica, por decisão do Presidente da República, mediante proposta da Assembleia da República, aplicando-se, com as devidas adaptações, o regime decorrente do artigo 115.º

### Artigo 257.º
### (Atribuições)

Às regiões administrativas são conferidas, designadamente, a direcção de serviços públicos e tarefas de coordenação e apoio à acção dos municípios no respeito da autonomia destes e sem limitação dos respectivos poderes.

### Artigo 258.º
### (Planeamento)

As regiões administrativas elaboram planos regionais e participam na elaboração dos planos nacionais.

### Artigo 259.º
### (Órgãos da região)

Os órgãos representativos da região administrativa são a assembleia regional e a junta regional.

**Artigo 260.º**
**(Assembleia regional)**

A assembleia regional é o órgão deliberativo da região e é constituída por membros eleitos directamente e por membros, em número inferior ao daqueles, eleitos pelo sistema da representação proporcional e o método da média mais alta de Hondt, pelo colégio eleitoral formado pelos membros das assembleias municipais da mesma área designados por eleição directa.

**Artigo 261.º**
**(Junta regional)**

A junta regional é o órgão executivo colegial da região.

**Artigo 262.º**
**(Representante do Governo)**

Junto de cada região pode haver um representante do Governo, nomeado em Conselho de Ministros, cuja competência se exerce igualmente junto das autarquias existentes na área respectiva.

## CAPÍTULO V
## Organizações de moradores

**Artigo 263.º**
**(Constituição e área)**

1. A fim de intensificar a participação das populações na vida administrativa local podem ser constituídas organizações de moradores residentes em área inferior à da respectiva freguesia.

2. A assembleia de freguesia, por sua iniciativa ou a requerimento de comissões de moradores ou de um número significativo de moradores, demarcará as áreas territoriais das organizações referidas no número anterior, solucionando os eventuais conflitos daí resultantes.

**Artigo 264.º**
**(Estrutura)**

1. A estrutura das organizações de moradores é fixada por lei e compreende a assembleia de moradores e a comissão de moradores.

2. A assembleia de moradores é composta pelos residentes inscritos no recenseamento da freguesia.

3. A comissão de moradores é eleita, por escrutínio secreto, pela assembleia de moradores e por ela livremente destituída.

### Artigo 265.º
### (Direitos e competência)

1. As organizações de moradores têm direito:

a) De petição perante as autarquias locais relativamente a assuntos administrativos de interesse dos moradores;

b) De participação, sem voto, através de representantes seus, na assembleia de freguesia.

2. Às organizações de moradores compete realizar as tarefas que a lei lhes confiar ou os órgãos da respectiva freguesia nelas delegarem.

## TÍTULO IX
## Administração Pública

### Artigo 266.º
### (Princípios fundamentais)

1. A Administração Pública visa a prossecução do interesse público, no respeito pelos direitos e interesses legalmente protegidos dos cidadãos.

2. Os órgãos e agentes administrativos estão subordinados à Constituição e à lei e devem actuar, no exercício das suas funções, com respeito pelos princípios da igualdade, da proporcionalidade, da justiça, da imparcialidade e da boa-fé.

### Artigo 267.º
### (Estrutura da Administração)

1. A Administração Pública será estruturada de modo a evitar a burocratização, a aproximar os serviços das populações e a assegurar a participação dos interessados na sua gestão efectiva, designadamente por intermédio de associações públicas, organizações de moradores e outras formas de representação democrática.

2. Para efeito do disposto no número anterior, a lei estabelecerá adequadas formas de descentralização e desconcentração administrativas, sem prejuízo da

necessária eficácia e unidade de acção da Administração e dos poderes de direcção, superintendência e tutela dos órgãos competentes.

3. A lei pode criar entidades administrativas independentes.

4. As associações públicas só podem ser constituídas para a satisfação de necessidades específicas, não podem exercer funções próprias das associações sindicais e têm organização interna baseada no respeito dos direitos dos seus membros e na formação democrática dos seus órgãos.

5. O processamento da actividade administrativa será objecto de lei especial, que assegurará a racionalização dos meios a utilizar pelos serviços e a participação dos cidadãos na formação das decisões ou deliberações que lhes disserem respeito.

6. As entidades privadas que exerçam poderes públicos podem ser sujeitas, nos termos da lei, a fiscalização administrativa.

**Artigo 268.º**
**(Direitos e garantias dos administrados)**

1. Os cidadãos têm o direito de ser informados pela Administração, sempre que o requeiram, sobre o andamento dos processos em que sejam directamente interessados, bem como o de conhecer as resoluções definitivas que sobre eles forem tomadas.

2. Os cidadãos têm também o direito de acesso aos arquivos e registos administrativos, sem prejuízo do disposto na lei em matérias relativas à segurança interna e externa, à investigação criminal e à intimidade das pessoas.

3. Os actos administrativos estão sujeitos a notificação aos interessados, na forma prevista na lei, e carecem de fundamentação expressa e acessível quando afectem direitos ou interesses legalmente protegidos.

4. É garantido aos administrados tutela jurisdicional efectiva dos seus direitos ou interesses legalmente protegidos, incluindo, nomeadamente, o reconhecimento desses direitos ou interesses, a impugnação de quaisquer actos administrativos que os lesem, independentemente da sua forma, a determinação da prática de actos administrativos legalmente devidos e a adopção de medidas cautelares adequadas.

5. Os cidadãos têm igualmente direito de impugnar as normas administrativas com eficácia externa lesivas dos seus direitos ou interesses legalmente protegidos.

6. Para efeitos dos n.ºs 1 e 2, a lei fixará um prazo máximo de resposta por parte da Administração.

**Artigo 269.º**
**(Regime da função pública)**

1. No exercício das suas funções, os trabalhadores da Administração Pública e demais agentes do Estado e outras entidades públicas estão exclusivamente ao serviço do interesse público, tal como é definido, nos termos da lei, pelos órgãos competentes da Administração.

2. Os trabalhadores da Administração Pública e demais agentes do Estado e outras entidades públicas não podem ser prejudicados ou beneficiados em virtude do exercício de quaisquer direitos políticos previstos na Constituição, nomeadamente por opção partidária.

3. Em processo disciplinar são garantidas ao arguido a sua audiência e defesa.

4. Não é permitida a acumulação de empregos ou cargos públicos, salvo nos casos expressamente admitidos por lei.

5. A lei determina as incompatibilidades entre o exercício de empregos ou cargos públicos e o de outras actividades.

**Artigo 270.º**
**(Restrições ao exercício de direitos)**

A lei pode estabelecer, na estrita medida das exigências próprias das respectivas funções, restrições ao exercício dos direitos de expressão, reunião, manifestação, associação e petição colectiva e à capacidade eleitoral passiva dos militares e agentes militarizados dos quadros permanentes em serviço efectivo, bem como por agentes dos serviços e das forças de segurança, e, no caso destas, a não admissão do direito à greve, mesmo quando reconhecido o direito de associação sindical.

**Artigo 271.º**
**(Responsabilidade dos funcionários e agentes)**

1. Os funcionários e agentes do Estado e das demais entidades públicas são responsáveis civil, criminal e disciplinarmente pelas acções ou omissões praticadas no exercício das suas funções e por causa desse exercício de que resulte violação dos direitos ou interesses legalmente protegidos dos cidadãos, não dependendo a acção ou procedimento, em qualquer fase, de autorização hierárquica.

2. É excluída a responsabilidade do funcionário ou agente que actue no cumprimento de ordens ou instruções emanadas de legítimo superior hierárquico e

em matéria de serviço, se previamente delas tiver reclamado ou tiver exigido a sua transmissão ou confirmação por escrito.

3. Cessa o dever de obediência sempre que o cumprimento das ordens ou instruções implique a prática de qualquer crime.

4. A lei regula os termos em que o Estado e as demais entidades públicas têm direito de regresso contra os titulares dos seus órgãos, funcionários e agentes.

**Artigo 272.º**
**(Polícia)**

1. A polícia tem por funções defender a legalidade democrática e garantir a segurança interna e os direitos dos cidadãos.

2. As medidas de polícia são as previstas na lei, não devendo ser utilizadas para além do estritamente necessário.

3. A prevenção dos crimes, incluindo a dos crimes contra a segurança do Estado, só pode fazer-se com observância das regras gerais sobre polícia e com respeito pelos direitos, liberdades e garantias dos cidadãos.

4. A lei fixa o regime das forças de segurança, sendo a organização de cada uma delas única para todo o território nacional.

## TÍTULO X
## Defesa Nacional

**Artigo 273.º**
**(Defesa nacional)**

1. É obrigação do Estado assegurar a defesa nacional.

2. A defesa nacional tem por objectivos garantir, no respeito da ordem constitucional, das instituições democráticas e das convenções internacionais, a independência nacional, a integridade do território e a liberdade e a segurança das populações contra qualquer agressão ou ameaça externas.

**Artigo 274.º**
**(Conselho Superior de Defesa Nacional)**

1. O Conselho Superior de Defesa Nacional é presidido pelo Presidente da República e tem a composição que a lei determinar, a qual incluirá membros eleitos pela Assembleia da República.

2. O Conselho Superior de Defesa Nacional é o órgão específico de consulta para os assuntos relativos à defesa nacional e à organização, funcionamento e disciplina das Forças Armadas, podendo dispor da competência administrativa que lhe for atribuída por lei.

### Artigo 275.º
### (Forças Armadas)

1. Às Forças Armadas incumbe a defesa militar da República.
2. As Forças Armadas compõem-se exclusivamente de cidadãos portugueses e a sua organização é única para todo o território nacional.
3. As Forças Armadas obedecem aos órgãos de soberania competentes, nos termos da Constituição e da lei.
4. As Forças Armadas estão ao serviço do povo português, são rigorosamente apartidárias e os seus elementos não podem aproveitar-se da sua arma, do seu posto ou da sua função para qualquer intervenção política.
5. Incumbe às Forças Armadas, nos termos da lei, satisfazer os compromissos internacionais do Estado Português no âmbito militar e participar em missões humanitárias e de paz assumidas pelas organizações internacionais de que Portugal faça parte.
6. As Forças Armadas podem ser incumbidas, nos termos da lei, de colaborar em missões de protecção civil, em tarefas relacionadas com a satisfação de necessidades básicas e a melhoria da qualidade de vida das populações, e em acções de cooperação técnico-militar no âmbito da política nacional de cooperação.
7. As leis que regulam o estado de sítio e o estado de emergência fixam as condições do emprego das Forças Armadas quando se verifiquem essas situações.

### Artigo 276.º
### (Defesa da Pátria, serviço militar e serviço cívico)

1. A defesa da Pátria é direito e dever fundamental de todos os portugueses.
2. O serviço militar é regulado por lei, que fixa as formas, a natureza voluntária ou obrigatória, a duração e o conteúdo da respectiva prestação.
3. Os cidadãos sujeitos por lei à prestação do serviço militar e que forem considerados inaptos para o serviço militar armado prestarão serviço militar não armado ou serviço cívico adequado à sua situação.
4. Os objectores de consciência ao serviço militar a que legalmente estejam sujeitos prestarão serviço cívico de duração e penosidade equivalentes à do serviço militar armado.

5. O serviço cívico pode ser estabelecido em substituição ou complemento do serviço militar e tornado obrigatório por lei para os cidadãos não sujeitos a deveres militares.

6. Nenhum cidadão poderá conservar nem obter emprego do Estado ou de outra entidade pública se deixar de cumprir os seus deveres militares ou de serviço cívico quando obrigatório.

7. Nenhum cidadão pode ser prejudicado na sua colocação, nos seus benefícios sociais ou no seu emprego permanente por virtude do cumprimento do serviço militar ou do serviço cívico obrigatório.

## PARTE IV
## Garantia e revisão da Constituição

### TÍTULO I
### Fiscalização da constitucionalidade

#### Artigo 277.º
#### (Inconstitucionalidade por acção)

1. São inconstitucionais as normas que infrinjam o disposto na Constituição ou os princípios nela consignados.

2. A inconstitucionalidade orgânica ou formal de tratados internacionais regularmente ratificados não impede a aplicação das suas normas na ordem jurídica portuguesa, desde que tais normas sejam aplicadas na ordem jurídica da outra parte, salvo se tal inconstitucionalidade resultar de violação de uma disposição fundamental.

#### Artigo 278.º
#### (Fiscalização preventiva da constitucionalidade)

1. O Presidente da República pode requerer ao Tribunal Constitucional a apreciação preventiva da constitucionalidade de qualquer norma constante de tratado internacional que lhe tenha sido submetido para ratificação, de decreto que lhe tenha sido enviado para promulgação como lei ou como decreto-lei ou de acordo internacional cujo decreto de aprovação lhe tenha sido remetido para assinatura.

2. Os Representantes da República podem igualmente requerer ao Tribunal Constitucional a apreciação preventiva da constitucionalidade de qualquer

norma constante de decreto legislativo regional que lhes tenha sido enviado para assinatura.

3. A apreciação preventiva da constitucionalidade deve ser requerida no prazo de oito dias a contar da data da recepção do diploma.

4. Podem requerer ao Tribunal Constitucional a apreciação preventiva da constitucionalidade de qualquer norma constante de decreto que tenha sido enviado ao Presidente da República para promulgação como lei orgânica, além deste, o Primeiro-Ministro ou um quinto dos Deputados à Assembleia da República em efectividade de funções.

5. O Presidente da Assembleia da República, na data em que enviar ao Presidente da República decreto que deva ser promulgado como lei orgânica, dará disso conhecimento ao Primeiro-Ministro e aos grupos parlamentares da Assembleia da República.

6. A apreciação preventiva da constitucionalidade prevista no n.º 4 deve ser requerida no prazo de oito dias a contar da data prevista no número anterior.

7. Sem prejuízo do disposto no n.º 1, o Presidente da República não pode promulgar os decretos a que se refere o n.º4 sem que decorram oito dias após a respectiva recepção ou antes de o Tribunal Constitucional sobre eles se ter pronunciado, quando a intervenção deste tiver sido requerida.

8. O Tribunal Constitucional deve pronunciar-se no prazo de vinte e cinco dias, o qual, no caso do n.º 1, pode ser encurtado pelo Presidente da República, por motivo de urgência.

## Artigo 279.º
## (Efeitos da decisão)

1. Se o Tribunal Constitucional se pronunciar pela inconstitucionalidade de norma constante de qualquer decreto ou acordo internacional, deverá o diploma ser vetado pelo Presidente da República ou pelo Representante da República, conforme os casos, e devolvido ao órgão que o tiver aprovado.

2. No caso previsto no n.º 1, o decreto não poderá ser promulgado ou assinado sem que o órgão que o tiver aprovado expurgue a norma julgada inconstitucional ou, quando for caso disso, o confirme por maioria de dois terços dos Deputados presentes, desde que superior à maioria absoluta dos Deputados em efectividade de funções.

3. Se o diploma vier a ser reformulado, poderá o Presidente da República ou o Representante da República, conforme os casos, requerer a apreciação preventiva da constitucionalidade de qualquer das suas normas.

4. Se o Tribunal Constitucional se pronunciar pela inconstitucionalidade de norma constante de tratado, este só poderá ser ratificado se a Assembleia da República o vier a aprovar por maioria de dois terços dos Deputados presentes, desde que superior à maioria absoluta dos Deputados em efectividade de funções.

**Artigo 280.º**
**(Fiscalização concreta da constitucionalidade e da legalidade)**

1. Cabe recurso para o Tribunal Constitucional das decisões dos tribunais:

a) Que recusem a aplicação de qualquer norma com fundamento na sua inconstitucionalidade;

b) Que apliquem norma cuja inconstitucionalidade haja sido suscitada durante o processo.

2. Cabe igualmente recurso para o Tribunal Constitucional das decisões dos tribunais:

a) Que recusem a aplicação de norma constante de acto legislativo com fundamento na sua ilegalidade por violação da lei com valor reforçado;

b) Que recusem a aplicação de norma constante de diploma regional com fundamento na sua ilegalidade por violação do estatuto da região autónoma;

c) Que recusem a aplicação de norma constante de diploma emanado de um órgão de soberania com fundamento na sua ilegalidade por violação do estatuto de uma região autónoma;

d) Que apliquem norma cuja ilegalidade haja sido suscitada durante o processo com qualquer dos fundamentos referidos nas alíneas a), b) e c).

3. Quando a norma cuja aplicação tiver sido recusada constar de convenção internacional, de acto legislativo ou de decreto regulamentar, os recursos previstos na alínea a) do n.º 1 e na alínea a) do n.º 2 são obrigatórios para o Ministério Público.

4. Os recursos previstos na alínea b) do n.º 1 e na alínea d) do n.º 2 só podem ser interpostos pela parte que haja suscitado a questão da inconstitucionalidade ou da ilegalidade, devendo a lei regular o regime de admissão desses recursos.

5. Cabe ainda recurso para o Tribunal Constitucional, obrigatório para o Ministério Público, das decisões dos tribunais que apliquem norma anteriormente julgada inconstitucional ou ilegal pelo próprio Tribunal Constitucional.

6. Os recursos para o Tribunal Constitucional são restritos à questão da inconstitucionalidade ou da ilegalidade, conforme os casos.

## Artigo 281.º
## (Fiscalização abstracta da constitucionalidade e da legalidade)

1. O Tribunal Constitucional aprecia e declara, com força obrigatória geral:

a) A inconstitucionalidade de quaisquer normas;

b) A ilegalidade de quaisquer normas constantes de acto legislativo com fundamento em violação de lei com valor reforçado;

c) A ilegalidade de quaisquer normas constantes de diploma regional, com fundamento em violação do estatuto da região autónoma;

d) A ilegalidade de quaisquer normas constantes de diploma emanado dos órgãos de soberania com fundamento em violação dos direitos de uma região consagrados no seu estatuto.

2. Podem requerer ao Tribunal Constitucional a declaração de inconstitucionalidade ou de ilegalidade, com força obrigatória geral:

a) O Presidente da República;

b) O Presidente da Assembleia da República;

c) O Primeiro-Ministro;

d) O Provedor de Justiça;

e) O Procurador-Geral da República;

f) Um décimo dos Deputados à Assembleia da República;

g) Os Representantes da República, as Assembleias Legislativas das regiões autónomas, os presidentes das Assembleias Legislativas das regiões autónomas, os presidentes dos Governos Regionais ou um décimo dos deputados à respectiva Assembleia Legislativa, quando o pedido de declaração de inconstitucionalidade se fundar em violação dos direitos das regiões autónomas ou o pedido de declaração de ilegalidade se fundar em violação do respectivo estatuto.

3. O Tribunal Constitucional aprecia e declara ainda, com força obrigatória geral, a inconstitucionalidade ou a ilegalidade de qualquer norma, desde que tenha sido por ele julgada inconstitucional ou ilegal em três casos concretos.

## Artigo 282.º
## (Efeitos da declaração de inconstitucionalidade ou de ilegalidade)

1. A declaração de inconstitucionalidade ou de ilegalidade com força obrigatória geral produz efeitos desde a entrada em vigor da norma declarada inconstitucional ou ilegal e determina a repristinação das normas que ela, eventualmente, haja revogado.

2. Tratando-se, porém, de inconstitucionalidade ou de ilegalidade por infracção de norma constitucional ou legal posterior, a declaração só produz efeitos desde a entrada em vigor desta última.

3. Ficam ressalvados os casos julgados, salvo decisão em contrário do Tribunal Constitucional quando a norma respeitar a matéria penal, disciplinar ou de ilícito de mera ordenação social e for de conteúdo menos favorável ao arguido.

4. Quando a segurança jurídica, razões de equidade ou interesse público de excepcional relevo, que deverá ser fundamentado, o exigirem, poderá o Tribunal Constitucional fixar os efeitos da inconstitucionalidade ou da ilegalidade com alcance mais restrito do que o previsto nos n.os 1 e 2.

**Artigo 283.º**
**(Inconstitucionalidade por omissão)**

1. A requerimento do Presidente da República, do Provedor de Justiça ou, com fundamento em violação de direitos das regiões autónomas, dos presidentes das Assembleias Legislativas das regiões autónomas, o Tribunal Constitucional aprecia e verifica o não cumprimento da Constituição por omissão das medidas legislativas necessárias para tornar exequíveis as normas constitucionais.

2. Quando o Tribunal Constitucional verificar a existência de inconstitucionalidade por omissão, dará disso conhecimento ao órgão legislativo competente.

## TÍTULO II
## Revisão constitucional

**Artigo 284.º**
**(Competência e tempo de revisão)**

1. A Assembleia da República pode rever a Constituição decorridos cinco anos sobre a data da publicação da última lei de revisão ordinária.

2. A Assembleia da República pode, contudo, assumir em qualquer momento poderes de revisão extraordinária por maioria de quatro quintos dos Deputados em efectividade de funções.

**Artigo 285.º**
**(Iniciativa da revisão)**

1. A iniciativa da revisão compete aos Deputados.

2. Apresentado um projecto de revisão constitucional, quaisquer outros terão de ser apresentados no prazo de trinta dias.

### Artigo 286.º
### (Aprovação e promulgação)

1. As alterações da Constituição são aprovadas por maioria de dois terços dos Deputados em efectividade de funções.

2. As alterações da Constituição que forem aprovadas serão reunidas numa única lei de revisão.

3. O Presidente da República não pode recusar a promulgação da lei de revisão.

### Artigo 287.º
### (Novo texto da Constituição)

1. As alterações da Constituição serão inseridas no lugar próprio, mediante as substituições, as supressões e os aditamentos necessários.

2. A Constituição, no seu novo texto, será publicada conjuntamente com a lei de revisão.

### Artigo 288.º
### (Limites materiais da revisão)

As leis de revisão constitucional terão de respeitar:

a) A independência nacional e a unidade do Estado;

b) A forma republicana de governo;

c) A separação das Igrejas do Estado;

d) Os direitos, liberdades e garantias dos cidadãos;

e) Os direitos dos trabalhadores, das comissões de trabalhadores e das associações sindicais;

f) A coexistência do sector público, do sector privado e do sector cooperativo e social de propriedade dos meios de produção;

g) A existência de planos económicos no âmbito de uma economia mista;

h) O sufrágio universal, directo, secreto e periódico na designação dos titulares electivos dos órgãos de soberania, das regiões autónomas e do poder local, bem como o sistema de representação proporcional;

i) O pluralismo de expressão e organização política, incluindo partidos políticos, e o direito de oposição democrática;

j) A separação e a interdependência dos órgãos de soberania;

l) A fiscalização da constitucionalidade por acção ou por omissão de normas jurídicas;

m) A independência dos tribunais;

n) A autonomia das autarquias locais;

o) A autonomia político-administrativa dos arquipélagos dos Açores e da Madeira.

**Artigo 289.º**
**(Limites circunstanciais da revisão)**

Não pode ser praticado nenhum acto de revisão constitucional na vigência de estado de sítio ou de estado de emergência.

**Disposições finais e transitórias**

**Artigo 290.º**
**(Direito anterior)**

1. As leis constitucionais posteriores a 25 de Abril de 1974 não ressalvadas neste capítulo são consideradas leis ordinárias, sem prejuízo do disposto no número seguinte.

2. O direito ordinário anterior à entrada em vigor da Constituição mantém-se, desde que não seja contrário à Constituição ou aos princípios nela consignados.

**Artigo 291.º**
**(Distritos)**

1. Enquanto as regiões administrativas não estiverem concretamente instituídas, subsistirá a divisão distrital no espaço por elas não abrangido.

2. Haverá em cada distrito, em termos a definir por lei, uma assembleia deliberativa, composta por representantes dos municípios.

3. Compete ao governador civil, assistido por um conselho, representar o Governo e exercer os poderes de tutela na área do distrito.

**Artigo 292.º**
**(Incriminação e julgamento dos agentes e responsáveis da PIDE/DGS)**

1. Mantém-se em vigor a Lei n.º 8/75, de 25 de Julho, com as alterações introduzidas pela Lei n.º 16/75, de 23 de Dezembro, e pela Lei n.º 18/75, de 26 de Dezembro.

2. A lei poderá precisar as tipificações criminais constantes do n.º 2 do artigo 2.º, do artigo 3.º, da alínea b) do artigo 4.º e do artigo 5.º do diploma referido no número anterior.

3. A lei poderá regular especialmente a atenuação extraordinária prevista no artigo 7.º do mesmo diploma.

### Artigo 293.º
### (Reprivatização de bens nacionalizados depois de 25 de Abril de 1974)

1. Lei-quadro, aprovada por maioria absoluta dos Deputados em efectividade de funções, regula a reprivatização da titularidade ou do direito de exploração de meios de produção e outros bens nacionalizados depois de 25 de Abril de 1974, observando os seguintes princípios fundamentais:

a) A reprivatização da titularidade ou do direito de exploração de meios de produção e outros bens nacionalizados depois do 25 de Abril de 1974 realizar-se-á, em regra e preferencialmente, através de concurso público, oferta na bolsa de valores ou subscrição pública;

b) As receitas obtidas com as reprivatizações serão utilizadas apenas para amortização da dívida pública e do sector empresarial do Estado, para o serviço da dívida resultante de nacionalizações ou para novas aplicações de capital no sector produtivo;

c) Os trabalhadores das empresas objecto de reprivatização manterão no processo de reprivatização da respectiva empresa todos os direitos e obrigações de que forem titulares;

d) Os trabalhadores das empresas objecto de reprivatização adquirirão o direito à subscrição preferencial de uma percentagem do respectivo capital social;

e) Proceder-se-á à avaliação prévia dos meios de produção e outros bens a reprivatizar, por intermédio de mais de uma entidade independente.

2. As pequenas e médias empresas indirectamente nacionalizadas situadas fora dos sectores básicos da economia poderão ser reprivatizadas nos termos da lei.

### Artigo 294.º
### (Regime aplicável aos órgãos das autarquias locais)

Até à entrada em vigor da lei prevista no n.º 3 do artigo 239.º, os órgãos das autarquias locais são constituídos e funcionam nos termos de legislação correspondente ao texto da Constituição na redacção que lhe foi dada pela Lei Constitucional n.º 1/92, de 25 de Novembro.

### Artigo 295.º
### (Referendo sobre tratado europeu)

O disposto no n.º 3 do artigo 115.º não prejudica a possibilidade de convocação e de efectivação de referendo sobre a aprovação de tratado que vise a construção e aprofundamento da união europeia[397].

### Artigo 296.º
### (Data e entrada em vigor da Constituição)

1. A Constituição da República Portuguesa tem a data da sua aprovação pela Assembleia Constituinte, 2 de Abril de 1976.

2. A Constituição da República Portuguesa entra em vigor no dia 25 de Abril de 1976.

[397] Artigo inserido pela 7.ª revisão, a qual se cingiu a esta introdução, pelo que, assim, passou a ter 296 artigos.

# TRATADO DA UNIÃO EUROPEIA

(VERSÃO CONSOLIDADA, publicada no 7.6.2016 Jornal Oficial da União Europeia C 202/13)

## PREÂMBULO

SUA MAJESTADE O REI DOS BELGAS, SUA MAJESTADE A RAINHA DA DINAMARCA, O PRESIDENTE DA REPÚBLICA FEDERAL DA ALEMANHA, O PRESIDENTE DA IRLANDA, O PRESIDENTE DA REPÚBLICA HELÉNICA, SUA MAJESTADE O REI DE ESPANHA, O PRESIDENTE DA REPÚBLICA FRANCESA, O PRESIDENTE DA REPÚBLICA ITALIANA, SUA ALTEZA REAL O GRÃO-DUQUE DO LUXEMBURGO, SUA MAJESTADE A RAINHA DOS PAÍSES BAIXOS, O PRESIDENTE DA REPÚBLICA PORTUGUESA, SUA MAJESTADE A RAINHA DO REINO UNIDO DA GRÃ-BRETANHA E DA IRLANDA DO NORTE, (1) RESOLVIDOS a assinalar uma nova fase no processo de integração europeia iniciado com a instituição das Comunidades Europeias, INSPIRANDO-SE no património cultural, religioso e humanista da Europa, de que emanaram os valores universais que são os direitos invioláveis e inalienáveis da pessoa humana, bem como a liberdade, a democracia, a igualdade e o Estado de direito, RECORDANDO a importância histórica do fim da divisão do continente europeu e a necessidade da criação de bases sólidas para a construção da futura Europa, CONFIRMANDO o seu apego aos princípios da liberdade, da democracia, do respeito pelos direitos do Homem e liberdades fundamentais e do Estado de direito, CONFIRMANDO o seu apego aos direitos sociais fundamentais, tal como definidos na Carta Social Europeia, assinada em Turim, em 18 de outubro de 1961, e na Carta Comunitária dos Direitos Sociais Fundamentais dos Trabalhadores, de 1989, DESEJANDO aprofundar a solidariedade entre os seus povos, respeitando a sua história, cultura e tradições, DESEJANDO reforçar o caráter democrático e a eficácia do funcionamento das instituições, a fim de lhes permitir melhor desempenhar, num quadro institucional único, as tarefas que lhes estão confiadas, RESOLVI-

DOS a conseguir o reforço e a convergência das suas economias e a instituir uma União Económica e Monetária, incluindo, nos termos das disposições do presente Tratado e do Tratado sobre o Funcionamento da União Europeia, uma moeda única e estável, DETERMINADOS a promover o progresso económico e social dos seus povos, tomando em consideração o princípio do desenvolvimento sustentável e no contexto da realização do mercado interno e do reforço da coesão e da proteção do ambiente, e a aplicar políticas que garantam que os progressos na integração económica sejam acompanhados de progressos paralelos noutras áreas, RESOLVIDOS a instituir uma cidadania comum aos nacionais dos seus países, RESOLVIDOS a executar uma política externa e de segurança que inclua a definição gradual de uma política de defesa comum que poderá conduzir a uma defesa comum, de acordo com as disposições do artigo 42.o, fortalecendo assim a identidade europeia e a sua independência, em ordem a promover a paz, a segurança e o progresso na Europa e no mundo, RESOLVIDOS a facilitar a livre circulação de pessoas, sem deixar de garantir a segurança dos seus povos, através da criação de um espaço de liberdade, de segurança e de justiça, nos termos das disposições do presente Tratado e do Tratado sobre o Funcionamento da União Europeia, RESOLVIDOS a continuar o processo de criação de uma união cada vez mais estreita entre os povos da Europa, em que as decisões sejam tomadas ao nível mais próximo possível dos cidadãos, de acordo com o princípio da subsidiariedade, NA PERSPETIVA das etapas ulteriores a transpor para fazer progredir a integração europeia, DECIDIRAM instituir uma União Europeia e, para o efeito, designaram como plenipotenciários: (Segue-se a lista dos plenipotenciários).

OS QUAIS, depois de terem trocado os seus plenos poderes reconhecidos em boa e devida forma, acordaram nas disposições seguintes:

## **TÍTULO I** DISPOSIÇÕES COMUNS

### **Artigo 1.º** (ex-artigo 1.º TUE)

Pelo presente Tratado, as ALTAS PARTES CONTRATANTES instituem entre si uma UNIÃO EUROPEIA, adiante designada por "União", à qual os Estados-Membros atribuem competências para atingirem os seus objetivos comuns.

O presente Tratado assinala uma nova etapa no processo de criação de uma união cada vez mais estreita entre os povos da Europa, em que as decisões serão tomadas de uma forma tão aberta quanto possível e ao nível mais próximo possível dos cidadãos.

A União funda-se no presente Tratado e no Tratado sobre o Funcionamento da União Europeia (a seguir designados "os Tratados"). Estes dois Tratados têm o mesmo valor jurídico. A União substitui-se e sucede à Comunidade Europeia.

### Artigo 2.º

A União funda-se nos valores do respeito pela dignidade humana, da liberdade, da democracia, da igualdade, do Estado de direito e do respeito pelos direitos do Homem, incluindo os direitos das pessoas pertencentes a minorias. Estes valores são comuns aos Estados-Membros, numa sociedade caracterizada pelo pluralismo, a não discriminação, a tolerância, a justiça, a solidariedade e a igualdade entre homens e mulheres.

### Artigo 3.º (ex-artigo 2.º TUE)

1. A União tem por objetivo promover a paz, os seus valores e o bem-estar dos seus povos.

2. A União proporciona aos seus cidadãos um espaço de liberdade, segurança e justiça sem fronteiras internas, em que seja assegurada a livre circulação de pessoas, em conjugação com medidas adequadas em matéria de controlos na fronteira externa, de asilo e imigração, bem como de prevenção da criminalidade e combate a este fenómeno.

3. A União estabelece um mercado interno. Empenha-se no desenvolvimento sustentável da Europa, assente num crescimento económico equilibrado e na estabilidade dos preços, numa economia social de mercado altamente competitiva que tenha como meta o pleno emprego e o progresso social, e num elevado nível de proteção e de melhoramento da qualidade do ambiente. A União fomenta o progresso científico e tecnológico. A União combate a exclusão social e as discriminações e promove a justiça e a proteção sociais, a igualdade entre homens e mulheres, a solidariedade entre as gerações e a proteção dos direitos da criança. A União promove a coesão económica, social e territorial, e a solidariedade entre os Estados-Membros. A União respeita a riqueza da sua diversidade cultural e linguística e vela pela salvaguarda e pelo desenvolvimento do património cultural europeu.

4. A União estabelece uma união económica e monetária cuja moeda é o euro.

5. Nas suas relações com o resto do mundo, a União afirma e promove os seus valores e interesses e contribui para a proteção dos seus cidadãos. Contribui para a paz, a segurança, o desenvolvimento sustentável do planeta, a solidariedade e

o respeito mútuo entre os povos, o comércio livre e equitativo, a erradicação da pobreza e a proteção dos direitos do Homem, em especial os da criança, bem como para a rigorosa observância e o desenvolvimento do direito internacional, incluindo o respeito dos princípios da Carta das Nações Unidas.

6. A União prossegue os seus objetivos pelos meios adequados, em função das competências que lhe são atribuídas nos Tratados.

## Artigo 4.º

1. Nos termos do artigo 5.o, as competências que não sejam atribuídas à União nos Tratados pertencem aos Estados-Membros.

2. A União respeita a igualdade dos Estados-Membros perante os Tratados, bem como a respetiva identidade nacional, refletida nas estruturas políticas e constitucionais fundamentais de cada um deles, incluindo no que se refere à autonomia local e regional. A União respeita as funções essenciais do Estado, nomeadamente as que se destinam a garantir a integridade territorial, a manter a ordem pública e a salvaguardar a segurança nacional. Em especial, a segurança nacional continua a ser da exclusiva responsabilidade de cada Estado-Membro.

3. Em virtude do princípio da cooperação leal, a União e os Estados-Membros respeitam-se e assistem-se mutuamente no cumprimento das missões decorrentes dos Tratados.

Os Estados-Membros tomam todas as medidas gerais ou específicas adequadas para garantir a execução das obrigações decorrentes dos Tratados ou resultantes dos atos das instituições da União.

Os Estados-Membros facilitam à União o cumprimento da sua missão e abstêm-se de qualquer medida suscetível de pôr em perigo a realização dos objetivos da União.

## **Artigo 5.º** (ex-artigo 5.º TCE)

1. A delimitação das competências da União rege-se pelo princípio da atribuição. O exercício das competências da União rege-se pelos princípios da subsidiariedade e da proporcionalidade.

2. Em virtude do princípio da atribuição, a União acua unicamente dentro dos limites das competências que os Estados-Membros lhe tenham atribuído nos Tratados para alcançar os objetivos fixados por estes últimos. As competências que não sejam atribuídas à União nos Tratados pertencem aos Estados-Membros.

3. Em virtude do princípio da subsidiariedade, nos domínios que não sejam da sua competência exclusiva, a União intervém apenas se e na medida em que os objetivos da ação considerada não possam ser suficientemente alcançados pelos Estados-Membros, tanto ao nível central como ao nível regional e local, podendo contudo, devido às dimensões ou aos efeitos da ação considerada, ser mais bem alcançados ao nível da União.

As instituições da União aplicam o princípio da subsidiariedade em conformidade com o Protocolo relativo à aplicação dos princípios da subsidiariedade e da proporcionalidade. Os Parlamentos nacionais velam pela observância do princípio da subsidiariedade de acordo com o processo previsto no referido Protocolo.

4. Em virtude do princípio da proporcionalidade, o conteúdo e a forma da ação da União não devem exceder o necessário para alcançar os objetivos dos Tratados.

As instituições da União aplicam o princípio da proporcionalidade em conformidade com o Protocolo relativo à aplicação dos princípios da subsidiariedade e da proporcionalidade.

### **Artigo 6.º** (ex-artigo 6.º TUE)

1. A União reconhece os direitos, as liberdades e os princípios enunciados na Carta dos Direitos Fundamentais da União Europeia, de 7 de dezembro de 2000, com as adaptações que lhe foram introduzidas em 12 de dezembro de 2007, em Estrasburgo, e que tem o mesmo valor jurídico que os Tratados.

De forma alguma o disposto na Carta pode alargar as competências da União, tal como definidas nos Tratados.

Os direitos, as liberdades e os princípios consagrados na Carta devem ser interpretados de acordo com as disposições gerais constantes do Título VII da Carta que regem a sua interpretação e aplicação e tendo na devida conta as anotações a que a Carta faz referência, que indicam as fontes dessas disposições.

2. A União adere à Convenção Europeia para a Proteção dos Direitos do Homem e das Liberdades Fundamentais. Essa adesão não altera as competências da União, tal como definidas nos Tratados.

3. Do direito da União fazem parte, enquanto princípios gerais, os direitos fundamentais tal como os garante a Convenção Europeia para a Proteção dos Direitos do Homem e das Liberdades Fundamentais e tal como resultam das tradições constitucionais comuns aos Estados-Membros.

### **Artigo 7.º** (ex-artigo 7.º TUE)

1. Sob proposta fundamentada de um terço dos Estados-Membros, do Parlamento Europeu ou da Comissão Europeia, o Conselho, deliberando por maioria qualificada de quatro quintos dos seus membros, e após aprovação do Parlamento Europeu, pode verificar a existência de um risco manifesto de violação grave dos valores referidos no artigo 2.º por parte de um Estado-Membro. Antes de proceder a essa constatação, o Conselho deve ouvir o Estado-Membro em questão e pode dirigir-lhe recomendações, deliberando segundo o mesmo processo.

O Conselho verificará regularmente se continuam válidos os motivos que conduziram a essa constatação.

2. O Conselho Europeu, deliberando por unanimidade, sob proposta de um terço dos Estados-Membros ou da Comissão Europeia, e após aprovação do Parlamento Europeu, pode verificar a existência de uma violação grave e persistente, por parte de um Estado-Membro, dos valores referidos no artigo 2.º , após ter convidado esse Estado-Membro a apresentar as suas observações sobre a questão.

3. Se tiver sido verificada a existência da violação a que se refere o n.º 2, o Conselho, deliberando por maioria qualificada, pode decidir suspender alguns dos direitos decorrentes da aplicação dos Tratados ao Estado-Membro em causa, incluindo o direito de voto do representante do Governo desse Estado-Membro no Conselho. Ao fazê-lo, o Conselho terá em conta as eventuais consequências dessa suspensão nos direitos e obrigações das pessoas singulares e coletivas.

O Estado-Membro em questão continuará, de qualquer modo, vinculado às obrigações que lhe incumbem por força dos Tratados.

4. O Conselho, deliberando por maioria qualificada, pode posteriormente decidir alterar ou revogar as medidas tomadas ao abrigo do n.º 3, se se alterar a situação que motivou a imposição dessas medidas.

5. As regras de votação aplicáveis, para efeitos do presente artigo, ao Parlamento Europeu, ao Conselho Europeu e ao Conselho são estabelecidas no artigo 354.º do Tratado sobre o Funcionamento da União Europeia.

### **Artigo 8.º**

1. A União desenvolve relações privilegiadas com os países vizinhos, a fim de criar um espaço de prosperidade e boa vizinhança, fundado nos valores da União e caracterizado por relações estreitas e pacíficas, baseadas na cooperação.

2. Para efeitos do n.º 1, a União pode celebrar acordos específicos com os países interessados.

Esses acordos podem incluir direitos e obrigações recíprocos, bem como a possibilidade de realizar ações em comum. A sua aplicação é acompanhada de uma concertação periódica.

## TÍTULO II
## DISPOSIÇÕES RELATIVAS AOS PRINCÍPIOS DEMOCRÁTICOS

### Artigo 9.º

Em todas as suas atividades, a União respeita o princípio da igualdade dos seus cidadãos, que beneficiam de igual atenção por parte das suas instituições, órgãos e organismos. É cidadão da União qualquer pessoa que tenha a nacionalidade de um Estado-Membro. A cidadania da União acresce à cidadania nacional e não a substitui.

### Artigo 10.º

1. O funcionamento da União baseia-se na democracia representativa.

2. Os cidadãos estão diretamente representados, ao nível da União, no Parlamento Europeu.

Os Estados-Membros estão representados no Conselho Europeu pelo respetivo Chefe de Estado ou de Governo e no Conselho pelos respetivos Governos, eles próprios democraticamente responsáveis, quer perante os respetivos Parlamentos nacionais, quer perante os seus cidadãos.

3. Todos os cidadãos têm o direito de participar na vida democrática da União. As decisões são tomadas de forma tão aberta e tão próxima dos cidadãos quanto possível.

4. Os partidos políticos ao nível europeu contribuem para a criação de uma consciência política europeia e para a expressão da vontade dos cidadãos da União.

### Artigo 11.º

1. As instituições, recorrendo aos meios adequados, dão aos cidadãos e às associações representativas a possibilidade de expressarem e partilharem publicamente os seus pontos de vista sobre todos os domínios de ação da União.

2. As instituições estabelecem um diálogo aberto, transparente e regular com as associações representativas e com a sociedade civil.

3. A fim de assegurar a coerência e a transparência das ações da União, a Comissão Europeia procede a amplas consultas às partes interessadas.

4. Um milhão, pelo menos, de cidadãos da União, nacionais de um número significativo de Estados-Membros, pode tomar a iniciativa de convidar a Comissão Europeia a, no âmbito das suas atribuições, apresentar uma proposta adequada em matérias sobre as quais esses cidadãos considerem necessário um ato jurídico da União para aplicar os Tratados.

Os procedimentos e condições para a apresentação de tal iniciativa são estabelecidos nos termos do primeiro parágrafo do artigo 24.° do Tratado sobre o Funcionamento da União Europeia.

## Artigo 12.°

Os Parlamentos nacionais contribuem ativamente para o bom funcionamento da União:

a) Sendo informados pelas instituições da União e notificados dos projetos de atos legislativos da União, de acordo com o Protocolo relativo ao papel dos Parlamentos nacionais na União Europeia;

b) Garantindo o respeito pelo princípio da subsidiariedade, de acordo com os procedimentos previstos no Protocolo relativo à aplicação dos princípios da subsidiariedade e da proporcionalidade;

c) Participando, no âmbito do espaço de liberdade, segurança e justiça, nos mecanismos de avaliação da execução das políticas da União dentro desse mesmo espaço, nos termos do artigo 70.° do Tratado sobre o Funcionamento da União Europeia, e sendo associados ao controlo político da Europol e à avaliação das atividades da Eurojust, nos termos dos artigos 88.° e 85.° do referido Tratado;

d) Participando nos processos de revisão dos Tratados, nos termos do artigo 48.° do presente Tratado;

e) Sendo informados dos pedidos de adesão à União, nos termos do artigo 49.° do presente Tratado;

f) Participando na cooperação interparlamentar entre os Parlamentos nacionais e com o Parlamento Europeu, nos termos do Protocolo relativo ao papel dos Parlamentos nacionais na União Europeia.

# TÍTULO III
# DISPOSIÇÕES RELATIVAS ÀS INSTITUIÇÕES

## Artigo 13.º

1. A União dispõe de um quadro institucional que visa promover os seus valores, prosseguir os seus objetivos, servir os seus interesses, os dos seus cidadãos e os dos Estados-Membros, bem como assegurar a coerência, a eficácia e a continuidade das suas políticas e das suas ações.

As instituições da União são:

- o Parlamento Europeu,
- o Conselho Europeu,
- o Conselho,
- a Comissão Europeia (adiante designada "Comissão"),
- o Tribunal de Justiça da União Europeia,
- o Banco Central Europeu,
- o Tribunal de Contas.

2. Cada instituição acua dentro dos limites das atribuições que lhe são conferidas pelos Tratados, de acordo com os procedimentos, condições e finalidades que estes estabelecem. As instituições mantêm entre si uma cooperação leal.

3. As disposições relativas ao Banco Central Europeu e ao Tribunal de Contas, bem como as disposições pormenorizadas sobre as outras instituições, constam no Tratado sobre o funcionamento da União Europeia.

4. O Parlamento Europeu, o Conselho e a Comissão são assistidos por um Comité Económico e Social e por um Comité das Regiões, que exercem funções consultivas.

## Artigo 14.º

1. O Parlamento Europeu exerce, juntamente com o Conselho, a função legislativa e a função orçamental. O Parlamento Europeu exerce funções de controlo político e funções consultivas em conformidade com as condições estabelecidas nos Tratados. Compete-lhe eleger o Presidente da Comissão.

2. O Parlamento Europeu é composto por representantes dos cidadãos da União. O seu número não pode ser superior a setecentos e cinquenta, mais o Presidente. A representação dos cidadãos é degressivamente proporcional, com um limiar mínimo de seis membros por Estado-Membro. A nenhum Estado-Membro podem ser atribuídos mais do que noventa e seis lugares.

O Conselho Europeu adota por unanimidade, por iniciativa do Parlamento Europeu e com a aprovação deste, uma decisão que determine a composição do Parlamento Europeu, na observância dos princípios referidos no primeiro parágrafo.

3. Os membros do Parlamento Europeu são eleitos, por sufrágio universal direto, livre e secreto, por um mandato de cinco anos.

4. O Parlamento Europeu elege de entre os seus membros o seu Presidente e a sua Mesa.

### Artigo 15.º

1. O Conselho Europeu dá à União os impulsos necessários ao seu desenvolvimento e define as orientações e prioridades políticas gerais da União. O Conselho Europeu não exerce função legislativa.

2. O Conselho Europeu é composto pelos Chefes de Estado ou de Governo dos Estados-Membros, bem como pelo seu Presidente e pelo Presidente da Comissão. O Alto Representante da União para os Negócios Estrangeiros e a Política de Segurança participa nos seus trabalhos.

3. O Conselho Europeu reúne-se duas vezes por semestre, por convocação do seu Presidente.

Quando a ordem de trabalhos o exija, os membros do Conselho Europeu podem decidir que cada um será assistido por um ministro e, no caso do Presidente da Comissão, por um membro da Comissão. Quando a situação o exija, o Presidente convocará uma reunião extraordinária do Conselho Europeu.

4. O Conselho Europeu pronuncia-se por consenso, salvo disposição em contrário dos Tratados.

5. O Conselho Europeu elege o seu Presidente por maioria qualificada, por um mandato de dois anos e meio, renovável uma vez. Em caso de impedimento ou de falta grave, o Conselho Europeu pode pôr termo ao seu mandato, de acordo com o mesmo procedimento.

6. O Presidente do Conselho Europeu:

a) Preside aos trabalhos do Conselho Europeu e dinamiza esses trabalhos;

b) Assegura a preparação e continuidade dos trabalhos do Conselho Europeu, em cooperação com o Presidente da Comissão e com base nos trabalhos do Conselho dos Assuntos Gerais;

c) Atua no sentido de facilitar a coesão e o consenso no âmbito do Conselho Europeu;

d) Apresenta um relatório ao Parlamento Europeu após cada uma das reuniões do Conselho Europeu.

O Presidente do Conselho Europeu assegura, ao seu nível e nessa qualidade, a representação externa da União nas matérias do âmbito da política externa e de segurança comum, sem prejuízo das atribuições do Alto Representante da União para os Negócios Estrangeiros e a Política de Segurança.° Presidente do Conselho Europeu não pode exercer qualquer mandato nacional.

## Artigo 16.º

1. O Conselho exerce, juntamente com o Parlamento Europeu, a função legislativa e a função orçamental. O Conselho exerce funções de definição das políticas e de coordenação em conformidade com as condições estabelecidas nos Tratados.

2. O Conselho é composto por um representante de cada Estado-Membro ao nível ministerial, com poderes para vincular o Governo do respetivo Estado-Membro e exercer o direito de voto.

3. O Conselho delibera por maioria qualificada, salvo disposição em contrário dos Tratados.

4. A partir de 1 de novembro de 2014, a maioria qualificada corresponde a, pelo menos, 55% dos membros do Conselho, num mínimo de quinze, devendo estes representar Estados-Membros que reúnam, no mínimo, 65% da população da União. A minoria de bloqueio deve ser composta por, pelo menos, quatro membros do Conselho; caso contrário considera-se alcançada a maioria qualificada. As restantes regras aplicáveis à votação por maioria qualificada são estabelecidas no n.º 2 do artigo 238.º do Tratado sobre o Funcionamento da União Europeia.

5. As disposições transitórias relativas à definição da maioria qualificada que são aplicáveis até 31 de outubro de 2014, bem como as que serão aplicáveis entre 1 de novembro de 2014 e 31 de março de 2017, constam no Protocolo relativo às disposições transitórias.

6. O Conselho reúne-se em diferentes formações, cuja lista é adotada nos termos do artigo 236.º do Tratado sobre o Funcionamento da União Europeia. O Conselho dos Assuntos Gerais assegura a coerência dos trabalhos das diferentes formações do Conselho. O Conselho dos Assuntos Gerais prepara as reuniões do Conselho Europeu e assegura o seu seguimento, em articulação com o Presidente do Conselho Europeu e com a Comissão. O Conselho dos Negócios Estrangeiros elabora a ação externa da União, de acordo com as linhas estratégicas fixadas pelo Conselho Europeu, e assegura a coerência da ação da União.

7. A preparação dos trabalhos do Conselho é da responsabilidade de um Comité de Representantes Permanentes dos Governos dos Estados-Membros.

8. São públicas as reuniões do Conselho em que este delibere e vote sobre um projeto de ato legislativo. Para o efeito, cada reunião do Conselho é dividida em duas partes, consagradas, respetivamente, às deliberações sobre os atos legislativos da União e às atividades não legislativas.

9. A presidência das formações do Conselho, com exceção da dos Negócios Estrangeiros, é assegurada pelos representantes dos Estados-Membros no Conselho, com base num sistema de rotação igualitária, nas condições definidas nos termos do artigo 236.º do Tratado sobre o Funcionamento da União Europeia.

## Artigo 17.º

1. A Comissão promove o interesse geral da União e toma as iniciativas adequadas para esse efeito. A Comissão vela pela aplicação dos Tratados, bem como das medidas adotadas pelas instituições por força destes. Controla a aplicação do direito da União, sob a fiscalização do Tribunal de Justiça da União Europeia. A Comissão executa o orçamento e gere os programas. Exerce funções de coordenação, de execução e de gestão em conformidade com as condições estabelecidas nos Tratados. Com exceção da política externa e de segurança comum e dos restantes casos previstos nos Tratados, a Comissão assegura a representação externa da União. Toma a iniciativa da programação anual e plurianual da União com vista à obtenção de acordos interinstitucionais.

2. Os atos legislativos da União só podem ser adotados sob proposta da Comissão, salvo disposição em contrário dos Tratados. Os demais atos são adotados sob proposta da Comissão nos casos em que os Tratados o determinem.

3. O mandato da Comissão é de cinco anos.

Os membros da Comissão são escolhidos em função da sua competência geral e do seu empenhamento europeu de entre personalidades que ofereçam todas as garantias de independência.

A Comissão exerce as suas responsabilidades com total independência. Sem prejuízo do n.º 2 do artigo 18.o, os membros da Comissão não solicitam nem aceitam instruções de nenhum Governo, instituição, órgão ou organismo. Os membros da Comissão abstêm-se de toda e qualquer ação que seja incompatível com os seus deveres ou com o exercício das suas funções.

4. A Comissão nomeada entre a data de entrada em vigor do Tratado de Lisboa e 31 de outubro de 2014 é constituída por um nacional de cada Estado-Membro, incluindo o seu Presidente e o Alto Representante da União para os Negócios Estrangeiros e a Política de Segurança, que é um dos vice-presidentes.

5. A partir de 1 de novembro de 2014, a Comissão é composta por um número de membros, incluindo o seu Presidente e o Alto Representante da União para

os Negócios Estrangeiros e a Política de Segurança, correspondente a dois terços do número dos Estados-Membros, a menos que o Conselho Europeu, deliberando por unanimidade, decida alterar esse número.

Os membros da Comissão são escolhidos de entre os nacionais dos Estados-Membros, com base num sistema de rotação rigorosamente igualitária entre os Estados-Membros que permita refletir a posição demográfica e geográfica relativa dos Estados-Membros no seu conjunto. Este sistema é estabelecido por unanimidade, pelo Conselho Europeu, nos termos do artigo 244.° do Tratado sobre o Funcionamento da União Europeia.

6. O Presidente da Comissão:

a) Define as orientações no âmbito das quais a Comissão exerce a sua missão;

b) Determina a organização interna da Comissão, a fim de assegurar a coerência, a eficácia e a colegialidade da sua ação;

c) Nomeia vice-presidentes de entre os membros da Comissão, com exceção do Alto Representante da União para os Negócios Estrangeiros e a Política de Segurança.

Qualquer membro da Comissão apresentará a sua demissão se o Presidente lho pedir.

O Alto Representante da União para os Negócios Estrangeiros e a Política de Segurança apresentará a sua demissão, nos termos do n.° 1 do artigo 18.o, se o Presidente lho pedir.

7. Tendo em conta as eleições para o Parlamento Europeu e depois de proceder às consultas adequadas, o Conselho Europeu, deliberando por maioria qualificada, propõe ao Parlamento Europeu um candidato ao cargo de Presidente da Comissão. O candidato é eleito pelo Parlamento Europeu por maioria dos membros que o compõem. Caso o candidato não obtenha a maioria dos votos, o Conselho Europeu, deliberando por maioria qualificada, proporá no prazo de um mês um novo candidato, que é eleito pelo Parlamento Europeu de acordo com o mesmo processo.

O Conselho, de comum acordo com o Presidente eleito, adota a lista das demais personalidades que tenciona nomear membros da Comissão. Essas personalidades são escolhidas, com base nas sugestões apresentadas por cada Estado-Membro, segundo os critérios definidos no segundo parágrafo do n.° 3 e no segundo parágrafo do n.° 5.

O Presidente, o Alto Representante da União para os Negócios Estrangeiros e a Política de Segurança e os demais membros da Comissão são colegialmente sujeitos a um voto de aprovação do Parlamento Europeu. Com base nessa aprovação, a Comissão é nomeada pelo Conselho Europeu, deliberando por maioria qualificada.

8. A Comissão, enquanto colégio, é responsável perante o Parlamento Europeu. O Parlamento Europeu pode votar uma moção de censura à Comissão em conformidade com o artigo 234.º do Tratado sobre o Funcionamento da União Europeia. Caso tal moção seja adotada, os membros da Comissão devem demitir-se coletivamente das suas funções e o Alto Representante da União para os Negócios Estrangeiros e a Política de Segurança deve demitir-se das funções que exerce na Comissão.

## Artigo 18.º

1. O Conselho Europeu, deliberando por maioria qualificada, com o acordo do Presidente da Comissão, nomeia o Alto Representante da União para os Negócios Estrangeiros e a Política de Segurança. O Conselho Europeu pode pôr termo ao seu mandato, de acordo com o mesmo procedimento.

2. O Alto Representante conduz a política externa e de segurança comum da União. Contribui com as suas propostas para a elaboração dessa política, executando-a na qualidade de mandatário do Conselho. Atua do mesmo modo no que se refere à política comum de segurança e defesa.

3. O Alto Representante preside ao Conselho dos Negócios Estrangeiros.

4. O Alto Representante é um dos vice-presidentes da Comissão. Assegura a coerência da ação externa da União. Cabem-lhe, no âmbito da Comissão, as responsabilidades que incumbem a esta instituição no domínio das relações externas, bem como a coordenação dos demais aspetos da ação externa da União. No exercício das suas responsabilidades ao nível da Comissão, e apenas em relação a essas responsabilidades, o Alto Representante fica sujeito aos processos que regem o funcionamento da Comissão, na medida em que tal seja compatível com os n.os 2 e 3.

## Artigo 19.º

1. O Tribunal de Justiça da União Europeia inclui o Tribunal de Justiça, o Tribunal Geral e tribunais especializados. O Tribunal de Justiça da União Europeia garante o respeito do direito na interpretação e aplicação dos Tratados.

Os Estados-Membros estabelecem as vias de recurso necessárias para assegurar uma tutela jurisdicional efetiva nos domínios abrangidos pelo direito da União.

2. O Tribunal de Justiça é composto de um juiz por cada Estado-Membro. O Tribunal de Justiça é assistido por advogados-gerais.

O Tribunal Geral é composto de, pelo menos, um juiz por cada Estado-Membro.

Os juízes e os advogados-gerais do Tribunal de Justiça e os juízes do Tribunal Geral são escolhidos de entre personalidades que ofereçam todas as garantias de independência e reúnam as condições estabelecidas nos artigos 253.° e 254.° do Tratado sobre o Funcionamento da União Europeia.

São nomeados de comum acordo pelos Governos dos Estados-Membros, por seis anos. Os juízes e os advogados-gerais cujo mandato tenha chegado a seu termo podem ser de novo nomeados.

3. O Tribunal de Justiça da União Europeia decide, nos termos do disposto nos Tratados:

a) Sobre os recursos interpostos por um Estado-Membro, por uma instituição ou por pessoas singulares ou coletivas;

b) A título prejudicial, a pedido dos órgãos jurisdicionais nacionais, sobre a interpretação do direito da União ou sobre a validade dos atos adotados pelas instituições;

c) Nos demais casos previstos pelos Tratados.

## TÍTULO IV
## DISPOSIÇÕES RELATIVAS ÀS COOPERAÇÕES REFORÇADAS

### **Artigo 20.°** (ex-artigos 27.o-A a 27.° -E, 40.° a 40.° -B e 43.° a 45.° TUE e ex-artigos 11.° e 11.° -A TCE)

1. Os Estados-Membros que desejem instituir entre si uma cooperação reforçada no âmbito das competências não exclusivas da União podem recorrer às instituições desta e exercer essas competências aplicando as disposições pertinentes dos Tratados, dentro dos limites e segundo as regras previstas no presente artigo e nos artigos 326.° a 334.° do Tratado sobre o Funcionamento da União Europeia.

As cooperações reforçadas visam favorecer a realização dos objetivos da União, preservar os seus interesses e reforçar o seu processo de integração. Estão abertas, a qualquer momento, a todos os Estados-Membros, nos termos do artigo 328.° do Tratado sobre o Funcionamento da União Europeia.

2. A decisão que autoriza uma cooperação reforçada é adotada como último recurso pelo Conselho, quando este tenha determinado que os objetivos da cooperação em causa não podem ser atingidos num prazo razoável pela União no seu conjunto e desde que, pelo menos, nove Estados-Membros participem na

cooperação. O Conselho delibera nos termos do artigo 329.º do Tratado sobre o Funcionamento da União Europeia.

3. Todos os membros do Conselho podem participar nas suas deliberações, mas só os membros

do Conselho que representem os Estados-Membros participantes numa cooperação reforçada podem participar na votação. As regras de votação constam do artigo 330.º do Tratado sobre o Funcionamento da União Europeia.

4. Os atos adotados no âmbito de uma cooperação reforçada vinculam apenas os Estados-Membros participantes. Tais atos não são considerados acervo que deva ser aceite pelos Estados candidatos à adesão à União.

## TÍTULO V
## DISPOSIÇÕES GERAIS RELATIVAS À AÇÃO EXTERNA DA UNIÃO E DISPOSIÇÕES ESPECÍFICAS RELATIVAS À POLÍTICA EXTERNA E DE SEGURANÇA COMUM

### CAPÍTULO 1
### DISPOSIÇÕES GERAIS RELATIVAS À AÇÃO EXTERNA DA UNIÃO

#### Artigo 21.º

1. A ação da União na cena internacional assenta nos princípios que presidiram à sua criação,

desenvolvimento e alargamento, e que é seu objetivo promover em todo o mundo: democracia, Estado de direito, universalidade e indivisibilidade dos direitos do Homem e das liberdades fundamentais, respeito pela dignidade humana, princípios da igualdade e solidariedade e respeito pelos princípios da Carta das Nações Unidas e do direito internacional.

A União procura desenvolver relações e constituir parcerias com os países terceiros e com as organizações internacionais, regionais ou mundiais que partilhem dos princípios enunciados no primeiro parágrafo. Promove soluções multilaterais para os problemas comuns, particularmente no âmbito das Nações Unidas.

2. A União define e prossegue políticas comuns e ações e diligencia no sentido de assegurar um elevado grau de cooperação em todos os domínios das relações internacionais, a fim de:

a) Salvaguardar os seus valores, interesses fundamentais, segurança, independência eintegridade;

b) Consolidar e apoiar a democracia, o Estado de direito, os direitos do Homem e os princípios do direito internacional;

c) Preservar a paz, prevenir conflitos e reforçar a segurança internacional, em conformidade com os objetivos e os princípios da Carta das Nações Unidas, com os princípios da Ata Final de Helsínquia e com os objetivos da Carta de Paris, incluindo os respeitantes às fronteiras externas;

d) Apoiar o desenvolvimento sustentável nos planos económico, social e ambiental dos países em desenvolvimento, tendo como principal objetivo erradicar a pobreza;

e) Incentivar a integração de todos os países na economia mundial, inclusivamente através da eliminação progressiva dos obstáculos ao comércio internacional;

f) Contribuir para o desenvolvimento de medidas internacionais para preservar e melhorar a qualidade do ambiente e a gestão sustentável dos recursos naturais à escala mundial, a fim de assegurar um desenvolvimento sustentável;

g) Prestar assistência a populações, países e regiões confrontados com catástrofes naturais ou de origem humana; e

h) Promover um sistema internacional baseado numa cooperação multilateral reforçada e uma boa governação ao nível mundial.

3. A União respeita os princípios e prossegue os objetivos enunciados nos n.os 1 e 2 no contexto da elaboração e execução da sua ação externa nos diferentes domínios abrangidos pelo presente título e pela Parte V do Tratado sobre o Funcionamento da União Europeia, bem como das suas outras políticas nos seus aspetos externos.

A União vela pela coerência entre os diferentes domínios da sua ação externa e entre estes e as suas outras políticas. O Conselho e a Comissão, assistidos pelo Alto Representante da União para os Negócios Estrangeiros e a Política de Segurança, asseguram essa coerência e cooperam para o efeito.

## Artigo 22.º

1. Com base nos princípios e objetivos enunciados no artigo 21.o, o Conselho Europeu identifica os interesses e objetivos estratégicos da União.

As decisões do Conselho Europeu sobre os interesses e objetivos estratégicos da União incidem nos domínios da política externa e de segurança comum e noutros domínios que se insiram no âmbito da ação externa da União. Essas decisões podem dizer respeito às relações da União com um país ou uma região ou seguir uma abordagem temática. Definem a sua duração e os meios a facultar pela União e pelos Estados-Membros.

O Conselho Europeu delibera por unanimidade, por recomendação do Conselho por este adotada de acordo com as regras previstas para cada domínio. As decisões do Conselho Europeu são executadas nos termos dos Tratados.

2. O Alto Representante da União para os Negócios Estrangeiros e a Política de Segurança, no domínio da política externa e de segurança comum, e a Comissão, nos restantes domínios da ação externa, podem apresentar propostas conjuntas ao Conselho.

## CAPÍTULO 2
## DISPOSIÇÕES ESPECÍFICAS RELATIVAS À POLÍTICA EXTERNA E DE SEGURANÇA COMUM

### SECÇÃO 1
### DISPOSIÇÕES COMUNS

#### Artigo 23.º

A ação da União na cena internacional ao abrigo do presente capítulo assenta nos princípios, prossegue os objetivos e é conduzida em conformidade com as disposições gerais enunciadas no Capítulo 1.

#### **Artigo 24.º** (ex-artigo 11.º TUE)

1. A competência da União em matéria de política externa e de segurança comum abrange todos os domínios da política externa, bem como todas as questões relativas à segurança da União, incluindo a definição gradual de uma política comum de defesa que poderá conduzir a uma defesa comum.

A política externa e de segurança comum está sujeita a regras e procedimentos específicos. É definida e executada pelo Conselho Europeu e pelo Conselho, que deliberam por unanimidade, salvo disposição em contrário dos Tratados. Fica excluída a adoção de atos legislativos. Esta política é executada pelo Alto Representante da União para os Negócios Estrangeiros e a Política de Segurança e pelos Estados-Membros, nos termos dos Tratados. Os papéis específicos que cabem ao Parlamento Europeu

e à Comissão neste domínio são definidos pelos Tratados. O Tribunal de Justiça da União Europeia

não dispõe de competência no que diz respeito a estas disposições, com exceção da competência para verificar a observância do artigo 40.º do presente Tratado e fiscalizar a legalidade de determinadas decisões a que se refere o segundo parágrafo do artigo 275.° do Tratado sobre o Funcionamento da União Europeia.

2. No quadro dos princípios e objetivos da sua ação externa, a União conduz, define e executa uma política externa e de segurança comum baseada no desenvolvimento da solidariedade política mútua entre os Estados-Membros, na identificação das questões de interesse geral e na realização de um grau de convergência crescente das ações dos Estados-Membros.

3. Os Estados-Membros apoiarão ativamente e sem reservas a política externa e de segurança da União, num espírito de lealdade e de solidariedade mútua, e respeitam a ação da União neste domínio.

Os Estados-Membros atuarão de forma concertada a fim de reforçar e desenvolver a solidariedade política mútua. Os Estados-Membros abster-se-ão de empreender ações contrárias aos interesses da União ou suscetíveis de prejudicar a sua eficácia como força coerente nas relações internacionais.

O Conselho e o Alto Representante asseguram a observância destes princípios.

## **Artigo 25.°** (ex-artigo 12.° TUE)

A União conduz a política externa e de segurança comum:

a) Definindo as orientações gerais;

b) Adotando decisões que definam:

i) As ações a desenvolver pela União;

ii) As posições a tomar pela União;

iii) As regras de execução das decisões referidas nas subalíneas i) e ii); e

c) Reforçando a cooperação sistemática entre os Estados-Membros na condução da sua política.

## **Artigo 26.°** (ex-artigo 13.° TUE)

1. O Conselho Europeu identifica os interesses estratégicos da União, estabelece os objetivos e define as orientações gerais da política externa e de segurança comum, incluindo em matérias com implicações no domínio da defesa. O Conselho Europeu adota as decisões necessárias.

Se um acontecimento internacional assim o exigir, o Presidente do Conselho Europeu convocará uma reunião extraordinária do Conselho Europeu, a fim de definir as linhas estratégicas da política da União relativamente a esse acontecimento.

2. O Conselho elabora a política externa e de segurança comum e adota as decisões necessárias à definição e execução dessa política, com base nas orientações gerais e linhas estratégicas definidas pelo Conselho Europeu.

O Conselho e o Alto Representante da União para os Negócios Estrangeiros e a Política de Segurança asseguram a unidade, coerência e eficácia da ação da União.

3. A política externa e de segurança comum é executada pelo Alto Representante e pelos Estados--Membros, utilizando os meios nacionais e os da União.

**Artigo 29.º** (ex-artigo 15.º TUE)

O Conselho adota decisões que definem a abordagem global de uma questão específica de natureza geográfica ou temática pela União. Os Estados-Membros zelarão pela coerência das suas políticas nacionais com as posições da União.

**Artigo 30.º** (ex-artigo 22.º TUE)

1. Qualquer Estado-Membro, o Alto Representante da União para os Negócios Estrangeiros e a Política de Segurança, ou o Alto Representante com o apoio da Comissão, podem submeter ao Conselho todas as questões do âmbito da política externa e de segurança comum e apresentar-lhe, respetivamente, iniciativas ou propostas.

2. Nos casos que exijam uma decisão rápida, o Alto Representante convoca, por iniciativa própria ou a pedido de um Estado-Membro, uma reunião extraordinária do Conselho, no prazo de quarenta e oito horas ou, em caso de absoluta necessidade, num prazo mais curto.

**Artigo 31.º** (ex-artigo 23.º TUE)

1. As decisões ao abrigo do presente capítulo são tomadas pelo Conselho Europeu e pelo Conselho, deliberando por unanimidade, salvo disposição em contrário do presente capítulo.

Fica excluída a adoção de atos legislativos.

Qualquer membro do Conselho que se abstenha numa votação pode fazer acompanhar a sua abstenção de uma declaração formal nos termos do presente parágrafo. Nesse caso, não é obrigado a aplicar a decisão, mas deve reconhecer que ela vincula a União. Num espírito de solidariedade mútua,

esse Estado-Membro deve abster-se de qualquer atuação suscetível de colidir com a ação da União baseada na referida decisão ou de a dificultar; os demais

Estados-Membros respeitarão a posição daquele. Se os membros do Conselho que façam acompanhar a sua abstenção da citada declaração representarem, no mínimo, um terço dos Estados-Membros que reúna, no mínimo, um terço da população da União, a decisão não é adotada.

2. Em derrogação do disposto no n.º 1, o Conselho delibera por maioria qualificada:

– sempre que adote uma decisão que defina uma ação ou uma posição da União com base numa decisão do Conselho Europeu sobre os interesses e objetivos estratégicos da União, referida no n.º 1 do artigo 22.o,

– sempre que adote uma decisão que defina uma ação ou uma posição da União sob proposta do Alto Representante da União para os Negócios Estrangeiros e a Política de Segurança apresentada na sequência de um pedido específico que o Conselho Europeu lhe tenha dirigido por iniciativa própria ou por iniciativa do Alto Representante,

– sempre que adote qualquer decisão que dê execução a uma decisão que defina uma ação ou uma posição da União,

– sempre que nomeie um representante especial nos termos do artigo 33.o,

Se um membro do Conselho declarar que, por razões vitais e expressas de política nacional, tenciona opor-se à adoção de uma decisão a tomar por maioria qualificada, não se procederá à votação. O Alto Representante, em estreita consulta com o Estado-Membro em causa, procura encontrar uma solução que este possa aceitar. Caso essas diligências não sejam bem sucedidas, o Conselho, deliberando por maioria qualificada, pode solicitar que a questão seja submetida ao Conselho Europeu, a fim de ser adotada uma decisão por unanimidade.

3. O Conselho Europeu pode adotar, por unanimidade, uma decisão que determine que o Conselho delibere por maioria qualificada em casos que não sejam os previstos no n.º 2.

4. O disposto nos n.os 2 e 3 não é aplicável às decisões que tenham implicações no domínio militar ou da defesa.

5. Em questões de natureza processual, o Conselho delibera por maioria dos seus membros.

### **Artigo 32.º** (ex-artigo 16.º TUE)

Os Estados-Membros concertar-se-ão no âmbito do Conselho Europeu e do Conselho sobre todas as questões de política externa e de segurança que se revistam de interesse geral, de modo a definir uma abordagem comum. Antes de empreender qualquer ação no plano internacional ou de assumir qualquer compromisso que possa afetar os interesses da União, cada Estado-Membro consulta os outros no Conselho Europeu ou no Conselho. Os Estados-Membros asseguram, através da convergência das suas ações, que a União possa defender os seus interesses e os seus valores no plano internacional. Os Estados-Membros são solidários entre si.

Logo que o Conselho Europeu, ou o Conselho, tenha definido uma abordagem comum da União na aceção do primeiro parágrafo, o Alto Representante da União para os Negócios Estrangeiros e a Política de Segurança e os ministros dos Negócios Estrangeiros dos Estados-Membros coordenam as suas atividades no Conselho.

As missões diplomáticas dos Estados-Membros e as delegações da União nos países terceiros e junto das organizações internacionais cooperam entre si e contribuem para a formulação e execução da abordagem comum.

**Artigo 33.º** (ex-artigo 18.º TUE)

Sob proposta do Alto Representante da União para os Negócios Estrangeiros e a Política de Segurança, o Conselho pode nomear um representante especial, a quem será conferido um mandato relativo a questões políticas específicas. O representante especial exerce o seu mandato sob a autoridade do Alto Representante.

**Artigo 34.º** (ex-artigo 19.º TUE)

1. Os Estados-Membros coordenarão a sua ação no âmbito das organizações internacionais e em conferências internacionais. Nessas instâncias defenderão as posições da União. O Alto Representante da União para os Negócios Estrangeiros e a Política de Segurança assegura a organização dessa coordenação.

Nas organizações internacionais e em conferências internacionais em que não tomem parte todos os Estados-Membros, aqueles que nelas participem defenderão as posições da União.

2. Em conformidade com o n.º 3 do artigo 24.o, os Estados-Membros representados em organizações internacionais ou conferências internacionais em que nem todos os Estados-Membros o estejam, manterão estes últimos, bem como o Alto Representante, informados sobre todas as questões que se revistam de interesse comum.

Os Estados-Membros que sejam igualmente membros do Conselho de Segurança das Nações Unidas concertar-se-ão e manterão os outros Estados-Membros, bem como o Alto Representante, plenamente informados. Os Estados-Membros que são membros do Conselho de Segurança das Nações Unidas defenderão, no exercício das suas funções, as posições e os interesses da União, sem prejuízo das responsabilidades que lhes incumbem por força da Carta das Nações Unidas.

Sempre que a União tenha definido uma posição sobre um tema que conste da ordem de trabalhos do Conselho de Segurança das Nações Unidas, os Estados-Membros que nele têm assento solicitam que o Alto Representante seja convidado a apresentar a posição da União.

### **Artigo 35.º** (ex-artigo 20.º TUE)

As missões diplomáticas e consulares dos Estados-Membros e as delegações da União nos países terceiros e nas conferências internacionais, bem como as respetivas representações junto das organizações internacionais, concertar-se-ão no sentido de assegurar a observância e a execução das decisões que definem posições e ações da União adotadas por força do presente capítulo.

As referidas missões, delegações e representações intensificarão a sua cooperação através do intercâmbio de informações e procedendo a avaliações comuns.

As referidas missões e delegações contribuem para a execução do direito de proteção dos cidadãos da União no território dos países terceiros, tal como referido na alínea c) do n.º 2 do artigo 20.º do Tratado sobre o Funcionamento da União Europeia, e das medidas adotadas em aplicação do artigo 23.º do referido Tratado.

### **Artigo 36.º** (ex-artigo 21.º TUE)

O Alto Representante da União para os Negócios Estrangeiros e a Política de Segurança consulta regularmente o Parlamento Europeu sobre os principais aspetos e as opções fundamentais da política externa e de segurança comum e da política comum de segurança e defesa, e informa-o sobre a evolução destas políticas. O Alto Representante vela por que as opiniões daquela instituição sejam devidamente tidas em conta. Os representantes especiais podem ser associados à informação do Parlamento Europeu.

O Parlamento Europeu pode dirigir perguntas ou apresentar recomendações ao Conselho e ao Alto Representante. Procederá duas vezes por ano a um debate sobre os progressos realizados na execução da política externa e de segurança comum, incluindo a política comum de segurança e defesa.

### **Artigo 37.º** (ex-artigo 24.º TUE)

A União pode celebrar acordos com um ou mais Estados ou organizações internacionais nos domínios que se insiram no âmbito do presente capítulo.

### **Artigo 38.º** (ex-artigo 25.º TUE)

Sem prejuízo do disposto no artigo 240.º do Tratado sobre o Funcionamento da União Europeia, um Comité Político e de Segurança acompanhará a situação internacional nos domínios pertencentes ao âmbito da política externa e de segurança comum e contribuirá para a definição das políticas, emitindo pareceres destinados ao Conselho, a pedido deste, do Alto Representante da União para os Negócios Estrangeiros e a Política de Segurança ou por sua própria iniciativa. O Comité acompanhará igualmente a execução das políticas acordadas, sem prejuízo das atribuições do Alto Representante.

No âmbito do presente capítulo, o Comité Político e de Segurança exerce, sob a responsabilidade do Conselho e do Alto Representante, o controlo político e a direção estratégica das operações de gestão de crises referidas no artigo 43.º.

Para efeitos de uma operação de gestão de crises e pela duração desta, tal como determinadas pelo Conselho, este pode autorizar o Comité a tomar as decisões pertinentes em matéria de controlo político e de direção estratégica da operação.

### **Artigo 39.º**

Em conformidade com o artigo 16.º do Tratado sobre o Funcionamento da União Europeia e em derrogação do n.º 2 do mesmo artigo, o Conselho adota uma decisão que estabeleça as normas relativas à proteção das pessoas singulares no que diz respeito ao tratamento de dados pessoais pelos Estados-Membros no exercício de atividades relativas à aplicação do presente capítulo, e à livre circulação desses dados. A observância dessas normas fica sujeita ao controlo de autoridades independentes.

### **Artigo 40.º** (ex-artigo 47.º TUE)

A execução da política externa e de segurança comum não afeta a aplicação dos procedimentos e o âmbito respetivo das atribuições das instituições previstos nos Tratados para o exercício das competências da União enumeradas nos artigos 3.º a 6.º do Tratado sobre o Funcionamento da União Europeia.

De igual modo, a execução das políticas a que se referem esses artigos também não afeta a aplicação dos procedimentos e o âmbito respetivo das atribuições das instituições previstos nos Tratados para o exercício das competências da União a título do presente capítulo.

### **Artigo 41.º** (ex-artigo 28.º TUE)

1. As despesas administrativas em que incorram as instituições por força da aplicação do presente capítulo ficarão a cargo do orçamento da União.

2. As despesas operacionais decorrentes da aplicação do presente capítulo ficarão igualmente a cargo do orçamento da União, com exceção das despesas decorrentes de operações que tenham implicações no domínio militar ou da defesa e nos casos em que o Conselho, deliberando por unanimidade, decida em contrário.

Nos casos em que as despesas não sejam imputadas ao orçamento da União, ficarão a cargo dos Estados-Membros, de acordo com a chave de repartição baseada no produto nacional bruto, salvo decisão em contrário do Conselho, deliberando por unanimidade. No que se refere às despesas decorrentes de operações com implicações no domínio militar ou da defesa, os Estados-Membros cujos representantes no Conselho tiverem feito uma declaração formal nos termos do n.º 1, segundo parágrafo, do artigo 31.º não serão obrigados a contribuir para o respetivo financiamento.

3. O Conselho adota uma decisão que estabelece os procedimentos específicos para garantir o rápido acesso às dotações do orçamento da União destinadas ao financiamento urgente de iniciativas no âmbito da política externa e de segurança comum, nomeadamente às atividades preparatórias das missões referidas no n.º 1 do artigo 42.º e no artigo 43.o. O Conselho delibera após consulta ao Parlamento Europeu.

As atividades preparatórias das missões referidas no n.º 1 do artigo 42.º e no artigo 43.º que não sejam imputadas ao orçamento da União são financiadas por um fundo de lançamento, constituído por contribuições dos Estados-Membros. O Conselho adota por maioria qualificada, sob proposta do Alto Representante da União para os Negócios Estrangeiros e a Política de Segurança, as decisões que estabelecem:

a) As regras de criação e financiamento do fundo de lançamento, nomeadamente os montantes financeiros que lhe sejam afetados;

b) As regras de gestão do fundo de lançamento;

c) As regras de controlo financeiro.

Quando a missão prevista em conformidade com o n.º 1 do artigo 42.º e com o artigo 43.º não possa ser imputada ao orçamento da União, o Conselho autoriza o Alto Representante a utilizar aquele fundo. O Alto Representante apresenta ao Conselho um relatório sobre a execução desse mandato.

## SECÇÃO 2
## DISPOSIÇÕES RELATIVAS À POLÍTICA COMUM DE SEGURANÇA E DEFESA

### **Artigo 42.º** (ex-artigo 17.º TUE)

1. A política comum de segurança e defesa faz parte integrante da política externa e de segurança comum. A política comum de segurança e defesa garante à União uma capacidade operacional apoiada em meios civis e militares. A União pode empregá-los em missões no exterior a fim de assegurar a manutenção da paz, a prevenção de conflitos e o reforço da segurança internacional, de acordo com os princípios da Carta das Nações Unidas. A execução destas tarefas assenta nas capacidades fornecidas pelos Estados-Membros.

2. A política comum de segurança e defesa inclui a definição gradual de uma política de defesa comum da União. A política comum de segurança e defesa conduzirá a uma defesa comum logo que o Conselho Europeu, deliberando por unanimidade, assim o decida. Neste caso, o Conselho Europeu recomendará aos Estados-Membros que adotem uma decisão nesse sentido, em conformidade com as respetivas normas constitucionais.

A política da União, na aceção da presente secção, não afetará o caráter específico da política de segurança e de defesa de determinados Estados-Membros, respeitará as obrigações decorrentes do Tratado do Atlântico Norte para certos Estados-Membros que veem a sua política de defesa comum realizada no quadro da Organização do Tratado do Atlântico Norte (NATO) e será compatível com a política de segurança e de defesa comum adotada nesse âmbito.

3. Com vista à execução da política comum de segurança e defesa, os Estados-Membros colocam à disposição da União capacidades civis e militares de modo a contribuir para os objetivos definidos pelo Conselho. Os Estados-Membros que constituam entre si forças multinacionais podem também colocá-las à disposição da política comum de segurança e defesa.

Os Estados-Membros comprometem-se a melhorar progressivamente as suas capacidades militares. A agência no domínio do desenvolvimento das capacidades de defesa, da investigação, da aquisição e dos armamentos (a seguir denominada "Agência Europeia de Defesa") identifica as necessidades operacionais, promove as medidas necessárias para as satisfazer, contribui para identificar e, se necessário, executar todas as medidas úteis para reforçar a base industrial e tecnológica do setor da defesa, participa na definição de uma política europeia de capacidades e de armamento e presta assistência ao Conselho na avaliação do melhoramento das capacidades militares.

4. As decisões relativas à política comum de segurança e defesa, incluindo as que digam respeito ao lançamento de uma missão referida no presente artigo, são adotadas pelo Conselho, deliberando por unanimidade, sob proposta do Alto Representante da União para os Negócios Estrangeiros e a Política de Segurança ou por iniciativa de um Estado-Membro. O Alto Representante pode propor o recurso aos meios nacionais e aos instrumentos da União, eventualmente em conjunto com a Comissão.

5. O Conselho pode confiar a realização de uma missão, no âmbito da União, a um grupo de Estados-Membros, a fim de preservar os valores da União e servir os seus interesses. A realização dessa missão rege-se pelo disposto no artigo 44.º.

6. Os Estados-Membros cujas capacidades militares preencham critérios mais elevados e que tenham assumido compromissos mais vinculativos na matéria tendo em vista a realização das missões mais exigentes, estabelecem uma cooperação estruturada permanente no âmbito da União.Essa cooperação rege-se pelo disposto no artigo 46.o. Tal não afeta o disposto no artigo 43.º.

7. Se um Estado-Membro vier a ser alvo de agressão armada no seu território, os outros Estados--Membros devem prestar-lhe auxílio e assistência por todos os meios ao seu alcance, em conformidade com o artigo 51.º da Carta das Nações Unidas. Tal não afeta o caráter específico da política de segurança e defesa de determinados Estados-Membros.

Os compromissos e a cooperação neste domínio respeitam os compromissos assumidos no quadro da Organização do Tratado do Atlântico Norte, que, para os Estados que são membros desta organização, continua a ser o fundamento da sua defesa coletiva e a instância apropriada para a concretizar.

## Artigo 43.º

1. As missões referidas no n.º 1 do artigo 42.º , nas quais a União pode utilizar meios civis e militares, incluem as ações conjuntas em matéria de desarmamento, as missões humanitárias e de evacuação, as missões de aconselhamento e assistência em matéria militar, as missões de prevenção de conflitos e de manutenção da paz, as missões de forças de combate para a gestão de crises, incluindo as missões de restabelecimento da paz e as operações de estabilização no termo dos conflitos. Todas estas missões podem contribuir para a luta contra o terrorismo, inclusive mediante o apoio prestado a países terceiros para combater o terrorismo no respetivo território.

2. O Conselho adota decisões relativas às missões referidas no n.º 1, definindo o seu objetivo e âmbito, bem como as respetivas regras gerais de execução. O

Alto Representante da União para os Negócios Estrangeiros e a Política de Segurança, sob a autoridade do Conselho e em estreito e permanente contacto com o Comité Político e de Segurança, vela pela coordenação dos aspetos civis e militares dessas missões.

### Artigo 44.º

1. No quadro das decisões adotadas em conformidade com o artigo 43.º , o Conselho podeconfiar a execução de uma missão a um grupo de Estados-Membros que o desejem e que disponham das capacidades necessárias para tal missão. Estes Estados-Membros, em associação com o Alto Representante da União para os Negócios Estrangeiros e a Política de Segurança, acordam entre si na gestão da missão.

2. Os Estados-Membros que participem na realização da missão informam periodicamente o Conselho acerca da fase em que esta se encontra, por iniciativa própria ou a pedido de outro Estado-Membro. Os Estados-Membros participantes comunicam imediatamente ao Conselho quaisquer consequências importantes que a sua realização acarrete ou quaisquer alterações que se imponham quanto ao objectivo, ao âmbito ou às regras da missão, definidos pelas decisões a que se refere o n.º 1. Nestes casos, o Conselho adoptará as decisões necessárias.

### Artigo 45.º

1. A Agência Europeia de Defesa, referida no n.º 3 do artigo 42.º , e colocada sob a autoridade do Conselho, tem por missão:

a) Contribuir para identificar os objetivos de capacidades militares dos Estados-Membros e para avaliar o respeito dos compromissos por eles assumidos em termos de capacidades;

b) Promover a harmonização das necessidades operacionais e a adoção de métodos de aquisição eficazes e compatíveis;

c) Propor projetos multilaterais para cumprir os objetivos em termos de capacidades militares e assegurar a coordenação dos programas executados pelos Estados-Membros, bem como a gestão de programas de cooperação específicos;

d) Apoiar a investigação em matéria de tecnologia de defesa, coordenar e planificar atividades de investigação conjuntas e estudos de soluções técnicas que deem resposta às necessidades operacionais futuras;

e) Contribuir para identificar e, se for caso disso, executar todas as medidas úteis para reforçar a base industrial e tecnológica do setor da defesa e para aumentar a eficácia das despesas militares.

2. A Agência Europeia de Defesa está aberta a todos os Estados-Membros que nela desejem participar. O Conselho, deliberando por maioria qualificada, adota uma decisão que defina o estatuto, a sede e as regras de funcionamento da Agência. Essa decisão tem em conta o grau de participação efetiva nas atividades da Agência. No quadro da Agência são constituídos grupos específicos compostos por Estados-Membros que desenvolvam projetos conjuntos. A Agência cumpre as suas missões em articulação com a Comissão, na medida do necessário.

## Artigo 46.º

1. Os Estados-Membros que desejem participar na cooperação estruturada permanente a que se refere o n.º 6 do artigo 42.º, e que preencham os critérios e subscrevam os compromissos em matéria de capacidades militares previstos no Protocolo relativo à cooperação estruturada permanente, notificam a sua intenção ao Conselho e ao Alto Representante da União para os Negócios Estrangeiros e a Política de Segurança.

2. No prazo de três meses a contar da notificação a que se refere o n.º 1, o Conselho adota uma decisão que estabelece a cooperação estruturada permanente e determina a lista dos Estados-Membros participantes. O Conselho delibera por maioria qualificada, após consulta ao Alto Representante.

3. Os Estados-Membros que, numa fase posterior, desejem participar na cooperação estruturada permanente notificam a sua intenção ao Conselho e ao Alto Representante.

O Conselho adota uma decisão confirmando a participação do Estado-Membro interessado que preencha os critérios e subscreva os compromissos a que se referem os artigos 1.º e 2.º do

Protocolo relativo à cooperação estruturada permanente. O Conselho delibera por maioria qualificada, após consulta ao Alto Representante. Só tomam parte na votação os membros do Conselho que representem os Estados-Membros participantes.

A maioria qualificada é definida nos termos da alínea a) do n.º 3 do artigo 238.º do Tratado sobre o Funcionamento da União Europeia.

4. Se um Estado-Membro participante deixar de preencher os critérios ou de poder satisfazer os compromissos a que se referem os artigos 1.º e 2.º do Protocolo relativo à cooperação estruturada permanente, o Conselho pode adotar uma decisão que suspenda a participação desse Estado.

O Conselho delibera por maioria qualificada. Só tomam parte na votação os membros do Conselho que representem os Estados-Membros participantes, com exceção do Estado-Membro em causa.

A maioria qualificada é definida nos termos da alínea a) do n.º 3 do artigo 238.º do Tratado sobre o Funcionamento da União Europeia.

5. Se um Estado-Membro participante desejar abandonar a cooperação estruturada permanente, notificará a sua decisão ao Conselho, tomando este nota de que terminou a participação do Estado--Membro em causa.

6. As decisões e as recomendações do Conselho no âmbito da cooperação estruturada permanente, que não sejam as previstas nos n.os 2 a 5, são adotadas por unanimidade. Para efeitos do presente número, a unanimidade é constituída exclusivamente pelos votos dos representantes dos Estados-Membros participantes.

## TÍTULO VI
## DISPOSIÇÕES FINAIS

### Artigo 47.º

A União tem personalidade jurídica.

### **Artigo 48.º** (ex-artigo 48.º TUE)

1. Os Tratados podem ser alterados de acordo com um processo de revisão ordinário. Podem igualmente ser alterados de acordo com processos de revisão simplificados.

*Processo de revisão ordinário*

2. O Governo de qualquer Estado-Membro, o Parlamento Europeu ou a Comissão podem submeter ao Conselho projetos de revisão dos Tratados. Esses projetos podem, nomeadamente, ir no sentido de aumentar ou reduzir as competências atribuídas à União pelos Tratados. Os projetos são enviados pelo Conselho ao Conselho Europeu e notificados aos Parlamentos nacionais.

3. Se o Conselho Europeu, após consulta ao Parlamento Europeu e à Comissão, adotar por maioria simples uma decisão favorável à análise das alterações propostas, o Presidente do Conselho Europeu convoca uma Convenção composta por representantes dos Parlamentos nacionais, dos Chefes de Estado ou de Governo dos Estados-Membros, do Parlamento Europeu e da Comissão. Se se tratar de alterações institucionais no domínio monetário, é igualmente consultado o Banco Central Europeu. A Convenção analisa os projetos de revisão e adota por consenso uma recomendação dirigida a uma Conferência dos Representantes dos Governos dos Estados-Membros, tal como prevista no n.º 4.

O Conselho Europeu pode decidir por maioria simples, após aprovação do Parlamento Europeu, não convocar uma Convenção quando o alcance das alterações o não justifique. Neste caso, o Conselho Europeu estabelece o mandato de uma Conferência dos Representantes dos Governos dos Estados--Membros.

4. O Presidente do Conselho convoca uma Conferência dos Representantes dos Governos dos Estados-Membros a fim de definir, de comum acordo, as alterações a introduzir nos Tratados.

As alterações entram em vigor após a sua ratificação por todos os Estados--Membros, em conformidade com as respetivas normas constitucionais.

5. Se, decorrido um prazo de dois anos a contar da data de assinatura de um Tratado que altera os Tratados, quatro quintos dos Estados-Membros o tiverem ratificado e um ou mais Estados-Membros tiverem deparado com dificuldades em proceder a essa ratificação, o Conselho Europeu analisa a questão.

*Processos de revisão simplificados*

6. O Governo de qualquer Estado-Membro, o Parlamento Europeu ou a Comissão podem submeter ao Conselho Europeu projetos de revisão de todas ou de parte das disposições da Parte III do Tratado sobre o Funcionamento da União Europeia, relativas às políticas e ações internas da União.

O Conselho Europeu pode adotar uma decisão que altere todas ou parte das disposições da Parte III do Tratado sobre o Funcionamento da União Europeia. O Conselho Europeu delibera por unanimidade, após consulta ao Parlamento Europeu e à Comissão, bem como ao Banco Central Europeu em caso de alterações institucionais no domínio monetário. Essa decisão só entra em vigor após a sua aprovação pelos Estados-Membros, em conformidade com as respetivas normas constitucionais.

A decisão a que se refere o segundo parágrafo não pode aumentar as competências atribuídas à União pelos Tratados.

7. Quando o Tratado sobre o Funcionamento da União Europeia ou o Título V do presente Tratado determine que o Conselho delibera por unanimidade num determinado domínio ou num determinado caso, o Conselho Europeu pode adotar uma decisão que autorize o Conselho a deliberar por maioria qualificada nesse domínio ou nesse caso. O presente parágrafo não se aplica às decisões que tenham implicações no domínio militar ou da defesa.

Quando o Tratado sobre o Funcionamento da União Europeia determine que o Conselho adota atos legislativos de acordo com um processo legislativo especial, o Conselho Europeu pode adotar uma decisão autorizando a adoção dos referidos atos de acordo com o processo legislativo ordinário.

As iniciativas tomadas pelo Conselho Europeu com base no primeiro ou no segundo parágrafo são comunicadas aos Parlamentos nacionais. Em caso de oposição de um Parlamento nacional notificada no prazo de seis meses após a comunicação, não é adotada a decisão a que se referem o primeiro ou o segundo parágrafo. Se não houver oposição, o Conselho Europeu pode adotar a referida decisão.

Para a adoção das decisões a que se referem o primeiro ou o segundo parágrafo, o Conselho Europeu delibera por unanimidade, após aprovação do Parlamento Europeu, que se pronuncia por maioria dos membros que o compõem.

### **Artigo 49.º** (ex-artigo 49.º TUE)

Qualquer Estado europeu que respeite os valores referidos no artigo 2.º e esteja empenhado em promovê-los pode pedir para se tornar membro da União. O Parlamento Europeu e os Parlamentos nacionais são informados desse pedido. O Estado requerente dirige o seu pedido ao Conselho, que se pronuncia por unanimidade, após ter consultado a Comissão e após aprovação do Parlamento Europeu, que se pronunciará por maioria dos membros que o compõem. São tidos em conta os critérios de elegibilidade aprovados pelo Conselho Europeu.

As condições de admissão e as adaptações dos Tratados em que se funda a União, decorrentes dessa admissão, serão objeto de acordo entre os Estados-Membros e o Estado peticionário. Esse acordo será submetido à ratificação de todos os Estados Contratantes, de acordo com as respetivas normas constitucionais.

### **Artigo 50.º**

1. Qualquer Estado-Membro pode decidir, em conformidade com as respetivas normas constitucionais, retirar-se da União.

2. Qualquer Estado-Membro que decida retirar-se da União notifica a sua intenção ao Conselho Europeu. Em função das orientações do Conselho Europeu, a União negocia e celebra com esse Estado um acordo que estabeleça as condições da sua saída, tendo em conta o quadro das suas futuras relações com a União. Esse acordo é negociado nos termos do n.º 3 do artigo 218.º do Tratado sobre o Funcionamento da União Europeia. O acordo é celebrado em nome da União pelo Conselho, deliberando por maioria qualificada, após aprovação do Parlamento Europeu.

3. Os Tratados deixam de ser aplicáveis ao Estado em causa a partir da data de entrada em vigor do acordo de saída ou, na falta deste, dois anos após a noti-

ficação referida no n.º 2, a menos que o Conselho Europeu, com o acordo do Estado-Membro em causa, decida, por unanimidade, prorrogar esse prazo.

4. Para efeitos dos n.os 2 e 3, o membro do Conselho Europeu e do Conselho que representa o Estado-Membro que pretende retirar-se da União não participa nas deliberações nem nas ecisões do Conselho Europeu e do Conselho que lhe digam respeito.

A maioria qualificada é definida nos termos da alínea b) do n.º 3 do artigo 238.º do Tratado sobre o Funcionamento da União Europeia.

5. Se um Estado que se tenha retirado da União voltar a pedir a adesão, é aplicável a esse pedido o processo referido no artigo 49.º.

### Artigo 51.º

Os Protocolos e Anexos dos Tratados fazem deles parte integrante.

### Artigo 52.º

1. Os Tratados são aplicáveis ao Reino da Bélgica, à República da Bulgária, à República Checa, ao Reino da Dinamarca, à República Federal da Alemanha, à República da Estónia, à Irlanda, à República Helénica, ao Reino de Espanha, à República Francesa, à República da Croácia, à República Italiana, à República de Chipre, à República da Letónia, à República da Lituânia, ao Grão-Ducado do Luxemburgo, à República da Hungria, à República de Malta, ao Reino dos Países Baixos, à República da Áustria, à República da Polónia, à República Portuguesa, à Roménia, à República da Eslovénia, à República Eslovaca, à República da Finlândia, ao Reino da Suécia e ao Reino Unido da Grã-Bretanha e da Irlanda do Norte.

2. O âmbito de aplicação territorial dos Tratados é especificado no artigo 355.º do Tratado sobre o Funcionamento da União Europeia.

### **Artigo 53.º** (ex-artigo 51.º TUE)

O presente Tratado tem vigência ilimitada.

### **Artigo 54.º** (ex-artigo 52.º TUE)

1. O presente Tratado será ratificado pelas Altas Partes Contratantes, de acordo com as respetivas normas constitucionais. Os instrumentos de ratificação serão depositados junto do Governo da República Italiana.

2. O presente Tratado entrará em vigor no dia 1 de janeiro de 1993, se tiverem sido depositados todos os instrumentos de ratificação ou, na falta desse depósito, no primeiro dia do mês seguinte ao do depósito do instrumento de ratificação do Estado signatário que proceder a esta formalidade em último lugar.

**Artigo 55.º** (ex-artigo 53.º TUE)

1. O presente Tratado, redigido num único exemplar, nas línguas alemã, búlgara, checa, croata, dinamarquesa, eslovaca, eslovena, espanhola, estónia, finlandesa, francesa, grega, húngara, inglesa, irlandesa, italiana, letã, lituana, maltesa, neerlandesa, polaca, portuguesa, romena e sueca, fazendo fé qualquer dos textos, será depositado nos arquivos do Governo da República Italiana, o qual remeterá uma cópia autenticada a cada um dos Governos dos outros Estados signatários.

2. O presente Tratado pode também ser traduzido em qualquer outra língua que os Estados--Membros determinem, de entre aquelas que, de acordo com o seu ordenamento constitucional, gozam de estatuto oficial na totalidade ou em parte do seu território. Os Estados-Membros em questão fornecem uma cópia autenticada dessas traduções, que será depositada nos arquivos do Conselho.

EM FÉ DO QUE, os plenipotenciários abaixo assinados apuseram as suas assinaturas no final do presente Tratado.

Feito em Maastricht, em sete de fevereiro de mil novecentos e noventa e dois.

(Segue-se a lista dos signatários)

# SIGLAS PORTUGUESAS MAIS UTILIZADAS[398]

No texto são indicados os diplomas de criação, de revogação ou de alteração (com ou sem republicação).

| | |
|---|---|
| AR | Assembleia da República |
| Art. | Artigo |
| CC | Código Civil |
| CCom | Código Comercial |
| CE | Código das Expropriações |
| CIMI | Código do Imposto Municipal sobre Imóveis |
| CIMTI | Código do Imposto Municipal sobre as Transmissões Onerosas de Imóveis |
| CIRE | Código da Insolvência e da Recuperação de Empresas |
| CIUC | Código do Imposto Único de Circulação |
| CIV | Código do Imposto sobre Veículos |
| CIVA | Código do Imposto sobre o Valor Acrescentado |
| CIS | Código do Imposto do Selo |
| CIRC | Código do Imposto sobre o Rendimento das Pessoas Coletivas |
| CIRS | Código do Imposto sobre o Rendimento das Pessoas Singulares |
| CPA | Código do Procedimento Administrativo |
| CP | Código Penal |
| CPP | Código de Processo Penal |
| CPT | Código de Processo do Trabalho |
| CPTA | Código de Processo nos Tribunais Administrativos |
| CPPT | Código de Procedimento e de Processo Tributário |
| CPC | Código do Processo Civil |
| CRC | Código do Registo Civil |

[398] As siglas (e acrónimos) estrangeiras ou internacionais são referidas no texto, ou em nota, junto à correspondente expressão detalhada.

| | |
|---|---|
| CRCom | Código do Registo Comercial |
| CIEC | Código dos Impostos Especiais de Consumo |
| CRP | Constituição da República Portuguesa |
| CRPre- | Código do Registo Predial |
| CSC | Código das Sociedades Comerciais |
| CT | Código do Trabalho |
| CP | Código Penal |
| DL | Decreto-Lei |
| DR | Diário da República |
| ETAF | Estatuto dos Tribunais Administrativos e Fiscais |
| IRC | Instrumento de Regulamentação Coletiva de Trabalho |
| L | Lei |
| LADA | Lei de Acesso aos Documentos Administrativos |
| LBPPSOTU | Lei de Bases da Política Pública de Solos, de Ordenamento do Território e do Urbanismo |
| LC | Lei Constitucional |
| LGT | Lei Geral Tributária |
| L.U.C. | Lei Uniforme do Cheque |
| L.U.L.L. | Lei Uniforme das Letras e Livranças |
| NRAU | Novo Regime Jurídico do Arrendamento Urbano |
| PNPOT | Programa Nacional da Política de Ordenamento do Território |
| PR | Presidente da República |
| PROT | Plano/Programa Regional de Ordenamento do Território |
| PROTAL | Plano Regional de Ordenamento do Território do Algarve |
| PDM | Plano Municipal de Ordenamento do Território |
| PP | Plano de Pormenor |
| PU | Plano de Urbanização |
| RAU | Regime Jurídico do Arrendamento Urbano |
| RCPIT | Regime Complementar do Procedimento de Inspeção Tributária |
| RGIT | Regime Geral das Infrações Tributárias |
| RJIGT | Regime Jurídico dos Instrumentos de Gestão Territorial |
| RJUE | Regime Jurídico da Urbanização e Edificação |
| STA | Supremo Tribunal Administrativo |
| STJ | Supremo Tribunal de Justiça |
| TC | Tribunal Constitucional |
| TCA | Tribunal Central Administrativo (N: do Norte; S: do Sul) |
| TR | Tribunal da Relação |
| ZEE | Zona Económica Exclusiva |

## ÍNDICE

## PARTE II – DO SISTEMA JURÍDICO